CLAUDIO HOFMANN

TATORT GOTT

D1721967

EHP – Edition Humanistische Psychologie

Hg. Anna und Milan Sreckovic

Der Autor
Claudio Hofmann
gelernter Feinmechaniker; nach dem Studium der Physik, Mathematik und
Philosophie promovierte er über Einsteins Relativitätstheorie; arbeitete in
der Wirtschaft und an Universitäten in Jena, Freiburg, Basel, Bochum, Paris
und Izmir; 1968 Wechsel zu den Sozialwissenschaften; seit 1974 Professor
für Pädagogik an der Pädagogischen Hochschule Berlin, seit 1980 Professor
für Erziehungswissenschaft an der Technischen Universität Berlin mit dem
Schwerpunkt Wissenschaftstheorie und Gestaltpädagogik; Ausbildung zum
Gestalttherapeuten, Mitbegründer der Gestaltpädagogik in Deutschland,
Trainer und Supervisor; Autor zahlreicher Aufsätze und Bücher.

CLAUDIO HOFMANN

TATORT GOTT

Wie Christen, Juden und Muslime uns verderben
oder retten können

– EHP 2009 –

© 2009 EHP - Verlag Andreas Kohlhage · Bergisch Gladbach
www.ehp.biz

Bibliografische Information der Deutschen Bibliothek
Die Deutsche Bibliothek verzeichnet diese Publikation in der
Deutschen Nationalbibliografie; detaillierte Daten sind im Internet
über http://dnb.ddb.de abrufbar.

*Umschlagentwurf: Gerd Struwe, Uwe Giese
– unter Verwendung eines Bildes (Ausschnitt) von Dorothea Cyran-Daboul:
‚Untitled' –*

*Satz: www.imageconcept.de
Gedruckt in der EU*

ISBN 978-3-89797-050-2

INHALT

Vorwort 9

Lokaltermin: Ein Gott wird besichtigt 19
Erste Ansicht: Gott als neuer Zeitgeist 19
Zweite Ansicht: Gott als HERR und 'Global Player' 25
Dritte Ansicht: Gott in menschlicher Verantwortung 29
Eine längst vergessene Ansicht: Die Göttin und der Jüngling 33

1. Kapitel
In Abrahams Schoß: Das Verschwinden der Mütter 35
im Angesicht Gottes
Paradies oder Plackerei? 36
Das Ende des Paradieses 37
Die Väter kommen mit Methusalem 39
Ein Gott wird gesucht, gefunden und zum Herrscher ernannt 42
Gewalttätige Gottesmänner 44
Patriarchale Strategien 48
Mit Achtsamkeit für die Schöpfung 51

Einspruch! 54
(Mit dem Gestammel des Mannes M. zwischen Himmel und Erde)

Zeitmarken des Einen Gottes – 1 55

2. Kapitel
Die Juden: Der Herr belohnt und straft die Seinen 61
Erstes Vorurteil: „Die" Juden 62
Zweites Vorurteil: Die Auserwählten 63
Drittes Vorurteil: Die Gesetzestreuen 68
Viertes Vorurteil: Die Spitzfindigen 71
Fünftes Vorurteil: Die Gottesknechte 74
Die Wandlungen Gottes 76
Wandlungen heute 80

Einspruch! 84
(Mit einem Interview über Vorhautsammler
und transzendente Garnrollen)

Zeitmarken des Einen Gottes – 2 99

3. Kapitel
Die Christen: Der Sohn erscheint und verschwindet für immer   107
Jesus als Sohn   107
'Ver-söhnung' als Botschaft   114
Wohin mit dem Menschensohn?   115
Wohin mit der Versöhnung?   119
Der Sohn wird gesucht   122
Der Sohn als Bräutigam   125
Der Sohn bei Freunden   126
Der Sohn ohne Werte   127
Wandlungen heute   129

Einspruch!   131
(Mit dem Gemurmel von Schwester Theresa auf dem
Kreuzweg von Santa Madonna della Rocca)

Zeitmarken des Einen Gottes – 3   135

4. Kapitel
Die Muslime: Der Verhüllte hört den Erhabenen   143
Alte Ängste aufgewärmt   143
Faszination durch den Islam   148
1. Der Schein des Einfachen   149
2. ER ist der Eine Gott   150
3. Der Verhüllte hört und spricht   151
4. Sein Reich ist auch von dieser Welt   153
5. Gemeinsam unter dem Banner des Propheten   154
6. Bewege Deine Zunge nicht mit Ihm   156
7. Genuss und Freude   159

Wie islamischen Frauen, Kindern und Männern   160
ihre Entwicklung erschwert wird
–   Macht und Ohnmacht der Väter   160
–   Beschneidungshochzeit   164
–   Missbrauch des Koran   164
–   Die Scharia ist eine Erfindung der Beamten   166
–   Dschihad ist nicht Heiliger Krieg   168

Wandlungen heute   170
–   Überwindung des Dogmatismus   170
–   Öffnung des Islams   171
–   Liberalisierung statt „Reinheit der Lehre"   175

– Aus den Sackgassen der Integration	179
– Wege aus der Toleranzfalle	181
– Für eine kritische multikulturelle Gesellschaft	182
– Türken und Deutsche: daima beraber	185

Einspruch! 187
(Mit dem Brief einer Muslima an ihren Sohn)

Zeitmarken des Einen Gottes – 4 191

5. Kapitel
Die Halbgötter: Wie aus den Söhnen der Kirche 197
die Väter des Fortschritts werden

Die vergötterte Wissenschaft	197
Science ist Power!	200
Verbo(r)gene Wurzeln	203
Die Ängste der Allmächtigen	205
Mit der Wissenschaft in die Katastrophe	210
Die Entdeckung der Achtsamkeit	211

Einspruch! 213
(Mit Theologeleien)

Zeitmarken des Einen Gottes – 5 217

6. Kapitel
Die noch nicht Erleuchteten: 223
Brüder und Schwestern auf dem Weg

Wer hat Angst vorm Wassermann?	226
Schlaumeier, Schwarzfahrer und Schamanen	228
Die Neuen sind die Alten: Zwischen Schamanen, Buddhisten,	234
Alchemisten und Transpersonalen: Wer beerbt den lieben Gott?	244

Zeitmarken des Einen Gottes – 6 249

Anregungen zu Versuchen und 255
Achtsamkeitsübungen am Tatort Gott

Anmerkungen 282

VORWORT

Dieses Buch habe ich für christliche, jüdische und muslimische Männer und Frauen geschrieben sowie für die vielen, die einer anderen oder gar keiner Religion angehören und die sich dennoch fragen, wozu wir heute Religionen brauchen. Das Buch wendet sich an Alte und Junge, Lehrende und Lernende, Arbeitslose, Priester, Programmierer, Hausfrauen und alle, die für den vielbeschworenen Dialog der Religionen nach guten Gründen suchen. Und wenn Sie jetzt dieses Buch in den Händen halten, würde ich mich freuen, wenn Sie den einen oder anderen neuen Zugang zu Religionen und Spiritualität finden oder auch an alte, längst vergessene Widersprüche und so manchen Anfang wieder anknüpfen können.

Denn der Eine Gott ist wieder ins Zentrum unserer Welt gerückt, nachdem wir mit den monotheistischen Religionen seit langem in eine Falle geraten sind, die nicht nur für die Menschen in Europa und in anderen Industrienationen gefährlich ist und aus der wir möglichst schnell herauskommen müssen. Bei dieser Falle geht es darum, dass wir heute einerseits nicht auf die lebenswichtigen Kompetenzen der monotheistischen Religionen verzichten können, dass aber Christen, Juden und Muslime andererseits durch die jetzige Verfasstheit ihrer Religionen nicht nur daran gehindert werden, sich aktiv für die Überwindung der gegenwärtigen Bedrohungen von Menschen und Mitwelt einzusetzen, sondern dass diese Religionen durch inner- und zwischenreligiöse Konflikte und erstarrte Strukturen die gegenwärtige Krisensituation noch verschärfen. In diesem Buch werden wir herauszufinden versuchen, wie die Menschen schon vor Jahrhunderten in diese Zwickmühle geraten sind und wie wir Heutigen ihr entkommen können. Hier werden in zwei Richtungen Auswege vorgeschlagen, wobei die eine Richtung mit der Überwindung patriachaler und anderer historischer Relikte des Monotheismus zu tun hat. Die andere Richtung befasst sich mit Zugängen zu einer Spiritualität, die nicht notwendig an die Vorstellung des Einen Gottes gebunden ist.

Aber zunächst geht es um den Einen Gott, um den Unberechenbaren, Zürnenden, Rächenden und dann wieder liebevoll Gnädigen, grundlos Verzeihenden, der die Menschen verderben oder retten kann. Es geht um die Auswirkungen der Religion auf die Entwicklung der menschlichen Gesellschaft bis zum heutigen Tag und es geht auch darum, wie ein patriarchaler Monotheismus die Religionen mit Gewalt und blutigen Konflikten deformiert und vergiftet hat. Und deshalb geht es in diesem Buch auch besonders darum, Möglichkeiten zu finden, wie Christentum, Judentum und Islam „entpatriarchalisiert" und auf ihren wesentlichen Kern zurückgeführt werden können. Es geht also um die Hoffnungen, die uns heute noch bleiben, mit dem Blick auf die notwendigen Veränderungen der Religionen und auf eine neue und uralte Spiritualität jenseits von Glaubensbekenntnissen – und jenseits wohlfeiler Verteufelungen aller Religionen. Denn in unserer globalisierten Welt ist es nicht nur wichtig, wie wir alle – ob gläubig oder nicht – von Religionen beeinflusst werden, sondern es geht auch darum, wie wir selbst täglich Religiosität in unser Leben (nicht) einbeziehen und auch so die Religionen verändern können.

Seit dem 11. September 2001 hat sich unser Leben verändert: Der Schock sitzt tief und die verdrängten Erinnerungen an all den Hass und all die Gräuel in der Geschichte der Menschheit werden wieder lebendig. Und mit jedem neuen islamistischen Terroranschlag spüren wir, dass nicht nur die Grundlagen unserer Kultur, demokratische Ordnungen und wirtschaftliche Voraussetzungen bedroht sind, sondern ebenso unsere persönlichen Hoffnungen auf eine friedliche Welt.

Inzwischen hat sich der Flächenbrand des Fundamentalismus überall in der Welt weiter ausgebreitet und fanatische Prediger christlicher, jüdischer und islamischer Prägung haben Hochkonjunktur. Sie basteln hasserfüllt an Achsen des Bösen, die immer nur die anderen betreffen. Auf der Kehrseite dieser Gottesmedaillen etablieren sich gleichzeitig die Neuen Atheisten, die Gott als nicht existent deklarieren und alle Religionen in Bausch und Bogen als „Gotteswahn" verteufeln.

So hat auch mich zunächst die Empörung über Männer, die – angeblich im Namen ihres Gottes – Tausende unschuldiger Menschen grausam hinmorden (und sich damit noch ein Anrecht auf das Paradies erkaufen wollen), zu diesem Buch gebracht, das ich auch im Gedenken an die Opfer religiös verbrämten Terrors geschrieben habe. Ich habe mich, wie viele Menschen in der ganzen Welt, immer wieder gefragt, was diese Fanatiker, die im Namen des Islams empörende Verbrechen begehen, zu einem so menschenverachtenden Hass verleitet und was der Islam damit zu tun haben könnte? Da ich über zwei Jahre in einem islamischen Land gelebt habe und dort mit freundlichen und hilfsbereiten Menschen zusammengearbeitet habe, konnte ich täglich selbst erfahren, wie weltoffen, lebensfroh, tolerant und friedvoll Muslime leben und denken. Ähnliche Erfahrungen machen wir heute überall in Europa und der ganzen Welt.

Andererseits werden wir als Europäer auch in Köln, Sevilla, Jerusalem oder in Mexiko daran erinnert, welche Verbrechen im Namen des Christentums begangen wurden und wie Christentum im kollektiven Gedächtnis vieler

Länder von Afrika bis Indonesien als Religion grausamer Eroberung und brutaler kolonialer Unterdrückung verankert ist. So brachte mich mein Entsetzen über den Terrorismus immer folgerichtig zu dem Einen Gott, der das Wesen der jüdischen, christlichen und islamischen Religion ausmacht. Mir wurde immer deutlicher, dass wir uns den Fragen nach den Wurzeln des islamistischen Terrors nicht allein durch Analysen einer ungerechten globalen Wirtschaftsordnung oder durch Auslegung des Korans nähern können. Vielmehr ist die Einbeziehung der jüdischen und christlichen Religionen als Ursprung und Umfeld der westlichen Zivilisation mit all ihren Wundern und all ihren Schrecken ebenso wichtig, um den Fundamentalismus und den Terrorismus heute zu verstehen. Denn Judentum, Christentum und Islam hängen unlösbar zusammen in ihrer Prägung durch den unbedingten Glauben an den Einen Gott, der in allen drei Religionen immer wieder sein faszinierend janusköpfiges Angesicht zeigt. Und dieses bietet zwischen blindwütiger Vernichtungsraserei und grausamster Mordgier einerseits und liebevoller Güte und verständnisvollem Verzeihen alle nur vorstellbaren menschlichen und unmenschlichen Ansichten.

Diese im Monotheismus tief verankerte Ambivalenz zeichnet in unsere Geschichte und unsere Kultur bis heute ihre blutigen Spuren und ermöglicht doch zugleich heilende und inspirierende Ideale von einem friedlichen Zusammenleben in einem paradiesischen Gottesreich. Aber dieses Gottesreich beansprucht jede dieser Religionen nur für sich allein, so dass die Anhänger dieser drei Religionen – von den Pogromen und Kreuzzügen bis zu den jetzigen – Terroranschlägen immer wieder zu erbitterten Feinden und Konkurrenten geworden sind.

Diese Gegnerschaft im Monotheismus ist für mich deswegen so verwirrend und beunruhigend, weil wir allen drei Religionen die wesentlichen Grundlagen unserer Kultur und manchmal auch die Hinwendung zu Weisheit, Besinnung und liebevollem menschlichen Umgang verdanken, und weil alle drei Religionen viele Gemeinsamkeiten verbinden: Da ist zuerst der unbedingte Glaube an einen einzigen allmächtigen Gott (monotheistische Religionen), der sich den Menschen durch Offenbarungen und Heilige Schriften zu erkennen gibt (Offenbarungs- und Buchreligionen). Alle drei Religionen beziehen sich auf denselben Urvater Abraham bzw. Ibrahim (Abrahamsreligionen). Und vielleicht die grundlegendste Gemeinsamkeit ist: Alle drei zeichnen sich durch strikt patriarchale Strukturen aus, bei dem von Gott über die Propheten, Rabbis, Priester, Imame bis hin zum jüngsten Ministranten alle wichtigen Personen männlich sind.

Heute müssen wir davon ausgehen, dass die nächsten Jahrzehnte, vielleicht sogar Jahrhunderte wieder wie seit Jahrtausenden von Auseinandersetzungen zwischen dem christlich geprägten Westen, der jüdischen Gemeinschaft und der islamischen Welt bestimmt sein werden. Denn wie sich die Religionen jetzt weiter entwickeln, ob nebeneinander, miteinander, gegeneinander, ob tolerant oder fundamentalistisch oder gar hin zu einer Weltreligion, das wird unser Leben mehr beeinflussen als wir uns heute vorstellen können. Wir müssen zur Kenntnis nehmen, dass die Auseinandersetzungen der Religionen im Zusammenhang mit ökologischen und ökonomischen Konflikten und zunehmenden Verteilungskämpfen um die knapper werdenden Ressourcen wieder stärker die Menschheitsgeschichte bestimmen werden, auch weil damit zugleich eine Politisierung der Religionen und eine „Religionisierung" der Politik einhergehen. Gott rückt so ganz unvermutet in den Brennpunkt unseres Denkens und Handelns als auferstandener Denk- und Tatort für Skeptiker und Fromme, für Gläubige und Atheisten, aber auch für Eiferer, Fanatiker und Terroristen.

Dass die Frage nach dem Einen Gott mich in fortgeschrittenerem Alter so unvermutet überfallen und nicht mehr losgelassen hat, das hat nicht nur meine Freunde, Kolleginnen und Kollegen und meine Familie, sondern am meisten mich selbst überrascht. Denn ich gehöre keiner Religion an, bin nicht einmal getauft und habe mich bisher mit Mathematik und Physik, dann auch mit Pädagogik und Gestalttherapie beschäftigt, und meine letzten Bücher hatten Achtsamkeit zum Thema. Aber das Fragen nach Gott, das bei Kindern immer drängend und machtvoll einsetzt und im Laufe des Lebens meist in schönen Philosophemen oder mit religiösen und pseudoreligiösen Beruhigungsmitteln sanft eingelullt wird, meldet sich immer wieder: Es kann uns in jedem Alter neue Perspektiven eröffnen und in uns den Sinn für schon längst vergessen geglaubte Dimensionen und Fragen wieder erwecken. Denn die Götter schlafen nicht.

Also habe ich als Ex-Physiker, Vater und Erziehungswissenschaftler meine alte Nürnberger Fürstenbibel aus dem Jahre 1760 hervorgeholt, meinen Koran (in der veralteten Übersetzung von Goldschmidt aus dem Jahre „1334 der Flucht oder 1916 der Fleischwerdung"), Midrasch-Kommentare und viele, viele Bücher. Ich habe mich mit engagierten Juden, Christen und Muslimen und vielen anderen Menschen besprochen, und so ist der Plan zu diesem Buch entstanden, mit dem ich schreibend und lesend immer mehr in ein dramatisches Spannungsfeld geraten bin: Ich habe immer deutlicher gemerkt, dass wir in unserer jetzigen Situation einerseits auf die drei monotheistischen Religionen nicht verzichten können, dass aber diese Religionen andererseits in ihrer heutigen Verfassheit ihre gewaltigen Wirkungsmöglichkeiten nicht oder nur ansatzweise nutzen können, um aktiv für die Überwindung der gegenwärtigen Bedrohungen der Menschen und unserer Mitwelt tätig zu werden. So ist für mich die Frage immer wichtiger geworden, wie Christen, Juden, Muslime und andere Menschen die Religionen so verändern können, dass sie den Problemen einer gefährdeten Menschheit besser gerecht werden können.

Denn das Reich Gottes ist als Tatort nicht da und dort, sondern in uns oder nirgends.

Und so werden Sie in diesem Buch weniger Analysen, gradlinige Argumentationen nach dem Muster richtig/falsch und keine anmaßenden Urteile über Religionen finden. Es geht mir hier darum, mich dem Einen Gott auf vielen Wegen zu nähern: historisch, politisch, soziologisch, philosophisch-theologisch, aber auch psychologisch und mit eigenen Erfahrungen, ohne mich allerdings auf das komplizierte Gewirr theologischer Streitigkeiten einzulassen. Es geht mir weder um Religionskritik, – vergleich oder gar – schelte. Und ich überlasse auch die Gretchen-, Haupt- und Staatsfrage nach Existenz und Wesen Gottes gern den Berufeneren, nämlich den Propheten, Philosophen, Theologen – oder besser noch den Gläubigen selbst. In diesem Buch soll vielmehr die Frage im Mittelpunkt stehen, welche Inhalte, Strukturen und Traditionen der monotheistischen Religionen heute ihre gesellschaftlichen Wirkungsmöglichkeiten einschränken und wie sich die Religionen wandeln könnten, damit sie ihre kulturellen, ethischen und spirituellen Kompetenzen entsprechend den Erfordernissen unserer globalisierten Welt nützen können. Deshalb wird es hier immer wieder um diese Fragen gehen:
– Was machen Judentum, Christentum und Islam für die menschliche Gesellschaft und für die Einzelnen so wichtig und wie änderte sich die Bedeutung dieser drei Religionen für die Menschen im Laufe der Geschichte bis heute?
– Wie kommt es zu der erbitterten Konkurrenz und Gegnerschaft der drei Religionen und ihrer Gewaltbereitschaft?
– Wie müssen die drei monotheistischen Religionen verändert werden, damit sie ihren Gläubigen und uns ermöglichen, in einer globalisierten und gefährdeten Welt trotz religiöser Differenzen sinnvoll zu leben?

Dabei möchte ich Sie ermutigen, mit diesem Buch eigene Fragen zu entwickeln, neue Vermutungen aufzustellen, mir zu widersprechen oder auch zuzustimmen, in jedem Fall sich einzulassen auf das Abenteuer des eigenen Denkens und Glaubens. Ich würde mir wünschen, dass Sie so vielleicht auch durch Fragen an die drei Religionen etwas finden, was für Sie selbst und Ihr jetziges Leben hilfreich sein kann, indem zum Beispiel Ihr spirituelles Bewusstsein angeregt wird – oder aber Ihre Freude an rationalem Widerspruch. Deshalb gibt es zu jedem Kapitel (im Anhang zusammengestellte) Anregungen, wie Sie selbst durch kleine Experimente, Übungen und Tests Ihrem eigenen Glauben oder Unglauben auf die Schliche kommen können, so dass sich Ihnen auch hier der Tatort bietet, an dem Sie Ihre Gottheit oder die der anderen suchen, auf frischer Tat ertappen, verurteilen, verehren oder auch zu Komplizen Gottes werden können.

Weil dieses Buch eher einem Flickenteppich mit Ein- und Ausfällen, quergedachten Verbindungsfäden, Zitaten und Szenarien gleicht, eignet es sich auch zum Kreuz- und Querlesen, zum Innehalten, Weglegen, Aufhören und Anfangen, so wie Sie auf einem Flickenteppich sitzen, einen Flicken herausnehmen, austauschen oder zertrampeln können. So werden Sie nachfolgend, statt einer hübsch systematischen Einleitung, mehrere Ansichten Gottes finden – gewissermaßen als eine Vorermittlung am Tatort Gott. Denn bevor wir uns der Entstehung des Monotheismus und der jüdischen, christlichen und islamischen Religion in einzelnen Kapiteln zuwenden, ist es sinnvoll, sich des eigenen Standorts zu vergewissern. So wird in diesen Vorermittlungen die Woge der neuen religiösen Bewegtheit und des Fundamentalismus in Verbindung gebracht mit den Globalisierungsprozessen der Gegenwart. Die Frage nach dem Zusammenhang der patriarchalen Strukturen der Religionen mit unseren eigenen Handlungsmöglichkeiten mündet in eine Erinnerung an die geschichtlichen Wandlungen des monotheistischen Gottes und an eine „gottlose" Urzeit.

Aber dennoch gibt es auch für ordentliche Leserinnen und Leser sechs zusammenhängende Kapitel mit einem (fast) systematischen Aufbau vor dem Hintergrund unseres Fragens nach Wirkung und Veränderbarkeit der Religionen. Am Ende eines jeden Kapitels finden Sie eine dazugehörige zeitliche Übersicht, die sowohl einige der spektakulären religionsgeschichtlichen Fixpunkte enthält, aber auch weniger bekannte Ereignisse und Zeitmarken in einen Zusammenhang bringt, der neue Sichtweisen auf die Religionen ermöglicht.

So wird in einem ersten Kapitel die Entstehung des Monotheismus als geschichtlicher Prozess vorgestellt, der Jahrtausende zurückreicht, bis zu den Wildbeutern und den mit Muttergottheiten verbundenen religiösen Vorstellungen, die nach der „Neolithischen Revolution" durch patriarchale Strukturen verdrängt werden. Von den Gottkönigen wird über die Urväter der Weg zur Entwicklung der Religion des Einen Gottes aufgezeigt, die mit der Unterdrückung aller matriarchalen Anteile zugleich einen gewalttätigen Abgrenzungswahn zur Durchsetzung des Monotheismus gegenüber den eigenen unbotmäßigen Anhängern und den „Götzendienern" installiert. Es wird begründet, wie sich aus dieser patriarchalen Herrschaft durch die Urväter und die Propheten von Abraham, Moses und Jesus bis zu Mohammed der Glaube an den Einen Gott entwickeln kann, der die Welt als Seine Schöpfung den Menschen gegenüberstellt – im Unterschied zu Religionen, bei denen der Mensch sich als Teil des Göttlichen und der Schöpfung erlebt. Auch die uns heute so beunruhigenden Konflikte zwischen Muslimen, Christen und Juden werden hier erstmals zum Thema, verbunden mit der Frage nach Wandlungsmöglichkeiten.

Im zweiten Kapitel geht es um das Judentum als Urform des monotheistischen Glaubens, das als erste und wegweisende Religion den Einen Gott in den Mittelpunkt gestellt hat. Dabei wird anhand der Aufarbeitung europäischer Vorurteile begründet, wie sich das Wunder der Kontinuität des Judentums über mehr als drei Jahrtausende hinweg nur verstehen lässt aus dem Bund mit Gott, aus den unzähligen Vorschriften und Regeln und der strengen Bindung an die heiligen Schriften. Außerdem wird gezeigt, wie dieser Bund mit Gott andererseits zu Schuldgefühl und Straferwartung gegenüber dem sich immer wandelnden Einen Gott geführt hat. Wie sich heute jüdischer Partikularismus und patriarchale Fixierung durch „Heben des Heiligen Funkens" überwinden und als Angebot an die Menschheit verwandeln lassen, steht als Frage am Ende dieses Kapitels.

Die christlichen Religionen bestimmen das dritte Kapitel, bei dem es vor allem um die Überwindung patriarchaler Prinzipien durch den Sohn geht, wobei die verschiedenen Deutungen der Sohnschaft Jesu, seines Opfertodes und der Auferstehung in einen historischen Kontext gebracht werden, der die Versöhnung als Botschaft zur Überwindung patriarchaler Strukturen in den Mittelpunkt stellt. Ob diese Botschaft dann später durch die Kirche mit der Zentrierung auf Organisation und Macht und mit der Einführung der Erbsünde so entstellt wird, dass Ketzerverfolgung und Kreuzzüge notwendig daraus folgen, wird als Frage aufgegriffen. Die wird in Zusammenhang gebracht mit anderen, strikt auf Jesus bezogene Strömungen, wie wir sie von den Bogumilen, Katharen und Beginen kennen, aber auch von Meister Eckhart und Thomas Müntzer. Die Sicht auf die vielfältigen Wandlungen des Christentums nach der Reformation führt dann zu der Frage, wie die Durchsetzung christlicher Werte jenseits einer Sündenmoral mit der Achtsamkeit auf eigene und fremde Werte zusammengehen kann und ob sich heute die Erfüllung christlicher Ideale auch mit der Idee einer Rückkehr zum Sohn verbinden lässt.

Einen zentralen Platz nimmt der Islam im vierten Kapitel ein, auch weil es hier am dramatischsten um den Absolutheitsanspruch des monotheistischen Glaubens und seiner universellen Geltung in unserer modernen Welt geht. Dabei werden zunächst den alten europäischen Ängsten seit der Eroberung Konstantinopels und den türkischen Belagerungen Wiens die vielen glücklichen Episoden friedlichen und anregenden Zusammenlebens von Muslimen und Christen gegenübergestellt, um so auch besser die Faszination des Islams für Muslime und Nichtmuslime zu verstehen. Diese Faszination wird dann verdeutlicht anhand der „Fünf Säulen des Islams", der Schönheit und Vieldeutigkeit des Korans und der besonderen Rolle Mohammeds, der als Prophet, Freund, Geliebter, Ehemann von dreizehn Frauen sowie als mutiger Krieger und genialer Staatsmann alle menschlichen Maßstäbe sprengt – und dennoch eine historisch verbürgte Person mit einer detaillierten Biografie ist. Auch hier geht es um Veränderungen, die seit Mohammeds Tod den Islam geprägt haben und bis zu den heutigen Vorstellungen über Dschihad, Scharia und das Welt-Kalifat führen. Das Anwachsen des Islams in den letzten Jahrzehnten wird so in Verbindung gebracht mit seinen religiösen Fundamenten und den Möglichkeiten einer friedlichen, auf Gleichberechtigung und Demokratie ausgerichteten Entwicklung, wobei die besondere weltgeschichtliche Rolle der Türkei in diesem Prozess berücksichtigt wird.

Das fünfte Kapitel entfernt sich vom Tatort Gott nur scheinbar, indem gezeigt wird, wie die monotheistischen Religionen zwar einerseits die Entwicklung von Wissenschaft und Technik behindern, indem sie die neuen Erkenntnisse verbieten und ihre Verkünder ächten oder – wie Giordano Bruno – verbrennen. Andererseits wird dargelegt, wie sie durch bestimmte Aspekte des Schöpfungsmythos zugleich die Voraussetzungen für die wissenschaftlich-technisch bestimmte Welt liefern, in welcher der allmächtige Schöpfer-Gott nun durch den an seine Stelle tretenden, ebenso mächtigen Menschen ersetzt werden soll. Mit Möglichkeiten der Verhinderung der schlimmen Folgen dieses künstlichen Gottes-Ersatzes knüpft dieses Kapitel dann gleich an das letzte an.

Zwischen den Kapiteln stehen einige zum „Einspruch" erklärte Zwischenabschnitte, in denen – quer zu den Kapiteln und doch im Zusammenhang mit ihnen – allerlei Merkwürdigkeiten an den Religionen ge- und erfunden werden, wie transzendente Garnrollen, Vorhautsammler und Kreuzwegmurmlerinnen sowie allerlei Theologeleien. Diese Einsprüche (mit lustvoller Verquickung von Biblischem, Tagesgeschehen und Schabernack) sollen Sie zugleich auch wieder zu Auseinandersetzungen mit den vorangegangenen oder folgenden Kapiteln motivieren, wobei Sie die Anmerkungen am Schluss des Bandes und die Anregungen zu den Experimenten und Übungen bei Ihren eigenen ‚Ermittlungen am Tatort Gott' hinzuziehen können.

Und auch dieses Buch braucht natürlich einen Schluss. Allerdings kann es auf unseren göttlichen Wegen nicht einfach ein Ende geben. Und so gibt es auch kein großes Schlusswort und keine Zusammenfassung, in der alle Probleme auf eine griffige Formel gebracht und alle Antworten auf letzte Fragen fasslich gebündelt werden. Stattdessen gibt es im letzten Kapitel einen Flickenteppich der Möglichkeiten für neue religiöse Entwicklungen, wobei Geschwisterlichkeit, Spiritualität und Achtsamkeit im Mittelpunkt stehen. Dabei wollen wir zudem dem Bezug zu den uralten esoterischen und spirituellen Traditionen der Mystik, des Schamanismus, der Alchemie, der buddhistischen und hinduistischen Religionen nachspüren, aber auch ihre Kommerzialisierung und Verwissenschaftlichung verfolgen. Dann geht es aber auch um die konkretere Frage, ob eine Öffnung, eine Kooperation oder eine Verschmelzung der drei Abrahamsreligionen sinnvoll sein kann oder ob wir gar eine neue Universal-Religiosität brauchen. Vielleicht können Sie diesen Flickenteppich für den Aufbruch zu neuen Ufern und Zeiten zu Ihrem fliegenden Teppich werden lassen. Und wenn Ihnen dann plötzlich schwindelig wird und Sie merken, dass Sie schon längst ein göttlicher Bote oder eine himmlische Botin sind, oder erschrocken vom Teppich fallen, weil Ihnen klar wird, dass Sie Ihren Gott um Gottes Willen aufgeben müssen, dann kann ich mich nur freuen.

Lokaltermin: Ein Gott wird besichtigt

Viel hat erfahren der Mensch,
Der Himmlischen viele genannt,
Seit ein Gespräch wir sind
Und hören können voneinander.
Hölderlin

Erste Ansicht: Gott als neuer Zeitgeist

Der liebe Gott ist wieder gefragt. Religiöse Sehnsucht breitet sich wie Fieberbrand in der Kälte der elektronischen Glitzerwelt aus – und alle wollen dabei sein: der Papst von Berufs wegen und all seine Kardinäle, Priester und Nonnen, dann die Gelehrten, Journalisten, Gotteskrieger und freundlichen Ratgeber, aber auch die Blutbomber und blassen Propheten. Die meisten sind Männer, während Mütter und Schwestern an seidenen Mützchen nähen. Filme und Romane mit religiösen Themen, vom Namen der Rose bis zu Sakrileg und Jesus-Video, werden von Millionen verschlungen. Und wenn auch dabei oft die Lust an der Blasphemie überwiegt, erfasst doch eine religiöse Begeisterung immer mehr junge Menschen, die sich in Jugendsekten, auf Kirchentagen, Pilgerreisen und in vielen religiösen Bereichen engagieren. Papst, Dalai Lama und Amr Khaled werden als Superstars inszeniert, und auch Religionsunterricht ist wieder angesagt. Die Menschen werden auf vielen Kanälen aufgefordert, sich auf jüdische, christliche und islamische Werte zu besinnen und sich für ihre mehr oder weniger kämpferische Durchsetzung stark zu machen.

In Europa, Afrika und Asien schießen Moscheen und Koranschulen wie Pilze aus dem Boden, und die Bekenner des Islams haben sich im 20. Jahrhundert von 150 Millionen auf 1,2 Milliarden vervielfacht, so dass sie damit den höchsten Zuwachs einer Religionsgemeinschaft in der menschlichen Geschichte erreicht haben. Der Hammas-Kommandeur Dr. Abdel Aziz Rantisi kann froh verkünden, dass „dieses Jahrhundert das Jahrhundert des Islams" sein werde. Auch in Deutschland bekennen sich fast hunderttausend Deutschstämmige als Konvertiten zum Islam, mit steigenden Zuwachsraten, wobei Intellektuelle und Jugendliche einen hohen Anteil haben. Zugleich feiern viele spirituelle Richtungen des längst vergessen geglaubten New Age fröhliche Auferstehung, während in Südamerika, den Philippinen und Südkorea fanatisierte Evangelikale die Straßen überschwemmen und in Israel die Ultraorthodoxen immer mehr Einfluss gewinnen. In den USA breiten sich epidemieartig christlich-fundamentalistische Bewegungen aus, die erfolgreich Präsidentschaftskandidaten aufstellen, die Evolutionslehre leugnen und sie für den Biologieunterricht verbieten lassen. So wird der Eine Gott in alter Herrlichkeit von Novosibirsk über Europa, Afrika bis nach Texas wieder auf den Thron gesetzt, auch wenn sein Tod schon seit Jahrhunderten lauthals verkündet worden ist und auch jetzt viele kluge Leute die Religionen im Internetzeitalter für erledigt erklären. Denn gleichzeitig werden Gottesleugner und die Neuen Atheisten bejubelt. Es gibt atheistische Pamphlete im Internet, Talkshows und Millionenauflagen von Büchern, in denen die Nichtexistenz Gottes wissenschaftlich bewiesen werden soll und Religion in Bausch und Bogen als „Gotteswahn" denunziert wird.

Heute sind sich die Klügeren – Gläubige und Atheisten – darin einig, dass wir in einer globalisierten Welt den komplexen Problemen der Religionen weder mit einem freudig herausgeschmetterten Credo noch mit wissenschaftlich verbrämten Beweisen von der Existenz oder Nichtexistenz Gottes gerecht werden können. Vielmehr kommt es darauf an, sich den Männern, Frauen, Kindern zuzuwenden, in ihren Begegnungen und Auseinandersetzungen mit einer Religion, so dass Gott der Tatort wird, an dem Gläubige und Ungläubige, Fromme und Atheisten ihre je eigenen Lebenswelten entwerfen und an andere Generationen weitergeben.

Wenn wir uns jetzt zuerst fragen, was heute so viele Menschen wieder zu einer neuen Religiosität bringt, dann rücken zunächst zwei Entwicklungen der Gegenwart in den Vordergrund, die auf den ersten Blick nichts miteinander zu tun haben: Da ist zum einen die weltweite Ausbreitung des islamistischen Fundamentalismus, der mit Terror und Krieg die Bevölkerung vieler Länder bedroht, so dass viele sich in ihrer Angst alten oder neuen Religionen zuwenden und sich zusammenschließen. Aber diese Fixierung auf die Ausbreitung des Islams verdeckt oft eine andere wichtige Ursache der neuen Religiosität: Denn bei genauerem Hinsehen sind weder Re-Islamisierung noch islamistischer Terror als die eigentlichen Ursachen neuerer religiöser Bewegtheit zu erkennen. Vielmehr können wir die vielfältigen Formen neuer Religiosität nur als Reaktionen auf die tiefgreifenden gesellschaftlichen und politischen Umbrüche durch die Modernisierungs- und Globalisierungsprozesse beim Wechsel ins dritte Jahrtausend verstehen.

Der Verlust von Traditionen und sozialer Nähe, die Angst vor der Ungewissheit und den Krisen der Zukunft, aber auch Beziehungsstress und Patchwork-Familien, lassen die Menschen – und besonders Jugendliche – nach festen Bezugspunkten für Identifikationen suchen, als die sich die Religionen seit Jahrtausenden empfehlen und als die sie nach den wenig tröstlichen Erkenntnissen der Wissenschaft auch heute wieder gefragt sind. Die gesellschaftlichen Veränderungen in einer globalisierten Welt, die von Konsumorientierung, technisiertem Profithandeln und elektronischen Medien bestimmt sind, haben viele gewohnte Bindungen an Gemeinschaften, an Werte, an Lebensformen aufgelöst und eine Leere hinterlassen, in der sich Orientierungslosigkeit, existentielle Angst, fehlendes Vertrauen und Gefühle der Hilflosigkeit wuchernd ausbreiten. In dieser Welt des universellen Konsumzwangs und der weltweiten Vernetzung, wo sich alles Menschliche offen und zugänglich und auf derselben Ebene präsentiert, ohne innen und außen, hastig, vergänglich, ohne Geheimnis, wächst der spirituelle Hunger, die Sehnsucht nach geschützten Räumen, nach inneren Rückzugsmöglichkeiten und sinnerfüllter Gemeinschaft. Ein ursprüngliches Bedürfnis, die durch Technik und Wissenschaft entzauberte Welt wieder als Kosmos und Geheimnis zu erleben und das Staunen über die Wunder der Schöpfung in Riten zu verankern und mit anderen zu teilen, wird wieder lebendig und öffnet uns für die Vorstellungen des Göttlichen, wie wir sie aus allen Religionen seit jeher kennen.[1]

So ist es nicht verwunderlich, dass immer mehr Soziologen davon überzeugt sind, dass die kulturellen, ethischen und spirituellen Kompetenzen der drei monotheistischen Religionen in der heutigen Krisensituation unverzichtbar sind für den Fortbestand und die Weiterentwicklung unserer Gesellschaft. Bei zunehmenden Existenz- und Zukunftsängsten und einem wachsenden Bedürfnis nach Orientierung und Sinngebung rücken diese und andere Religionen immer mehr in den Mittelpunkt unseres politischen und gesellschaftlichen Lebens und werden immer wichtiger in Sinn- und Identifikationskrisen, besonders auch für Jugendliche (v. a. mit Migrationshintergrund).

Andererseits wird nicht erst seit Feuerbach und Marx den Religionen als Opium für das Volk jegliche gesellschaftliche und persönlichkeitsbildende Funktion abgesprochen.[2] Gerade umgekehrt! Auch Freud stößt in dieses Horn, wenn er feststellt, die Glaubensvorstellungen des „gemeinen Mannes" seien so „offenkundig infantil, so wirklichkeitsfremd, daß es einer menschenfreundlichen Gesinnung schmerzlich wird, zu denken, die große Mehrheit der Sterblichen wird sich niemals über diese Auffassung des Lebens erheben können".[3] (Freud musste für dieses leichtfertige Urteil büßen, indem ihm das Thema der Religionen bis zu seinem Tod nicht losließ, wie er im „Mann Moses" beeindruckend geschildert hat).[4]
Angesichts solcher Kontroversen ist es sinnvoll, noch einmal stichwortartig zusammenzufassen, welche Gründe seit jeher die Menschen aller Zeiten und Erdteile veranlassen, sich einer Religion anzuschließen und welche so-

zialen, kulturellen, spirituellen aber auch therapeutischen Kompetenzen einer Religion zukommen, die zentralen menschlichen Bedürfnissen entsprechen:

– Sinn: Es ist das grundlegende und wichtigste Anliegen einer jeden Religion, ihren Angehörigen einen Sinn des Lebens zu vermitteln.[5] Im Grunde konstituiert sich jede Religion aus der Idee einer Sinngebung, die ganz verschiedene Inhalte und Strukturen umfassen und in verschiedene Ziele münden kann. Vom Leben nach dem Tod, der Wiedergeburt, der Auferstehung bis zum Eingehen ins Himmelreich oder ins Nirvana reichen die Verheißungen, die den Gläubigen alle Leiden und Schmerzen des Lebens erträglich machen und vielfältige Tröstungen bieten sollen. Religiöse Sinngebungen und Deutungsmuster werden aber auch zu Leitlinien für persönliches, politisches und soziales Handeln und sind Richtschnur bei Konfliktlösungen zwischen Einzelnen und Gruppen:

– Werte: Solche Deutungsmuster sind immer an die Erfüllung bestimmter Bedingungen geknüpft, die mit einem mehr oder weniger ausformulierten Regel- und Wertesystem zusammenhängen. Ob es die zehn Gebote auf den Steintafeln sind, die Moses vom Berg Sinai herunterbringt, oder die buddhistische Aufforderung zum Handeln ohne Hang zum Tun, oder die dringenden Mahnungen der Bergpredigt, oder die im Koran in Zahlen angegebenen Anteile des Vermögens für mildtätige Spenden: immer gibt es ein mehr oder weniger deutliches, mehr oder weniger begründetes, mehr oder weniger widerspruchsfreies System von Werten und Regeln, das die Gläubigen bei ihrem Handeln leiten und ihnen Sicherheit geben soll. Zugleich sorgen die Religionen für verbindliche Systeme der Durchsetzung und Kontrolle dieser Werte. Durch die Verheißung von göttlichen Gerichten mit Lohn und Strafe, mit Paradies, Fegefeuer, Hölle und ewiger Verdammnis verfügt der Klerus über ein wirkungsvolles Instrument, um seine Schäfchen nicht nur bei der Stange (bzw. beim Kreuz) zu halten, sondern auch um die in der Religion enthaltenen Werte durchzusetzen, auch da, wo weltliche Institutionen versagen oder nicht zuständig sind. So haben die Religionen immer auch eine wichtige zivilisatorische Funktion, die zugleich gemeinschaftsbildend wirkt:

– Gemeinschaft: Alle Religionen bieten ihren Angehörigen die Geborgenheit in einer Gemeinschaft, die sie in vielfältigen Organisations- und Veranstaltungsformen entwickeln. Zwischen Freitagsgebet und evangelischem Kaffeekränzchen gibt es unendliche Möglichkeiten der Gemeinschaftsbildung, in denen die TeilnehmerInnen das finden können, was nach Aussage der Psychologie für jeden Menschen lebensnotwendig ist: Geborgenheit, Anerkennung und Einflussmöglichkeit in einer Gruppe, die auf Freiwilligkeit beruht. Diese Gemeinschaft ist zugleich die erste Voraussetzung zur

– Überwindung der existentiellen Angst: Das Aufgehobensein in der Gemeinschaft, das Wertesystem und die Sinngebung einer Religion sind bereits wichtige Voraussetzungen zur Überwindung der existentiellen Angst, weil sie den Menschen ein Gefühl dafür geben, dass ihrem Leben zusammen mit den anderen ein Sinn, eine gemeinsame Orientierung und die Möglichkeit einer Erfüllung gegeben ist. Religionen wirken mit bei der Gestaltung von Lebensformen. Unterstützend wirkt weiter, dass es in allen Religionen für die existentiellen Krisen und Übergangssituationen wie Geburt, Krankheit, Tod, aber auch für Pubertät und Alter gemeinschaftliche Riten gibt, die die existentiellen Nöte lindern oder ins Positive umlenken und Identifikationen ermöglichen.[6] Sakrale Bauten wie Kirchen, Synagogen und Moscheen helfen dabei, die Angst zu überwinden, indem wir eintauchen in die dunkle Aura jahrhundertealter Frömmigkeit und Strategien der Langsamkeit finden, die besonders wichtig sind, um aus dem angstmachenden Karussell moderner Beschleunigungssysteme auszubrechen. Bei langen Messen (in der orthodoxen Weihnacht bis zu sechs Stunden!), feierlichen Riten und endlosen Gesängen kann das Hamsterrad von Konsum, Kalkül und Profit verlangsamt werden, damit aus dem endlosen Erinnern die Gegenwart lebendig wird[7]:

– Geschichtlichkeit: Wir fühlen uns von den Alltagssorgen befreit, wenn in den schönen und geheiligten Räumen unsere geschichtliche Herkunft theatralisch veranschaulicht und zelebriert wird. Wenn der Priester im traditionellen Gewand den Kelch hebt oder wenn Tausende von Gläubigen die Kaaba umrunden, findet die Verbindung zu einer schon viele tausend Jahre dauernden Bewegung statt, in der wir uralte Symbole aus der Zeit von Christus, Moses oder Mohammed spüren können. In diesem immer aufs Neue verlebendigten Zusammenhang können wir ein Bewusstsein unserer Teilnahme an der Geschichte der Menschheit erfahren. Wir sind nicht mehr nichtige Zufallspartikel in der zeitlosen Unendlichkeit, sondern fühlen uns aufgehoben als Teil ungezählter Generationen, die in einem uralten Wachstumsprozess immer etwas von den Vorfahren übernommen haben, um es verwandelt den Kommenden weiterzugeben. In den Religionen werden die erzählten Geschichten zur erinnerten Geschichtlichkeit und der Mensch erlebt sich so in seiner Unvergänglichkeit:

– Mythen: Die Erzählungen der Religionen umfassen auch Mythen, die grundlegend sind für das Selbstverständnis der Gemeinschaft, für ihren Zusammenhalt und ihre Überlebensfähigkeit. Denn Gruppen verständigen sich wesentlich auf einer gemeinsamen Grundlage bewusster oder unbewusster Mythen. Mit religiösen Mythen können wir die verwirrende Komplexität der Welt auflösen und verdichten, um uns in der Unübersichtlichkeit unseres Lebens besser zu orientieren.[8] Das Umfassende der menschlichen Existenz in unserer Welt wird bild- und gleichnishaft in den mythischen Erzählungen von Schöpfung, Schuld und Vergebung, göttlicher Liebe und Gericht verankert. Wichtig ist, dass diese Mythen nicht abstrakte Geschichten bleiben, sondern wieder und wieder in Festen und Jahresläufen verankert und zu Leben erweckt werden. Weihnachten, Ostern, Chanukka, Newroz, Aschura-Fest sind wie die Jahreszeiten wiederkehrende Erlebnisse von der Kindheit an, selbst für die nicht an die entsprechende Religion Gebundenen. Dabei können das eigene, sich im Laufe des Lebens verändernde Denken und neue Erfahrungen sich immer wieder neu ausrichten in ihrem Verhältnis zu den immer wieder neu zu deutenden Mythen der Religion. Denn ohne Mythen werden wir um die Möglichkeiten unserer kulturellen und persönlichen Identifikation gebracht, und auch deshalb rücken heute die Religionen und ihre Feste wieder ins Bewusstsein einer Gesellschaft, deren Identifikationsangebote immer spärlicher und magerer werden. Die Mythen sind zugleich Quelle für spirituelle Inspiration und spirituelle Erfahrungen:

– Spiritualität: Die spirituelle Dimension ist das geistige Elixier einer jeden Religion, in dem sich das Staunen über unsere Existenz und über den Kosmos manifestiert und immer wieder erneuert. Diese spirituelle Dimension wird am intensivsten erfahren in den mystischen und esoterischen Traditionen aller Religionen durch die Jahrtausende. Die Religionen können unser Bewusstsein erweitern, Teil eines kosmischen Ganzen und der Schöpfung zu sein, denn viele unserer besten Kräfte erwachsen uns aus dem Bewusstsein der Teilnahme an der Schöpfung. In dieser Sehnsucht nach einem umfassenden Sein drückt sich ein elementares menschliches Bedürfnis aus, das die Religionen nutzen, aber auch missbrauchen können. Denn das Glaubensbedürfnis lässt sich nicht nur aus den Defiziten und Leiden des Lebens erklären, und es beruht auch nicht primär auf den Inhalten, an die der Glaube sich bindet, sondern es beruht auf eben jenem Phänomen, das wir mit „Glauben" immer wieder neu zu begreifen versuchen. Dieses Phänomen begleitet die Menschheit von ihren Anfängen an und ist heute in der globalisierten Welt noch ebenso lebendig wie vor zehntausend Jahren.

Aber auch wenn die Aufzählung dieser Kompetenzen der Religionen uns erklärt, welche Bedürfnisse der Menschen sie so wunderbar erfüllen können und warum Religion in unserer Zeit wieder so wichtig geworden ist, so sagt doch das immer wieder betonte Vorhandensein dieser Kompetenzen noch wenig darüber aus, auf welche sozialen, politischen und spirituellen Ziele sich diese Kompetenzen beziehen. Denn auch eine mörderische Satans-Sekte verfügt über die meisten der aufgeführten Kompetenzen und gewinnt eben daher ihre Anziehungskraft. Es wird also in den folgenden Kapiteln wichtig sein zu verstehen, welchen Beitrag die Kompetenzen von Judentum, Christentum und Islam für das Zusammenleben der Menschen und für das

Überleben unserer Welt leisten können. (In einer „Übung" im Anhang können Sie herausfinden, welche Kompetenzen Ihnen in welcher Religion wichtig sind.) So wird Gott als Zeitgeist nicht nur ein Thema für Vergangenheit und Gegenwart, sondern ebenso für unsere Zukunft.

ZWEITE ANSICHT: GOTT ALS HERR UND 'GLOBAL PLAYER'

Die wichtigste und zentrale Vorstellung des Monotheismus ist die des Einen Gottes, der sich als Gott der HERR offenbart hat und vor und außerhalb der von ihm geschaffenen Welt existiert. Während bei den Juden Jahwe zwischen Rache, Zorn und Großmut unberechenbar wechselt und immer wieder versöhnt werden muss, wird der Gott der Christen als liebender Vater (mit Sohn und Heiligem Geist) gesehen. Nur Allah wird in seiner unveränderlichen, unnahbaren, allumfassenden Einheit angebetet: Die einzige Todsünde im Islam besteht in der Vorstellung eines anderen göttlichen Wesens. In dem Anspruch des Einen Gottes, der Einzige Gott zu sein, sind die Wurzeln für Konkurrenz und Feindschaft zu den anderen enthalten. Denn je ängstlicher und verbissener sich die Gläubigen an die Einzigartigkeit ihres Gottes klammern, umso mehr fühlen sie sich von einem „anderen" Gott in ihrer Identität bedroht und umso heftiger müssen sie ihn für ihre eigene Profilierung bekämpfen. Dem entspricht das Missionsgebot bei Christen (Matth. 28, 19-20) und Muslimen (Sure 2, 191-193), während die Juden als das von Gott auserwählte Volk keine Mission nötig haben. Diese Fixierung auf den Einen Gott lässt sich als Folge der Entstehungsbedingungen des Monotheismus verstehen. Im Umfeld patriarchaler Stammeskulturen, in denen Kampf, Gewalt und Unterdrückung zum Überlebensprinzip geworden sind und bei denen die Herrschaft der Einen meist mit Ausrottung, Versklavung oder Unterdrückung der Anderen einhergeht, ist ein Gott nützlich, der keinen anderen neben sich duldet, nur den eigenen Gläubigen zu Sieg und Heil verhilft und allen anderen, als den „Ungläubigen", mit schrecklichem Zorn und Rache droht. (s. 1. Kap.)

Zugleich liefert die Vorstellung Gottes als eines männlichen Wesens die Voraussetzung und Rechtfertigung für eine Beherrschung und Abwertung alles Weiblichen. Wenn der männliche Gott die Welt beherrscht, dann entspricht dieser göttlichen Ordnung eine männlich beherrschte Gesellschaft mit allen sexistischen Konsequenzen. Die patriarchalen Strukturen des Monotheismus beschränken sich aber nicht auf Gott und seine Schöpfung, sondern sie bestimmen alle Bereiche der Religion von ihren Mythen, Geboten und Regeln bis hin zu den Riten und den handelnden Personen, die vom Rabbi, Priester oder Imam bis zum Messjungen alle männlich sind. Wie stark die Entwicklung von geschlechtsspezifischen Identifikationen (besonders von Kindern und Jugendlichen) durch solche rigiden patriarchalen Strukturen deformiert wird, lässt sich kaum ermessen.

Die Unterdrückung und Abwertung des Weiblichen im Alten und Neuen Testament sowie im Koran sind jeweils unterschiedlich ausgeprägt. In der Genesis kommen fast nur Männer vor und Gott spricht ausschließlich zu ihnen, selbst wenn es um die Umwandlung von Sarais Namen geht (vgl. Gen. 17,15). Frauen werden nur als Gebärerinnen und Verführerinnen erwähnt: „Die Zauberinnen sollst du nicht leben lassen." (Ex. 22,17) „Ein Weib die ihres Leibes Blutfluß hat" wird besonders geächtet: „Und wer anrührt irgendetwas, darauf sie gesessen hat, soll seine Kleider waschen und sich mit Wasser waschen und unrein sein bis zum Abend." (3. Mos. 15,22)
Es ist zu vermuten, dass Jesus als Sohn mehr Geschwisterlichkeit in diese patriarchale Gotteswelt bringen wollte. Aber schon die Apostel machten da nicht mit: „Desgleichen sollen die Weiber ihren Männern untertan sein" (1. Petr. 3,1). Und die katholische Kirche kehrte dann eilig wieder zu den bewährten patriarchalen Strukturen von Moses zurück (s. 3. Kap.). Mohammed als liebevoller Ehemann und Vater mit 13 Ehefrauen ließ sich dennoch offenbaren: „Eure Weiber sind ein Saatfeld für euch: Darum bestellt euer Saatfeld, wie ihr wollt". (Sure 2,223)
Gott als Herr ist aber zugleich auch der Schöpfer der Welt. Indem Gott die Schöpfung aus sich heraus stellt als ein geschaffenes Gegenüber, ist die Welt zugleich außerhalb von Gott. Eine dualistische Vorstellung vom Urgrund des Seins wird so durch den Monotheismus begründet. Die Welt ist Gottes, aber die Welt ist nicht mehr unmittelbar göttlich, wie in pantheistischen Auffassungen oder in mystischen Strömungen durch die Erfahrung des Eins-Sein mit Gott, der unio mystica (s. 6. Kap.). So kann aus der Unterscheidung von Schöpfer und Geschöpf, von Gott und Welt einerseits eine Abwertung der Schöpfung hergeleitet werden mit den bekannten Konsequenzen, die in alle Formen von Ausbeutung der Natur und der Menschen münden können: „Macht euch die Erde untertan" (Gen. 1,28) oder „ER machte dienstbar euch die Nacht, den Tag, / Die Sonne und den Mond" (Sure 16,12). Andererseits kann die „Andersheit" Gottes sowohl die Dualismen von Geist und Materie, Leib und Seele, irdisch und göttlich begründen wie auch Rechtfertigung und Durchsetzung patriarchaler Herrschaft und Abwertung des Lebendigen im Allgemeinen und des Weiblichen im Besonderen sein. In dieser dualistischen Sicht kann die Welt zum Gegenüber werden, das mit Neugier auseinander genommen, analysiert und für den Nutzen der Eliten ohne Rücksicht auf Verluste zugerichtet wird. Die wissenschaftlich-technische Rationalität scheint so zwar dem Schöpfungsmythos entgegen zu stehen, wird aber doch durch die dualistische Weltsicht bestens vorbereitet.

Denn auch, wenn es zunächst scheint, als wäre unsere heutige Situation allein dem rational wissenschaftlichen Denken und seiner technischen Umsetzung geschuldet, das sich wie bei Giordano Bruno und Galileo Galilei sogar gegen die kirchlichen Dogmen durchsetzen musste, so gibt es doch in der jüdisch christlichen Religion viel tiefere Wurzeln, die den Zustand unserer Welt bis heute prägen und die auch unser Leben wesentlich bestimmen, wobei wissenschaftlich-technischer Fortschritt und Zerstörung der Welt zwei Seiten derselben Medaille sind (s. 5. Kap.).

Und deshalb geht es in diesem Buch auch um die Frage, inwieweit die gegenwärtigen Bedrohungen unseres Planeten und der Menschheit durch ökologische Krisen, Raubbau und Klimaveränderung, durch Gewalt und Kriege, Terror, Hungersnöte, Verarmung und Unterdrückung zusammenhängen mit jüdisch-christlichen, aber auch mit islamischen Vorstellungen in den letzten Jahrtausenden bis heute, und wie diese Religionen verändert werden können, damit sie ihre gewaltigen Einflussmöglichkeiten und ihre Machtinstrumente zum Wohle der Menschen und zur Erhaltung unserer Mitwelt nutzen.

Diese zentrale Frage ist ein zusätzliches Argument dafür, unseren Tatort Gott auf die jüdischen, christlichen und islamischen Religionen einzugrenzen, die derzeit noch immer mehr als die Hälfte der Weltbevölkerung umfassen, ohne zu vergessen, dass in Indien, China und anderen Teilen der Welt der Buddhismus, der Hinduismus, der Taoismus und neue Religionen sich schnell ausbreiten können. Aber diese Religionen haben in den Jahrtausenden ihres Bestehens nichts der Entwicklung des wissenschaftlich-technischen Bereiches Vergleichbares begünstigt und sind so weit weniger in der Verantwortung für unsere Katastrophen (s. 6. Kap.).

Gott wird aber von jüdischen, christlichen und islamischen Theologen nicht nur als Schöpfer und transzendenter Herr der Welt angesehen, sondern sehr konkret auch als Herr der Geschichte, der als allmächtiger und allwissender 'Global Player' die Geschicke der Völker kennt und lenkt. Für uns hat diese Aussicht eine schlichtere weltliche Perspektive, weil Spiritualität und Religion seit jeher die soziale, kulturelle, ökonomische und politische Entwicklung der Völker bestimmen. Das Volk Israel hat sich überhaupt erst durch seine Religion konstituiert und die Bildung der arabischen Staaten ist durch den Islam erfolgt. Auch wenn im Christentum weltliche und kirchliche Macht nicht zusammen fallen und sich oft sogar befehdet haben, sind dennoch die westlichen Industrienationen mit ihrer Kultur- und Wirtschaftsordnung wesentlich durch christliche Vorstellungen bestimmt. Umgekehrt hängt die Entwicklung der monotheistischen Religionen eng zusammen mit spezifischen ökonomischen Bedingungen. So ist der Aufschwung der orthodoxen und auch der katholischen Kirche gebunden an ihren zunehmenden Grundbesitz seit dem 4. Jahrhundert, während die Ausbreitung der Reformation mit der Durchsetzung der kapitalistischen Produktionsweise verbunden ist. Der Aufschwung des Islams im letzten Jahrhundert hat viel mit dem Ölreichtum einiger islamischer Länder zu tun. Um die jüngsten Entwicklungen der Religionen in der globalisierten Welt zu verstehen, ist es also notwendig, auch ihren Zusammenhang mit ökonomischen und politischen Veränderungen einzubeziehen.

Nach dem Zusammenbruch der Sowjetunion stehen sich heute nicht mehr ein kapitalistisch und ein sozialistisch orientierter Machtblock gegenüber, sondern es konkurrieren viele Mischformen, die sich mehr oder weniger an kapitalistischen Wirtschaftsstrukturen orientieren und mehr oder weniger demokratisch ausgerichtet sind. In dieser multipolaren Machtstruktur der Welt lassen sich immer deutlicher vier „Welten" unterscheiden: Einmal der von den USA dominierte „Westen", dann die „Aufsteiger" in Asien (China, Indien, der pazifische Raum), aber auch in Lateinamerika, ferner die „Energiebesitzer" (besonders die islamischen Länder, aber auch Russland) und schließlich die „Armen". Bei den anstehenden Verteilungskämpfen um Öl, Wasser und Nahrung wird es nun auch darum gehen, welche der „Welten" für die anderen so attraktiv sind, dass sie sich ihnen anschließen und so deren Machtpotential vergrößern. Diese Attraktivität hängt nicht nur vom Reichtum ab, sondern auch von einem überzeugenden religiösen Konzept für das Überleben der Menschheit, die immer schneller wächst und immer mehr Energie verbraucht. Während die Aufsteiger vor allem mit ihrem Aufstieg beschäftigt sind, haben die Armen mit ihrem Überlebenskampf zu tun, so dass beide derzeit nicht in der Lage sind, sich um religiöse Menschheitskonzepte und ihre Ausbreitung zu kümmern. Für diese Aufgabe erklären sich aber sowohl der Westen wie auch zunehmend die islamischen Länder zuständig, die den schwankenden Rest der Welt unter ihren Einfluss bringen wollen. Das bedeutet also, dass die nächsten Jahrzehnte, vielleicht sogar Jahrhunderte von den Auseinandersetzungen des jüdisch-christlich geprägten Westens und der islamischen Welt bestimmt sein werden.

Dabei kommt Europa in diesem Konflikt eine besondere Bedeutung zu, nicht nur wegen unseres geopolitischen Standortes. Denn zum einen drängen immer mehr begeisterungsfähige junge Menschen von den sich verjüngenden Gesellschaften vorwiegend islamischen Glaubens aus den Elendsvierteln, versteppten Wüsten, Bürgerkriegsregionen und Flüchtlingslagern zu uns in die reichen Industrienationen, die immer mehr überaltern, so dass wir angesichts der drohenden demografischen Katastrophe dringend auf Immigranten angewiesen sind. Zum anderen wird die Situation dadurch erschwert, dass viele junge Migranten den Islam gar nicht mehr aus dem kulturellen Zusammenhang ihres Herkunftslandes kennen. Den Koran, nach dem Selbsttötung und Terror verboten sind, haben sie nicht gelesen. Vielmehr basteln sie sich aus dubiosen Bruchstücken im Internet und aus arabischen Satellitensendern sowie mit Hass- und Wanderpredigern einen Billig-Islam zurecht, der sie als vom Westen verfolgt und gedemütigt darstellt und ein vergiftetes hasserfülltes Wir-Gefühl beschwört. Dieser Zustand lässt sich machtpolitisch sehr effektiv instrumentalisieren, indem der politische und ökonomische Konflikt zwischen armen, entrechteten Muslimen und den Reichen in den westlichen Industrienationen als religiöser Konflikt interpretiert wird, um so für Machtkämpfe neue Religionskriege zu provozieren, indem z.B. zum Heiligen Krieg gegen „Kreuzzügler und Zionisten" oder überhaupt gegen die „Kuffar" (Ungläubigen) aufgerufen wird – wie im Ikhwann-Programm der Islamischen Brüderschaft (s. 4. Kap.). Im Dschihad sollen dann die „Wiedergeborenen Muslime" durch eine rückwärts gerichtete Gegenglobalisierung ein weltweites Islamisches Kalifat errichten, vor dem Huntington mit seiner spektakulären These vom Clash of Cultures schon 1993 warnte.[9] Wenn dann heute viele Mullahs den jungen Muslimen nach „erfolgreichem" Selbstmordattentat die direkte Einweisung ins Paradies garantieren und in manchen Koran-Schulen die Kinder lernen, wie sie bei einem Toten angeblich erkennen können, ob der Betreffende ein gläubiger Muslim war und für den Propheten gestorben ist, solange haben die christliche Nächstenliebe und das Reich Gottes wenig Realisierungschancen in „den letzten Tagen von Europa" (W. Laqueur).

Es scheint so, als wäre Gott als „Global Player" in eine Abseitsfalle manövriert worden, während sich seine wüstesten Fans und Hooligans um seinen wunderbaren Ball prügeln und unsere Erde dabei ruinieren.

Dritte Ansicht: Gott in unserer Verantwortung

Und da drängt sich gleich die Frage auf, was wir – Gläubige und Ungläubige – heute tun können, um religiöse Fanatiker und ihre Wahnideen aufzuhalten sowie um die Religionen so weiterzuentwickeln, dass der Einsatz für Frieden, soziale Gerechtigkeit und Erhaltung der Natur sich nicht auf karitative Aspekte oder auf einzelne Initiativen beschränkt, sondern zu einer zentralen Aufgabe wird. Da könnten wir allerdings leicht mutlos werden angesichts der Vorstellung von Jahrtausende alten Glaubenssystemen, die in festgefügten Institutionen als unverrückbare Machtblöcke vor uns stehen und gegen Veränderungen – erst recht durch Einzelne – weitgehend resistent sind und den Gläubigen zurückstutzen auf ein anmaßend demütiges

'Was-Gott-getan-ist-wohl-getan'. Wir brauchen aber nur an Moses, Jesus, Mohammed oder Luther zu denken, um uns zu erinnern, dass es für die Menschen zu allen Zeiten nicht nur möglich, sondern überlebenswichtig war, ihre Religion zu verändern, auch indem sie ihre Gottesvorstellungen weiterentwickelten und den veränderten Lebensbedingungen anpassten. Nur so konnten die Religionen im Verlauf der Jahrtausende das werden, was wir heute in ihnen wahrnehmen. Das Verhältnis von Gott und Mensch ist keine Einbahnstraße, auf der Gott die einzelnen Menschen oder die Menschheit insgesamt führt, wie uns in vielen Religionen suggeriert wird. Vielmehr kommt es in allen Glaubensfragen auf die Wechselwirkungen zwischen Gott und Mensch an, die allein die Religionen im geschichtlichen Wandel lebendig halten. Denn die Menschen haben von Anfang an ihr Leben und Denken mit göttlichen Wesen verbunden. Ob die Muttergottheiten der Altsteinzeit, die Große Göttin von Çatal Hüyük, der stiergestaltige Paredros, die Himmelsgöttin Nut, die Kuhgöttin Hathor, Isis und Osiris, ob Krishna, Shiva, Kali und Lakshmi, ob Zeus, Athene, Wotan oder Freya bis hin zu Elohim, Jahwe und Allah. Immer haben die Vorstellungen über göttliche Wesen das Leben der Einzelnen und der Völker bestimmt, und immer haben aber auch die Menschen ihre Vorstellungen über Götter im Zusammenhang mit klimatischen, wirtschaftlichen und politischen Veränderungen weiterentwickelt (s. 1. Kap.). So lassen sich selbst für den als einzig, ewig und unveränderlich bezeichneten Gott des Alten Testaments Veränderungen nachweisen, die vom tyrannischen und rächenden Gott der Genesis reichen, der die Sintflut hereinbrechen und über Sodom und Gomorra Schwefel und Feuer regnen lässt, bis hin zum freundschaftlich Verträge schließenden Gott des Exodus sowie den am Ende des Buches Hiob verstummenden Gott (s. 2. Kap.). Aber auch Sie und ich verändern täglich die tradierten Gottesvorstellungen, indem wir Bücher lesen (z.B. dieses), in andere Länder reisen und dort anderen Gottesvorstellungen begegnen, die unsere eigenen verändern. Und wir geben unsere veränderten Gottesvorstellungen unmerklich an Kinder, Verwandte, Bekannte weiter, auch wenn wir keine Prediger und keine Priester sind. Und so verändern auch wir die Religionen, ob wir nun in die Kirche, die Moschee, die Synagoge, den Tempel gehen oder nicht.

Heute kommt es unter den Bedingungen der Globalisierung darauf an, eine Wandlung der Gottesvorstellungen und solche Aspekte des Glaubens zu unterstützen, die eine umfassende Achtsamkeit für uns, unsere Welt und für eine Verbesserung der Lebensbedingungen angesichts zunehmender Gefährdungen unserer Erde und der Menschen ermöglichen und vertiefen. Für solche Wandlungen stehen bei den monotheistischen Religionen auch heute noch viele Relikte patriarchaler Inhalte und Strukturen im Wege, die mit ihren Entstehungsbedingungen im Umfeld patriarchaler Stammesstrukturen mit Krieg, Eroberung, Gewalt und Unterdrückung zusammenhängen. Es ist ein Leitmotiv dieses Buches zu erkennen, wie diese patriarchalen Relikte als Barrieren in einer globalisierten Welt das Engagement von Christen, Juden und Muslimen für ein friedliches Zusammenleben und einen achtsamen Umgang mit unserer Mitwelt erschweren oder verhindern können.

Die Erkenntnis der für jede Religion spezifischen patriarchalen Barrieren ist eine Voraussetzung dafür, herauszufinden, welche Anstrengungen und Veränderungen in den drei Religionen heute anstehen, um diese historisch bedingten Barrieren abzubauen. Das Grundthema dieses Buches mündet also immer wieder in diese Fragen:

– Wie gehen die Religionen mit ihrer patriarchalen Prägung, ihren patristischen Strukturen und den damit zusammenhängenden Konflikten bezüglich der Identität von Frauen und Männern in Religion, Gesellschaft und Politik um?
– Wie gehen die Religionen mit der dem Monotheismus inhärenten latenten Gewaltbereitschaft um?
– Wie gehen die Religionen mit dem (logisch nicht auflösbaren) Widerspruch um, der zwischen der auf die jeweils eigene Religion zentrierten Heilserwartung und dem globalen Rettungsanspruch besteht?
– Wie gelingt es den Religionen, die Zentrierung auf einen Gott mit der Lösung der anstehenden pluralisierten globalen Probleme zu verbinden?
– Wie können die Religionen verhindern, dass die Zentrierung auf Gott die umfassende Achtsamkeit für die Welt und ihre Menschen verdrängt? Nur im Kontext dieser Kriterien ist es sinnvoll, sich mit den anstehenden Veränderungen der Religionen auseinanderzusetzen (hier als anderes Leitmotiv meist am Ende der Kapitel), um Wege zu finden, auf denen nicht das Zerstörerische, nicht Rache und Vergeltung, sondern das Rettende der Religionen für uns und unsere Welt wirksam wird.

Die Beschäftigung mit der Geschichte der monotheistischen Religionen ist dabei eine wichtige Voraussetzung, um ihre patriarchalen Deformationen durch den (männlichen) Klerus und (männliche) Theologen aufzudecken und so zugleich die verbindende Gemeinsamkeit der Religionen für einen Dialog zu finden, so dass auch Konflikte innerhalb und zwischen den Religionen entschärft und vermieden werden könnten [10]. Für den Islam geht es um die Einbeziehung der Offenbarungen in ihren historischen Kontext. So halte ich eine „Öffnung des Korans" in Bezug auf geschichtliche und kulturelle Interpretationen für eine wichtige Voraussetzung, um dem Fundamentalismus zu begegnen (s. 4. Kap.). Durch eine solche Öffnung kann z.B. auch deutlich werden, wie „Ehrenmord" und Zwangsheirat eher auf archaische Stammestraditionen zurückzuführen sind, als auf (oft widersprüchliche) Offenbarungen des Propheten. Ebenso kann deutlich werden, dass im Koran Dschihad nicht als „Heiliger Krieg" bezeichnet wird, dass die Scharia erst eine viel spätere Festlegung durch orthodoxe Männergremien zum Erhalt ihrer Machtposition darstellt und dass Selbsttötungen (also auch Selbstmordattentate!) im Koran verboten sind.[11]

Für das Christentum ist im historischen Kontext eine neue Besinnung auf Jesus als Menschensohn wichtig, auch unter Berücksichtigung der von den Amtskirchen geächteten gnostischen Evangelien und Schriften. Bei der jüdischen Religion könnte es darum gehen, die mütterlichen Anteile von Jahwe einzubeziehen und die fanatische Verdrängung dieser weiblichen Aspekte durch die (männlichen) Thora-Redakteure (s. die Ausstellung „Gott weiblich" des Schweizer Theologen Othmar Keel ab 4. Mai 2008 in Rottenburg/Neckar). So könnte vielleicht auch eine Vermittlung des universellen Geltungsanspruchs im Judentum mit seiner stammesgeschichtlichen Herkunft lebbar werden, wobei wir uns allerdings mit Mary Daly fragen können, wie viel historische Relativierungen – in einer monotheistisch geprägten Welt sexistischer Prinzipien – überhaupt bewirken können (s. 2. Kap.).

Aber in jedem Fall ist es für die Zukunft der monotheistischen Religionen von entscheidender Bedeutung, wie es ihnen gelingt, auch ihre institutionellen patriarchalen Strukturen abzubauen. So gibt es in der evangelischen Kirche viele Pfarrerinnen und Bischöfinnen, in der jüdischen Religion Rabbinerinnen, während die katholische Kirche sich trotz katholischer Frauenbewegung, der „Kirche von unten" und der Altkatholiken „mannhaft" gegen jegliche institutionelle Öffnung für Frauen stemmt. Ebenso ist im Islam ein weiblicher Imam (noch) nicht vorstellbar. Und auch wenn es heute viele engagierte Muslimas und eine islamische Frauenbewegung gibt und die jüngste Gallup-Umfrage (bei 50 000 Muslimen in 35 Ländern) einer Mehrzahl der Muslime eine positive Einstellung zur Gleichberechtigung attestiert, bleibt doch in der Realität der meisten islamischen Länder – und auch bei vielen Muslimen in Deutschland – die Gleichberechtigung oft bestenfalls ein Lippenbekenntnis.

Weniger bekannt ist bei uns, dass es auch im Islam seit den ersten Kalifen Reformbewegungen gegeben hat, die eine Liberalisierung des Islams und (wie al Farabi im 9. Jahrhundert) eine islamische Aufklärung betrieben haben, der auch die westliche Philosophie und Wissenschaft viel zu verdanken hat. Im 11. Jahrhundert beendet allerdings die islamische Orthodoxie gewaltsam diese Bemühungen. Aber auch heute fordern viele islamische Theologen und Wissenschaftler eine Liberalisierung des Islams, was immer mit einer Bedrohung durch die Fundamentalisten einhergeht. So wurde Machmud Khatah 1985 hingerichtet, weil er unterschiedliche kulturelle und geschichtliche Prägungen im Koran herausgefunden hat (s. 4. Kap.).

Heute ist Gott mehr denn je in unserer aller Verantwortung. Denn die heilenden wie auch die verderblichen Wirkungen der Religion betreffen alle Menschen. Die Zukunft der Religionen ist nicht länger nur Sache einzelner Gläubiger und ihrer Priester, ja nicht einmal mehr nur Sache der einzelnen Religionen. Die Zukunft der Religionen geht uns alle an.

Mich beeindrucken der Mut und das Engagement der „Rabbis for Human Rights", die Palästinenser durch ihren Beistand und durch konkrete Hilfsaktionen unterstützen; die Aktivitäten im Begegnungszentrum in Bethlehem, wo Christen und Muslime zusammen arbeiten, das Friedensdorf Neve Shalom, wo jüdische und arabische Kinder gemeinsam aufwachsen oder auch das Berliner Jugendtheater Grenzenlos, wo muslimische und christliche Jugendliche Stücke zu interkulturellen Konflikten erarbeiten und aufführen. Ich habe dieses Buch auch in der Hoffnung geschrieben, dass solche Aktivitäten zunehmend den Umgang der Religionen untereinander und das Zusammenleben von Juden, Muslimen und Christen bestimmen, damit der Glaube an den einen Gott, der mit dem Brudermord von Kain und Abel angefangen hat, nicht mit einem Blutbad unter Brüdern endet. Denn vor dem Glauben kommen die Liebe, das Leben und der Frieden.

Eine längst vergessene Ansicht: Die Göttin und der Jüngling

Die Jagdtiere sind wieder ausgeblieben, abgewandert oder verschwunden. Im Kreis hocken die Männer, aufgeregt beim großen Baum, sie reden durcheinander und immer wieder gehen schnelle Blicke zu Fahima, den sie auserwählt haben, dass er zur Herrin der Tiere gehe.

Der Älteste steht auf und nähert sich Fahima, die anderen kommen und berühren Fahima und fangen an, seine Arme und Beine mit Ocker und weißem Talg zu bemalen – und schließlich auch das Gesicht. Sie stampfen im Rhythmus einer Trommel und bewegen sich wiegend im Kreis. Der Schamane reicht Fahima das Pfeifchen mit dem scharfen Sud, den er durch die Nase einzieht. Trommelnd und stampfend verwandeln sie den Kreis in eine Schlange und ziehen hinter Fahima her den schmalen Pfad entlang durch Gebüsch und Geröll. Sie begleiten ihn bis zu der Höhle, deren Eingang mit einem anderen Rot bemalt ist, wie das Blut der Erdmuttergöttin. Hier versammeln sich die Frauen zu geheimen Riten und Festen zum Neumond, aber auch, um ihre Kinder zu gebären.

Während Fahima sich geduckt dem roten dunklen Eingang nähert, verstummt die Trommel. Die Männer stehen unbeweglich und lauschen auf Geräusche aus der Höhle. Es klingt wie Gesang oder auch wie Schreie, Lachen.

Die Männer wenden sich um und gehen mit schleichenden Schritten zurück. Sie wissen, dass Fahima morgen oder übermorgen oder vielleicht nie zurückkommen wird und dass er rückwärts auf den Fersen aus der Höhle gehen muss. Denn wenn er die Tiere befreit, so dass sie wiederkommen können zur Jagdzeit, darf die Herrin nicht an den Zehenabdrücken seine Spur erkennen, damit sie ihn nicht einholen kann zum Opfer.

Die Männer hocken wieder im Kreis und warten. Aber es wird eine Zeit kommen, da sie nicht mehr warten und nicht mehr ausgeschlossen sein wollen von den Geheimnissen um Fruchtbarkeit, Geburt und Tod in der Höhle der Großen Mutter. Und die Alten und die Schamanen werden sich zusammentun und Wege der Einweihung finden, wie der Jüngling das Tor zum Licht durchschreitet und zum Mann und Krieger gemacht wird.
Dann werden sie die Herren sein über Leben und Tod.

Erstes Kapitel
In Abrahams Schoss: Das Verschwinden der Mütter im Angesicht Gottes

Durch die Risse des Glaubens
schimmert das Nichts
doch schon der Kiesel
nimmt an die Wärme der Hand
Rainer Kunze

Der Weg zu unserem Tatort Gott und zu den Religionen der Juden, Christen und Muslime reicht weit zurück in vorgeschichtliche Zeiten, in denen die Spuren der Menschen sich in verborgene Anfänge verlieren. Von diesen Zeiten erfahren wir durch die faszinierenden Fundstücke der Archäologen und Paläanthologen, die von verschiedenen Wissenschaftsdisziplinen für ihre unterschiedlichen prähistorischen Modelle verwendet werden. Durch neue Funde (wie die Himmelsscheibe von Nebra) und neue Forschungsmethoden (wie bei den Ausgrabungen von Göbekli Tepe) werden diese Modelle immer wieder verändert und erweitert, so dass die Auseinandersetzung um ihre Gültigkeit nie abreißt. Auf diese spannenden Diskussionen können wir hier nicht eingehen und nur ab und zu in den Anmerkungen anknüpfen. Stattdessen möchte ich Sie aber anregen, sich auf Ihre eigenen Ideen über den Ursprung der Religionen einzulassen. Dazu werde ich nur wenige Aspekte unterschiedlicher prähistorischer Konzepte nutzen, damit Sie durch die Auseinandersetzung mit verschiedenen Sichtweisen Ihre eigenen Vorstellungen über die Entstehung der Religionen besser begründen und verdeutlichen können, auch weil wir zugleich Hinweise erhalten über die heutigen Krisen und Möglichkeiten der Religionen.

Am Anfang aller Menschen ist die Mutter. Und so ist es auch in der Geschichte der Menschheit. Die Ethnologen berichten aus vielen Erdteilen von einem Zeitalter, in dem die Große Mutter als Göttin verehrt wurde und Frauen das Leben in der Sippe oder im Stamm durch die Art ihrer Kraft und ihres Tuns bestimmten.[1] Die Menschen in der Altsteinzeit sollen nach diesen Vorstellungen friedlich, rücksichtsvoll, genügsam und freundlich zueinander gewesen sein. Es gab riesige Flächen fruchtbaren Landes mit einem angenehmen Klima und alle Menschen führten ein freies, meist sorgloses Leben. Während die Frauen die reichlichen Beeren, Früchte, Pilze und Kleintiere sammelten, durchschweiften die Männer auf der Jagd die endlosen Weiten. Die Menschen waren einander ebenbürtig, ohne Rangunterschiede und ohne gesellschaftliche Konflikte, weil man sich in den endlosen

Weiten aus dem Weg gehen konnte.[2] – Auch wenn solche Darstellungen manchmal mehr mit den von den archäologischen Funden inspirierten, kollektiven Träumen der Ethnologen zu tun haben als mit einer wissenschaftlich rekonstruierbaren Wirklichkeit, so helfen uns solche Forschungen zumindest, unsere eigene Gegenwart und unseren Weg zu den Göttern besser zu verstehen.

PARADIES ODER PLACKEREI?

Viele verbinden mit dieser Zeit die Vorstellung einer ursprünglichen Überflussgesellschaft oder gar des Paradieses, des Garten Edens, des Hyperboräerlandes oder des Gartens der Hesperiden. Von den meisten Ethnologen werden diese Gesellschaften zwischen der jüngeren Altsteinzeit und der Mittelsteinzeit angesiedelt und als Wildbeutergesellschaften bezeichnet. Andere Forscher betonen allerdings auch die Plagen und Mühen der Kleider- und Nahrungsbeschaffung, insbesondere auch die Gefahren der Großwildjagd, zumal da durch das Zurückgehen der Gletscher Mammut und Wollnashorn ausstarben und die Jagd auf andere Großtiere und Formen der Treibjagd schwieriger wurden.[3]

Obwohl wahrscheinlich je nach territorialer und epochaler Zuordnung (es gibt auch heute noch Wildbeutergesellschaften)[4] eher die eine oder die andere Position das damalige Leben zutreffender kennzeichnet, sind sich doch die meisten Wissenschaftler darin einig, dass in diesen Gesellschaften die Mütter einen höheren Status als die Männer innehatten. Die dafür angeführten Gründe sind vielfältig. Am häufigsten wird darauf hingewiesen, dass die Frauen als Gebärende für den Fortbestand der Sippe sorgten und so überhaupt als die Spenderinnen neuen Lebens und als Garantinnen der Fruchtbarkeit angesehen und verehrt wurden, unabhängig davon, ob der Zusammenhang zwischen Zeugung und Geburt schon bekannt war. Die Menschen führten so ihre Abstammung ausschließlich auf ihre Mutter zurück und beachteten nur Verwandtschaftsgrade in mütterlicher Linie (matrilineare oder maternale Deszendenz). Oft spielte der Bruder der Mutter eine größere Rolle als der leibliche Vater, wie überhaupt biologische und soziale Vaterschaft häufig nicht übereinstimmten. Da die Mutter durch Geburt und Pflege der Kinder, als Hüterin des Feuers und der Wärme, aber auch durch ihre Sammeltätigkeit und später, nach Entwicklung des Grabstocks und der Hacke, durch Gartenkultur und durch das von den Frauen errichtete Haus den Wohnort festlegte, siedelte sich der Mann im Haus oder der Sippe seiner Frau an (matrilokal). Die dominierende Stellung der Frau wurde noch dadurch verstärkt, dass sie als Sammlerin und später mit der Hacke für die regelmäßige Nahrungsbeschaffung zuständig war, während die Jagd, an der sie auch teilnahm, keine zuverlässige Nahrungsquelle war. Auch wenn einige Autoren (männlich) darstellen, dass die meisten Behauptungen über das Mutterrecht einer Nachprüfung nicht standhalten[5], ist es doch eindeutig erwiesen, dass diese hohe Stellung der Frau sich in vielfältiger Verehrung von Muttergottheiten ausdrückte, wie wir sie aus den archäologischen Funden von Island über Lespugue bis Mykenae und Çatal Hüyük kennen. Dort gab es schon vor 12000 Jahren Hochkulturen, wie jetzige Ausgrabungen zeigen. Besonders wichtig sind dabei die neusten Ausgrabungen in Göbekli Tepe, die möglicherweise unsere bisherigen Vorstellungen von der Mittelsteinzeit radikal umstürzen, weil nun deutlich wird, dass schon um 9000 v. Chr., also noch vor den Anfängen von Ackerbau und Viehzucht, monumentale Bauten errichtet wurden. Die in Göbekli Tepe freigelegten Pfeiler zeigen kunstvolle Reliefs von Löwen, Stieren, Gazellen und Schlangen und wiegen bis zu 50 Tonnen. Da die Errichtung einer solchen Anlage einerseits eine komplexe Organisation mit ca. 500 Menschen voraussetzt, andererseits aber keine Wohngebäude gefunden wurden, lassen diese Riesenbauten auch in Verbindung mit eingravierten Piktogrammen auf eine monumentale Kulturanlage für schamanische Rituale schließen.[6] Denn parallel und oft gleichzeitig mit der Verehrung von Muttergottheiten entwickelten sich vielfältige Formen des Schamanismus, die von Sibirien, Asien, Australien, Afrika und Amerika fast überall auf der Welt mit ähnlichen Praktiken und Vorstellungen nachweisbar sind. Die Schamanen waren dabei nicht nur als Künstler und als Medizinmänner und -frauen tätig, sondern sie leiteten als spirituelle Führer auch die Rituale und das Zusammenleben des Stammes. Bis heute haben sich in vielen Gegenden der Erde Formen des Schamanismus und des Kults der Großen Mutter erhalten.

DAS ENDE DES PARADIESES

Wie paradiesisch die Zeiten der Wildbeuter und ihrer Großen Mutter auch immer gewesen sein mögen, so besteht doch Einigkeit darüber, dass diese Wildbeutergesellschaften in unterschiedlichen Gegenden und zu unterschiedlichen Zeiten ein mehr oder weniger deutliches Ende gefunden haben, das von den Ethnologen mit der sogenannten „Neolithischen Revolution" in Zusammenhang gebracht wird. Der Begriff der neolithischen Revolution ist insofern irreführend, als er einen territorial und zeitlich eingrenzbaren Wendepunkt suggeriert, den es natürlich nicht gegeben hat, weil diese Wende schon im Mesolithikum angefangen hat und auch mit der Bronze- und Eisenzeit noch lange nicht beendet war und in einigen Gegenden der Welt sogar heute noch im Gange ist.[7]

Aber der Übergang von den Jägern und Sammlerinnen zu Ackerbau und Viehzucht ist trotz aller Unterschiede wieder durch einige Vorgänge gekennzeichnet, die in (zeitlich auseinanderliegenden) Übergangsepochen an verschiedenen Gegenden der Erde ähnlich immer wiederkehren und die mit der Rivalität zwischen Kain und Abel auch im Alten Testament symbolisch thematisiert werden. Wir wollen uns hier auf die Vorgänge beschränken, die Veränderungen im Glauben der Menschen und in ihrer Einstellung zur Welt bewirkt haben. So kann uns das Konzept der neolithischen Revolution helfen, die Entstehung des Monotheismus besser zu verstehen.

Als Ursachen der neolithischen Revolution werden meist klimatische Veränderungen angegeben, die das noch verbliebene Großwild (Rentier, Bison) verdrängten oder zum Aussterben brachten. Die zunehmende Erwärmung und die dadurch veränderten Vegetationsformen schränkten zusätzlich die Jagd und Sammelgebiete ein. Die Entstehung von Wiesen nach der Eiszeit begünstigte den Ackerbau und die Tierhaltung, so dass die einstigen Nomaden lernen mussten, Nutzpflanzen anzubauen und Tiere zu züchten; so wurden sie sesshaft. Diese Entwicklung ist auch im Alten Testament widergespiegelt, wenn der anfangs Gott gefälligere Hirte Abel vom Ackermann Kain erschlagen wird – und Gott statt seines Fluches ihm den Schutz des Kainsmal verleiht, so dass der nun von Gott abgesegnete Aggressor zum Begründer der sesshaften Lebensform und des Privateigentums werden kann. Auch die Gabe von Lamm und Brot zum Passahfest spiegelt den Dualismus von Hirten und Ackerbauern wider, ebenso wie die Konflikte zwischen dem Hirtenvolk Israel und der sesshaften bäuerlichen Bevölkerung Kanaans, die mit Ba'al den Gott der Ernte und Fruchtbarkeit verehrte.

Im gesamten Mittelmeerraum, aber auch in Vorderasien und im Donaugebiet breitete sich die Landwirtschaft aus und es entstanden Dörfer, während sich in den Flusstälern Ägyptens und Mesopotamiens schon Städte mit rapider Bevölkerungszunahme entwickelten. Mit den erwirtschafteten Überschüssen konnte Handel betrieben werden, wobei zunehmend Metalle und aus ihnen gefertigte Gegenstände wichtig wurden (eine besondere Rolle spielten dabei Kreta und benachbarte Inseln sowie Zypern wegen des Kupfers, was deren hohe kulturelle Entwicklung begünstigte).

Aber der Ackerbau mit primitiven Geräten und die Tierhaltung waren mühsam und erforderten mehr trostlose Plackerei als das zwar gefährlichere, aber doch oft lustbetonte Jagen der Wildbeuter. Auch waren Bauern und Hirten von alljährlichen Unwettern und Dürren abhängig und lebten so in beständiger Angst vor den drohenden Naturgewalten, während die Wildbeuter trotz vieler Unsicherheiten und Gefahren mehr von langsam klimatischen Veränderungen betroffen waren, auf die sie sich im Laufe vieler Generationen einrichten konnten. Mit diesem Unterschied zwischen Bauern und Wildbeutern erklären viele Ethnologen, dass eine lebensbejahende Grundstimmung der jungpaläolithischen Jäger und Sammlerinnen nun einer leidensbetonten pessimistischen Weltsicht weicht.[8] Während für die Wildbeuter der ewige Rhythmus der Jahreszeiten in Regenerierungsritualen freudig gefeiert wird, damit der „glückliche Wald", die Tiere und die Menschen im Wechsel von Tod und Leben ewig in der Wiederkehr bestehen bleiben, bedeutet für die Bauern dieser Rhythmus die ewige Wiederkehr von Plage und Mühsal, wie es auch Gottes Fluch in der Genesis ausdrückt: „Verflucht sei der Acker um Deinetwillen, mit Kummer sollst Du Dich darauf nähren Dein Leben lang". (Gen. 3,17) Hier finden wir zuerst die Wurzel der Leidensbetonung sowohl im Buddhismus wie in der jüdischen und christlichen Religion (wobei der Islam mit einer weniger agrarisch geprägten Geschichte hier eine Ausnahme bildet). Während schon in der Vedischen Literatur vor über 3000 Jahren und später auch in den Upanischaden (wie einige Jahrtausende später dann auch beim Heiligen Augustinus) das Leben abgewertet wird und der Leib nur noch angesehen wird als eine „dreckige Ansammlung" von „Knochen, Haut, Sehnen, Mark, Fleisch, Samen, Blut, Schleim, Tränen, eine Masse von Kot, Urin, Fürzen, Galle und anderen Säften, übelriechend und kraftlos"[9], feiert der Buddhismus die hohe Wahrheit des Leidens. Und in Israel wird das Leben ausgerichtet auf das Kommen des Messias, der herbeigelockt werden soll durch eine Reglementierung des eigenen Lebens mit der Einhaltung von vielen tausend Regeln. Das irdische Leben als Leiden „im Jammertal" wird nun auf das Nirwana, das Paradies, das Jenseits oder auf das ferne Königreich Gottes ausgerichtet. Erlösungsideologien und Zukunftsorientiertheit verbinden sich mit patriarchalen Herrschaftsstrukturen, die alles Lebendige kontrollieren, ausnützen und abwerten zugunsten einer transzendenten Geistigkeit als Voraussetzung der monotheistischen Religion.[10]

DIE VÄTER KOMMEN MIT METHUSALEM

Da der Mann nun durch Pflug, Viehzucht, verbesserte Jagdwerkzeuge, durch Handel und kriegerische Auseinandersetzungen immer mehr in den Mittelpunkt der Versorgung und Verteidigung des Stammes rückt, wird seine Position zunehmend gestärkt, was sich schon früh in den Prunkgräbern der Salz-, Kriegs- und Burgherren zeigt, während die Frauen eine immer unwichtigere Rolle spielen. Entsprechend verlieren die Muttergottheiten allmählich an Bedeutung und werden immer mehr durch eine männlich geprägte Götterwelt ersetzt, die je nach Landschaft und den gesellschaftlichen

Verhältnissen ausgestaltet wird. Das Buhlen um die Liebe des allmächtigen Vaters wird nun zum mörderischen Leitmotiv der Religionen – von Kain und Abel über Jesus bis zum heutigen Selbstmordattentäter.

Das sind auch die Anfänge einer neuen Ordnung der Geschlechter, die meist mit dem Begriff Patriarchat bezeichnet wird und die in all ihren vielfältigen Ausprägungen bis heute das Leben der Menschen auf der ganzen Welt bestimmt. Zugleich entsteht mit dem immer größer werdenden Privateigentum eine Erbfolge vom Vater auf den Sohn und damit zugleich die Orientierung an den Verwandtschaftsgraden in väterlicher Linie (patrilineare Deszendenz). Es entsteht sogar die „Überzeugung", dass nur der Mann zur Zeugung fähig ist und die Frauen nur den Samen des Mannes austragen. Diese „Über-Zeugungtäter" steigern sich sogar so weit, dass die Kinder nicht mehr mit den Mitgliedern der Mutterfamilie als verwandt gelten, eine Vorstellung, die in der Antike fast überall in Vorderasien und bis heute in vielen islamischen Ländern verbreitet ist.[11] Dadurch wird der Herrschaftsanspruch des Vaters weiter gefestigt und so werden die Väter zu den alleinigen Herren über Leben und Tod ihrer Kinder. Statt um Geburt und Liebe geht es nun um Zeugung und Besitz. In der Bibel wird uns das eingehämmert in den endlosen Vater-Sohn-Folgen: "(...) und Adam war 130 Jahre alt und zeugte einen Sohn und hieß ihn Seth. (...) Methusalem war 187 Jahre alt und zeugte Lamech (...)" (Gen. 5). Während aber die Frauen immer sicher waren, dass sie die Mutter ihrer Kinder sind, können Männer die Gewissheit ihrer Vaterschaft nur durch Kontrolle erreichen, die mit Ehezwang und Gesetzen einhergeht. Also werden Frauen verschleiert, eingesperrt, als Kinder zwangsverheiratet (mit Jungfräulichkeits-Test). Ehebrecherinnen und uneheliche Kinder werden bis heute umgebracht, geächtet, diskriminiert. Das Leben wird kälter und härter.

Andere Theorien bringen die Entstehung des Patriarchats und der Vatergottheiten auch mit der nach der neolithischen Revolution einsetzenden Bevölkerungszunahme in Verbindung, weil Streit um das nun aufzuteilende Land und die Enge des Zusammenlebens eine strengere Zentralgewalt und Gesetze nötig machen.[12] So umfasste nach der Bibel der Auszug aus Ägypten „600 000 Mann zu Fuß, ohne die Kinder, dazu viel Pöbelvolk" (Ex. 12,37)[13]. In Çatal Hüyük sollen nach neueren Schätzungen über 5 000 Menschen gelebt haben.[14] So ist es kein Zufall, dass Bevölkerungsdichte und Nahrungsbeschaffung Grundthemen des Alten Testaments sind. Und man könnte zu der These neigen, dass der Monotheismus im Zusammenhang mit großer Siedlungsdichte und knappen Ressourcen entstanden ist. In Gegenden mit geringer Bevölkerungsdichte und einem reichen Nahrungsangebot bleiben die Menschen oft bei ihren althergebrachten Lebensformen im Kontakt mit der natürlichen Umwelt. So halten die Pygmäen im Nordwestkongo und die Buschmänner bis in die Gegenwart an Artefakten aus Stein fest, weil es keine Notwendigkeit für neue Technologien gegeben hat. Jäger und Sammlerinnen gibt es noch in den letzten Jahrhunderten (die Indianer der Subarktis der West-Küste, der Plains und Savannen, die Pygmäen und Buschleute, die Gin und Birhor Indiens, die Aborigines in Australien). Ihnen allen ist der Monotheismus völlig fremd: Heute können wir uns fragen, welche Bedeutung die normativen Funktionen der monotheistischen Religionen in unseren Gesellschaften haben, die zwar durch hohe Bevölkerungsdichte gekennzeichnet sind, zugleich aber als Überflussgesellschaften funktionieren. Zu Zeiten der neolithischen Revolution war das Land, wo Milch und Honig fließen, nur eine ferne, schöne Verheißung.

Aber nun entwickelten sich die „Hochkulturen" in Ägypten, China, Mesopotamien und im Industal mit Schrift, Kalender, Geld und Verwaltung. Gottkönige und Priester berufen sich auf ihre Abstammung von den Göttern und gründen Dynastien mit Prunk- und Monumentalbauten, die wir heute noch in Luxor oder Nippur bewundern können. Damals bildete sich auch in einigen Gegenden eine neue, für die Geschichte bedeutsame Leitfigur heraus: der Held, zuerst als Krieger, später auch als Wanderhirte und Freibeuter mit dem Schwert, der durch Eroberung und Raub bzw. Heirat der Herrscherin (oder ihrer Töchter) die Macht an sich reißt, die matristischen (Maturana) Strukturen aufbricht und zerstört.

Die Hauptgötter sind nun fast alle männlich, während die Göttinnen nach Phasen der Gleichberechtigung (Isis und Osiris) nur untergeordnet als Ehefrauen (Hera) oder Töchter (Athene, Artemis) eine geringe und später auch eine lächerliche Rolle spielen. Erste Ansätze zu monotheistischen Religionen lassen sich erkennen, wie z.B. im 14. Jh. v. Chr. bei Amenophis IV, der sich später Echnaton nannte und der einigen (auch S. Freud) als der geistige Vater des jüdischen Monotheismus gilt. Dass die Juden ihren Einen unsichtbaren Gott nur erfunden hätten, weil sie bei ihrer Flucht aus Ägypten die schweren steinernen Götter nicht mitschleppen konnten und so ihre Requisiten auf ein paar Schriftrollen reduzieren mussten, ist sicherlich nicht mehr als ein hübsches Aperçu der kynischen Vernunft, die mit Sloterdijk die Entstehung des Monotheismus ganz neckisch auf ein „Transportproblem" zurückführen will.

Die patriarchale Religion steht nun im Dienst der Schaffung und Aufrechterhaltung der Macht, während die Muttergottheiten oft im Volksglauben ein verborgenes Dasein fristen. Denn so sang- und klanglos lassen sich die Mütter natürlich nicht abschaffen, weil sie dem Volk immer präsent sind und ihre Heiligkeit unmittelbarer mit dem eigenen Heil verbunden wird, mehr als bei den eher jenseitigen und drohenden Vatergöttern. So lässt sich die Marienverehrung der Christen bis heute auch als ein Zugeständnis an den Wunsch nach Muttergottheiten verstehen.

Bei Sippen und Stämmen, die aufgrund von Knechtschaft und Unterdrückung weder Helden noch Gottkönige hervorbringen können, entwickeln sich andere patriarchale Strukturen, die sich besonders auf einen Urvater und auf Vaterverehrung beziehen. Da gibt es über die Grenzen hinweg unter den Männern Erzählungen von Nimrod, dem ersten König auf Erden, von Marduk, der im babylonischen Schöpfungsmythos die Große Mutter Tiamat besiegt, von Chammuragasch oder Hammurabi, dem Gesetzgeber von Sinacherib zu Ninive, vom 669 Jahre alten Methusalem, der in nimmermüder Zeugungskraft mit 187 Jahren Lamech zeugte.

EIN GOTT WIRD GESUCHT, GEFUNDEN UND ZUM HERRSCHER ERNANNT

Sie werden bemerkt haben, dass wir uns vorsichtig den Anfängen der biblischen Geschichte vor über 3000 Jahren genähert haben, als das „Volk Israel" (das damals weder ein Volk war noch Israel hieß) in Ägypten versklavt war und unter der Herrschaft des Pharaos litt. So ist es kein Zufall, dass dieses Volk sich gerade in dieser Situation den eigenen Vätern zugewandt hat. Denn für diese versklavte zusammengewürfelte Gruppe, die schon ziemlich groß war und dennoch als Sklaven keine bindende Tradition entwickeln konnte, war die Einsetzung starker Väter mit strengen Gesetzen die einzige Chance, sich in der Sklaverei zu behaupten und Widerstand zu organisieren, um der Sklaverei zu entrinnen. Die hohe Geburtenrate bei niedriger Lebenserwartung in der Sklaverei ließ die wenigen alten Männer mit ihren Erfahrungen und Kenntnissen besonders zu Führungsfiguren werden.

All die sagenhaften Qualitäten der Urväter bündelten sich für die Israeliten in Abraham, dem Gott später wegen seines Gehorsams das Jahwe-H in seinem Namen verleiht. So wird er von Abram zu Abraham, dem Ur- und Erzvater aller folgenden Generationen und zum Urbild blinder Gehorsamsbereitschaft im Namen Gottes, weil er bereit ist, den eigenen Sohn zu opfern: „Und reckte seine Hand aus und faßte das Messer, daß er seinen Sohn schlachte" (Ex. 22,10). Abraham wird so nicht nur zum Urvater, sondern sogleich zum ewigen Gewährsmann des Monotheismus und zum ersten Kronzeugen der Existenz des Einen Gottes. Mit Abrahams Messer sind wir also angekommen am Tatort Gott.

Allerdings enthält dieser frühe Gott noch viele Elemente der Großen Mutter. So wird im Hebräischen Pentateuch (den fünf Büchern Mose des Alten Testaments) die Gottheit nicht nur mit einer männlichen Form El und einer Pluralform Elohim bezeichnet, sondern auch mit einer weiblichen Form Eloha.[15] Auch das für den unaussprechbaren Namen Gottes stehende Tetragramm JHWH hatte ursprünglich keine männliche Konnotation. „Adam" heißt auf hebräisch nicht Mann, sondern Mensch.[16] Und sogar in seinen Handlungen benimmt sich der neue Vater-Gott erstaunlicherweise anfangs eher wie eine Mutter-Göttin, indem er als Hebamme Eva aus der Bauchhöhle sozusagen per Kaiserschnitt herausholt, indem er mit dem mütterlichen Element Wasser die Menschen bestraft und seine Getreuen in einer Uterus-Arche zur Vermehrung aufbewahrt. Restspuren von Göttinnen sind ab und zu auch im Alten Testament zu finden, so z.B. im 2. Buch der Könige 23.4, wonach König Josia befahl, alle „Geräte[,] die dem Ba'al und der Aschera und allem Heer des Himmels gemacht waren", aus dem Tempel zu schaffen und zu verbrennen. Geschichtlich entspricht dies der Tempelreform des Königs Josia um 620 v. Chr.[17] Und sogar von Mohammed wird berichtet, dass er eine Offenbarung hatte – die er später als Satanische Verse wieder zurückgezogen hat – nach der Gott drei Töchter, al-Lát, al-Uzza und Manáh hatte, die Mohammed – als Zugeständnis an den Glauben der mekkanischen Oligarchen – als Göttinnen anerkennen wollte.[18]

Auch wenn diesem Gott seine Ursprünge aus männlichen und weiblichen Gottheiten der das Volk Israel umgebenden Völker noch anzumerken sind, so wird er doch immer schneller und immer strenger zu dem Einen Gott, den wir aus der Bibel und aus dem Koran kennen. Es ist der Gott, der die Welt erschaffen hat als Herr und Vater aller Menschen, der Gedeih und Verderben bringt über die Welt und der die Geschichte der Menschheit und das Schicksal jedes Einzelnen bestimmt. Moses, Christus, Mohammed und viele andere Verkünder des Glaubens werden aber auch nicht müde zu betonen, dass wir Menschen nur im Glauben an diesen Einen Gott zu unserem Heil in einem Jenseits gelangen können und dass durch diesen Glauben barbarische Götzenanbetung und die grausamen Kriege unter den Götzendienern überwunden werden.
Aber auch moderne Theologen, Historiker und andere Wissenschaftler gehen ebenfalls davon aus, dass die Hinwendung zum Monotheismus als die große oder gar größte kulturelle Errungenschaft der Menschheit zu würdigen ist, die überhaupt erst die Voraussetzungen für ein menschenwürdiges Dasein geschaffen habe. In den verschiedenen Ausprägungen des Glaubens an den Einen Gott seien zuerst die Maßstäbe eines humanen Lebens ent-

wickelt worden, wie sie in den Forderungen nach Nächstenliebe, Barmherzigkeit und Menschlichkeit zum Ausdruck kommen. Der Glaube an den Einen Gott soll die Voraussetzung dafür sein, dass blutige Riten mit Menschenopfern aufgegeben und die schlimmsten Auswüchse des Patriarchats beschnitten wurden. So wird das Alte Testament sogar als antipatriarchale revolutionäre Schrift gepriesen, weil sich darin zuerst die Menschen von Inzest, von Blut- und Bodenabhängigkeit befreit und sich gegen die Unterwerfung unter Gott, Könige und Götzen gewehrt und aus der Sklaverei der Tyrannen befreit hätten als Voraussetzung für die Entwicklung der Individualität, für die Befreiung der Nationen und sogar der ganzen Menschheit. Einige feministische Autorinnen führen sogar an, dass durch das Verschwinden der kultivierenden Kraft der Mütter nach dem Sieg des Patriarchats der Monotheismus notwendig gewesen sei, um gegen die Siegesübermut des Männlichen eine strenge Herrschaft der Väter zu installieren, die nun die losgelassenen jungen Männer mit Gesetz und Strenge wieder zähmt. Demnach soll es nur die Angst vor dem Rückfall in die schrecklichen barbarischen Zustände einer archaischen Zeit gewesen sein, die im Monotheismus so oft zu grausamer Abwehr geführt habe.[19]

GEWALTTÄTIGE GOTTESMÄNNER

Sehr früh schon ist der Glaube an den Einen Gott mit Grausamkeit und Unmenschlichkeit verbunden. So fängt Moses seine Laufbahn als Erwachsener an, indem er einen Ägypter erschlägt und im Sand verscharrt, weil er gesehen hat, „daß ein Ägypter schlug seine Brüder, der Hebräischen einer" (Ex. 2,11). Und das erste Passah-Fest der Kinder Israel wird begangen, indem alle Erstgeborenen im Ägypterland erschlagen werden, „von dem ersten Sohn des Pharaos an, der auf seinem Stuhl saß bis auf den ersten Sohn des Gefangenen im Gefängnis und alle Erstgeburt des Viehs". Der biblische Chronist stellt mit Genugtuung fest, dass es kein Haus gab, „darin nicht ein Toter war" (Ex. 12,29). Und dann raubten sie ihnen auch noch alle „silbernen und goldenen Geräte und Kleider", als göttlich gesegnete Plünderer und Mörder. Später lässt Moses kaltblütig und ohne ein Wort des Bedauerns 3000 Männer seines eigenen Volkes abschlachten, nur weil sie für ein paar Stunden um das goldene Kalb tanzten. Er befiehlt den Getreuen vom Stamme Levi: „Gürte ein jeglicher sein Schwert auf seine Lenden und gehet hin und wieder, von einem Thor zum andern im Lager, erwürge ein jeglicher seinen Bruder, Freund und Nächsten. Die Kinder Levi taten, wie ihnen Moses gesagt hatte; und fielen des Tages vom Volk dreitausend Mann" (Ex. 32,27 u. 28). Hier lässt sich die schreckliche Wurzel aller religiösen Intoleranz und des fundamentalistischen Terrors finden, der von nun an in den monotheistischen Religionen weiterwirkt. Den gottgefälligen Mördern aber wünscht Moses, „daß heut über euch der Segen gegeben werde" (29).

Als notwendige Übel und vorübergehende Begleiterscheinungen werden Intoleranz, Verfolgung und Vernichtung Andersgläubiger angeführt und abgetan auf dem Weg zu einer geläuterten Religiosität. Heute fragen wir uns allerdings angesichts der sich bedrohlich ausbreitenden fundamentalistischen Tendenzen und neuer Gewaltbereitschaft innerhalb und zwischen den Religionen, ob diese gewalttätigen Ausbrüche der Religiosität mit bestimmten Elementen dieser Form des Monotheismus zusammenhängen? Dabei müssen wir bei aller liberalen Interpretation immer daran denken, dass es in allen drei Religionen von Anfang an einen Zusammenhang zwischen rechtem Glauben und Todesdrohungen gibt: „Wer den Namen Jahwes lästert, soll mit dem Tod bestraft werden, die ganze Gemeinde soll ihn steinigen" (Leviticus 24, 15f.).

Diese eifernde und gewalttätige Fixierung auf den Einen Gott richtet sich aber nicht etwa nur gegen Ungläubige und „Götzendiener", sondern sie wird bald zum Markenzeichen aller drei Abrahamsreligionen, wobei Eifer und Gewalt sich später immer mehr gegen die anderen monotheistischen Religionen und auch gegen Abweichler in den eigenen Reihen richten. Die Geschichte des Glaubens an den Einen Gott wird so zu einer Geschichte des Kampfes dieser Gläubigen gegeneinander. Wie beneidenswert leben da doch die von den Juden, Christen und Muslimen verachteten „Heiden" und „Götzenanbeter". In vielen so verachteten Kulturen werden die Götter und Göttinnen unterschiedlicher Traditionen friedlich untereinander ausgetauscht, übernommen oder entliehen, wenn sie sich als besonders wohlwollend und wirkungsvoll erwiesen haben. So sind Hellotis, Demeter, Chamyne, Aphaia, Brimo, Kore und Flora regionale und untereinander ausgetauschte Varianten ein und derselben Fruchtbarkeitsgöttin. Auch im Hinduismus, im Buddhismus und in vielen anderen Religionen bestehen unterschiedliche Traditionen nebeneinander.

Wenn man den friedlich-freundlichen Umgang vieler Völker mit ihren unterschiedlichen Göttinnen und Göttern sieht, die in ihrer bunten Welt mal anmutig kindlich, mal drohend barbarisch, aber immer recht menschlich mit ihren Menschen leben, drängt sich doch die Frage auf, woher dieser zwanghafte Abgrenzungswahn im Monotheismus kommt, weshalb Christen, Juden und Muslime so fanatisch und humorlos in ihren Gott verbissen sind und sich in Orgien des Hasses untereinander ausrotten. Ohne auf diese Frage eine bündige Antwort präsentieren zu können, möchte ich Ihnen als Anregung für eigene Begründungen ein paar mögliche Alternativen vorstellen, auf die wir uns in den Kapiteln über Christen, Juden und Muslime dann genauer beziehen können:

– Überforderung: Die Vorstellung eines einzigen unsichtbaren Gottes ist zu anstrengend für Menschen, die sich nach sinnlichen Erfahrungen sehnen und ihre Gottheit sehen, hören, berühren wollen. Das echolose Gegenübersein des Einen Gottes lässt die Kraft des Glaubens verpuffen und bewirkt immer neue und verzweifeltere Anstrengungen, den fernen Gott doch noch irgendwie zu erreichen. In dieser Überanstrengung, bei der das sinnlich Nährende fehlt, empfindet der um seinen Glauben Ringende alles, was ihn von diesem kräftezehrenden Ringen abhält, als Ablenkung und Störung, auf die er mit Abwehr reagiert. So wie ein Mensch wütend wird, wenn er sich auf eine schwere Aufgabe oder ein großes Werk konzentriert und gestört wird, so reagiert der Gläubige in seiner Überforderung. Wenn diese Störung gar von „Kollegen" kommt, die an einem ähnlichen Werk arbeiten und möglicherweise weiter sind, kann diese Wut schnell zum Hass werden.

– Trägheit: Diejenigen, die sich nicht überanstrengen und nicht einmal anstrengen wollen, haben sich so gemütlich in ihren Glauben eingerichtet, dass sie auf jede Störung ihrer existentiellen Gemütlichkeit mit Abwehr und Ärger reagieren. Je gemütlicher wir uns in unserem scheinbar vollkommenen Glauben eingerichtet haben, umso heftiger müssen wir alles Fremde abwehren, das uns an die Begrenztheit unseres eigenen Glaubens, die Begrenztheit unserer Überlegenheit und an die eigene Hinfälligkeit erinnern könnte. Zur Trägheit gehört auch die Lust an der Unterwerfung unter ein autoritäres Religions-System, die genau der Lust an der Ausübung religiöser Macht entspricht. In diesem sadomasochistischen Zirkel können sich die Gläubigen immer tiefer in Schuld und Demut gegenüber den immer strenger fordernden religiösen Autoritäten hineinsteigern.

– Zweifel: Es ist naheliegend, dass die Menschen sich immer wieder fragen, ob es einen so ungeheuren und so mächtigen Gott überhaupt wirklich gibt. Da diesen unsichtbaren Gott niemand sehen oder hören kann und er nur im Glauben existiert, ist der Zweifel an den Einen Gott so alt wie Er selbst. Zweifel, die wir nicht durch Augenschein oder durch Logik beheben können, lassen sich aber am besten überspielen, indem wir den bezweifelten Tatbestand immer und immer wieder hartnäckig behaupten. Je größer also unsere Zweifel an Gott sind, umso eifriger und lauter müssen wir seine Existenz durch Gebete und Rituale beteuern und umso wütender werden wir auf Zweifler, die uns unseren eigenen Zweifel wiederbeleben und unsere mühsam zusammengeschusterte Sicherheit wieder ins Wanken bringen. So wird ein vaterloser Junge, der sich in seiner Sehnsucht einen liebevollen Vater in der Fantasie erschaffen hat, erbarmungslos alle verfolgen und hassen, die ihm seinen geliebten Vater nicht abnehmen wollen. Aber noch größer wird der Hass auf andere Jungen sein, die sich einen ähnlichen Vater zusammenphantasiert haben und diesen als den Einzigen und Besseren darstellen.

– Angst vor dem eigenen Glauben: Diejenigen, die ihre Zweifel überwunden haben, sehen sich nun auf einmal mit einem in ihrem Glauben verankerten unendlich mächtigen Wesen konfrontiert, dessen Dasein alle menschlichen Dimensionen sprengt und das uns jederzeit verletzten, auslöschen und vernichten kann und das außerdem existentielle Ängste vorbringt, die umso größer werden können, je mehr wir uns diesem allmächtigen Gott nähern. Diese Angst kann man einmal beschwichtigen durch Pfeifen im finsteren Wald, also durch Singen und Beten. Aber wie Jungen sich vor einem gefürchteten Lehrer oder Trainer hervortun, indem sie besonders eifrig und gehorsam sind und andere Teams bekämpfen, so ist auch der religiöse Eifer und die Einhaltung von Regeln mit peinlich genauer und zwanghafter Abgrenzung ein Mittel gegen die Angst vor dem Allmächtigen. Wenn andere den Eifer und die Regeln nur ein bisschen anders praktizieren, aktivieren sie die alte Angst, weil die Gläubigen merken, dass es vielleicht auch anders gehen könnte und Regeln und Eifer gar nicht so wunderbare Besänftigungsmittel sind. Weil wir das nicht wahrhaben wollen, hassen wir die Anderen, die unsere Ängste wieder aktiviert haben.

– Angst vor der Rache der Göttinnen: Die Entmachtung der Göttinnen durch den Einen Gott ist nie vollständig gelungen. Die Göttinnen leben nicht nur im Andenken und der Spiritualität der Frauen weiter, sondern sie sind auch unbewusst in den Männern verankert. Weil die Göttinnen aber angesichts des Einen Gottes immer weiter verdrängt werden müssen, entstehen Ängste, die neue Verdrängungen erfordern: Hierin liegt ein möglicher Ursprung der Abwertung von allem Weiblichen in monotheistischen Religionen und der immer stärkeren Verankerung der Männlichkeit Gottes.

– Der Gott der Männer: Für uns ist es wichtig zu erkennen, wie der Zu sammenhang zwischen Glauben und Töten in die drei Abrahamsreligionen gekommen ist und wie er in unsere Zeit weiterwirkt – und wie er sich verändern lässt. Wer aber die einseitig patriarchale Ausprägung der jüdischen, christlichen und islamischen Religion nur als Abwehrkampf gegen bedrohliche Götzenverehrung und als Zugeständnis an die noch frauenfeindlicheren Verhältnisse zur Entstehungszeit dieser Religion interpretiert und in diesen Religionen die Schutzfunktionen vor Männergewalt rühmt, der macht es sich doch zu einfach. Denn mit der gleichen Berechtigung können wir feststellen, dass die frauenfeindlichen Grundtendenzen und frauenverachtenden Ausfälle eben nichts mit dem Schutz vor Männergewalt zu tun haben, sondern mit einer grundlegenden Abwehr des Weiblichen.

Diese Abwehr lässt sich gut verstehen aus der Angst der Väter, dass die Frauen und Mütter die Macht aus den Zeiten des Matriarchats zurückgewinnen könnten. Denn in den Anfängen aller drei Religionen gab es in der näheren und weiteren Nachbarschaft immer noch funktionierende matristische

Strukturen, und im Volk war der Glauben an weibliche Gottheiten und die dazu gehörenden Mythen und Kulte immer noch lebendig, wie wir weiter oben geschildert haben. Aber die Urangst der Väter des Monotheismus ließ sich nicht beschwichtigen und trieb immer neue Blüten der Abwehr, der grausamen Unterdrückung – bis hin zur Steinigung unbotmäßiger Frauen. Diese Urangst wird am drastischsten in den Offenbarungen des Johannes förmlich ausgespuckt, wenn Johannes in der Wüste ein Weib sitzen sieht, das sieben Häupter hatte „und einen goldenen Becher in der Hand voll Gräuel und Unsauberkeit ihrer Hurerei" (Offenbarung 17,4). Und diese „Mutter der Hurerei und aller Gräuel auf Erden" war auch noch „trunken von dem Blut der Heiligen und von dem Blut der Zeugen Jesu. Und ich verwunderte mich sehr, da ich sie sah" (17,6).

Um Ihnen eine Einschätzung darüber zu erleichtern, ob nur ethnologische und entwicklungsgeschichtliche Hintergründe die frauenfeindlichen Tendenzen in den drei Religionen bestimmen oder ob sie doch zentraler eine männliche Abwehr gegen das Weibliche begründen, habe ich hier die Strategien zur Errichtung patriarchaler Herrschaft noch einmal zusammengefasst, denn ob Held, Gottkönig, Urvater oder Priester: Die Handlungsmuster zur Entmachtung der Großen Mutter und zur Zerstörung der matristischen Strukturen sind immer dieselben. Es geht dabei einerseits um öffentlich verkündete und oft mit Gewalt durchgesetzte Maßnahmen zur Entmachtung der Frauen, andererseits um bewusstseinsverändernde, oft geheime Manipulationen zur Abwertung des Weiblichen, die meist weder die Manipulierenden noch die Manipulierten als solche erkennen.

PATRIARCHALE STRATEGIEN

a) Öffentlich durchgesetzte Strategien
  - Absetzung und Entmachtung von Frauen in allen gesellschaftlich relevanten Bereichen, Propagierung der Behauptung, dass die Väter die eigentlichen Hervorbringer der Nachkommen seien. Ehezwang. Zur Kontrolle der Vaterschaft werden die Frauen eingesperrt, verschleiert und als Kinder verheiratet, Ehebrecherinnen und uneheliche Kinder werden bis heute umgebracht, geächtet, diskriminiert
  - Einführung der Vererbung auf die Söhne (zuerst nur bezogen auf das Vieh, dann auf das Land und später auf alles)
  - Einsetzung der Männerherrschaft in allen gesellschaftlich relevanten Bereichen, wobei die Macht entweder an die Söhne vererbt oder an einen ausschließlich durch Männereliten bestimmten Nachfolger übertragen wird

– Installation von Gesetzen und Strafverfolgung zur Durchsetzung dieser Maßnahmen

b) Bewusstseinsverändernde Strategien
  – Physische Abwertung der Frau, indem sie als sündig, schlecht, unrein bezeichnet wird. Menstruationsblut wird als giftig deklariert und bei Berührung verantwortlich gemacht für Krankheiten, Tierseuchen, Pflanzenwelke
  – Psychische Abwertung der Frau, indem sie als dumm, geschwätzig und inkompetent dargestellt und lächerlich gemacht wird; die erotische Anziehung wird abgewertet durch die Spaltung der Frau in Hure und Heilige
  – Auslöschung der Erinnerungen und Überlieferungen matristischer Kulturen (weshalb sie zum Teil heute noch kaum entdeckt sind, wie das Reich Meroe der Schwarzen Königinnen, zur Zeit der Pharaonen, mit eigenem Schriftsystem und einer hohen Kultur, im heutigen Sudan)
  – Zuweisung von Nischen für die Mütter, um so die alten matristischen Traditionen besser zu kontrollieren (Demeter, Maria, Muttertag)
  – Schaffung von Speisegesetzen (koscher, ...) um so den Einfluss der Frauen durch die Ernährung einzuschränken
  – Abwertung des Gebärens, indem sich die Gebärenden verstecken müssen (und heutzutage von fast nur männlichen Gynäkologen „entbunden" werden). Die „eigentliche Geburt" des Kindes, besonders des männlichen, findet durch männliche Riten statt (Beschneidung, Taufe, Initiationen).
  – Abwertung des Lebens durch Jenseitsvertröstungen, Todesverherrlichung, Krieg, Ausbeutung und Unterdrückung.

Anhand der oben beschriebenen, keineswegs vollständigen Aufzählungen können Sie nun leicht herausfinden, welche dieser Strategien in jüdischen, christlichen und islamischen Traditionen übernommen wurden oder zu besonderer Vollkommenheit gelangt sind. Sie können vielleicht noch andere Strategien entdecken oder gar behaupten, dass der Eine Gott der drei Abrahamsreligionen nicht besser erfunden worden sein könnte, um all diese Strategien optimal und unauffällig-wohlgefällig unter einen Hut zu bringen, den sich dann die diversen Priester als Mitra, Mützchen, Käppi, Turban ehrfurchtsheischend auf den kahlen Kopf setzen…

Die patriarchale Ausprägung der monotheistischen Religionen hat aber auch noch einen anderen wichtigen und wenig beachteten Aspekt: Denn Patriarchat bedeutet nicht nur Herrschaft der Männer, sondern im eigentlichen Wortsinn geht es da um die Herrschaft der Väter. Und diese Vater-Herrschaft ist in den drei monotheistischen Religionen jeweils auf spezifische Weise verankert. Juden, Christen und Muslime berufen sich gleichermaßen auf Abraham (arabisch: Ibrahim) als den Stammvater ihrer Religion. Bei den Juden ist er sogar der Stammvater des Volkes Israel, bei den Christen nur der Erste, der den Einen Gott erkannt und verehrt hat, während er im Islam sowohl zum Stammvater wie auch zum ersten und vorbildlichen Muslim wird, der auch die Kaaba wiederherstellte. Gemeinsam ist allen drei Religionen aber die Erzählung von Abrahams Versuchung, bei der ihm von Gott befohlen wird, als Zeichen des Gehorsams seinen Sohn zu opfern. (Ob diese Erzählung möglicherweise mit einer Ablösung der Opferung eines Jünglings in einigen matristischen Kulturen zusammenhängt, lässt sich bis heute nur vermuten.)

Während aber im Alten Testament Isaak bis zum letzten Moment nicht weiß, dass er es ist, der von dem gottgefälligen Vater geopfert werden soll, fragt im Koran ein immerhin zweifelnder Abraham den Sohn nach seiner Meinung zu diesem Befehl Gottes: „Er sprach: Mein Vater, handle so, wie dir befohlen wird, Du wirst mich, so Gott will, geduldig finden" (37,102). In allen drei Religionen wird so der bedingungslose Gehorsam der Söhne gegenüber dem Vater verherrlicht, der die Gebote Gottes notfalls mit Mord exekutiert. Die unheilvolle Konstellation von Gott, Vater und Sohn bestimmt nun die Geschichte für die nächsten Jahrtausende. Symbolischer Ausdruck dafür ist die Priesterweihe im Vatikan, wo sich die angehenden Priester platt auf den Boden mit dem Gesicht nach unten legen müssen, während die Priester hoch über ihnen die Messe zelebrieren.

Während also im Alten Testament der Vater den Sohn über seine schlimmen Absichten täuscht, ist es im Islam umgekehrt der Sohn, dessen bedingungslose Unterwerfung den zweifelnden Vater wieder zum Gehorsam bringt. Von hier lässt sich die Tradition der fanatischen jugendlichen Gotteskrieger im Islam leicht nachvollziehen. Zugleich gibt es statt der Sohnesopferung längst ein Tieropfer, das zwei Mondphasen nach Abschluss des Ramadan eigenhändig vom Familienoberhaupt, dem Übervater, vollzogen werden muss, indem er dem unbetäubten Tier die Kehle durchschneidet. Da inzwischen wegen des Prestiges auch großen Tieren, wie Rindern und Kamelen, von biederen Familienvätern die Kehle durchschnitten wird, geht dann eine von den Vätern ausgeführte blutige Metzelei zu Ehren Allahs rund um den Erdball. Nur im Christentum ist es der Sohn, ein Menschensohn oder der Sohn Gottes, der sich in seinem Glauben gegen die Herrschaft der Väter auflehnt. Wie ihm das bekommen ist, lässt sich an jedem Karfreitag und an allen zur Abschreckung aufgestellten, aufgehängten, abgebildeten Kruzifixen nachvollziehen. Und in den Kirchen dürfen wir den verhaltenen Triumph der Patres, Priester und Papas über die Söhne mitzelebrieren (s. 3. Kap.). Im

Christentum wird schließlich die Vater-Sohn-Beziehung in eine neue Dimension gebracht, indem nun Gott selbst seinen einzigen Sohn opfert und so das Patriarchat zum verinnerlichten Mysterium werden kann.

Ob diese patriarchalen Ausprägungen nun nur als ethnografisch zu verstehende Abwehr gegen fremde Religionen und zur „Zähmung der wilden Söhne" zu interpretieren sind oder aber als tief sitzende Angst vor den Müttern mit einer Abwehr und Unterdrückung des Weiblichen, lässt sich sicher nicht durch noch so viele Analysen eindeutig herausfinden. Aber Sie können es vielleicht für sich selbst entdecken, wenn Sie darauf achten, was Sie in den alten Traditionen spüren und erahnen: Wenn der Priester den Kelch hebt, wenn die Ältesten die Tora-Rollen hereintragen, wenn die Muslime die Kaaba umrunden: Kommt Ihnen da eher eine Abwehr des Weiblichen durch die Männer oder eher eine Zähmung der jungen Wilden durch die Alten in den Sinn? Und vielleicht entdecken Sie auch, welche Veränderungen der patriarchalen Strukturen Sie sich heute für eine sich verändernde Welt wünschen – und was Sie für diese Veränderung tun können.[20]

MIT ACHTSAMKEIT FÜR DIE SCHÖPFUNG …

Um unseren Blick nicht vorzeitig monotheistisch zu verengen, möchte ich erst noch einmal die Perspektive wechseln zu einer anderen Gegend unserer Welt.

»Ich weine, ich weine vor Durst.
Singend bitte ich um Regen
Tanzend bitte ich um Regen.
Der Himmel fängt an
seine Tränen zu vergießen,
denn er sieht mich
wie ich singe,
denn er sieht mich,
wie ich tanze
auf der trockenen,
aufgesprungenen Erde.«

In diesem Lied eines „Regenmachers" der Papàgo-Indianer im südlichen Arizona[21] kommt kein Gott vor, kein strafender und eifernder Herr über Menschen und Dinge. Aber es wird deutlich, wie der Regenmacher die Einheit zwischen Mensch und Schöpfung erlebt und weinend, singend, tanzend ausdrückt. Die Tränen des Regenmachers und die Tränen des Himmels sind wesensgleich, der Durst der Menschen ist auch der Durst der aufgesprungenen Erde und die Bitte um Regen schließt Mensch, Tier, Pflanzen und Erde ein. Der Regenmacher will sich mit seinem Ritual nicht, wie in der Bibel befohlen, „die Erde untertan" machen, er will auch nicht durch magische Manipulation den Regen „herbeizaubern" (wie einige Ethnologen glauben, indem sie ihre wissenschaftlichen Vorstellungen von der Beherrschung der Natur auf ganz andere Lebenszusammenhänge projizieren).[22] Vielmehr wird die Angst eines Stammes vor dem Ausbleiben des Regens und vor den Naturgewalten durch die sprachliche Gestaltung des Liedes und durch die Ausübung der Zeremonie gebannt – und zugleich in das Staunen über das Wunder des immer wiederkehrenden Regens verwandelt. Es geht nicht darum, einen Gott zu versöhnen oder ihn zu beschwören, denn keinem Regenmacher würde es einfallen, in der Trockenzeit um Regen zu bitten. Er kann vielmehr durch genaue Beobachtungen gewisser Wolkenfelder, der Insektenschwärme, der Vogelrufe und des Hofes um Sonne und Mond in Erfahrung bringen, wann Regen zu erwarten und welche Zeit günstig für das Pflanzen ist. Der Regenmacher will weder den Regen noch den Himmel beeinflussen, sondern aus vielfältigen Zeichen nimmt er das Kommen des Regens wahr und lässt mit dem gemeinsamen Ritual im Achtsamsein auf das kosmische Geschehen auch die anderen am Kommen des Regens und an der Freude teilnehmen.

Wir als monotheistisch Verbildete müssen uns fragen, inwieweit die Vorstellung vom Gottvater, den wir als Schöpfer der Welt betrachten, unsere Achtsamkeit auf das Ganze des Kosmos verkümmern lässt. Auch wenn bei Haydn und vielen anderen die Schöpfung immer wieder wunderbar verklärt wird, bleibt in unseren Religionen doch die letzte Verantwortlichkeit für die Welt bei dem fernen Allmächtigen, der uns nach seinem Gutdünken ein Weilchen mit dem von ihm gefertigten Spielzeug hantieren lässt, damit wir uns weisungsgemäß die Erde mit all ihren Geschöpfen untertan machen. Wir müssen uns fragen, inwieweit unsere Gottesvorstellungen hinführen zur Achtsamkeit für unsere Welt und für unsere Mitmenschen, oder ob sie uns eher einlullen mit Schöpfungsgeschichten und der Forderung nach blindem Einverständnis („Was Gott getan ist recht getan"). Inwieweit werden unsere Religionen missbraucht, um den platten Konsumterror mit transzendenten Überheblichkeiten zu garnieren, die zu Gefühlen des religiösen Hochmuts, des Auserwähltseins führen und die eine äußere Demut mit Unterdrückung anderer, mit Verachtung der Kreatur und der Andersgläubigen verbinden?

Bei dem Regenmacher und auch an den Anfängen der individuellen und stammesgeschichtlichen Entwicklung der Menschen ist dagegen ein umfassendes Achtsamsein die Grundhaltung, in der wir unsere Zugehörigkeit zu anderen, zur Natur und zum Kosmos erfahren und erkennen. Im Achtsamsein ist das Staunen über das Dasein der Welt und der eigenen Existenz enthalten als Voraussetzung des Begreifens, Erkennens und verantwortlichen

Handelns. Die Welt wird so zum immer wachsenden Inbegriff von allem, was Menschen unmittelbar erfahren, wenn sie achtsam im Gegenwärtigen sind. Lebensfreude, Glück und Wohlbefinden werden im Zusammenhang mit einer Wohlbefindlichkeit der anderen und der Erde erlebt.[23]

Dass diese Haltung zwar nicht zur Produktion von Fernsehern und Atombomben geeignet ist, aber dennoch auch heute lebendig ist, soll dieses kleine Zitat des Sioux Lame Deal verdeutlichen:

»Was siehst Du hier, mein Freund? Nur einen gewöhnlichen alten Kochtopf, verbeult und schwarz vom Ruß. Er steht auf dem Feuer, auf diesem alten Holzofen da, das Wasser darin brodelt, und der aufsteigende Dampf bewegt den Deckel. Im Topf ist kochendes Wasser, Fleisch mit Knochen und Fett und eine Menge Kartoffeln.

Es scheint, als hätte er keine Botschaft für uns, dieser alte Topf, und du verschwendest bestimmt nie Gedanken an ihn. Außer, dass die Suppe gut riecht und dir bewusst macht, dass du hungrig bist.

Aber ich bin ein Indianer. Ich denke über einfache, alltägliche Dinge – wie diesen Topf hier – nach. Das brodelnde Wasser kommt aus der Regenwolke. Es ist ein Sinnbild für den Himmel.

Das Feuer kommt von der Sonne, die uns alle wärmt, Menschen, Tiere, Bäume. Das Fleisch erinnert mich an die vierbeinige Geschöpfe, unsere Brüder, die Tiere, die uns Nahrung geben, damit wir leben können. Der Dampf ist Sinnbild für den Lebensatem. Er war Wasser; jetzt steigt er zum Himmel auf, wird so wieder zur Wolke. All das ist heilig. Wenn ich diesen Topf voll guter Suppe betrachte, denke ich daran, wie Wakan Tanka, das Große Geheimnis, auf diese einfache Art und Weise für mich sorgt.[24]«

Während für Juden, Christen und Muslime die Suche nach Gott durch ein Gegenüber-Sein bestimmt ist und Gott immer vor und über der von ihm geschaffenen Welt erlebt wird, wird für die Religiosität eines Sioux-Indianers die Einheit von Mensch und Kosmos zum Inbegriff des Göttlichen. Wie in vielen mystischen und buddhistischen Traditionen sowie in der fernöstlichen Spiritualität wird das Göttliche im Urgrund des Seins überhaupt erfahren, während in den drei Abrahamsreligionen im Ringen um Gott die Welt und die Menschen als Sein Werk verstanden werden. So ist es vielleicht für uns hilfreich, an Wakan Tanka, das Große Geheimnis, zu denken, wenn wir nun weitergehen auf unseren Wegen zum Tatort Gott.

EINSPRUCH!
(MIT DEM GESTAMMEL DES MANNES M. ZWISCHEN HIMMEL UND ERDE)

Da kommt er wieder herunter von seinem Berg in den Wolken und die Männer seines Volks stehen da und murren. Er wird wieder das Unverständliche sagen mit seiner heiseren drohenden Stimme, er, der von des Pharaos schönem Töchterlein vor ungezählten Jahren aus dem Fluss gezogen worden ist, und er wird seinen Stab in die Höhe halten, auf welchen er sich stützt und mit dem er Laub abschlägt für seine Herde, und er wird allerlei Kunststücke vollbringen, die schon des Reiches Mächtige das Fürchten gelehrt haben, so dass der Pharao ihn und sein Volk freigegeben hat. Nun sind sie hier im Gelobten Land, wo Milch und Honig fließen sollen und wo die jungen fremden Weiber ihnen jetzt schon schöne Augen machen und mit ihnen tanzen und mit allerlei hübschen goldenen Figürchen wundersame Zaubereien vollbringen. Aber wenn er erst angekommen ist von seinem Berg, dann wird er die Fäuste schütteln und mit seiner heiseren Stimme eifernd drohen und den Stab heben, dass sie sich fürchten, denn er ist immer zornig und hat schon der Ägypter einen im Zorn erschlagen, und er wird Blitze zünden und die Männer mit dem Blut eines Widders beschmieren und krächzen:

„Siehe! Ich komme von meinem Herrn und Er wird mich leiten"

und dann löst sich ihm der Knoten in der Zunge, dass sie ihn verstehen können, wenn er seinen Gott rühmt:

„Denn Gott leitet jene, welche glauben, wie Abraham geglaubt hat. Und wer nicht glaubt, der wird getrieben in die Qual des Feuers. Denn Sein ist, was in den Himmeln und auf Erden ist und was zwischen beiden sich befindet und das, was unter dem Erdreich ist".

Und er fängt wieder an zu krächzen:

„Ihr sollt Euch nicht zu den Götzen wenden! Ihr sollt keine gegossenen Götter machen und nicht auf Vogelgeschrei achten, noch günstige Tage wählen! Ihr sollt keinen Bund machen mit den Männern und Weibern des Landes! Sondern ihre Altäre sollt ihr umstürzen und ihre Götzen zerbrechen und ihre Haine anzünden und ihr Gold an Euch reißen! Denn ihr sollt keinen anderen Gott anbeten! Ihr Leute! Hat euch euer Herr nicht etwa Schönes verheißen? Ist euch die Zeit zu lang geworden oder wollt ihr, dass Zorn von eurem Herrn euch trifft, da ihr gebrochen mein Versprechen? Ich werde die anderen Götter gewiß verbrennen und dann den Staub im Meer verstreuen! Denn euer Gott ist nur der Eine Gott! Kein anderer Gott ist außer Ihm! Er weiß um jedes Ding und gibt ihnen Form und Dasein!"

Und wenn sie ihn dann fragen:

„Aber woher kommst Du? Wer hat Dich geschickt? Wie heißt der Gott?"

Dann wird er aus seinem Mantel einen weißlich leuchtenden süßlichen Dampf hervorquellen lassen und auf einmal mit verändert dröhnender

Stimme immer dasselbe sagen:

„Der Herr hat mich zu euch gesandt! Ich komme von meinem Herrn und Er wird mich leiten! Denn Gott leitet jene, welche glauben und Er spricht: Ich bin der Herr, der Gott eurer Väter! Und ihr sollt keine anderen Götter haben neben mir! Denn ich bin der Eine Herr, der Eine und Einzige Gott! Und Mein ist die Erde und ihr sollt sein Mein Eigentum vor allen Völkern! Ich werde streiten für euch und ihr werdet still sein und Meiner Stimme gehorchen! Denn Ich bin der Herr und ein eifernder, der die Abtrünnigen heimsucht bis in das dritte und vierte Glied!"

Und er lässt es aus seinem Stab blitzen und donnern. Und wenn die Eingeschüchternsten dennoch fragen, aber wie heißt der Gott? dann verwirrt er sich und fängt wieder an mit krächzender Stimme:

„Er, dessen heiliger Name nicht genannt werden darf, Eloha, ihr sollt euch kein Bildnis machen, kein Gott ist außer Ihm und Sein sind die schönsten Namen, Adonai, ihr sollt Seinen Namen nicht missbrauchen, Eloha, ihr sollt euch nicht irgendein Gleichnis machen, weder oben im Himmel noch auf Erden oder im Wasser unter der Erde."

Und er zischt:

„Jahwe, Jahwe"

bis er schwankend in seiner weißlich leuchtenden süßlichen Dampfwolke zusammenbricht und das Volk ihn ratlos, ängstlich und hustend umsteht und kaum noch sein Flüstern hören kann.

„ICH werde sein, der Ich sein werde – Er War und Er Ist und Er Wird in Herrlichkeit Sein – der EWIGE war König, der EWIGE ist König und der EWIGE wird König sein."

ZEITMARKEN DES EINEN GOTTES – 1

– Vor allen Zeiten –		„Ich bin das A und das O, der Anfang und das Ende, spricht Gott der Herr, der da ist und der da war, und der da kommt, der Allmächtige." (Offenb. Joh. 1,8)
	„URKNALL".	„Im Anfang war das Wort und das Wort war bei Gott, und Gott war das Wort." (Joh. 1,1)
vor über 4 Mrd. Jahren	Entstehung der Erde.	„Am Anfang schuf Gott Himmel und Erde." (Gen. 1,1)

3 Mrd.	Feste Erdrinde, Kaledonisches Gebirge, Nord- und Südkontinent.	„Und Gott sprach: Es sammle sich das Wasser unter dem Himmel an besondere Orte, daß man das Trockene sehe." (Gen. 1,9) „Und Gott nannte das Trockene Erde, und die Sammlung der Wasser nannte er Meer." (Gen. 1,10) „Und Gott schuf alle Geschöpfe aus Wasser" (Sure vom Licht, 45).
1 Mrd	Spuren organischen Lebens.	„Und die Erde ließ aufgehen Gras und Kraut." (Gen. 1,11)
400 Mio.	Vielzahl von Fischen.	„Und Gott sprach: Es rege sich das Wasser mit webenden und lebendigen Tieren." (Gen. 1,20)
200 Mio. 150 Mio.	Dinosaurier. Erste Säugetiere.	„Und Gott sprach: Die Erde bringe hervor lebendige Tiere, ein jegliches nach seiner Art: Vieh, Gewürm und Tiere auf Erden, ein jegliches nach seiner Art." (Gen. 1,24)
70 Mio. 20 Mio.	Vorformen der Primaten Hominoiden (Prokonsuliden: großwüchsige, flachnasige Kletterer mit relativ großem Gehirn).	„Und Gott schuf den Menschen Ihm zum Bilde, Zum Bilde Gottes schuf er ihn". (Gen. 1,27)
5 Mio.	Australopithecinen (ca. 120 cm groß, aufrechter Gang, 500 ccm. Hirnvolumen (Allesfresser).	
1 Mio.	Homo erectus (bis 165 cm, 1000 ccm, Jagdwaffen, Faustkeile, Feuer, Siedlungen, verschwand erst vor 300 Tsd. Jahren, Homo pekinensis, Homo heidelbergensis, Pithecanthropus	

60 Tsd.	Homo sapiens (Neandertaler, Bestattungsrituale, bis 175 cm, bis 1650 ccm.	
ab 40 Tsd. vor Chr.	Homo sapiens sapiens, jungpaläolithischer Mensch, Menschen der heutigen Art, Cromagnon, zusammengesetzte Geräte, Pfeil und Bogen, Felsmalerei.	
20 Tsd.	Muttergöttinnen („Venus von Willendorf", „Venus von Lespugue", Höhlenheiligtümer : Altamira, Lascaux, Les Combarelles; Riten und mythologische Vorstellungen, „Gebärende Göttin" von Çatal Hüyük.	„Und Gott der Herr baute ein Weib aus der Rippe, die er von dem Menschen nahm." (Gen. 2,22) „Da sprach Adam: Das Weib, das Du mir zugesellt hast, gab mir von dem Baum und ich aß." (Gen. 3,12) „Und Adam hieß sein Weib Eva, darum daß sie eine Mutter ist aller Lebendigen." (Gen. 3,20)
12 Tsd.	Regional und zeitlich verschiedene Ansätze einer „neolithischen Revolution" (Anbau von Emmer und Gerste, größere Siedlungen, Bevölkerungszunahme, Tierhaltung, Vorratshaltung, Tauschhandel).	
5 Tsd.	Zunehmende Metallverarbeitung stärkt die Rolle des Mannes (Salzherren, religiöse und politische Führer, die mit Prunkwaffen begraben werden: Gräberfeld von Varna, Sonnenkult, Zentren von politischer und wirtschaftlicher Macht, Burgen, Burgherren). Patriarchale Ordnungen entstehen.	„Da kamen zuhauf und zogen hinauf die fünf Könige der Amoriter, der König zu Jerusalem, der König zu Hebron, der König zu Jarmuth, der König von Lachis, der König zu Eglon, mit all ihrem Heerlager." (Josua 10,5)

	Matristische Strukturen werden verdrängt, abgeschafft, unterdrückt oder zerstört.	
		„Und der König ließ das Ascherabild aus dem Hause des Herren führen, hinaus vor Jerusalem, an den Bach Kidron, und verbrannte es am Bach Kidron und machte es zu Staub und warf den Staub auf die Gräber der gemeinen Leute. Und zerbrach die Säulen und rottete aus die Ascherabilder und füllte ihre Stätte mit Menschenknochen." (2. Kön. 23,6.14)
3 Tsd.	"Hochkulturen" in Ägypten, China, Mesopotamien und im Industal, Gottkönige und Priester bilden nun Dynastien, die sich auf eine Abstammung von den Göttern berufen. Gilgamesch, Hamurabi, die Pharaonen. Schrift, Kalender, soziale Hierarchie, Bürokratie, Pracht- und Monumentalbauten, Kunst. Helden erobern Reiche und zerstören matristisch strukturierte Gesellschaften.	„Und der König machte einen großen Stuhl von Elfenbein und überzog ihn mit dem edelsten Golde. Und der Stuhl hatte sechs Stufen, und das Haupt hinten am Stuhl war rund; und waren Lehnen auf beiden Seiten um den Sitz und zwei Löwen standen an den Lehnen. Und jedermann brachte ihm Geschenke, silberne und goldene Geräte, Kleider und Waffen, Würze, Rosse, Maultiere, jährlich. Und er hatte 700 Weiber zu Frauen und 300 Kebsweiber; und seine Weiber neigten sein Herz. Und er baute eine Höhe Kamos, dem Gräuel der Moabiter, auf dem Berg, der vor Jerusalem liegt, und Moloch, dem Gräuel der Ammoniter." (1. Kön. 10,18f.)

14 Jhdt.	Amenophis der IV (Echnaton) begründet eine Art monotheistischer Religion, der Schöpfergott Aton ist als Sonne das Licht, das Leben und Hoffnung spendet. Die Erzväter. Abram oder Abraham soll aus Ur (in Chaldäa) stammen (Irak oder Anatolien?) und wird von Juden, Christen und Muslimen als erster Vertreter des Glaubens an den Einen Gott verehrt.	„Als nun Abram 99 Jahre alt war, erschien ihm der Herr und sprach zu ihm: Ich bin der allmächtige Gott, wandle vor mir und sei fromm. (Gen. 17,1) Siehe, ich bins und habe meinen Bund mit Dir und Du sollst ein Vater vieler Völker werden. Darum sollst Du nicht mehr Abram heißen, sondern Abraham soll Dein Name sein; denn ich habe Dich gemacht zum Vater vieler Völker." (Gen. 17,4.5)
1260 bis 1180	Mit Moses und dem Auszug aus Ägypten nimmt der Monotheismus seine bis heute dauernde geschichtliche Gestalt an.	„Ich bin der Herr, Dein Gott. Du sollst keine anderen Götter haben neben mir." (Ex. 20,2 u. 3) „Wer da glaubet und getauft wird, der wird selig werden; wer nicht glaubet, der wird verdammt werden." (Mark. 16,16) „So wisset: Es gibt keinen Gott, außer dem e i n e n Gott." (Sure 47,19)

Zweites Kapitel
Die Juden: Der Herr belohnt und straft die Seinen

*Kein Volk wird wider das andere das Schwert
erheben, und sie werden den Krieg nicht mehr
lernen. Sie werden ein jeder unter seinem Weinstock
sitzen und unter seinem Feigenbaum und keiner
wird sie aufschrecken.*
Micha 4, 3f.

*Der Mann unterm Feigenbaum telefoniert
mit dem Mann unterm Wein:
Heute Nacht werden sie kommen,
bewaffne die Blätter,
Verriegle den Baum,
Rufe die Toten heim und sei bereit.*
Jehuda Amichai

Die jüdische Religion gehört zu den ältesten Religionen der Welt. Die Quellen, auf die sich der Tanach, die hebräische Bibel, bezieht, lassen sich bis 2250 v. Chr. zurückverfolgen.[1] Seit vielen Jahrhunderten gilt die jüdische Religion als die Urform eines monotheistischen Glaubens an. Das Christentum ist aus der jüdischen Religion und in der Auseinandersetzung mit ihr entstanden. Und auch der Islam bezieht sich im Koran immer wieder auf den jüdischen Glauben. Juden, Christen und Muslimen ist der Glaube an einen einzigen Gott, als Schöpfer und Beherrscher der Welt (Monotheismus), der Bezug zu Abraham als dem Urvater (Abrahamsreligionen) und auf Moses als Bote Gottes. In allen drei Religionen haben die Heiligen Bücher eine große Bedeutung, die als Offenbarungen gelten (Buch-, Schrift- und Offenbarungsreligionen). Christentum und Islam lassen sich nur im Zusammenhang mit der jüdischen Religion verstehen – und so gehört sie auch hier an den Anfang.

Wenn ich über die jüdische Religion spreche und schreibe, spüre ich als Deutscher das unnennbare Leid der Juden und die Last der ungeheuerlichen Verbrechen, die Deutsche den Juden angetan haben. So will ich versuchen, aus dem Druck von Scham, Schuld und Entsetzen nicht zu verstummen, weil ich es wichtig finde, dass gerade wir als Deutsche uns mit der jüdischen Religion beschäftigen und bei uns mehr Interesse für jüdische Kultur und jüdisches Leben entsteht – und zwar jenseits eines gutgemeinten Philosemitismus, der sich zwischen Trauma und Wiedergutmachung bewegt. Dass dabei die Shoa immer erinnert wird, ist für mich ein Motiv dieses Buches, wozu auch die Frage gehört, inwieweit die christliche Prägung unserer Geschichte mit Auschwitz zusammenhängt. Mir hat die Beschäftigung mit der jüdischen Religion auch in Verbindung mit jüdischen Freunden geholfen, Wege aus dem Dilemma des Opfer-Täter-Schemas zu finden. Es hat mich gefreut, dass zum ersten Mal nach Auschwitz im September 2006 wieder Absolventen des Potsdamer Abraham-Geiger-Kollegs zu Rabbinern ordiniert wurden, und es hat mich hinweggetröstet über den bitteren Spruch, „dass es im deutschen Kontext kein jüdisches Leben mehr geben kann".[2] So möchte ich mich zuerst auch mit Vorurteilen auseinandersetzen, die in einem christlich geprägten Umfeld entstanden sind und eine Annäherung an die jüdische Religion und an das Judentum überhaupt erschweren.

ERSTES VORURTEIL: „DIE" JUDEN

Dazu muss aber zuvor betont werden, dass es „das Judentum" ebenso wenig gibt wie „das Christentum" oder „den Islam", und dass „die Juden" einen Sammelbegriff für Menschen mit ganz unterschiedlichen Auffassungen des Judentums darstellt.

Das Wort Jude ist abgeleitet aus dem biblischen Ursprungsland Judäa und noch im Altertum werden die Anhänger der mosaischen Religion nur von den Fremden Juden genannt, während sie selbst sich schon als das Volk Israel bezeichnen. Ganz abwegig (aber meist nicht absichtslos) ist die Vorstellung von einer jüdischen „Rasse", die dann noch abwegiger in Verbindung gebracht wird mit „Semiten", die lediglich linguistisch eine Sprachzugehörigkeit bezeichnen. Denn schon zu biblischen Zeiten setzte sich das Volk Israel aus Kanaaiten, Amoritern, Amalekitern, Hethitern, Kenitern und Ägyptern zusammen. Nach der Zerstörung Jerusalems unter Kaiser Hadrian beim Aufstand Bar Kohba (132-135) erfolgte die achthundert Jahre vorher in der Bibel vorausgesagte Zerstreuung (hebräisch: Galuth, griechisch: Diaspora) der Juden in alle Welt, so dass nun noch ungezählte Völker aus dem Mittelmeerraum, aus Europa, Asien und später der ganzen Welt dazu kamen. Schon seit dem 5. Jahrhundert gab es dann jüdische Niederlassungen in Indien, seit dem 8. Jahrhundert lebten jüdische Würdenträger sogar am Hof des chinesischen Kaisers.

Bei dieser vielfältigen Herkunft der Juden ist im europäischen Kontext die Unterscheidung zwischen Sephardim und Ashkenasim bekannt, wobei Erstere sich eher auf ihr spanisch-portugiesisches Herkunftsland und Letztere sich auf deutsche, russische und polnische Herkunftsländer beziehen.

Ebenso differenziert ist der Bezug der Juden zur jüdischen Religion, der von Orthodoxen und Reformierten, Zionisten und Kabbalisten, Universalisten und Partikularisten sowie Chassidim bis zu den Liberalen reicht. Dabei werden alle, die sich streng an die Religionsgesetze halten und eine jüdische Mutter haben, als halachische Juden bezeichnet. All diese Unterscheidungen führen bis heute zu heftigen Konflikten. Dennoch zeigt das Judentum über die Jahrtausende seines Bestehens und über die ganze Welt hinweg eine erstaunliche Homogenität und Kontinuität als sozioreligiöse Einheit. Während das Christentum sich schon früh in Katholiken und Orthodoxe und später in viele Arten von Reformierten spaltete, die sich untereinander blutig bekämpften, und auch im Islam sehr bald Sunniten und Schiiten sich in grausamen Kriegen und Anschlägen umbrachten und bis heute umbringen, hat es im Judentum vergleichbare Spaltungen nie gegeben, obwohl seine Geschichte über tausend Jahre älter ist. Und gerade in dieser frühen Zeit sind auch die Wurzeln für die faszinierende Stabilität des Judentums zu finden, die mit der Vorstellung des „auserwählten Volkes" zusammenhängen, womit wir auch schon bei dem zweiten Vorurteil angelangt sind.

ZWEITES VORURTEIL: DIE AUSERWÄHLTEN

„Indem die Juden sich als das auserwählte Volk betrachten, grenzen sie andere Menschen und Völker aus und diskriminieren sie als 'Gojim' und provozieren Neid- und Hassgefühle".

Mit diesem Vorurteil können wir nur sinnvoll umgehen, indem wir uns dem besonderen historischen Kontext, in dem das Judentum vor über dreitausend Jahren entstanden ist, annähern.

Das Judentum zeichnet sich durch eine in der Geschichte einmalige Erscheinung aus: Ein kleines, politisch und militärisch unbedeutsames Volk hat alle seine Gegner und Unterdrücker überlebt und seine kulturelle Identität seit Jahrtausenden erhalten; außerdem hat es durch seine eigene Religion noch zwei weitere Weltreligionen inspiriert: Christentum und Islam.

Während Nebukadnezar mit seiner Kultur und seinen Heeren, die Jerusalem 586 v. Chr. zerstörten und die wenigen Überlebenden in die babylonische Gefangenschaft führten, längst nur noch in Geschichtsbüchern und Museen auftaucht, sind das damals besiegte Volk und seine Kultur lebendig wie eh und je. Alle anderen Völker aus der Entstehungszeit des Volkes Israels haben als erkennbare Nationen oder Kulturen längst aufgehört zu existieren, während das Judentum sich im Verlauf der Jahrtausende trotz weltweiter Zerstreuung, trotz Unterdrückung und Ausrottung, ohne zentrale Autorität und ohne hierarchische Struktur kaum verändert hat. Damit ist schon eine einmalige geschichtliche Sonderstellung gegeben, die sich unter dem Begriff der Auserwählung durchaus verstehen lässt, weil Judentum auch heute noch als geglaubte Geschichte erfahren wird, in der Gott sich dem Volk Israel offenbart und es zu seinem Bund auserwählt hat. Geschichte wird so in der jüdischen Kultur als Entfaltung eines göttlichen Plans erlebt, des Heilplans für das jüdische Volk, dessen Verwirklichung von Jahwe überwacht wird und in den er auch immer wieder durch handfeste Unterstützung, schlimme Strafen, aber auch durch seine geheiligte Gegenwart eingreift. Zentrales Ereignis dieser Geschichte ist der Exodus, der mit der Überzeugung verknüpft ist, dass die Befreiung Israels aus der Sklaverei in Ägypten geschehen sei „durch Zeichen, durch Wunder, durch Krieg und durch eine mächtige Hand und durch einen ausgestreckten Arm und durch sehr schreckliche Taten, wie das alles der Herr, euer Gott für euch getan hat in Ägypten vor deinen Augen" (5. Mos. 4,34). Dieser Auszug aus Ägypten ist deshalb so bedeutsam für Israel, weil gerade der Exodus verknüpft ist mit der Überzeugung von der Auserwählung Israels durch Jahwe und mit der Überzeugung vom Bund Gottes mit seinem auserwählten Volk (auch wenn diese Vorstellung erst ca. 700 Jahre nach den damit zusammenhängenden Ereignissen aufgeschrieben wurde).[3]

Es gibt immer wieder bei Nichtjuden und Juden Diskussionen darüber, ob das Konzept des Auserwähltseins doch aufzugeben sei, weil andere darin eine Form des Rassismus sehen und Nichtjuden sich als Nichterwählte abgewertet fühlen könnten. Denn wie Freud bemerkt, halten sich die Juden

»*wirklich für das von Gott auserwählte Volk, glauben ihm besonders nahe zu stehen, und dies macht sie stolz und zuversichtlich. Nach guten Nachrichten benahmen sie sich schon in hellenistischen Zeiten so wie heute, der Jude war also damals schon fertig, und die Griechen, unter denen und neben denen sie lebten, reagierten auf die jüdische Eigenart in der nämlichen Weise wie die heutigen. Man könnte meinen, sie reagierten, als ob auch sie an den Vorzug glaubten, den das Volk Israel für sich in Anspruch nahm. Wenn man der erklärte Liebling des gefürchteten Vaters ist, braucht man sich über die Eifersucht der Geschwister nicht zu verwundern*«.[4]

Weil Sigmund Freud in diesem Buch „Der Mann Moses und die monotheistische Religion", aus dem ich eben zitiert habe, die Entstehung und Bedeutung der monotheistischen Religion in den Mittelpunkt stellt und weil dieses Buch in den letzten Jahren zu Freuds meist diskutierten Werken gehört, möchte ich mich hier immer wieder darauf beziehen. Freud hat über einen Zeitraum von über drei Jahrzehnten bis zu seinem Tod daran gearbeitet, auch unter Lebensgefahr, während er von den Nazis verfolgt wurde und dann in der Londoner Emigration. Das Thema war ihm auch deshalb so wichtig, weil er sich so mit seinem zwiespältigen Verhältnis zum eigenen Judentum auseinandersetzen konnte und den am eigenen Leib erfahrenen Antisemitismus durch seine Triebtheorie verstehen wollte.[5] Aber damals kümmerte sich das Volk Israel nicht um die von Freud konstatierte Eifersucht und die Entstehung des Judenhasses. Ihnen ging es darum,

»daß es der Mann Moses war, der dem jüdischen Volk diesen für alle Zukunft bedeutsamen Zug aufgeprägt hat. Er hob ihr Selbstgefühl durch die Versicherung, dass sie Gottes auserwähltes Volk seien, er legte ihnen die Heiligung auf und verpflichtete sie zur Absonderung von den anderen. Nicht etwa, daß es den anderen Völkern an Selbstgefühl gemangelt hätte. Genau wie heute hielt sich auch damals jede Nation für besser als die andere. Aber das Selbstgefühl der Juden erfuhr durch Moses eine religiöse Verankerung, es wurde ein Teil ihres religiösen Glaubens. Durch besonders innige Beziehung zu ihrem Gott erwarben sie einen Anteil an seiner Großartigkeit«.[6]

Wer also das Auserwähltsein heute relativieren will, verkennt, dass der Zusammenhang von Auserwähltsein und Glaube ebenso wie der Zusammenhang vom Bund Gottes mit dem Volk Israel konstitutiv für das Judentum ist. Dieser Zusammenhang kann nicht einfach zugunsten einer unverbindlichen allgemeinen Brüderlichkeit aufgegeben werden, ohne von der Substanz des Judentums etwas aufzugeben. Die Auserwählung Israels bekommt allerdings eine andere Bedeutung, wenn wir uns fragen, warum gerade Israel und nicht irgendein anderes Volk auserwählt wurde. Die Israeliten werden nämlich nicht etwa wegen ihrer Verdienste auserwählt oder weil sie so besonders gute Menschen sind: „So wisse nun, daß der Herr, dein Gott, dir nicht um deiner Gerechtigkeit willen dies gute Land gibt einzunehmen, sintemal du ein halsstarriges Volk bist" (5. Mos. 9,6). Es wird auch nicht auserwählt, weil es ein altes mächtiges oder kulturvolles Volk ist: „Nicht hat euch der Herr angenommen und euch erwählt, darum daß euer mehr wäre als alle Völker; denn du bist das kleinste unter allen Völkern" (5. Mos. 7,7). Vielmehr wird es in der Bibel als ein Volk von Emporkömmlingen dargestellt, das im Vergleich zu den viel älteren großen und mächtigen Zivilisationen am Nil und im Zweistromland zu spät gekommen ist und sich eigentlich erst in der Sklaverei als „eine Bande entlaufener Sklaven unter einem begeisterten Anführer" formiert hat.[7]

Aber gerade wegen dieser Bedeutungslosigkeit ohne Bindungen an alte Traditionen eröffnet dieses Auserwähltsein die Möglichkeit einer neuartigen Bestimmung: Israel soll erst zum Volk Gottes werden, wenn es ein neues Gebot der Liebe und der Gerechtigkeit mit einem neuen Ideal von Gemeinschaftsleben erfüllt. Das Judentum ist so eng verknüpft mit der Entfaltung einer Religion, die auf einer existentiellen Gemeinschaftserfahrung beruht, die sich in seiner langen Geschichte immer wieder neu bewähren muss und immer wieder weiter entwickelt wird.

Da der Exodus als zentrales Ereignis konstitutiv für das Judentum ist, erleben Juden ihre Bestimmung und Zusammengehörigkeit immer auch intensiv in der Verfolgung. Diaspora und Exil sind Leitmotive ihrer Geschichte. Aber die Klagelieder am 9. Tag des Monats Av im jüdischen Kalender sind nicht nur Erinnerungen an das historische Leid (Zerstörung Jerusalems und babylonische Gefangenschaft, Zerstreuung) und den Zorn Gottes, sondern auch Anlass zu Hoffnung und Zusammenhalt in der Gemeinschaft. So ist es kein Zufall, dass die Grundlagen der Gruppendynamik von Juden (die aus Deutschland nach USA emigrierten) entwickelt wurden und die Kibbuz-Bewegung in Israel sich entwickelt hat und dort fest verankert ist.

Die Erinnerung an die Sklaverei soll immer fortwirken in der Entwicklung neuer sozialer Verhaltensweisen, damit keine Form der Tyrannei in Israel selbst entstehen kann. Auch die späteren Könige als Gottes Geschöpfe sind mit den anderen Israeliten auf einer Stufe und der biblische Grundsatz, dass die Unterwerfung unter Gott keine Herrschaft der Menschen erlaube, begründet den Anspruch auf soziale Freiheit. Eine Affinität zu Demokratie ist so von Anfang an mit jüdischen Traditionen verbunden und wird durch die erzwungene Staatenlosigkeit und die grundsätzliche Trennung von Religion und Staat noch verstärkt. Der soziale und kulturelle Zusammenhalt wird nicht durch zentrale Autoritäten oder Institutionen bewirkt, sondern durch im alltäglichen Handeln verankerte Netzwerke, in denen die Rabbiner ohne Machtbefugnisse und ohne Besitz nur durch die Auslegung der Heiligen Schriften die Kontinuität sichern.

Der Exodus steht somit auch für eine Auserwählung, die aus Unterdrückung in eine Welt der Freiheit und Gerechtigkeit führt – und zwar auf dieser Erde, ohne Vertröstungen auf ein Jenseits. Der bei den Propheten verbreitete Gedanke eines messianischen Zeitalters ist durchaus irdisch gemeint für ein Leben ohne Ausbeutung und Unterdrückung. Allerdings hat Moses diese Welt der Freiheit und Gerechtigkeit zunächst nur für sein eigenes Volk vorgesehen, während er mit den Nachbarn fremden Glaubens gar nicht zimperlich umgeht. Wenn der Herr, dein Gott „ausrottet viele Völker vor dir her", dann „sollt ihr also mit ihnen tun: ihre Altäre sollt ihr zerreißen, ihre Säulen zerbrechen, ihre Haine abhauen und ihre Götzen und Feuer verbrennen" (5. Mos. 7,1-5). Noch schlimmere Strafen gibt es bei Unzucht und Abgötterei, wo munter aufgehängt und mit Spießen durchstochen wird sowie vierundzwanzigtausend auf einmal umgebracht werden (4. Mos. 25,1-9). Auch von freundlichen Nachbarschaftsgefühlen kann man nicht gerade reden, wenn im 5. Buch Mose befohlen wird, sieben Völker auszurotten, keinen Bund mit den Nachbarn zu machen, sich nicht mit ihnen zu befreunden und einzuheiraten: „Denn du bist ein heiliges Volk dem Herrn, deinem Gott. Dich hat der Herr, dein Gott erwählt, zum Volk des Eigentums aus allen Völkern, die auf Erden sind" (5. Mos. 7,6).

Wir wissen aber auch aus der Bibel und der jüdischen Geschichte, dass diesem Vernichtungs- und Abgrenzungswahn der Frühzeit, der aus Angst vor eigenen Niederlagen entstand, später, in gesicherten Zeiten, ganz andere Bestrebungen für ein freundliches Zusammenleben mit anderen Völkern folgten. Die Auserwählung wurde dann im Judentum nicht mehr als Ab- und Ausgrenzung verstanden, sondern als eine ethische Verpflichtung zur Verantwortung für alle Menschen, wie sie am Höhepunkt des jüdischen liturgischen Jahres zu Jom Kippur durch Zitieren des 58. Kapitels von Jesaja zum Ausdruck kommt:

»Lass los, welche du mit Unrecht gebunden hast; laß ledig, welche du beschwerst; gib frei, welche du drängst; reiß weg allerlei Last. Brich dem Hungrigen dein Brot, und die, so im Elend sind, führe ins Haus; so du einen nackt siehst, so kleide ihn und entzieh dich nicht von deinem Fleisch. Alsdann wird dein Licht hervorbrechen wie die Morgenröte, und deine Besserung wird schnell wachsen, und deine Gerechtigkeit wird vor dir her gehen, und die Herrlichkeit des Herren wird dich zu sich nehmen«.

Denn Moses hat zwar die Sünde erfunden, aber anders als im Christentum gibt es bei den Juden keine Erbsünde und kein Jüngstes Gericht. Die Vergebung findet statt im Hier und Jetzt, einmal jährlich am Versöhnungstag Jom Kippur – nach zehntägiger Buße und Einkehr sowie einem 24-stündigem Fasten. Durch Gebet und Barmherzigkeit kann der aufrichtig Bereuende mit Gott und den Menschen versöhnt und von Sünden befreit werden. Zwar gibt es auch irgendwann irgendeine Auferstehung, aber erst, wenn der Messias kommt – doch „der mag trödeln", wie es Maimonides, der wichtigste nachtalmudische Denker, im 12. Jahrhundert wenig respektvoll ausdrückt. Versöhnung und Vergebung finden für die Juden mit allen Beteiligten im Diesseits statt.[8]

Darin zeigt sich die Religiosität der Juden als unlösbar verbunden mit dem Streben nach Gerechtigkeit, nach einem Leben ohne Knechte und Herren. Die Begegnung zwischen Mensch und Gott ist so bestimmt durch die Erwählung für eine Aufgabe, nicht nur zum eigenen Heil, sondern zum Heil der Menschheit. Diese Erwählung trifft die Juden nicht, weil sie etwa die Besseren wären, sondern obwohl sie ein kleines, schwaches und fehlbares Volk sind. Diese Erwählung ist eine Erwählung zu Mühsal und Leiden, die den Leidensweg der Juden von der Sklaverei in Ägypten bis Auschwitz bestimmt, in der Erwartung eines Messias, der Israel befreien wird bis zur Rückkehr Gottes, so dass die Grenzen zwischen Himmel und Erde verschwinden werden. Aber selbst die Erwartung des Messias steht noch unter dem Primat der Erinnerung, weil das Judentum zuerst und besonders eine Geschichtsreligion ist. So haben alle Symbole und Metaphern im Judentum die Bedeutung von „Sekher", von Andenken und Erinnerung, weil geschichtliche Ereignisse einmalig sind und nur im Erinnern wiederholt werden können.

DRITTES VORURTEIL: DIE GESETZESTREUEN

„Die jüdische Religiosität ist erstarrt durch eine Unzahl von Gesetzen, Vorschriften und Regeln, die aus einer anderen Epoche stammen und heute sinnlos sind. Sie bestimmen aber auch heute das Leben tagaus, tagein, peinlich genau durch Gebote und Verbote. Sowohl im Alltag wie auch im rituellen Bereich ist die sorgfältige Beachtung winzigster Details ohne einsehbaren Sinn vorgeschrieben, und die Abweichung davon wird als Vergehen gegen Gott betrachtet."

Die Vielzahl der bis ins Kleinste geregelten Ge- und Verbote (im Talmud sind es über 600!) ist für Nichtjuden immer schon befremdlich gewesen. Nach Jehuda Hallewis um 1140 verfassten Bericht von der Bekehrung des Chazarenkönigs im 8. Jahrhundert wunderte sich auch der mächtige Al-Chazarí über die Vielzahl der Gesetze zur Beschneidung, zu den Festtagen, zum Verbot der Vermischung in Pflanzen, Kleidern und Tieren, das Suchen geheimer Kenntnisse, das Zeichen- und Vogelflugdeuten. Er wunderte sich auch über

»die Opfer, die ihm für unvorsetzliche und vorsetzliche Sünden aufgelegt sind, ferner die Pflicht der Auslösung Erstgeborener, der Erstlinge, erstgeborener weibliche Thiere, des Opfers, so oft ein Weib niederkommt, der Thier- und Mehlopfer, so oft er sich von Fluss und Aussatz zu reinigen hat. Dazu kommt dann der erste, zweite Armenzehnte, die dreimal jährliche Wallfahrt, das Passahopfer mit allem, was dazu gehört, da es ja ebenfalls ein „Opfer des Herrn" ist, zu welchem jeder Eingeborene in Israel verpflichtet ist; Laubhütte, Lulab, Shofar, die zu allen diesen Mehl- und Thieropfern notwendigen heiligen Reinigungsgeräthe, was ihm selbst im Betreff der Reinigung und Heiligung obliegt; die Pflichten der Ecke, der Orlah und der heiligen Fruchtweihe.«[9]

Er findet aber dann doch als Vorbote seiner Bekehrung zum Judentum, dass der Aufwand für die Gesetze „ein Gewinn für euch in dieser und in jener Welt ist, da dieser Aufwand zur Ehre Gottes gemacht ist". Aber natürlich ist es nicht nur die Ehre Gottes, die damit gestärkt wird, sondern es ist auch die Stellung derjenigen, die über die Einhaltung der Gesetze wachen und damit ein Machtinstrument besitzen, das bis in die intimsten Bereiche jedes Einzelnen reicht. Und natürlich sind es vor allem die Männer, die aus ihrem Gesetzeswissen heraus alle Regeln kennen. Da eine Vielzahl der Regeln Speisevorschriften sind, wird so zugleich eine ursprüngliche Domäne der Mütter und Frauen nun von Männern besetzt, so dass die Position der Frauen auch in diesem Bereich geschwächt wird. Die ältere Frau kann die Schwiegertochter reglementieren, wenn diese nicht hundertprozentig koscher kocht. In vielen jüdischen Haushalten ist ein beliebter Zankapfel der Kartoffelbrei, den die Mutter für den kleinen Sohn mit etwas Milch angerührt hat, weshalb ihn dann die Schwiegermutter bei Entdeckung empört zurückweist und sich unrein und vergiftet fühlt. Natürlich haben diese unzähligen minutiösen Vorschriften auch noch eine andere Funktion: Sie grenzen alle anderen Menschen aus und verstärken das Wir-Gefühl der Reinen gegenüber dem unreinen Rest der Welt.

Allerdings war Verkündung und strikte Einhaltung dieser Gesetze die Voraussetzung für die Entstehung des Volkes Israel: Die ersten Gebote, die wir im Dekalog[10] als dem ältesten Teil der Bibel kennen, wahrscheinlich aus der Zeit des Exodus (bei uns die Zehn Gebote[11]), waren eine wichtige Voraussetzung dafür, die heterogenen Stämme in der Not der Sklaverei und den Wirren und Neuanfängen des Exodus überhaupt erst überlebensfähig und zu einer handlungsfähigen Gemeinschaft mit einer eigenen Identität werden zu lassen. Der apodiktische Charakter ihrer allgemeinen Ge- und Verbote unterscheidet sie von den uns bis dahin bekannten Gesetzeswerken: So spielt zwar Hammurabis berühmte, im 17. vorchristlichen Jahrhundert auf einem Dioritblock eingemeißelte Gesetzessammlung ebenfalls eine wichtige Rolle bei der Vereinigung der zersplitterten Völker Babyloniens. Das Neue der zehn biblischen Gebote besteht aber darin, dass sich diese Gesetze direkt auf Gott beziehen. Allerdings wurde der Dekalog erst um 700 v. Chr. schriftlich festgelegt im Deuteronomium (5. Buch Moses), dem ersten zentralen kanonischen Buch des Judentums.

Wieder ist es in der Geschichte des Volkes Israel eine Katastrophe, nämlich die Zerstörung Jerusalems und des Tempels 586 v. Chr. und die sich anschließende babylonische Gefangenschaft, die eine weitere Verschriftlichung von Gesetzen nötig macht, um das Volk in der Verwirrung zusammen zu halten. Als danach der jüdische Staat unter Ezra im 5. Jahrhundert v. Chr.

wieder gegründet wird, entwickelt sich der Pentateuch (die fünf Bücher Moses) als Hauptteil der Tora zur geistigen Grundlage jüdischer Religiosität. So ist es nicht verwunderlich, dass auch die Entstehung weiterer Regelwerke wieder mit einer historischen Katastrophe zusammenhängt, nämlich mit der Zerstörung des Zweiten Tempels 70 n. Chr. durch die Römer unter Hadrian und der Verwüstung des südlichen Teiles des Landes Israels (Judäa). Denn dieses Mal herrscht unter dem jüdischen Volk nicht nur das Entsetzen über ihre Niederlage. Weit mehr noch ist es verzweifelt über die als Bestrafung durch Gott empfundene zweite Zerstörung des Tempels, die einer Zerstörung ihres Glaubenssystems und ihrer zuvor geordneten Welt gleichkommt, so dass der Tempel nie wieder aufgebaut werden darf. In diesem Zusammenhang der Verwirrung ist die Entstehung des Talmud und der talmudischen Literatur (Mischna, Gemaroth und Tosefta) zu sehen, die moralische und ethische Belehrungen umfasst, aber auch Abhandlungen über die Nächstenliebe, über Achtung vor Recht und Ordnung und über alltägliche und religiöse Handlungen.[12]

In der Zeit des Umbruchs und der Desorientierung nach der Zerstörung des Tempels schenkt die Mischna nicht nur eine Erneuerung und Vertiefung der biblischen Verheißungen, sondern die Genauigkeit und Ordnung der Struktur und der Sprache der Mischna vermitteln den Menschen ein neues Gefühl für Sicherheit und Ordnung der Welt, die im Lesen, Rezitieren und Reflektieren der Tora und des Talmud wieder als zuverlässig und begreifbar erlebt werden kann. In der Mischna drückt sich so die Entschlossenheit aus, den durch die Katastrophen sinnlos gewordenen Alltag wieder in den Griff zu bekommen – und zwar durch sprachlich festgelegte Genauigkeit und einfache logische Ordnungen, so dass sich aus der Regelmäßigkeit ein Zustand der Verlässlichkeit und Geborgenheit ergeben kann. Da die jüdische Religion weder ein Glaubensbekenntnis noch ein Dogma kennt, sind es vor allem die Schriften und die Befolgung ihrer Ge- und Verbote, die die Juden in der Not und in der Diaspora zusammenhalten. Es geht dabei nicht um den Glauben an Gott, sondern darum, dem Gott zu gehorchen, der da befiehlt: Sch'ma Israel! Höre Israel! Denn nur das Befolgen der Gesetze kann Sicherheit bringen und die Geordnetheit der Sprache und des täglichen Handelns in Haus und Dorf ermöglicht Unabhängigkeit von den Zufällen der Geschichte und von der Willkür der Unterdrücker sowie von den Launen Gottes.

Aber die Bedeutung dieser Ordnung des rituellen und alltäglichen Lebens geht viel tiefer, indem durch die vorgeschriebenen Handlungen unablässig die Heiligkeit der Welt, die nach der Schöpfung eigentlich nichts mehr mit Gott zu tun hat, täglich erst hergestellt wird. Durch die absichtsvolle Handlung des Menschen kann das Gewöhnliche in Heiliges verwandelt werden.

Der Alltag selbst wird geheiligt und der Mensch kann Gott in der imitatio dei näherkommen oder ihm gar ähnlich werden.[13]

VIERTES VORURTEIL: DIE SPITZFINDIGEN

„Die Rabbinen[14] und jüdischen Schriftgelehrten bewahren nur uraltes Traditionsgut, das mit der heutigen Wirklichkeit nichts zu tun hat. Im Memorieren, Rezitieren und endlosen Interpretieren erschöpfen sie sich mit Streitgesprächen über Haarspaltereien und Spitzfindigkeiten."

Dieses Vorurteil verkennt die zentrale Bedeutung und Wirkungsweise der Schriften für das Judentum. Wenn Judentum einerseits als geglaubte Geschichte erfahren wird, so muss andererseits diese Geschichte notwendigerweise dokumentiert und unlösbar verbunden sein mit schriftlichen und mündlichen Traditionen, die dann in einem nie endenden Prozess von den talmudischen Rabbinen und den Gläubigen ausgelegt werden. So geht dieser Prozess auch heute weiter, wenn beispielsweise die erst seit ca. 100 Jahren entdeckten Unterschiede zwischen jahwistischen, elohistischen, deuteronomischen und priesterlichen Quellen im Pentateuch immer weiter differenziert werden und so auch Auswirkungen auf die christliche Interpretation des Alten Testaments haben.[15]

Im Judentum geht es dabei aber nicht in erster Linie um Exegese oder theologische Forschung. Vielmehr wird dabei Gott in einem Gottesdienst gesucht, der in einer besonderen Weise des Lernens einer besonderen Literatur besteht. So zeigt z.B. die Mischna als Grundstock des Talmud eine sonderbar formalisierte und reduzierte syntaktische Struktur, die jenseits jeder zufälligen Realität (eine bestimmte Zeit, ein bestimmter Ort, eine bestimmte Gesellschaft) eine eigene, nie veraltende Sprachwelt schafft. Der Lernende kommt so zu jeder Zeit und an jedem Ort dazu, eine Einheit in der Vielfalt zu erkennen. So ist es auch nicht ein archaisierender Trick gewesen, bei der Neugründung Israels das alte Hebräisch zur offiziellen Landessprache zu erklären, sondern es ist eine Notwendigkeit, wenn die Einheit des Judentums aus den Zufällen politischer Gegebenheiten befreit und die geschichtliche Kontinuität in ihrer Einmaligkeit lebendig erhalten werden soll. Denn da wo Religionen hörend, sprechend und lesend vermittelt werden können, ist es für die Gläubigen von zentraler Bedeutung, in welcher Sprache sich das religiöse Geschehen vollzieht. Und natürlich ist Hebräisch als die älteste noch gesprochene Sprache der Welt zugleich die vorgestellte Sprache der göttlichen Offenbarung und deshalb in ganz anderen Dimensionen angesiedelt, als Englisch oder Jiddisch, die 1948 auch als offizielle Sprachen Israels in Betracht gezogen wurden.

So erschließt sich erst im Denken und Sprechen auf Hebräisch die göttliche Bedeutung von scheinbar trivialen Sätzen, die ohne Deutung unverständlich bleiben. Eine ähnliche Bedeutung hat das Arabische im Islam, während im Christentum ein solcher Bezug zu einer bestimmten Sprache fehlt, wobei durch Luthers Übersetzung zugleich auch neue Dimensionen des Glaubens eröffnet und alte verschlossen wurden. Deshalb tritt z. B. auch der Schriftsteller Martin Mosebach (Georg-Büchner-Preis 2007) öffentlich für den alten lateinischen Ritus in der Kirche ein, um die „Häresie der Formlosigkeit" zu bekämpfen.

Für die gläubigen Juden wird das Studieren und auch das Auswendiglernen der Schriften ein heiliger Vorgang, weil der Mensch im Reflektieren der Tora in Gottes Absichten und Planen eindringt und von der Erde zu Gott geführt wird, zuverlässiger als durch Gebete, Fasten und Riten. In der jüdischen Vorstellung ist die Vernunft der Weg Gottes. Und schon im 12. Jahrhundert entwickelte der berühmte Moses Maimonides seine These, dass der Glaube rational begründbar sein muss. Reflexion ist besser als Intuition, Ordnung besser als Chaos, Vernunft besser als Gewalt. Die Bereiche des Lebens und die Beziehungen der Menschen sollen so gestaltet werden, dass sie einsichtig, geordnet und verlässlich sind. In diesem Prozess der Rationalisierung gerät die Autorität der Offenbarung oft in den Hintergrund. Das wird mit rabbinischem Humor in dem berühmten Disput aus dem Talmud verdeutlicht, wo Rabbi Eliezer seine Kollegen durch Wunder und schließlich durch Gottes persönliches Eingreifen von seinem strengen Gesetz überzeugen will. Aber diese lassen sich nicht beeindrucken: „Die Tora ist bereits vom Berge Sinai her empfangen worden. Wir achten nicht mehr auf himmlische Stimmen". Das Gesetz muss hier und heute ausgelegt werden, vernünftig, mit allen Beteiligten und den Umständen entsprechend. Rationalität, Demokratie und Pragmatik sind vorgezeichnet. In dem Disput mit Rabbi Eliezer lacht nun sogar Gott: „Meine Söhne haben mich besiegt".[16]

Die aus der Schöpfung entlassene und nicht mehr göttliche Wirklichkeit wird dem Intellekt unterworfen und so geheiligt. Nur wenn wir den Verstand benutzen, handeln wir wie Gott.
Moses konnte das Volk Israel nur in der totalen Absage an alle anderen Götter, an Magie und Mystik vereinen: Die Verse „Ihr sollt euch nicht zu den Götzen wenden und sollt euch keine gegossenen Götzen machen" (3. Mos. 19,4) und „Ihr sollt nicht auf Vogelgeschrei achten noch Tage wählen" (3. Mos. 19,26) sind Beispiele der immer wiederholten Ablehnung der magischen und mystischen Praktiken. Umgekehrt wird eine Konzentration auf Rationalität, auf Denken und Grübeln begünstigt, so dass „das Volk durch den Besitz der Wahrheit beseligt, überwältigt vom Bewusstsein der Auser-

wähltheit, zur Hochschätzung des Intellektuellen und zur Betonung des Ethischen gelangte".[17]

Diese große Bedeutung, die in der jüdischen Religion der Vernunft zugemessen wird, entspricht einer Heiligung des Intellekts und zugleich einer Heiligung durch den Intellekt. Es überrascht daher nicht, dass Wissenschaft, Philosophie und Literatur immer jüdische Domänen waren und sind. Die Idee einer Spaltung der Welt in eine entgöttlichte materialisierte Wirklichkeit und einen schöpferischen, Gott nacheifernden menschlichen Intellekt ist insbesondere auch die Voraussetzung für die Entstehung der neuzeitlichen Naturwissenschaft, die sicher nicht zufällig mit dem Juden Einstein ihre volkstümliche idealtypische Verkörperung findet (s. auch Kapitel 5).

Schriftgelehrte spielen im rabbinischen Judentum eine größere Rolle als Könige, Priester und Propheten – und so werden die Juden zu Recht als Volk des Buches bezeichnet. Dabei ist besonders wichtig der Midrasch, der sich mit dem Erforschen, Auslegen und Vortragen der Tora befasst. Jüdische Geistesgeschichte kann so als Auslegungsgeschichte der Tora verstanden werden, und schon in vorchristlicher Zeit waren Lehrhäuser (Bet Midrasch) und Schulen für Kinder (männliche!) wichtig. Wer mit klarem Denken in die Geheimnisse der Tora eindringt und im Trivialen das Heilige erkennt, ist selbst auf dem Weg zum Heiligen. Und jeder kann ohne Priester und Mittler seinen eigenen direkten Weg zu Gott finden, was durch das Stimmengewirr in der Synagoge eindrucksvoll deutlich wird.

Natürlich hat sich in der Neuzeit und insbesondere durch die Aufklärung auch in dieser Beziehung das Judentum stark verändert, wie umgekehrt das moderne Denken durch jüdische Einflüsse wesentlich geprägt wurde. Schon im 16. und 17. Jahrhundert forderten viele aus Spanien nach Nordwesteuropa geflohenen Juden, dass Juden sich um die Pflege der jeweils örtlichen Sprache und Kultur kümmern und sich an der Entwicklung von Wissenschaft, Literatur und Wirtschaft beteiligen sollten; dies steht im Zusammenhang mit einer veränderten modernen Interpretation der religiösen Vorstellungen des Judentums. Als im 18. Jahrhundert immer mehr europäische Juden zu Reichtum und Ansehen gelangten, sogar als „Hofjuden" im Dienste des Königs standen und sich nicht mehr im Exil fühlten, wurde die traditionelle jüdische Erziehung, die schon von dem legendären Rabbi Löw heftig kritisiert wurde, immer mehr als unzulänglich empfunden und zugleich eine Kampagne für eine jüdische Aufklärung („Haskala") betrieben. Deren Vertreter, die „Maskilim", ergänzten nun mit wissenschaftlichen Methoden die Exegese des Talmuds und das geozentrische Weltbild wurde zunehmend durch ein anthropozentrisches ersetzt. Auch wenn gleichzeitig die nach der Vertreibung aus Spanien und Portugal weniger begünstigten Juden Resteuropas sich als „Marranen" zum ursprünglichen Judentum und einer leidenschaftlichen Heilserwartung bekannten und sich der chassidischen Mystik zuwandten, bestimmte die Aufklärung doch zunehmend das europäische Judentum.

Dabei ergaben sich viele konfliktgeladene Probleme: Sollten die Gebete in der Landessprache gesprochen werden? Sollten die Gebete um Rückkehr nach Zion, den Wiederaufbau des Tempels und die Errichtung eines hebräischen Königreiches weiter bestehen? Sollten die Juden sich weiter im Exil fühlen? Sollten sie weiter über 200 Feiertage im Jahr begehen, an denen Arbeiten verboten ist? Es war besonders Moses Mendelssohn, der die rationale Grundlage der jüdischen Identität betonte und mit seiner deutschen Übersetzung der Tora traditionelles Judentum mit deutscher Kultur verbinden wollte. Dennoch erregte er den scharfen Protest der etablierten Rabbiner. Nach vielen wechselvollen Veränderungen haben sich viele Spaltungen ergeben zwischen liberalen und orthodoxen, reformierten und nationalistischen Bewegungen, zwischen der „Wissenschaft des Judentums" und dem Chassidismus. Diese Spaltungen reichen von den USA bis nach Russland und spiegeln oft in ein und derselben Person die Probleme wider, die bis heute jüdisches Leben bestimmen.

FÜNFTES VORURTEIL: DIE GOTTESKNECHTE

„Der jüdische Gott ist ein rachsüchtiger, eifernder Stammesgott, der in absoluter Willkürherrschaft zwischen brutaler Grausamkeit, unversöhnlichem Zorn und unverdienten Wohltaten und Wundern, verzeihendem Verständnis und väterliche Liebe über Sein auserwähltes Volk dahinrast und Feinde Israels blutig vernichtet oder sie mit Horrorszenen droht".

Tatsächlich gibt es im Alten Testament genug Belege für ein solches Gottesbild. Wer Gott nicht gehorcht, den wird er heimsuchen mit Pestilenz, „mit Schrecken, Darre und Fieber, daß euch die Augenlichter verfallen und der Leib verschmachte" und wilde Tiere „sollen eure Kinder fressen" und „ihr sollt eurer Söhne und Töchter Fleisch essen" (5. Mos. 26, 16-29). Solche gewalttätigen Drohungen, die in der bedrängten Lage des Exodus das Volk zusammenhalten und Feinde abschrecken sollten, bei denen Selbstverstümmelungen und Menschenopfer noch an der Tagesordnung waren, werden in späteren Deutungen als eine Anfangsphase der Beziehungen zwischen Gott und dem Volk Israel verstanden. Denn der Gott der Juden ist eben nicht eine starre feststehende Größe im Jenseits, sondern ein persönlicher Gott mit persönlichen Attributen wie Zorn, Freude, Liebe, Kummer. Die Vorstellung von einem einzigen und einzigartigem Gott, der die Welt erschaffen und die Widerspiegelungen ihres Bauplans in der Tora offenbart hat, widerspricht im traditionellen Glauben nicht der Idee von Geschichte als der Entfaltung eines göttlichen Plans, des Heilplans für das Volk Israel, dessen Verwirklichung von Gott überwacht wird und in den er auch eingreift. Dabei ändert sich auch das Verhältnis zwischen Gott und den Menschen von der Vertreibung aus dem Paradies bis zum Bund zwischen Gott und den Menschen. Sogar Gott selbst erscheint als ein sich Verändernder: vom strafenden und rächenden Gott bis hin zum verzeihenden und verständnisvollen. Im rabbinischen Judentum, dem eigentlichen Erbe des biblischen Judentums, erscheint Gott mal demütig, mal erhaben, warmherzig und streng, siegreich und unterlegen, grausam und liebevoll, so wie die ihn Anbetenden auch sind, die es damit leichter haben in ihrer angestrebten *imitatio dei*.

Gott ist dabei nicht außerhalb der Welt, sondern in der Gemeinschaft der Menschen, die sich ihm durch Lernen, Beten und Befolgen der Gebote nähern und ihn als „Schechina"[18] inmitten der Gemeinde erfahren können (vergleichbar dem Heiligen Geist in der christlichen Gemeinde). So ist Gott jedem einzelnen Juden und dem Volk Israel nahe.

Dieser jüdische Gott, der sich in der Geschichte wandelt, ist völlig verschieden von dem späteren Gott der Christen, der als Ewiger Vater sich immer gleich bleibt und dem man sich durch Christus nähern kann. Noch größer aber ist der Unterschied zum Gott der Muslime, der in unendlicher Ferne unwandelbar und unnahbar und unvorstellbar ist. Der jüdische Gott dagegen ist in ständiger Wechselwirkung mit den Menschen, mit seinem Volk Israel. Diese Wechselwirkung verändert sich immer wieder, indem sich das Volk Israel im Laufe der Geschichte verändert und damit auch ihr Gott. Aus dem Alten Testament können wir den Schluss ziehen, dass nicht nur Gott den Menschen, Mann und Frau, nach seinem Bilde erschaffen hat, sondern dass auch die Menschen – oder besser die Männer – einen Gott nach ihren Vorstellungen geschaffen haben. Für unsere Fragen ist es von Bedeutung, herauszufinden, was für einen Gott sich die Menschen in ihren Vorstellungen erschaffen haben: wie er handelt, urteilt, denkt und wie er seine Handlungen begründet. Diese Vorstellungen von Gott bestimmen dann weitgehend nicht nur das religiöse Empfinden der Einzelnen und der Gemeinschaft, sondern auch ihr moralisches und rechtliches Bewusstsein, die ökonomischen, politischen und sozialen Grundlagen bis hin zu alltäglichen Handlungen wie Ess- und Trinkgewohnheiten. Wenn sich andererseits durch Kriege, klimatische Veränderungen mit Missernten und Dürren oder durch Völkerwanderungen die äußeren Bedingungen ändern, wandeln sich auch im Laufe der Jahrhunderte auch die Gottesvorstellungen, so dass die Wandlungen Gottes den neuen Hoffnungen, Ängsten und Wünschen entsprechen.

DIE WANDLUNGEN GOTTES

Da die historischen Veränderungen für das Volk Israel besonders dramatisch waren, sind auch die Veränderungen ihres Gottes entsprechend dramatisch. Indem die Juden sich unablässig mit Lesen, Vortragen und Interpretieren der Heiligen Schriften beschäftigen, betreiben sie zugleich in einer dauernden Wiederholung der bedeutsamen Vorgänge ihrer Urgeschichte ihre eigene Selbstvergewisserung, die durch den Gehalt an historischer Wahrheit das Individuum und die Gemeinschaft stärkt. Gott und seine Wandlungen werden so zum Brennpunkt des persönlichen und gesellschaftlichen Lebens. In Wechselwirkung zwischen Mensch und Gesellschaft finden die Juden – vom Exodus an bis zum heutigen Tag – ihren Tatort Gott.

Jack Miles hat den Veränderungen des jüdischen Gottes nachgespürt, indem er in einer geistvollen und kühnen Umkehrung den jüdischen Gott als ein persönliches Wesen mit einer individuellen Lebensgeschichte betrachtet und so auch sein Buch „Gott – Eine Biografie" nennt.[19] Indem er den Tanach als wundersames literarisches Kunstwerk wie einen Roman über Gott liest, enthüllt er ein faszinierendes Psychogramm der Verwandlungen Gottes. Da ist zuerst die Verwandlung vom unpersönlichen Schöpfer-Gott Elohim der Genesis, der sich in der Auseinandersetzung mit den Menschen als Edonai zum Jahwe entwickelt, der spätestens seit dem Mord an Abel richtend und gebietend als Gott der Herr persönlich in die Geschicke der Menschen eingreift.

Dieser anfängliche Bezug Gottes zu den Menschen ist primitiv und von animalischer Brutalität. Da geht es fast nur um Bruder-, Kind- und Gattinnenmord und sogar um Völkermord, um Onanie, Inzest, Vergewaltigung, um Fruchtbarkeit und Geburt. Erst nach dem Exodus kommen durch die Wechselwirkung mit den Menschen zartere, menschlichere Töne hinzu, die auch komplexere gesellschaftliche Probleme anklingen lassen: Recht und Unrecht, Arm und Reich, Liebe, Hass, Freude, Angst. Dennoch bleibt Gott immer widersprüchlich, wie an seinem Anfang, als er die Welt erschaffen hat, um sie wieder zu vernichten und als er die Menschen aufgefordert hat, sich zu vermehren, um sie dann in der Sintflut zu ersäufen: „Ich will die Menschen, die ich geschaffen habe vertilgen von der Erde" (Gen. 6,7). Mal interessiert er sich nicht für sein Volk Israel, dann wieder wird er für sie zum Krieger, mal kümmert er sich nicht um Moral, mal wird er zum Moralisten. Gott scheint im Streit mit sich selbst und schwankt zwischen Entschlossenheit und Reue, zwischen Stärke und Schwäche. Aber immer ist er belehrend, nie akzeptierend und tolerant.

Als Pädagoge und Vater kann ich nur kopfschüttelnd feststellen, dass dieser jüdische Gott besonders in der Genesis alle Kriterien der „schwarzen Pädagogik" optimal erfüllt, denn ER

– verfügt unzählige Ge- und Verbote ohne Begründung
– erlässt körperliche Strafen bis hin zur Tötung
– gibt widersprüchliche Anweisungen
– ist launisch und unvorhersehbar
– bevorzugt seine Lieblinge, andere missachtet er
– übt pausenlose Kontrolle aus, die mit völliger Gleichgültigkeit wechselt
– bestraft durch Liebesentzug
– zeichnet sich durch Jähzorn und unangemessene Wutausbrüche aus
– zeichnet sich dann wieder durch unverständliche Nachsichtigkeit und hypertrophe Güte aus
– ist intolerant bis zur Arroganz.

Die Psychologen erklären uns, dass eine solche „schwarze Pädagogik" verhaltensgestörte Kinder hervorbringt, die zwischen ängstlicher Anpassung und übertriebenem Selbstwertgefühl bis zu Omnipotenzfantasien ohne eigene Mitte hin und her schwanken. In ihrer Angst etwas falsch zu machen, klammern sie sich panisch an Regeln, besonders wenn sie vom Vater stammen. Das Jahrtausende während Klammern der Juden an die unzähligen Ge- und Verbote könnte so verständlich werden. Der äußerlich sichtbare Erfolg, wie Geld, Häuser, Besitz überhaupt, beruhigt die Gläubigen als vorzeigbarer Beweis für den ständig prüfenden Vater. Je bizarrer und ungerechter sich der Vater verhält, umso krampfhafter wird die durch keine rationalen Einsichten erhellbare Bindung der Gläubigen an ihn. Diese Bindung wollen die Gläubigen unablässig durch tausend kleine Ergebenheits- und Liebesbeweise festigen, wie sie in den unzähligen jüdischen Ritualen ihren Ausdruck finden.

Andererseits gibt das Bewusstsein, einen so gefürchteten, gefährlichen und mächtigen Vater zu haben auch ein köstliches Gefühl der Zusammengehörigkeit und der Überlegenheit über alle, die nur einen „normalen" Vater oder etwa „nur" eine Mutter haben. Dieses Gefühl, auserwählt zu sein, findet dann seinen expliziten Niederschlag im Bund mit Gott, der von Abrahams Berufung in Genesis 12 bis zu Isaaks Verheißung in Genesis 17 zum Hauptinhalt des 2. Buch Moses wird. Dieses Gefühl verbindet sich mit der Hoffnung auf Belohnung, Auszeichnung und Weltherrschaft. Während die Juden den Gedanken an Weltherrschaft schon seit Jahrtausenden aufgegeben haben, lebt er in den anderen Völkern als Angstvorstellung vor imaginären Bedrohungen, z.B. durch die vorgebliche Verschwörung der „Weisen von Zion" oder des „jüdischen Kapitalismus" fort und lässt sich leicht instrumentalisieren.

Aber viel fundamentaler führt die Unberechenbarkeit Gottes zu ständig wachsenden Schuldgefühlen, weil keine noch so ausgeklügelte Handlung den unberechenbaren Launen des Vaters je gerecht werden kann. Von daher lässt sich verstehen, dass Freud das Schuldgefühl als eine Grundbefindlichkeit des Judentums bezeichnet. So haben die Auserwähltheit und der Bund mit Gott auch eine schreckliche Kehrseite: Wenn Israel von schweren Schicksalsschlägen getroffen wird, wie Niederlage, Vertreibung, Zerstörung des Tempels, so gerät der Bund für die Auserwählten in eine Zerreißprobe. Dem Volk bleiben da nur noch zwei Deutungen: Entweder hält Gott den Bund nicht mehr ein – oder aber das Volk Israel hat so schwere Schuld auf sich geladen, dass Gott es bestrafen muss. Das Volk Israel hat sich eindeutig und immer für die zweite Alternative, die Bestrafung, entschieden, weil in den Büchern Mose genügend Beispiele der Bestrafung vorkommen, weil so der Bund nicht infrage gestellt wird und man nur so an der über alles geliebten Vorstellung festhalten kann, Gottes auserwähltes Volk zu sein. Auf die Spitze getrieben wird diese Vorstellung von Anhängern der „Netura Karta International", die als streng orthodoxe Juden den Staat Israel ablehnen, weil er unvereinbar sei mit der von Gott als Strafe in der Tora verhängten Diaspora. So lassen sie sich neben dem iranischen Präsidenten Ahmadinedschad beklatschen und fotografieren, als sie ihm in Teheran bei seinem skandalösen Holocaust-Leugnungstheater im Dezember 2006 in seiner Ablehnung Israels unterstützen.[20]

Durch das Bekennen der eigenen Schuld wird Gott freigesprochen vom Vertragsbruch. Das Eingeständnis, Gott nicht genug geliebt, verehrt und seine Gebote befolgt zu haben, garantiert so in allem Unglück das viel höhere Glück des Auserwähltseins; Freud sagt dazu:

»*Man verdiente nichts Besseres, als von ihm bestraft zu werden, weil man seine Gebote nicht hielt, und im Bedürfnis, dieses Schuldgefühl, das unersättlich war und aus so viel tieferer Quelle kam, zu befriedigen, musste man diese Gebote immer strenger, peinlicher und auch kleinlicher werden lassen. In einem neuen Rausch moralischer Askese legt man sich immer neue Triebverzichte auf und erreichte dabei wenigstens in Lehre und Vorschrift ethische Höhen, die den anderen alten Völkern unzugänglich geblieben waren*«.[21]

Wir – mit feministisch geschärftem Blick – können uns natürlich fragen, ob die „viel tiefere Quelle" des Schuldbewusstseins, von der Freud spricht, vielleicht aus unbewussten Schuldgefühlen gegenüber den vertriebenen Göttinnen und den unterdrückten Frauen entspringt, die der Jude und Patriarch Freud natürlich perfekt und wissenschaftlich verdrängt hat. Wer je in jüdischen Liedern den schluchzenden Sehnsuchtsschrei nach der „jiddischen Mamme" vernommen hat, wird da vielleicht bei näherem Hinhören aufmerksam.

Gott selbst hat allerdings wenig getan, um sein Volk Israel zu mehr Gerechtigkeit und Menschlichkeit anzuhalten, als im gesellschaftlichen Umfeld schon praktiziert wurde. Es war vielmehr die Auseinandersetzung der Juden mit ihrem Gott, die sie zu einer Ethik befähigte, bei der es um heiligendes und dennoch konkretes Handeln in einer keineswegs heilen Umgebung geht. Eine große Rolle haben dabei auch die Propheten gespielt, denen es um soziale Gerechtigkeit und Gewaltlosigkeit ging (Amos, Jeremia) und um die Liebe zu allen Kreaturen (Hosea).

Aber der zürnende Gott lässt sich auch durch noch so viel Ethik nicht besänftigen. Im Gegenteil: Gerade die Gerechten verfolgt er wie Hiob mit besonderer Grausamkeit, weil sie sich anmaßen, gut zu sein oder besser zu sein als Gott selbst. So erwartet jeder – ob gut oder böse – sein Leben lang die fällige Strafe, die in der Logik der Seele irgendwann kommt, dann gleich über das ganze Volk hereinbricht und die Bindung an den strafenden Gott – wie im Sado-Maso-Spiel – noch verstärkt. Auch im Christentum hat sich dieser Kreislauf von Sünde und Strafe fortgesetzt, wobei die katholische Kirche mit Beichte, Geißelung und Ablass probate Heilmittelchen erfunden hat und die Protestanten den depressiven Kreislauf ins individuelle Gewissen und den Bußtag abgeschoben haben. In der jüdischen Religion hingegen ist der Versöhnungstag Jom Kippur eher eine jährliche Mahnung an irdische Verfehlungen, die statt göttlicher Erlösung oft nur eine Erinnerung an den strafenden Gott bewirkt. Für viele Juden ist es dieses kollektive Gefühl des nie einzuholenden eigenen Ungenügens mit der Straferwartung, das eine gewisse melancholische Grundgestimmtheit ungezählter jüdischer Generationen durch viele Jahrhunderte hindurch kennzeichnet und uns heute noch an den schönsten und heitersten Stellen der Klezmer-Musik zu Tränen bringt. Die Männer mit den schwarzen Anzügen und Hüten, die heute in Osteuropa, in den USA, aber auch in vielen anderen Ländern als Anhänger der messianischen Chabad-Bewegung die Juden zur Orthodoxie zurückführen wollen, werden sicher kein Interesse daran haben, diesen Kreislauf zu durchbrechen. Dafür werden sie in ihr erstes Morgengebet täglich den Dank an Gott einschließen, dass sie nicht als Frauen zur Welt gekommen sind.

Aber da sind wir auch schon bei unseren Fragen am Ende der Kapitel, bei denen es darum geht, welche Möglichkeiten des Aufbruchs in den Religionen wir heute bemerken und welche wir uns wünschen. Für mich ist es wichtig zu erfahren, wie im Judentum der depressive Kreislauf von Schuldgefühl und Straferwartung unterbrochen werden kann. Und da komme ich natürlich gleich zu dem legendären Baal SchemTow (1699-1760), von dem gesagt wird, dass er die Kabbala von den Engeln heruntergeholt und den einfachen Menschen gebracht habe.[22] Zu einer Zeit, als in Polen Armut und Elend der Juden fast unerträglich waren und sie ohne Arbeits- und Wohnrecht isoliert dahinvegetieren mussten, hat es die chassidische Erneuerungsbewegung zustande gebracht, den Menschen wieder ein Gefühl der Zusammengehörigkeit, neue Hoffnungen und den Mut zur Veränderung zu bringen. Indem sie sich wieder als Gottes Volk erlebten, konnten die Juden trotz der miserablen Lebensbedingungen in den heruntergekommenen Dörfern eine eigene Identität und eine neue Kultur jüdischen Lebens entwickeln. Die drei Zauberworte des Chassidismus sind: Freundschaft, Heiligung, Freude. Durch die Freundschaft sind alle Mitglieder der Gemeinschaft verbunden im wechselseitigen Geben und Nehmen, Sprechen und Zuhören, Lehren und Lernen, indem sie in jeder ihrer alltäglichen Handlungen die „heiligen Funken heben". Aber diese heiligen Funken sind nichts abgehoben Spirituelles, das der Gläubige im stillen Kämmerlein durch Beten und Askese im geistlichen Egoismus für sich erringt, sondern diese Funken sind enthalten in Werkzeugen und Materialien, beim Arbeiten und Tanzen, beim Sprechen, beim Essen und Schlafen, wo sie allein durch die Achtsamkeit als Gottesdienst gehoben werden. Diese umfassende Achtsamkeit bringt die Menschen von selbst in einen Zustand der Freude, der für die Chassidim nicht als jenseitiges Gnadengeschenk erlebt wird, sondern als ein höchst wünschenswerter irdischer Zustand. Deshalb sind Narren und Possenreißer in der chassidischen Welt ebenso wichtig wie die Geiger und Engel bei Marc Chagall.

Wir verdanken Martin Buber und Gershom Sholem viele wichtige Erkenntnisse über diese chassidische Welt und auch ungezählte Geschichten der Weisheit und Lebensfreude.[23] So zeigt in einer chassidischen Fabel der Prophet Elia einem Rabbi auf dem Marktplatz zwei vorübergehende Brüder. Als der Rabbi den Propheten fragt, warum er ihm zwei Possenreißer zeige, antwortet der Prophet: „ Sie sind Kinder der zukünftigen Welt". Als der Rabbi sie fragt, was sie machen, antworten sie: „Wir sind Possenreißer. Ist jemand traurig, versuchen wir ihn aufzuheitern, und sehen wir Leute streiten, so suchen wir Frieden zwischen ihnen zu stiften".[24]

Der Kreislauf von Schuld und Strafe kommt hier nicht mehr vor, weil Sorge, Trübsal, Schwermut und Melancholie „die Seele mit Staub überziehen, den der Satan ausstreut". In der umfassenden Achtsamkeit der Chassidim kann die tätige selbstbestimmte Auseinandersetzung mit der Wirklichkeit stattfinden als ein heiterer Dienst an den Menschen und an Gott.

Aber selbst in dieser so gemeinschaftlichen Welt der Chassidim, wie auch sonst im Judentum, kommen Frauen fast gar nicht vor. Die patriarchale Prägung des Judentums ist auch durch Freude und Achtsamkeit selbst im Chassidismus noch nicht „angekränkelt", wobei die amerikanische Spielart einer messianistischen chassidischen Chabad-Bewegung noch zusätzliche für die Verfestigung patriarchaler Strukturen sorgt. Inzwischen gibt es aber weltweit viele jüdische Strömungen, die traditionelle Grundlagen mit demokratischen Strukturen und der Gleichberechtigung von Mann und Frau verbinden. Besonders bekannt ist aus den USA die Masorti-Bewegung, der neben vielen Rabinerinnen in Amerika auch Einat Ramon angehört. Sie ist nach ihrer Ausbildung in New York die erste und einzige Rabbinerin in Israel, die mit ihrem Pluralismus viele verstört. Sie akzeptiert Forderungen der Ultraorthodoxen nach getrennten Sitzen für Frauen und Männern in Autobussen und schreibt engagierte Artikel über „Gott, die Mutter". Sie stört den säkularen Mainstream in Israel, der nach dem Motto lebt: „Ich gehe in keine Synagoge. Aber die Synagoge, in die ich nicht gehe, muss orthodox sein". Einat Ramon leitet heute das Rabbiner-Seminar des berühmten Schechter Institute for Jewish Studies in Jerusalem – als erste und einzige Frau. Aber auch bei uns ist vieles in Bewegung. Der Zentralrat der Juden in Deutschland hat seit 2006 eine Frau als Vorsitzende und auch mehrere jüdische Gemeinden werden von Frauen geleitet.

Elisa Klapheck beschreibt in ihrem bewegenden Buch „So bin ich Rabbinerin geworden"[25], wie sie immer wieder versucht, die patriarchalen Muster des Judentums zu durchbrechen. Das beginnt bei ihr schon dramatisch mit dem ehrwürdigen Uranfang des Tanach „Im Anfang schuf Gott Himmel und Erde", bei dem sie vermutet, dass in der hebräischen Urschrift „Bereschit bara Elohim" die Pluralendung darauf hinweist, dass Elohim sowohl die männliche Form Elohim wie auch die weibliche Form Eloha umfasst.[26] Weiter führt sie an, dass auch das für Juden als Name Gottes unaussprechliche Tetragramm JHWH im Hebräischen keine männliche Konnotation habe und dass Adam im Hebräischen einfach „Mensch" heiße, so dass die aus der Seite des Menschen herausgeschnittene „Frau" als Medium zwischen Gott und dem Menschen überhaupt erst ermöglicht, dass ein Mensch sich als „Mann" erkennen kann. Sie führt als weiteren Grund für das Festhalten von Frauen an der jüdischen Religion im Zeitalter der Emanzipation an, dass die Frau nach den Vorschriften des Talmud einen Anspruch auf ihr Sexualleben habe und dass der jüdische Mann verpflichtet sei, „die Bedürfnisse seiner

Frau zu befriedigen", wobei die Vorschriften über die Mindestzahl der ehelichen Pflichten des Mannes nach Berufsgruppen gestaffelt sind.[27] Sie führt sogar die in der Tora vorgeschriebene Beschneidung der jüdischen Jungen an, weil sie eine „Absage an Machotugenden wie Potenzgehabe und Eroberungsgelüste symbolisiere". Dass die Beschneidung im Zusammenhang mit einer religiösen Zeremonie aber gerade im Gegenteil eine Heiligung der männlichen Sexualität (und nur der männlichen) bewirkt und so den Männerbund festigt, indem die Väter den Penis der Söhne in den Stand einer Gott geweihten Reliquie versetzen und so Macho- und Potenzgehabe erst richtig legitimieren, können wir heute an vielen islamischen Jugendlichen beobachten (s. dazu auch eine psychosoziale Begründung der anderen Art in dem folgenden „Einspruch mit Vorhautsammlern und tranzendenten Garnrollen." sowie im 4. Kapitel).

Aber auch wenn Elisa Klapheck noch andere überzeugendere Beispiele für das Wirken des Weiblichen im Judentum anbringt, so kommen mir doch Mary Dalys Bemerkungen aus „Jenseits von Gottvater, Sohn & Co." von 1980 in den Sinn: Danach dürfen einige patriarchatskritische Textstellen nicht überbewertet werden, weil die befreiende Potenz dieser Elemente „in der sie umgebenden Atmosphäre patriarchaler Bilder, Ideen, Werte und Strukturen erstickt".[28] Denn immer noch sitzen im traditionellen jüdischen Gottesdienst die Frauen zweitklassig auf der Frauenempore abgesondert von den Männern, werden nicht zur Tora-Lesung aufgerufen, üben auch sonst keine Funktion vor dem Tora-Schrein aus und nur Männer tragen die Kippa und legen die Gebetsriemen um Arm und Stirn.

Elisa Klapheck hat sich bewundernswert mutig für die Befreiung und gegen das Ersticken entschieden, indem sie Rabbinerin geworden ist, sie ist eine von vier Rabbinerinnen in Deutschland. Und wenn der Kritiker nur die einsame Schwalbe sieht, die noch keinen Frühling macht, so können wir anderen uns freuen, dass es einen so eindrucksvollen und ehrlichen Ausbruch aus patriarchalen Fügungen hin zu einer religiösen Erneuerung des Judentums gibt.

Als ich mit zwei jungen Männern ins Gespräch kam, die ich wegen ihrer Kippa für Juden hielt, fragte ich sie, was sie von einer Frau als Rabbi halten. Sie verzogen nur ganz leicht das Gesicht, als hätte ich ihnen Schweinswürstel angeboten und sagten statt einer Antwort sehr sanft und ernst: „We are orthodox". Aber zum Glück lässt sich die jüdische Erneuerungsbewegung nicht mehr aufhalten, wie Elisa Klapheck eindrucksvoll darlegt. Ob in Neugründungen von Rosch-Chodesch-Gruppen in „egalitären Minjan" oder im „gleichberechtigten Gottesdienst" vieler neu entstehender Reformgemeinden: Die Erstarrung jüdischen Lebens durch orthodoxe Gemeindemitglieder, die sich zwar gegen Neuerungen sperren, aber noch nicht einmal die alten Traditionen pflegen, ist durchbrochen mit dem Aufbruch zu einem egalitären pluralistischen Judentum, in dem Frauen gleichberechtigt in Religion und Alltag leben und die Traditionen mit modernen Vorstellungen verbinden, so dass persönliche Entfaltung und gegenseitige Anteilnahme sich wechselweise steigern.

Vielleicht kann es bei so viel versprechendem Aufbruch auch gelingen, Nichtjuden einzubeziehen, so dass der dem Judentum immanente „radikale jüdische Partikularismus als das eigentliche Angebot an die Menschheit" aufgegriffen wird, wie Michael Walfe und David Novak und andere jüdische Politologen es darstellen. „Dabei bedeutet 'Schalom' nicht einen alle Menschen verschmelzenden 'Frieden', sondern eine 'Fülle', in der die unterschiedlichen Heilsgeschichten der Menschen und Nationen mit ihren unterschiedlichen Voraussetzungen zu einer vollen Geltung kommen".[29]

So könnten die großen historischen Erfahrungen der Juden mit dem Leben in der Gemeinschaft, wie sie auch in den Kibbuzim weiterentwickelt werden, fruchtbar werden in vielen Bereichen des modernen Lebens, das sich mit Gemeinschaftlichkeit immer schwerer tut. Weiter könnte die von den Juden seit Jahrtausenden praktizierte Heiligung des Alltags zur Anregung werden, wie auch jenseits der strengen halachischen Regeln eine umfassende Achtsamkeit gelebt werden kann, die Mensch und Umwelt gleichermaßen einbezieht. Als ein Schüler bei einem chassidischen Weisen, einem „Zaddik", Weisheiten der Tora lernen will und dann bei ihm nur eine Woche lang Gläser in der Schenke des Zaddik spülen muss, erklärt ihm der Rabbi nach der Beschwerde seines Schülers: „Ja, weißt Du denn nicht, wenn er die Gläser reinig, reinigt er die Welt und macht so die Funken frei, die in der beschmutzen Materie sind und führt sie in die Weltseele zurück".[30] Das erinnert an Thich Nhat Hanh, den Vertreter eines engagierten Buddhismus : „Spüle das Geschirr ab, als sei jede Schale Gegenstand Deiner Betrachtung. Betrachte jeden Teller als heilig".[31]

Aber einen feinen Unterschied hört man doch heraus: Während beim Rabbi der Funke erst aus der entgöttlichten Materie durch den tätigen Menschen befreit werden muss, ist es für den Zen-Meister umgekehrt auch die Materie selbst, die das Tun des Menschen heiligt, weil im Zen Mensch und Schöpfung weniger getrennt werden und die Achtsamkeit als Voraussetzung des erfüllten Lebens beide umfasst. Im jüdischen Denken ist die Zentrierung auf den Menschen durch die Bindung des jüdischen Volkes an das Auserwähltsein verankert: Ob die tätige und „heiligende" Ethik des Judentums als

Angebot an die Menschheit aufgegriffen werden kann, wird auch davon ab-hängen, ob die Vorstellungen des Auserwähltseins als eine Gewissheit für alle Menschen zentral werden kann: Wir alle sind als Teil der Schöpfung aus-erwählt, diese Schöpfung zusammen mit anderen Menschen bewusst zu le-ben, in uns aufzunehmen und zu verändern. Das ist die Voraussetzung für unsere Würde und unsere Freiheit.

Im Judentum hängt das Auserwähltsein eng mit dem Verständnis des Juden-tums als Schicksals- und Solidargemeinschaft zusammen. Denn es versteht sich von selbst, dass für Juden trotz aller Spaltungen und Zwistigkeiten die schicksalhafte und solidarische Verbundenheit ihre Existenz begründet, weit mehr als in anderen Religionen, bei denen auch noch die Nationen da sind, aber auch mehr als in den Nationen, die immer noch ihre (oft ver-schiedenen) Religionen haben. Die Vorstellung, sich zum Judentum zu be-kehren, ist deshalb für Außenstehende sehr viel verwirrender und mit einer höheren sozialen Schwelle verbunden, als die Bekehrung zum Islam oder zum Christentum. „Was macht jemanden zum Juden?", fragt Elisa Klapheck. „Nur die formalen halachischen Kriterien? Oder ist es mehr? Die jüdische Herkunft, die jüdische Geschichte, das jüdische Schicksal? Oder ist es noch mehr?"[32] Klapheck erzählt in ihrem Buch von einem Traum, der ihren Weg zur Rabbinerin eröffnet hat. Als ich ihren Traum gelesen habe, mit etwas Grippe und schon etwas fiebrig, träume ich dann auch in der Nacht mit et-was mehr Fieber, dass ich mich auf den Weg zur Synagoge in der Oranien-burger Straße mache und mich ängstige, wie ich bis zur Bima komme, ob ich zur Lesung aufgerufen werde und ob ich meinen Tora-Abschnitt kann. Am goldenen Tor der Synagoge steht eine Rabbinerin mit weißer Kippa und Tallit. Ihre Brille funkelt in der Sonne und blendet mich. Sie tippt mit ihrem gläsernen Lesestab an meine Stirn. Da kehre ich um.

EINSPRUCH!

(Mit einem Interview über Vorhautsammler und transzendente Garnrollen)

Reporter (R): In unserer Sendung „Gott und die Welt" haben wir heute Frau Professor Heidi Götze-Morgenroth zu Gast bei uns im Studio. Vielen Dank, dass Sie gekommen sind. In Ihrem aufsehenerregenden Buch „Böse Mam-mis – liebe Onkels" vertreten Sie die These, dass das Erscheinen des Einen Gottes, das die Grundlagen des Alten Testaments bildet und das der jüdi-schen, christlichen und islamischen Religion zugrunde liegt, zusammen-hängt mit spezifischen Urängsten des Mannes. Können Sie das heute unse-ren Hörerinnen und Hörern näher erklären?

Heidi Götze-Morgenroth (HGM): Das mache ich sehr gern. Denn ich halte es für wichtig, dass die Menschen sich gerade heute angesichts fundamentalistischer Tendenzen Gedanken darüber machen, welchen Anteil unsere menschlichen Hoffnungen, Wünsche und Ängste bei der geschichtlichen Entwicklung der Religionen haben. Denn keine Religion ist einfach so vom Himmel gefallen, auch wenn uns das ihre Vertreter mit Offenbarungsgeschichten und allerlei Wundern immer wieder glauben machen wollen.

R: Aber Ihnen geht es doch nicht so sehr um Geschichte, sondern um Psychologie, und zwar um die der Männer.

HGM: Geschichte und Psychologie gehören zusammen, denn auch unseren Vorfahren hatten eine Seele, andererseits ändern sich die psychologischen Befindlichkeiten der Menschen im Laufe jeder Epoche. Schon meine Mutter hatte z.B. andere Vorstellungen von Liebe und Sexualität, hatte andere Probleme, Ängste und Krisen und es ist wichtig, diese Veränderungen zu beachten. Denn der Blick auf die Geschichte gibt unserem Leben Sinn und verbindet unser kleines Einzelschicksal mit der gesamten Menschheit.

R: Jetzt frage ich mich schon wieder, wo da die Psychologie bleibt.

HGM: Die psychologischen Befindlichkeiten unterscheiden sich nicht nur nach Epochen, nach geographischen, ökonomischen und sozialen Bedingungen, sondern auch bei Kindern, Alten, Jungen und vor allem bei Männern und Frauen. Die Psychologie untersucht nun im Blick auf das einzelne Leben den Bezug zur Vergangenheit und Gegenwart und versucht unsere Möglichkeiten und Grenzen neu zu entdecken, auch das, was uns unterscheidet und das, was uns allen durch die Jahrtausende gemeinsam ist.

R: Und da wären wir beiden Urängsten des Mannes?

HGM: Genau! Denn Mannsein und Frausein gehören, seit es Menschen gibt, zu unseren Grundbestimmungen. Und die erste Angst hängt außerdem zusammen mit einer weiteren existentiellen Grunderfahrung aller Menschen: mit unserer Geburt.

R: Handelt es sich also um eine Angst der Männer, die mit ihrer Geburt zusammenhängt?

HGM: Ja. Das ist die erste Art von Ängsten, auf die ich zu sprechen kommen möchte. Sie hängen zusammen mit dem Komplex, der in der Anthropologie als „spezifische Prämaturation" oder als „extrauterine Frühgeburt" bezeichnet wird.

R: Das klingt sehr gelehrt...

HGM: ...und heißt nichts weiter, als dass wir armen Menschlein alle lebensunfähig auf die Welt kommen, kleine nackte, hilflose Würmchen, geschockt und geängstigt von den Qualen der Geburt, von dem plötzlichen Wechsel vom meist wohligen Aufgehobensein im warmen Fruchtwasser, richtig ernährt, beruhigt vom Herzschlag der Mutter. Und dann werden wir plötzlich hinaus katapultiert ins Neonlicht der Klinik mit beängstigenden Geräuschen, haben Atemnot und unangenehme Hautempfindungen durch allerlei medizinisch notwendige Maßnahmen. Kurz, es ist ein veritabler Höllensturz mit erster Todesangst, was unter der Bezeichnung „Geburtstrauma" wohl nur verniedlicht wird, weil es die tiefste Ursache aller Trennungsängste ist.

R: Weswegen man heute in die Rebirthing-Therapie gehen kann. Aber wo bleibt denn nun der liebe Gott?

HGM: Geduld, Geduld. Wenn das Menschlein Glück hat, wird es nach der Geburt getröstet und beruhigt an der warmen Haut der Mutter und sogar, wie es so schön heißt, gestillt. Es kann sich nun wieder aufgehoben fühlen in einer neuen Welt, einer Welt der Liebe und der Lust. Aber schon kommt neues Unglück: Die Mutter geht weg oder sie ist nicht da, wenn das Kindchen Hunger hat oder Schmerzen oder anderes Unbehagen. Sie ist weg, weg, weg. Wird sie je wiederkommen? Schreien bis zur Erschöpfung. Das ist die zweite Wurzel aller Trennungsängste, zu denen oft beim Abstillen Ablaktionsängste und bei der Geburt von Geschwistern neue Trennungsängste hinzukommen. All diese realen oder möglichen Trennungen von der Mutter werden als tödliche Bedrohungen erlebt und verfolgen uns durch das ganze Leben.

R: Gut und schön, Trennung, Angst und Bedrohung überall. Aber betrifft das nicht Jungen und Mädchen gleichermaßen? Und kann die Trennungsangst sich nicht ebenso auf eine männliche Bezugsperson beziehen? Und was hat das Ganze mit unserem Thema und dem lieben Gott zu tun?

HGM: Drei gute Fragen. Fangen wir mit der zweiten an. Geburt und Stillen sind natürlich an die Mutter gebunden und ebenso die weitere Fürsorge zumindest in den Zeiten, als das Alte Testament entstand – und meist auch noch heute. Ihre anderen beiden Fragen hängen miteinander zusammen. Denn Männer und Frauen, ja schon kleine Jungen und Mädchen gehen ganz unterschiedlich mit Trennungsängsten um. Während bei Mädchen die Angst aufgehoben werden kann durch das Bewusstsein, einmal selbst wie die Mutter zu werden und später sogar selbst einmal eine Mutter zu werden, können sich der kleine Junge und auch der erwachsene Mann damit natürlich nicht trösten. Denn die Entwicklung als Mann bedeutet ja gerade, nicht wie die Mutter, dieser Nichtmann, zu werden. Also noch eine angstbesetzte bedrohliche Trennung, die dem Mädchen erspart bleibt und die noch verstärkt wird durch Angst vor der Strafe der Mutter, weil der Junge ja anders werden will als die Mutter.

R: Da wird einem als Mann ja ganz anders bei so vielen Ängsten.

HGM: Zu Recht, und deshalb ist die Frage, wie nun kleine Jungs und große Männer mit diesen unbewussten, aber bedrohlichen Ängsten umgehen können. Was haben sie für Ideen?

R: Ich? Verdrängen? Oder bewusstmachen und bearbeiten?

HGM: Genau. Eine Mischung aus beidem hat Freud mit genialem Scharfsinn in dem vielzitierten Spiel des kleinen Hans mit der berühmten Garnrolle entdeckt.

R: Ja, ich erinnere mich: Der kleine Hans ließ die Garnrolle hinter dem Vorhang verschwinden und holte sie dann voller Freude wieder hervor, und das immer wieder. Aber ich erinnere mich nicht, was das mit Trennungsangst zu tun hat.

HGM: Denken Sie nach! Das Kind entfernt ein emotional besetztes Objekt mit dem Wort „fort" aus seinem Gesichtsfeld…

R: …das ist die weggehende Mutter.

HGM: Und holt es triumphierend mit dem Ausruf „da!" wieder hinter dem Vorhang hervor, immer wieder und wieder. Verschwinden lassen mit „fort", triumphierend mit „da" hervorholen.

R: Ja, jetzt verstehe ich! Das Kind erzeugt selbst Trennung und beendet sie auch selbst. Es verdrängt die Trennungsangst, indem es sich selbst zum Herren über Trennung und Wiederkehren macht!

HGM: Und in der endlosen Wiederholung des zugefügten Leidens, über das es jetzt triumphieren kann, verliert die Bedrohung ihren Schrecken und ihre Macht. Sie wird handhabbar. Der kleine Hans kann sich nun sogar selbst hinter dem Vorhang verstecken, „verschwinden" und die Suche der anderen genießen.

R: Alles klar. Aber immer noch frage ich, wo bleibt denn nun der liebe Gott? Da bin ich doch gespannt.

HGM: „Fort-da" ist die universelle Beschwörungsformel, die bei unbewussten Trennungsängsten und erlittenen Trennungen zur Wirkung kommt. Es war das geniale Konzept der Begründer der Jahwe-Religion, die Dimension der Trennung aus der Wirklichkeit in die Transzendenz zu verlegen: Der unsichtbare Gott, der schweigende und verborgene deus absconditus und die Rückkehr der Kinder Gottes zu Ihm ins Himmelreich. Statt der Garnrolle hinter dem Plüschvorhang haben wir nun den ewigen Gott im unendlichen Himmel, der sich nun aber auch nicht einfach ins Wohnzimmer zurückholen lässt, sondern der nur durch Gebete, Gesänge, Weihrauch und Fürsprache der Priester ab und an in unseren Geist einzieht und der uns dann schließlich zu sich holt: ein Rückholspiel der feineren Art, das nie ermüdet und erst mit dem Tod endet, vorausgesetzt man war brav und gläubig.

R: Ich verstehe. Das ewige und erlösende „Fort-da-Spiel" wird nun aufgeführt in den ewig sich wiederholenden Ritualen, Gebeten und Gesängen, die nie abreißen dürfen.

HGM: Genau. Was bei der Verarbeitung der traumatischen Trennungsängste für den kleinen Hans die Garnrolle ist, die er hinter dem Vorhang verschwinden lässt, das leistet für den großen Johannes der liebe Gott, der hinter den Wolken zu verschwinden hat.

R: Der liebe Gott als transzendente Garnrolle?

HGM: Die geniale Verbesserung im Vergleich zur Garnrolle besteht darin, dass das „Fort-da" mit dem Ersatzobjekt nicht mehr an irgendeinen materiellen Gegenstand gebunden ist (wie noch bei der Anbetung von Götzenstatuen), sondern dass die An- und Abwesenheit nur in der Einbildung stattfindet, unabhängig von Raum und Zeit, nur beeinflussbar durch Gebete, Riten und Gehorsam im Glauben gegenüber den Priestern.

R: Das würde auch erklären, warum das Gebot „Du sollst dir kein Bildnis machen" zu einer so zentralen Voraussetzung des Monotheismus geworden ist. Aber müsste in Ihrem Modell Gott nicht eigentlich weiblich sein, weil eine Göttin doch die Trennungsängste von der Mutter viel besser sublimieren könnte. Und was ist eigentlich mit der zweiten Urangst der Männer, von der Sie am Anfang gesprochen haben?

HGM: Ihre beiden Fragen hängen wieder zusammen. Es gibt wirklich ernstzunehmende Untersuchungen, wonach Jahwe ursprünglich ein weibliches Wort gewesen sein soll mit durchaus mütterlichen Zügen. Und wirklich benimmt er sich ja anfangs wie eine archaische Muttergöttin – oder wie man sich eine launische Mutter in den Wechseljahren vorstellt: Mal droht er, mal belohnt er, mal erzeugt er Eva, nachdem er sie nach Mutterart aus dem Bauch holt, dann jagt er Adam und Eva aus dem Paradies, liebäugelt mit einem Sohnesopfer, dann kommt er mit weiblichen Wasserfluten und rettet ein paar im Uterus der Arche.

R: Aber wie kommen wir vom weiblichen zum männlichen Gott?

HGM: Da müssen wir uns ansehen, was seit der Verkündung der Zehn Gebote im Dekalog aus der ganzen Sache geworden ist. Und hier kommen wir noch vor der zweiten Urangst, die vor allem den erwachsenen Mann betrifft, noch zu einem Komplex, der in der Fähigkeit der Frauen zum Gebären seine Wurzeln hat.

R: Aber da haben wir, die Männer, die Väter, doch auch ein bisschen bei der Zeugung mitgewirkt?

HGM: Mitgewirkt schon. Aber erstens hat diese Mitwirkung, also der Zusammenhang zwischen Zeugung und Geburt, erst spät im Bewusstsein der Menschheit eine Rolle gespielt. Und zweitens ist diese Mitwirkung wirklich eingeschränkt und austauschbar.

R: Na, na.

HGM: Das faszinierende Phänomen des Gebärens, das blutige Mysterium, gibt den Frauen von Natur aus eine überlebenswichtige Rolle für den Fortbestand des Stammes, der Sippe und der Gesellschaft – und somit hat sie eine ganz selbstverständliche Macht über die Kinder.

R: Aber die Männer...

HGM: ...werden von Natur aus einfach zu Erfüllungsgehilfen degradiert, die dann dem Phänomen des Gebärens ursprünglich mit einer Mischung von Ehrfurcht, Mitleid und Neid hilflos gegenüberstehen. Wenn Ehrfurcht und Mitleid sich im Laufe des Lebens oder im Laufe der Geschichte durch Gewöhnung abgenutzt haben, wird der Gebärneid umso stärker.

R: Aber dieser Gebärneid ist doch wissenschaftlich gar nicht bewiesen.

HGM: Natürlich spielt er in den von Männern dominierten Wissenschaften eine untergeordnete Rolle. In den männlich dominierten Theorien fristet er neben den vom Patriarchen Freud proklamierten Penisneid immer nur ein kümmerliches Dasein, obwohl er im Zusammenhang mit Eigentum und Erbfolge eine wichtige Triebfeder des Patriarchats ist.

R: Wie denn das?

HGM: Scheinbar ist es den Männern irgendwann unerträglich geworden, als etwas Winziges, Hilfloses im Mutterleib entstanden zu sein. Die Abwehr gegen diese Vorstellung wird umso stärker, je intensiver der regressive Wunsch unbewusst weiter besteht, in die warme, allumfassende mütterliche Geborgenheit wieder zurückzukehren. In diesem Gemisch haben sich die Angst vor der Mutter und der Hass auf die Frauen bei gleichzeitiger Abhängigkeit entwickelt. Und deshalb ist es natürlich wiederum eine geniale patriarchale Konstruktion, die anzubetende Gottheit eben nicht mütterlich sein zu lassen, sondern als Vatergott zu installieren. Denn nun wird Er zum Schöpfer der Welt und aller Menschen. Er herrscht über Leben und Tod, bringt ohne Schmerzen hervor, wozu er Lust hat und vernichtet, was ihm nicht gefällt, so wie früher die Große Mutter, weshalb natürlich diese eben erwähnten mütterlichen Eigenschaften nicht aus Versehen zu Attributen des Gott-Vaters werden. Der Ewige Vater hat nun der armseligen kleinen Menschenmutter den Schneid abgekauft, und die Mamas dürfen in der Klinik vom Herrn Professor „entbunden" werden und kriegen ein Sträußchen. Hinterher dürfen sie ein wenig miteinander in der Stillgruppe plaudern und später im Kränzchen Kaffee trinken, während die Männer draußen in der Welt das Wichtige betreiben. Denn mit dem Ewigen Vater haben nun die Männer sich all Seine Attribute angeeignet: Macht über Leben und Tod, Herrschaft über die Menschen, Herrschaft über die Welt.

R: Aber vielleicht ist ja diese Herrschaft der Männer auch nicht schlimmer als vorher die Herrschaft der Frauen?

HGM: Da kann ich nur lachen! Da ist zuerst mit Mord und Totschlag das Buhlen der Söhne um die Gunst des allmächtigen, gefürchteten Vaters von Abraham bis zu den heutigen Selbstmordattentätern. Denn dieser aus den Ängsten der Männer geborene Gott verbreitet selbst wieder Angst und Schrecken: Zuerst die panische Angst, dass Er uns verlassen könnte, weswegen wir Ihm ständig dienen müssen und Ihn verehren müssen; die Angst aber auch, dass es Ihn gar nicht gibt, weswegen wir wie Kinder im Dunkeln dauernd laut schreien müssen: Er ist, Er ist und zwar ist Er genau so, wie wir Ihn erkennen.

R: Ist das nicht ein bisschen übertrieben mit diesen Ängsten?

HGM: Das kann man gar nicht ernst genug nehmen! Denn diese panischen Ängste führen dazu, dass die Gläubigen sich immer fanatischer an ihren Gott klammern und sich mit ihm identifizieren und in ihrem Fanatismus alles andere vernichten, was diese Identifikation stört: andere Religionen, Ungläubige, Herätiker, aber auch manchmal das Lebendige und die Natur. Dieser Fanatismus lässt wenig Raum für Liebe, für Solidarität und sorgt stattdessen für kollektive Verzückungen, Wahnvorstellungen, Fanatismus, der sich in Pogromen, Terrorismus und Vernichtung entlädt.

R: Aber die anderen Männer, die Ungläubigen ....

HGM: ...die haben – mit ähnlicher Wirkung – ihre Weltverbesserungsideen und ihre Utopien und ihre Machtbesessenheit. Aber kommen wir zu den Religionen zurück, wo die Männer noch weitere Hauptrollen spielen. Denn die Vermittler zum Ewigen Vater sind natürlich auch wieder die Männer, Padres, Rabbis, Mullahs, die eifersüchtig wie Gott selbst über ihre Machtbefugnisse wachen und alle, die ihnen widerstehen, am liebsten vernichten oder zumindest in ihre Abhängigkeit bringen.

R: Das klingt bei Ihnen fast so, als hätten sich Abraham und Moses an einen Tisch gesetzt und gesagt: „Nun reicht's uns aber mit den Müttern! Jetzt basteln wir mal ein ordentliches Patriarchat!"

HGM: Ich habe hier doch nur in der Kürze unserer Zeit mit ein paar Worten symbolisch zu skizzieren versucht, wie sich in Jahrtausenden aus den Erlebnissen, Urängsten und kollektiven Fantasien der Männer Vorstellungen herausgebildet haben, die wir Heutigen aus unserem Erfahrungshorizont deuten. Aber natürlich sind all unsere Versuche, die uneinholbare Vergangenheit mit unseren Worten in die Gegenwart zu bringen, gebunden an unsere eigenen Vorstellungen, Interessen, Erfahrungen und das bisherige Wissen.

R: Wozu sind diese Versuche dann aber gut?

HGM: Weil uns solche Versuche helfen können, unsere eigene Zeit besser einzuordnen und mit ihren Problemen sinnvoller umzugehen.
R: Wie denn zum Beispiel?

HGM: Nehmen Sie die unzähligen Vorschriften, Regeln und Gesetze, die der Gläubige zu befolgen hat, um Gottes Wohlwollen zu erlangen. Der genialste Werbepsychologe hätte sich keine bessere Strategie einfallen lassen können, um Abhängigkeiten und Bindungen an ein Produkt bei gleichzeitiger Erzeugung von Sicherheits- und Geborgenheitsgefühlen zu erzeugen. Allein im zweiten Buch Mose gibt es über 600 Regeln und Vorschriften. Durch die dauernde Wiederholung und Einhaltung der Regeln fühlen wir uns wie Hänschen bei der Garnrolle: einerseits als Akteure des Geschehens zur Überwindung von Angst, andererseits zementieren wir, anders als bei der Garnrolle, gleich unsere Abhängigkeit.

R: Und ist diese Abhängigkeit denn so etwas Schlimmes?

HGM: Nach Freud ist sie die Wurzel nie endender Schuldgefühle. Denn weil wir dem Gott, von dem wir so abhängig sind, nie genügen können, fühlen wir uns beständig schuldig und deuten jedes Unglück, das uns oder unser Volk trifft, als Strafe Gottes für unsere ungenügende Gottesliebe, so dass wir noch mehr dienen, beten und verehren müssen, dadurch noch abhängiger werden und in diesem Rad wie die Hamster rennen. Aber Freud hat dabei etwas vergessen.

R: Was hat er denn vergessen?

HGM: Als eingefleischter Patriarch hat er das Schuldgefühl nur mit der ungenügenden Liebe zu Gott in Verbindung gebracht. Viel tiefer liegt aber ein anderes Schuldgefühl.

R: Da bin ich aber gespannt.

HGM: Es ist das mit Angst vermischte Schuldgefühl gegenüber den Müttern, die durch die Männer entthront und verbannt wurden. Dieses Schuldgefühl wird in all den Mama-Schnulzen und beim Muttertag ausgedrückt. Aber viel tiefer sitzt die Angst vor der Rache der entmachteten Mütter. Wegen dieser unbewussten Angst vor der weiblichen Rache müssen die Frauen immer stärker und immer konsequenter von den Männern unterdrückt werden.

R: Monotheismus als Regelkreis also?

HGM: So ist es: Trennungsangst erzeugt Monotheismus und Männerherrschaft erzeugt Angst vor der Rache der Frauen erzeugt Trennungsangst usw. usf.

R: Das klingt nicht nur übertrieben sondern auch ausweglos. Was empfehlen Sie denn heute, um aus Ihrem patriarchalen Teufelskreis auszubrechen?

HGM: Heute sind wir in einer besseren Situation. Die Gläubigen können sich z.B. fragen, welche der Regeln sind für mich gut, um mich beim Umgang mit Ängsten vor Verlust, Tod, Sinnlosigkeit zu unterstützen, welche hindern mich an einer von mir gewünschten Religiosität.

R: Zum Beispiel?

HGM: Nehmen Sie die Beschneidung. In Deutschland werden jährlich Tausende kleine Jungs beschnitten, ohne dass es irgendjemanden weiter bekümmert. Das ist eben ein religiöser Brauch, wie das Amen in der Kirche. In Wirklichkeit ist es für das Leben des Jungen eine wahrhaft „einschneidende" Maßnahme.

R: Na so schlimm wird's ja wohl nicht sein.

HGM: Es ist viel schlimmer, als wir es uns vorstellen können. Auch hier haben die Patriarchen eine Vorschrift erfunden, um deren Wirksamkeit sie jeder Profiler beneiden könnte. Abgesehen von den inzwischen widerlegten Behauptungen über hygienische Vorteile in heißen Ländern, bringt die Beschneidung zunächst physiologische Veränderungen mit sich. Da die schützende Vorhaut fehlt, wird im Allgemeinen die Schwelle der sexuellen Erregbarkeit herabgesetzt, wobei gleichzeitig durch Abstumpfungsprozesse die Orgasmusfähigkeit eingeschränkt wird. So kann eine schwer zu befriedigende sexuelle Dauererregung zum Normalzustand werden, die das Einsetzen der Pubertät vorverlegt und zusammen mit einer von Angst erzwungenen Triebunterdrückung eine aggressive Grundstimmung begünstigt. Dazu kommt noch, dass durch die Beschneidung alle Arten der Selbstbefriedigung mehr oder weniger erschwert oder unmöglich gemacht werden und eine aggressive wütende Fixierung auf Frauen begünstigt wird, mit dem Haupt- oder Nebeneffekt einer Erhöhung der Geburtenrate. Wenn dann noch hinzukommt, dass für die meisten jungen Männer Frauen unerreichbar sind, weil sie in den Harems der Reichen auf Nimmerwiedersehen verschwinden, ist die hochexplosive Grundstimmung fertig, die dann nur noch von den Vätern gegen die entsprechenden Gegner gerichtet werden muss.

R: Aber was hat denn die Beschneidung mit dem Patriarchen zu tun?

HGM: Es gibt noch andere schwerwiegende psychosoziale Folgen der Beschneidung für den kleinen Jungen. Er muss nämlich bei dieser Operation nicht nur hinnehmen, dass die Väter anwesend sind, der eigene Vater, der Arzt, Freunde und männliche Verwandte über seinen Körper und seine Sexualität bestimmen und ihn ohne seine Einwilligung verletzen dürfen, sondern er muss sich auch noch darüber freuen und darf sich nicht über die Schmerzen der oft schlecht verheilenden Wunde beklagen. Während er im Bett mit ein paar bunten Geschenken liegt, wird dann nebenan lustig gefeiert.

R: Aber bei vielen Muslimen wird ja die Beschneidung viel früher durchgeführt und bei den Juden möglichst am 8. Tag nach der Geburt.

HGM: Dennoch bleibt auch durch die körperliche Veränderung das Gefühl der Verletzung bestehen, das auch immer mit einer massiven Kastrationsangst verbunden ist, die dem kleinen Jungen ja sehr sinnlich eingepflanzt wird angesichts eines scharfen Messer oder Schneideapparates, der ja nur ein paar Zentimeter tiefer das gefürchtete Unheil anrichten könnte. So ist es sicher auch kein Zufall, dass Freud als Jude, der wahrscheinlich auch als Kind diese Tortur über sich ergehen lassen musste, dieser Kastrationsangst eine besondere Bedeutung zumisst, auch im Zusammenhang mit dem Ödipuskomplex.

R: Was bedeutet aber nun die Kastrationsangst für den Jungen?

HGM: Aus der Psychoanalyse wissen wir, dass wegen der Kastrationsangst der Knabe seine Aggressionen verinnerlicht und hier natürlich besonders die väterlichen Ver- und Gebote, also auch die durch den Vater vertretenen Moralvorstellungen und religiösen Regeln. Hier können die Fundamente für ein aggressives, von moralischem Sadismus geprägtes Über-Ich gelegt werden, das sich auch in einem toleranten und nachsichtigen sozialen Umfeld keineswegs abschwächt – wie wir in vielen deutschen Schulen sehen – , sondern die Angst vor Triebdurchbrüchen – und die damit zusammenhängende Kastrationsangst – noch erhöht und die Über-Ich-Funktionen noch rigoroser ausgestaltet. Das aggressive Macho-Gehabe mancher Jugendlicher ist oft nicht so sehr Folge einer bestimmten Erziehung, sondern die Konsequenz unverarbeiteter Kastrationsängste. Natürlich können diese auch eine masochistische Komponente enthalten, die dann im Zusammenhang mit sadistischen Zügen gute Voraussetzungen für Selbstmordattentäter bilden.

R. Aber die Väter haben ja hier eigentlich keinen aktiven Anteil mehr.

HGM: Doch, doch. Denn die Macht der Väter über den Körper des Sohnes und seine Sexualität wird von früh an einschneidend festgelegt und bereitet den Weg sowohl zur Zwangsheirat wie zum sogenannten Ehrenmord und zum Selbstmordattentat.

R: Zwangsheirat verstehe ich. Aber Selbstmordattentat hatten wir doch eben schon.

HGM: Hier kommt noch etwas hinzu. Die Söhne sind durch die Beschneidung, die ja nicht nur individuell, sondern auch kollektives Schicksal ist, darauf eingestellt, dass die Väter direkt über ihre Körperlichkeit bestimmen. Wenn in der Welt der Väter die Vorhaut für Gott geopfert werden muss und die Söhne es selbstverständlich hinnehmen, so ist es dann nur ein kleiner Schritt, dass sie für die Väter auch ihren ganzen Körper hingeben, zumal im Jenseits herrliche Jungfrauen auf die Märtyrer warten, während die Väter „unten" stolz im Café sitzen. Wussten Sie, dass Zwangs-Judaisierungen und -Islamisierungen früher fast immer mit Zwangsbeschneidungen eröffnet wurden? Das war schon so bei der Eroberung Galiläas 104 v. Chr. durch den jüdischen König Aristobul I. Und vielleicht sollten Sie auch schon mal wegen Risiken und Nebenwirkungen Ihren Arzt oder Apotheker befragen.

R: (räuspert sich) Aber was hat die Beschneidung nun mit dem lieben Gott zu tun?

HGM: Da im Alten Testament die Beschneidung direkt von Gott angeordnet wird und auch von Mohammed wieder aufgegriffen wird, fühlt sich der Beschnittene so im direkten Kontakt mit seinem Gott. Immerzu, beim Pinkeln, bei allen sexuellen Aktivitäten, beim An- und Ausziehen, sieht und spürt er sich als ein Gezeichneter, der für den ewigen Bund verletzt und stigmatisiert wurde.

R: Ist das nicht ein bisschen übertrieben?

HGM: Im Gegenteil! Da wird ja nicht nur ein Ohrläppchen abgeschnitten oder eine Fingerkuppe, sondern das Äußerste und Vorderste des männlichen Geschlechts. Man macht sich die Ungeheuerlichkeit dieses Eingriffes zu wenig klar. Bedenken Sie doch, wie wichtig jedem Mann sein „bestes Stück" ist und wie ängstlich er auf sein Funktionieren, sein Aussehen, seine Größe und seine Form achtet. Sie können dann ermessen, was an dieser sensiblen Stelle eine solche Stigmatisierung bedeutet, die ja nicht wieder rückgängig zu machen ist. Sie können die Vorhaut nicht wieder annähen, die der kleine Junge ohne seine Einwilligung dem großen Vorhautsammler opfern musste. Von nun an ist Gott bei der Zeugung zugegen und es gibt keine menschliche Fortpflanzungsautonomie mehr. Der kleine Junge lebt fortan als ein Gezeichneter, der seinem Gott gehört, ob er nun will oder nicht. Er kann später nicht einfach aus seiner Religion „austreten", so wie die Christen aus ihrer Kirche austreten, weil er als Gezeichneter überall erkannt wird – und so ist Abtrünnigsein gleichbedeutend mit Tod. Deshalb bleibt auch der Uninteressierte oder der Kritische doch lieber als Sowieso-Gezeichneter einfach weiter dabei.

R: Zugegeben, eine ziemlich empfindliche Stigmatisierung. Aber wo bleibt nun der Bezug zu Gott?

HGM: Es geht ja noch weiter. Der Junge oder der Mann spürt natürlich besonders bei jeder Erektion diese Stigmatisierung. Das heißt also, sexuelle Erregung ist für ihn unlösbar verbunden mit Gott, mit seiner Zugehörigkeit zur Religionsgemeinschaft. Diese Sexualisierung des Glaubens ist die raffinierteste Wirkung der Beschneidung und erzeugt ein Gefühl, besonders zu sein, auserwählt, Gott zugehörig.

R: Aber wenn der Verstand einsetzt ...

HGM: Bedenken Sie doch, mit welcher Eigendynamik und wie unabhängig vom Verstand sexuelle Bindungen zwischen Menschen funktionieren. Analog ist auch die Sexualisierung des Glaubens nicht durch ein paar kluge Einsichten zu entkräften, zumal diese Sexualisierung dem Mann beständig das Gefühl der sexuellen Überlegenheit über die Frau gibt, die ja nicht durch eine Beschneidung mit Gott im Bund ist.

R: Wie gehen denn die Frauen damit um?

HGM: Hier kommt noch ein dritter Haupteffekt der Beschneidung hinzu: Die Mütter sind von nun an ausgeschlossen, nicht nur von der ganzen Beschneidungszeremonie, sondern auch von der weiteren Entwicklung der Söhne. Die Beschneidung ist die Initiation des Sohnes in die Männerwelt, in der Mütter und überhaupt Frauen nichts zu suchen haben. Die Beschneidung macht den kleinen Jungen zu einem besonderen sexuellen Wesen, das nicht nur über allen Unbeschnittenen, sondern auch über allem Weiblichen steht. Während in matristischen Gesellschaften die erste Menstruation des kleinen Mädchens von den Frauen gefeiert wurde, wird diese nun wie etwas Unanständiges, was man schamvoll verbergen muss, behandelt. Menstruationsblut wird als giftig bezeichnet und für Krankheiten von Mensch und Tier verantwortlich gemacht. So wird der natürliche Vorgang der Menstruation bei Frauen verteufelt und dafür eine künstliche Operation, die Beschneidung, zur Eintrittskarte der Männer ins Paradies.

R: Das klingt ja, als wollten Sie die Beschneidung und mit ihr gleiche alle entsprechenden Religionen abschaffen!

HGM: Da muss ich mich falsch ausgedrückt haben. Ich denke, ob man die eine oder andere Religion für besser hält, ist eine Frage des Blickwinkels. Da und dort gibt es Glückliche und Unglückliche und das Glück der Einzelnen ist nicht summierbar zu einem idealen Gesamtposten, wie uns alle Weltverbesserer einreden wollen. Und insofern können Religionen durchaus ihre Berechtigung haben, wenn sie ein Mindestmaß an Gerechtigkeit für möglichst viele bieten, die Chancen eines sinnvollen Lebens und das Überdauern unserer doch immer noch wunderbaren Erde unterstützen.

R: Und die Beschneidung ...

HGM: ...müsste dann vor allem bewusst und freiwillig in einem Alter erfolgen, in dem junge Männer auf diese Entscheidung vorbereitet sind. Und in der Gesellschaft müsste ein Bewusstsein dafür entstehen, was Beschneidung bewirkt und welche Wurzeln sie hat, damit wir gleich zur zweiten Urangst, der Angst des Erwachsenen Mannes vor der Frau, kommen.

R: Was meinen Sie?

HGM: Ich rede von der Abhängigkeit der männlichen Sexualität vom weiblichen Körper. Schon der Anblick einer Frau genügt, eine Berührung, ihr Duft, um dem Phallus der Herrschaft seines Besitzers zu entziehen und sich im Dienste der Frau selbständig zu machen.

R: Um Gottes willen!

HGM: Das haben Sie gesagt.

R: So interessant das auch sein mag, unsere Zeit ist nun um.

HGM: Aber junger Mann, für Ihre Urangst müssen Sie sich doch ein wenig Zeit nehmen. Es ist doch Ihre Angst, die Angst des Mannes vor der weiblichen Sexualität –

R: – Aber wir müssen jetzt aufhören –

HGM: – Ihre Angst vor dem dunklen, weichen, unergründlichen Inneren, das ewig Lebendige –

R: – Aber wir müssen jetzt –

HGM: – der unersättlichen Gier des Weibes, der unendlichen Potenz sich jagender Orgasmen –

R: – aber wir müssen –

HGM: – die Angst verwandeln zur Lust des glatten, übersichtlich Phallischen am Eindringen in die feuchte Welt –

R: – aber wir –

HGM: – und wärmende Umarmung des All-Lebendigen –

R: – aber –

HGM: – seufzenden Urschreies –

R: – – –

Wir bitten die schlechte Tonqualität am Ende der Sendung zu entschuldigen. Durch eine technische Störung ist zuletzt der Ton ausgefallen. Bis zum Beginn der Nachrichten hören Sie in einer Aufzeichnung des chinesischen Pianisten Kling-Klang Beethovens „Albumblatt für Elise".

vor über 4000 Jahren	Weibliche Gottheiten bestimmen vorwiegend das religiöse Leben zwischen Ägypten und Kanaan: Die westsemitische Astarte, die babylonische Ischtar (die wie Maria auf einer Mondsichel dargestellt wird), die sumerische „Mutter der Götter", die Himmelskönigin Aschera, die Allgöttin Neith. Ihnen werden allmählich männliche Gottheiten zur Seite gestellt: Baal (mit weiblichen Eigenschaften), sein Vater El als universaler und höchster Gott, der anfangs auch als Synonym für Jahwe gebraucht wurde.	„Ich bin alles, was war, ist und sein wird. Kein Sterblicher hat meinen Schleier je gelüftet." (nach Plutarch die Inschrift von Neith auf dem verschleierten Bild zu Sais).
ab dem 2. vorchristlichen Jahrtausend	Das „Deboralied" gilt als eine der ältesten mündlichen Quellen der Thora.	„Es gebrach, an Regiment gebrach's in Israel, bis daß ich Debora aufkam, bis ich aufkam, eine Mutter in Israel. Ein Neues hat Gott gewählt, er hat die Tore bestritten. Es war kein Schild noch Speer unter vierzigtausend in Israel zu sehen. Mein Herz ist mit den Gebietern Israels, mit denen, die willig waren unter dem Volk." (Richter 5, 7-9) „Wohl auf, wohl auf, Debora! Wohl auf, wohl auf, und singe ein Lied!" (Richter 5, 12)
	Die Rolle der Frauen ist hier immer wieder als sehr stark beschrieben: So schlug Jael, die Frau Hebers, dem feindlichen Feldherrn Sisera einen Nagel durch den Kopf und entschied so die Schlacht, und die Himmelsköni-gin wurde weiter verehrt.	„Sondern wir (...) wollen der Himmelskönigin räuchern und ihr Trankopfer opfern, wie wir und unsere Väter, unsere Könige und Fürsten getan haben in den Städten Judas und auf den Gassen zu Jerusalem. Da hatten wir auch Brot genug, und ging uns wohl und sahen kein Unglück." (Jer. 40, 17)

	Die Rolle der Frauen ist hier immer wieder als sehr stark beschrieben: So schlug Jael, die Frau Hebers, dem feindlichen Feldherrn Sisera einen Nagel durch den Kopf und entschied so die Schlacht, und die Himmelsköni-gin wurde weiter verehrt. Echnaton (Amenophis IV) wird oft als Vorläufer des Monotheismus angesehen.	Oh Du einziger Gott, außer dem es keinen anderen gibt, Du schufst die Erde nach Deinem Begehren, während Du allein warst. Wie herrlich sind Deine Pläne, Du Herr der Ewigkeit (Echnaton)
	Erzväter: Abraham, Isaak und Jakob. Der Gott der Väter hatte die Eigenschaften von El, der höchsten Gottheit der alten sesshaften Völker Palästinas und Syriens, der anfangs männliche und weibliche Züge hat und daher in der Mehrzahlform Elohim am Anfang des Tannach erscheint: Am Anfang schuf Elohim Himmel und Erde. Allmählich wird Gott zum Herren und Allmächtigen (èl _addaj).	Bereschit bara Elohim et haschamajîm we´et ha´arez. „Als nun Abram 90 Jahre alt war, erschien ihm der Herr und sprach zu ihm: ‚Ich bin der allmächtige Gott, wandle vor mir und sei fromm. Und ich will meinen Bund zwischen mir und dir machen und will dich gar sehr mehren.' Da fiel Abram auf sein Angesicht." (Gen. 17, 1-3)
	Das Volk aber trauerte noch lange den weiblichen Gottheiten nach.	„Seit der Zeit aber, daß wir haben abgelassen, der Himmelskönigin zu räuchern und Trankopfer zu opfern, haben wir alle Mangel gelitten und sind durch Schwert und Hunger umgekommen." (Jer. 44, 18)
Ab dem 13. Jhdt.	Ramses II., der nach historischen Quellen mit dem Auszug von Israeliten aus Ägypten in Verbindung gebracht wird; Exodus, das zentrale Ereignis in der jüdischen Tradition, das mit dem Bund Gottes am Sinai, den Thora-Offenbarungen und dem Dekalog zu den Grundlagen jüdischer Religiosität gehört und an das am Pessach-Fest erinnert wird.	Was sind diese Asiaten für Dich, Amun, die Elenden, die Gott nicht kennen." (aus dem sog. Kadesch-Gedicht von Ramses II.) „Also zogen aus die Kinder Israels von Ramses gen Sukkoth, 600000 Mann zu Fuß ohne die Kinder. Und es zog auch mit ihnen viel Pöbelvolk und Schafe und Rinder, sehr viel Vieh." (Ex. 12,37)

	Jahwe wird zum Herrn und Kriegsgott und Sieger	„Ich will dem Herrn singen; denn er hat eine herrliche Tat getan, Ross und Mann hat er ins Meer gestürzt. Der Herr ist der rechte Kriegsmann. Der Herr ist sein Name." (Ex. 15,1-3)
Ab dem 12. Jahrhundert	„Landnahme" bzw. Eroberung von Palästina (Kanaan), die von Historikern als erst schriftlich fixierte „ethnische Säuberung" in der Geschichte bezeichnet wird.	„Ich will meinen Schrecken vor dir her senden und alles Volk verzagt machen, dahin du kommst, und will dir alle deine Feinde in die Flucht geben. Ich will Hornissen vor dir her senden, die vor dir her ausjagen die Heviter, Kanaaniter und Hethiter. Einzeln nacheinander will ich sie vor dir her ausstoßen, bis daß du wächsest und das Land besitzest. Denn ich will dir in deine Hand geben die Einwohner des Landes, daß du sie sollst ausstoßen vor dir her. Du sollst mit ihnen oder mit ihren Göttern keinen Bund machen. Sondern lass sie nicht wohnen in deinem Land, daß sie dich nicht verführen wider mich." (Ex. 23, 27-33)
	Richter und Älteste als Regierende, Anfänge des Königreichs, wobei der König weder göttlich noch absolut, sondern dem Gesetz Jahwes als dem eigentlichen König unterworfen ist. Saul, David.	„Und da David sein Weib Bathseba getröstet hatte, ging er zu ihr hinein und schlief bei ihr. Sie gebar einen Sohn, den hieß er Salomo. Und der Herr liebte ihn." (2. Samuel 12, 24)

965 bis 926	Salomo. Nach seinem Tod Abspaltung der nördlichen Stämme zum Königreich Israel, die südlichen Stämme verbleiben als Königreich Juda weiter bei der Dynastie Davids.	„Höre Israel, der Herr ist unser Gott, der Herr ist einzig. Gesegnet sei die Herrlichkeit seines Königtums in Ewigkeit." (Deut. 6,4)
ab dem 700 Jahrhundert	Kanonisierung des Pentateuch, aus dem nun alle Baal- und Aschera-Bezüge verdammt werden (in über 40 Textstellen).	„Und der König gebot dem Hohenpriester Hilkia und den nächsten Priestern nach ihm und den Hütern an der Schwelle, daß sie sollten aus dem Tempel des Herrn tun alle Geräte, die dem Baal und der Aschera und allem Heer des Himmels gemacht waren. Und sie verbrannten sie außen vor Jerusalem, im Tal Kidron und der Staub ward getragen gen Beth-El. Und er brach ab die Häuser der Hurer, die an dem Hause des Herrn waren, darin die Weiber wirkten, Häuser für die Aschera." (2. Könige 23,4,7)
586	Erste Eroberung Jerusalems und Zerstörung des Ersten Tempels durch Nebukadnezar; babylonische Gefangenschaft.	„Juda ist gefangen in Elend und schwerem Dienst; sie wohnt unter den Heiden und findet keine Ruhe, alle ihre Verfolger halten sie übel. Es ist von der Tochter Zion aller Schmuck dahin. Ihre Fürsten sind wie die Widder, die keine Weide finden." (Klagelieder Jeremias 1,3,6)
ab 520	Wiederaufbau des Tempels. Die letzten Propheten. Verbreitung des Judentums im Mittelmeerraum und im Orient. Nach wechselnden Eroberungen Vorherrschaft Roms.	

166-160	Erfolgreicher Makkabäer-Aufstand gegen hellenistische Überfremdung. Vertrag zwischen Judas Makkabäus und dem Imperium Romanum 161.	„Sollte jedoch den Juden zuerst ein Krieg drohen, so werden auch die Römer bereitwillig Hilfe leisten. Und sie werden dieser Verpflichtung ohne Hinterlist nachkommen." (1. Makk. 8,25-30)
	Anfänge der rabbinischen Schriftgelehrsamkeit, die dem Judentum seine endgültige Gestalt aufprägt.	„Er war ein Mann gleich grausam gegen alle, jähzornig und verächtlich gegen Gesetz und Gerechtigkeit." (Josephus, Jüd. Krieg I, § 284)
40-04	Herodes von Rom ernannter König von Judäa.	
Christi Geburt		
66-70	Jüdischer Krieg gegen Rom. Zerstörung des Zweiten Tempels, erhalten bleiben nur Mauerreste, die Klagemauer. Da die Juden in der Zerstörung ein göttliches Strafgericht sehen, darf der Tempel nicht wieder aufgebaut werden und es gibt für die Juden in dieser Welt keinen sakralen Bereich mehr. Die Gemeinschaft der Juden wird gewährleistet durch das Leben gemäß der Thora. Gemeinde ist nun dort, wo mindestens zehn männliche volljährige Juden gemeinsam beten.	„Und der Herr wird dich unter alle Völker zerstreuen, von einem Ende der Erde bis zum anderen." (Dtn 28,64)
	Es bleibt die gemeinsame Erwartung des Messias.	„Erfreue uns Herr, unser Gott, mit dem Kommen des Propheten Elia, deines Knechtes, und mit dem Königtum des Hauses Davids, deines Gesalbten. Möge er bald kommen, daß unser Herz jubele." (Alter Segensspruch, der in der Synagoge nach der Lesung des Wochenabschnitts aus den Propheten gesprochen wird)

70-390	Vorherrschaft des Pharisäismus. Letzter vergeblicher Aufstand des messianischen Führers Simon Bar Kochba (137) gegen die römische Unterdrückung. Redaktion der Mischna und des palästinensischen Talmud.	
500	Abschluss des babylonischen Talmuds.	
ab dem 9. Jahrhundert	Verlagerung der jüdischen Zentren nach Europa.	
1096	Erster Kreuzzug, danach die ersten Judenmassaker in vielen Ländern. Mystische Traditionen.	„Oh Herr, nach Dir ist mein Verlangen, /Auch wenn ich's nicht über meine Lippen brächte /So wollt ich doch Deine Gunst erbitten, einen Augenblick nur – und dann sterben." (Jehuda ha-Levi, geboren 1080).
	Moses Maimonides.	amor intellectualis dei: Geistige und emotionale Erfahrung Gottes.
	Kabbala: Lehre vom Verborgenen und Offenbaren Gott, der sich in zehn Sefirot (Stufen) manifestiert	„Dienet dem Herrn mit Furcht und jauchzet unter Beben." (Psalm 2,11)
12. und 13. Jhdt.	Toledo wird zu einem Zentrum jüdisch-christlicher Kultur.	
ab. dem 13. Jahrhundert	Pogrome, Vertreibung der Juden aus England, dann aus Frankreich, Spanien und Portugal. 1516 erstes Ghetto in Venedig.	

ab. dem 13. Jahrhundert	In einigen europäischen Ländern (z.B. Preußen) Toleranzbestrebungen. Entstehung des Chassidismus, besonders in Westeuropa.	„Achte, daß alles, was du in Gottes Willen tust, selber Dienst Gottes sei." (Baal Schem Tow, 1699-1760)
1729-1786	Moses Mendelssohn, Vorbild für Lessings „Nathan der Weise", Vertreter der Haskala, der jüdischen Aufklärung.	„Es ist ein glückliches Zusammentreffen, daß eine Verbesserung im Zustand der Juden mit dem menschlichen Fortschritt Hand in Hand geht." (Moses Mendelssohn)
19. Jahrhundert	Zionismus, die Besinnung auf jüdische Strukturen mit dem Ziel der Gründung eines jüdischen Staates: Herez Israel. Theodor Herzl verfasst „Der Judenstaat" (1896) und organisiert den berühmten Baseler Kongress von 1897.	„Die Heimat des Ghettos hat er verloren, das Geburtsland versagt sich ihm als Heimat. Innerlich wird er verkrüppelt, äußerlich wird er unecht." (Mordau, Zionistische Schriften, 1909).
1917	Die Balfour Deklaration sichert dem jüdischen Volk ein Heimatrecht in Palästina.	
1940-1945	Ermordung von 6 Millionen Juden durch die Nazis.	
1948	Gründung des Staates Israel.	

Drittes Kapitel

Die Christen:
Der Sohn erscheint und verschwindet für immer

Wenn doch auch du erkenntest
zu dieser deiner Zeit,
was zu deinem Frieden dienet!
Aber nun ists
vor deinen Augen verborgen.
Lukas 19,42

Blüh auf, gefrorner Christ. Der Mai ist vor der Tür.
Du bleibest ewig tot, blühst du nicht jetzt und hier.
Angelus Silesius

Jesus ist ein Sohn. Das ist das Faszinierende, Einmalige und Neue am Christentum nach vielen Jahrhunderten eines allmächtigen und einzigen Vatergottes. Die Sohnschaft Christi ist Mittelpunkt aller christlichen Religionen, unabhängig von kirchengeschichtlichen Spaltungen und Entwicklungen. Ob Jesus heute in der katholischen Kirche verehrt, von Baptisten jubilierend besungen oder im Mittelalter in der Brautmystik der Gertrud von Helfta geliebt, von den Beginen klagend beweint wird: Immer ist es der Sohn, der die Menschen zur Verehrung, Tröstung und Verzückung inspiriert, bei dem sie sich aufgehoben und angenommen fühlen in ihren Schwächen und Leiden und in dessen Namen sie ihre Hoffnungen und Freuden miteinander teilen. Ob als Gottessohn oder als Menschensohn: es ist jedes Mal die Sohnschaft, die den Menschen eine individuelle Verbindung zu Gott ermöglicht und die Ferne und Abwesenheit Gottes überwindet.

Jesus als Sohn

Die Sohnschaft Jesu ist es, die auch mich besonders am Christentum fasziniert und die natürlich im Zusammenhang unserer Fragestellung nach den patriarchalen Religionen hier eine herausragende Rolle spielt. Dabei geht es mir nicht um die Frage, welche Worte er „wirklich" gesprochen und welche Taten er „wirklich" getan hat, ob Jesus gelebt hat, ob er mehr als Gottes- oder als Menschensohn zu verstehen ist; Gleiches gilt für ähnliche Fragen der Jahrhunderte alten historischen Jesusforschung. Wichtig sind hier für mich die Zusammenhänge der Entstehung einer Sohnes-Religion, ihre Bedeutung in der Geschichte und ihre spätere patriarchale Umwandlung im Hinblick auf heute und auf unsere Zukunft.

Mein besonderes Interesse an der Sohnschaft Jesu hängt sicher mit meiner eigenen Rolle als Sohn in einem vaterlosen Haushalt in Kriegs- und Nachkriegszeiten mit Mutter, Schwester und einem aufgenommenen Kriegs-Flüchtlings-Mädchen zusammen, aber auch mit der Rolle als Sohn mit einem Vater, der im Krieg war bzw. „blieb". Die ständige und nie erfüllte Erwartung seiner Rückkehr, erst aus den mörderischen Kämpfen in Russland, dann aus vermuteter Gefangenschaft, und der schlagartige Zusammenbruch aller mit Bombast aufgebauten Vater-Autoritäten im Jahr 1945, haben mich als Sohn – und auch mein zwiespältiges Verhältnis zu den Vater-Sohn-Metaphern des Christentums geprägt.

Ein Adventsgottesdienst 2005 war der eigentliche Auslöser dafür, dass ich mit diesem Buch angefangen habe, obwohl es mir schon lange im Kopf herumspukte. Weil ich auf meinen Sohn wartete, den ich erst nach zwei Stunden wieder vom Training abholen konnte, lief ich schon lange durch die kahlen Alleen und fing langsam an zu frieren. Da hörte ich aus der Kirche, an der ich vorbeikam, Gesang und schlich mich leise hinein. Innen war es warm und alle waren gut gekleidet. Sie sangen vorsichtig, leise und fast so, als schämten sie sich ihres kindlichen Tuns. Ich summte das alte „Es ist ein Ros' entsprungen" unhörbar mit. Dann kam das Vaterunser als ein deutlich lauteres Gemurmel, und ich fühlte mich fremd und beklommen wie in der Kindheit, wenn die anderen beteten.

Ich bin nicht getauft. Meine Mutter war schon als junges Mädchen aus der Evangelischen Kirche ausgetreten und auch ihre Verachtung der Nazis brachten ihr die Kirche nicht wieder näher. „Dieses Getue um ihren Jesus", wiederholte sie oft. „Wenn man m i r sagen würde, dass ich durch meinen Tod die Welt erlösen könnte, würde ich mich ohne viel Gejammer ans Kreuz nageln lassen!" Und das konnte man ihrem strengen und selbstlosen Charakter durchaus auch zutrauen. Für uns in einem Dörfchen im Thüringer Wald mit etwa 1000 Einwohnern, die fast alle evangelisch waren, bedeutete unser „Heidentum" Isolation, da wir als Lehrerkinder nicht mit den Dorfkindern spielen durften und nun auch noch die Pfarrerskinder ausgeschlossen waren. Die kleine Dorfkirche wurde für meine Schwester und mich zu einem geheimnisvollen Ort, in dem für uns unzugängliche Feste gefeiert wurden, und trotz ihrer Kahlheit schien sie mir von fremden Mächten beherrscht, wenn wir einmal im Oberstübchen „Balken treten" mussten, um die prustende Orgel zum Tönen zu bringen. Die betonte Freundlichkeit des großen schlanken Pfarrers, der stets schwarz gekleidet war, wertete meine Mutter als „scheinheilig" und „berufsmäßig". Das alte Pfarrhaus, in dem ich nur zwei- oder dreimal „zu Besuch" war, erschien mir mit seinem dunklen und großen Korridor, mit seiner breiten ausgetretenen Diele wie aus einer anderen Zeit, und wir bewegten uns vorsichtig, leise und beklommen.

Als dann durch die Evakuierung und mit den Flüchtlingen die ersten Katholiken in unser Dorf kamen, gab es unter den Kindern die sonderbarsten Gerüchte über deren Glauben, und wir betrachteten die „Katholen" lange Zeit misstrauisch und feindselig. Da war ein älterer Junge aus Schlesien, groß und schlank, den ich wegen seiner Größe und wegen seines Namens Gisbert von und zu Putlitz ehrfürchtig umschlich. Einmal fragte er mich, ob ich Jesus kenne. Die Frage war mir peinlich. Aber er erzählte mir, dass man zu Jesus besser beten kann als zu Gott, denn er verstünde uns besser, weil er auch ein Sohn mit einem fernen Vater sei, wie wir beide. Da versuchte ich es ab und zu mit dem Beten, aber ohne merkliche Wirkung. Nur der „Sohn" ließ mich bis heute nicht los – und inzwischen bin auch ich Vater eines Sohnes.

Aus unserer heutigen Perspektive ist kaum zu ermessen, was es im ersten nachchristlichen Jahrhundert bedeutete, dass nach Jahrtausende langer Herrschaft der alten Männer auf einmal ein Jüngling, der schon mit zwölf Jahren bei den Gelehrten im Tempel saß und nur dreißig Jahre alt wurde, im Zentrum einer Religion stand. Dieser Jüngling hat nur etwa drei Jahre lang öffentlich gewirkt und ist nur zu Fuß und mit dem Esel in einem kleinen Umkreis umher gereist. Und dennoch hat dieser Sohn die Welt verändert. Nach Abraham, Methusalem, Noah und all den Hundertjährigen in endloser Geschlechterfolge, nach all den uralten Philistern und Pharisäern mit wallenden Bärten und versteinerten Gesetzen, kommt auf einmal ein Knabe, räumt den Tempel auf und wirft die Wechsler hinaus.

Die Sohnschaft Jesu ist in allen vier Evangelien das zentrale Thema, so sehr sie sich auch in anderen Bereichen (seinem Herkunftsort, seiner Abstammung, seinem Wirken) unterscheiden. Und auch über alle theologischen Streitfragen hinaus bleibt die Sohnschaft immer unangetastet. Da wird gestritten, was von Jesu Leben und Worten historisch beweisbar ist, ob er auferstanden ist oder nicht, wie wichtig seine reale Existenz für das Christentum sein könnte. Aber es wird nie bezweifelt, dass Jesu Sohnschaft – historisch oder erdichtet – immer im Zentrum des christlichen Glaubens gestanden hat und heute noch steht.

Rudolf Augstein hat in seinem faszinierenden Buch „Jesus-Menschensohn" die verschiedenen Theorien akribisch recherchiert und ihre historische Plausibilität untersucht.[1]

Dennoch ist der Streit um die Einzelheiten der Sohnschaft Jesu sehr aufschlussreich. Das Durcheinander um die Abstammung Jesu und seine jungfräuliche Geburt in den verschiedenen Evangelien scheint mir vor allem ein Hinweis darauf, wie intensiv und vielfältig der Gedanke der Sohnschaft verankert wird. Da reicht einmal der Stammbaum Jesu bis zum Erzvater Abraham (Matth. 1,1-17) und dann sogar zurück bis zu Adam (Luk. 3,28-38), im jeden Fall aber bis zu David, dessen Thron der Messias ja erben soll. Laut Markus 6,3 ist Jesus einfach nur Marias Sohn – ohne eine Erwähnung Josephs. Bei Matthäus und Lukas erfahren wir von dem Vater Josephs, der „nahm seine Frau an sich. Und er berührte sie nicht bis sie einen Sohn gebar" (Matth. 1,24f.). Dass sich die Theologen noch heute streiten, ob die griechische Septuaginta das hebräische „alma" fälschlich mit „parthenos" übersetzte und so die Jungfrau in die deutschen Bibelübersetzungen gelangte oder die Frage, ob die Version der „Züricher Bibel", wo Maria als „junges Weib" geführt wird, zutreffender ist, scheinen mir weniger die Wichtigkeit der Jungfräulichkeit Marias zu beweisen, als vielmehr die bewusste oder unbewusste Fixierung auf die Sohnschaft Jesu: Mehr Gottessohn, mehr Menschensohn, mehr Marias Sohn oder Josephs Sohn, natürlich gezeugt oder jungfräulich geboren: die Sohnschaft hält alle in Atem. Karl Barth verkündet ganz im Sinne von Johannes Paul II. noch 1990: „Es gehört zum wirklichen christlichen Glauben auch die Bejahung der Lehre von der Jungfrauengeburt"[2], während es anderen Theologen schon früher nicht mehr einleuchtete, „weshalb Jesus als Gottessohn anders zur Welt kommen sollte als andere Menschen".[3]

Je mehr sie streiten, Dogmen verkünden, beweisen und exkommunizieren, umso mehr wird Jesus zum Sohn, zum Sohn schlechthin, zum Ur- und Erz-Sohn. Die Sohnschaft Jesu ist der eigentliche Inhalt des Neuen Testaments, und wer die Sohnschaft Jesu nicht als zentrales Moment des Christentums begreift, kann dieser Religion nur äußerlich verhaftet bleiben. Das wird schon zu Jesu Lebzeiten deutlich. Denn die Entstehung und Verbreitung des Glaubens an Jesus ist nicht so sehr der Existenz einer historischen Person zu verdanken, sondern einem Bedürfnis der damaligen Zeit. Das Judentum war um die Zeitenwende durch die Zerstörung des Tempels in eine schwere Krise geraten (s. Kapitel 2). Wie immer im Judentum steigt in Krisenzeiten die Hoffnung auf das angekündigte Kommen des Messias. Denn die Verwalter der jüdischen Religion waren buchstäblich in ihrem Philister- und Pharisäertum ratlos erstarrt, so dass die Hoffnungen und Erwartungen der Menschen sich nicht mehr an den ausgedienten patriarchalen Mustern orientierten, sondern sich auf etwas Neues, Offenes, noch nie Dagewesenes richteten. Und so hielten viele Juden den Sohn Jesus für den verheißenen Messias, der auf Griechisch auch mit christos bezeichnet wird.

Doch gab es schon vor Jesus neue religiöse Bewegungen wie die der Essener in Qumran am Toten Meer, die auch den Armen die Botschaft von Gottes Erbarmen verkündeten und nach Brüderlichkeit, Armut und Demut strebten. Aber am besten entsprach den Erwartungen der Juden gerade dieser Jesus, weil er als Sohn des göttlichen Vaters zwar nicht direkt mit dem Patriarchat gebrochen hatte, aber als Menschensohn zugleich mit dem Widersprüchlichen und Rätselhaften wegführte von den erstarrten Gesetzen. Jesus hat sich in den drei ähnlich lautenden synoptischen Evangelien (Matthäus, Markus, Lukas) nie als Sohn Gottes bezeichnet, im Gegensatz zu den offiziellen Lehren der Kirche im römisch-katholischen Weltkatechismus: „Um Christ zu sein, muss man glauben, dass Jesus Christus der Sohn Gottes ist". Eugen Drewermann, der das bezweifelt, wird prompt von einem eifernden Bischof die Lehrbefugnis entzogen.[4] Dagegen spricht Jesus mehr als 50 Mal im Zusammenhang mit sich selber vom Menschensohn, der sitzen wird „zur Rechten der Kraft und kommen mit den Wolken des Himmels" (Mark. 14,62) und der „Vollmacht hat, Sünden zu vergeben auf Erden" (Mark. 2,10). Der aber auch „überantwortet werden wird in die Hände der Menschen, und sie werden ihn töten" (Mark. 14,62). Zugleich ist er aber als der Sohn, der sich von Gott aufgegeben und verlassen fühlt, der erste Religionsstifter, der seinen Zweifel an Gott zulässt. Und so eröffnet uns Jesus in der Trostlosigkeit des Leidens und Sterbens eine Humanität, die unsere Kultur bis heute prägt.

Selbst, wenn der „Menschensohn" erst später in die Evangelien gekommen wäre, ist er so gut erfunden für die Bedürfnisse der damaligen Zeit: Der Begriff kennzeichnet mythisch einen von uns, der fremd und vertraut zugleich ist, Sohn eines Menschen, Menschheitssohn, der das Allgemein-Menschliche ins Metaphysische überhöht. Das Unverständliche und Dunkle dieser sinnlichen Jünglingsfigur macht ihn gleich reizvoll für Männer und Frauen. Während die Frauen sich als Liebende und Mütter angesprochen fühlen, kann der leidende Jesus die Hilfsbereitschaft und Großmut der Männer und ihre eigene heldenhafte Opferbereitschaft wecken. Das Leiden und Sterben eines Menschen für eine nicht näher definierte „Erlösung" macht diesen Jesus auf unerklärliche Weise verführerisch. Denn Jesus macht keine verbindlichen Aussagen, nicht einmal über das, was man tun und lassen soll. Es muss wie eine Erlösung von den starren Gesetzen des Talmud gewesen sein, nach denen jeder Handgriff und jeder Bissen von früh bis spät vorgeschrieben ist und bei Nichtbefolgung der Zorn Gottes und schreckliches Unheil drohen. Bei Jesus gibt es nicht eine starre Vorschrift. Weder verwirft er Reichtum und Besitz, noch verlangt er Askese. Aber Besitz, Familie und Bildung waren ihm gleichgültig – und er verneint wiederholt alle hiesige Herrschaft, Ordnung und Bindungen. „So jemand zu mir kommt und hasst nicht seinen Vater, Mutter, Weib, Kinder, Brüder, Schwestern, auch dazu sein eigen Leben, der kann nicht mein Jünger sein" (Luk. 14,26). Selbst das vielzitierte Gebot der Liebe ist in den Evangelien nur schwer zu entdecken.

Diese Undeutlichkeit der Botschaft und der Person Jesu entspricht vielleicht auch neuen Hoffnungen der Juden, denen die erstarrten Gesetze und vernünftelnden Reden der bärtigen Philister in ihrem Elend nicht geholfen haben: „Weh auch euch Gesetzeslehrern! Ihr ladet den Menschen kaum tragbare Lasten auf, macht aber selbst keinen Finger krumm, um sie zu tragen" (Luk. 11,45). Und Paulus sagt, dass Jesus die Juden und allen Menschen vom „Fluch des Gesetzes erlöst habe" (Gal. 3,13).

Auch in seinem alltäglichen Leben durchbricht Jesus die überlieferten sozialen Regeln, indem er Frauen als gleichberechtigt behandelt und die nach jüdischem Glauben für unrein gehaltenen Aussätzigen berührt und heilt. Gott ist bei ihm kein zorniger Rächer, sondern ein liebevoller und verzeihender Vater, der sich wie ein Hirte um die Gläubigen kümmert. So lässt sich die Figur Jesu vielleicht verstehen als die Kristallisation der Ängste und Hoffnungen um die Zeitenwende. So wie im Kosmos Gasnebel sich zu einem realen Stern verdichten können, hat diese Figur Jesu dann in der Geschichte eine eigene Wirklichkeit erschaffen. Als kollektive Vision der von den Erwartungen der Zeit ergriffenen Gemeinde ist diese Jesusfigur Projektionsfläche geworden für alle, die mühselig und beladen waren, die in dem alten System zu den Verlierern gehörten.
Zusätzlich wird die im jüdischen Glauben verankerte Erwartung des Reiches Gottes nun auch noch von Jesus durch die von ihm verkündete und nahe bevorstehende Ankunft der Königsherrschaft Gottes, von Gericht und Reich Gottes, das den Weltenlauf beschließen und das Endheil herbeiführen wird, präzisiert.

Wie passt aber da in diese von positiven Erwartungen und Hoffnungen geprägte Stimmung der Opfertod von Jesus? Heute können wir uns vorstellen, dass dieser Opfertod sich verstehen lässt als ein Sohnesopfer zur Überwindung der übermächtigen Herrschaft der Väter, repräsentiert durch die jüdischen Priester, die römischen Herrscher und die Soldaten. Indem Jesus als Unbescholtener bereit ist, sich von ihnen kreuzigen zu lassen, gibt er mit seinem Opfertod ein Zeichen, dass ihre Herrschaft, ihre Unterdrückung und ihre Gesetze ungerecht sind und überwunden werden müssen.

Der Opfertod, auch der eines Jünglings, ist als Bestandteil vieler Religionen bekannt. Dabei sollen durch die Opferungen des Unschuldigen und Reinen die Götter versöhnt und soll die Gemeinschaft gerettet werden. Auch in der jüdischen Religion spielt das Opfer des Sohnes eine zentrale Rolle: Erst durch Abrahams Bereitschaft, seinen einzigen Sohn Isaak abzuschlachten als Zeichen seines Gehorsams, wird der Bund mit Gott überhaupt möglich – als Voraussetzung der Erwählung Israels. Das Johannes-Evangelium geht noch weiter und lässt Jesus sagen: „Wer mein Fleisch isset und trinket mein Blut, der hat das ewige Leben, und ich werde ihn am jüngsten Tage auferwecken. Denn mein Fleisch ist die rechte Speise, und mein Blut ist der rechte Trank" (Joh. 6,54,55).

In der Stimmung zur Zeit der Kreuzigung Jesu, die einerseits durch den Hass auf die römischen Besatzer und andererseits durch die Zerstörung des Tempels erzeugten apokalyptischen Erwartungen geprägt war, kann eine solche Opferung mit großen Erwartungen an eine Veränderung verbunden sein und zu neuen Zusammenschlüssen und Geheimbünden führen, so dass die Kreuzigung nun zum Symbol dieser Veränderungen des Patriarchats wurde. Aber auch wenn die Kreuzigung zum Brennpunkt der neu entstehenden Anhänger und ihrer Gemeinden wurde, so muss doch andererseits ein so qualvolles Ende ihres vergöttlichten Idols auch Enttäuschung hervorgerufen haben in einem Umfeld, in dem andere Götter triumphierten und im Himmel feierten. Auch für die Gewinnung neuer Anhänger war ein ans Kreuz genagelter Mann nicht gerade ein werbewirksamer Beweis für die Macht der neuen Religion. In diesem Zusammenhang lässt sich die Auferstehung verstehen als ein aus der Enttäuschung über den Tod Jesu geborener Mythos. Seine Anhänger konnten nun in kollektiven Visionen das schmerzlich erlebte Scheitern umkehren in eine triumphale Erhöhung, so dass dieses Scheitern nun zum zweiten Zentrum des christlichen Glaubens wird. Denn mit der Ergänzung des Opfertods durch die Auferstehung ist nun das Leiden der Religionsstifters nicht nur behoben, sondern ins unerklärlich Wunderbare überhöht, so dass diese Religion in ihrer Spannung zwischen Menschlichkeit und Göttlichkeit, zwischen Leiden und Verklärung, zwischen Schuldigwerden und Erlösung alle in ihren Bann zieht, die am vielfältigen Elend der Welt leiden und auf etwas Besseres hoffen.

Wir wissen nicht, was wirklich die Botschaft des Sohnes gewesen ist, was seine Anhänger von ihm erwartet haben und was sie weiter getragen haben. Sicher ist aber, dass die weltbewegende Wirkung dieser Religion sich nur verstehen lässt, wenn wir den überlieferten, den vermuteten und den heute noch wirkenden Kern der christlichen Botschaft auf die Sohnschaft Jesu beziehen. Dieser Kern lässt sich in manchen Jesu zugeschriebenen Aussprüchen der Evangelien erahnen, auch wenn diese nach heutigem Stand der Forschung frühestens 40 Jahre nach Jesu Tod niedergeschrieben worden sind.

'VER-SÖHNUNG' ALS BOTSCHAFT

Wir können uns heute gut vorstellen, dass die frühen Botschaften, die von einem gelebten Jesus oder von seinen Anhängern übermittelt worden sind, eine neue Form der Menschlichkeit in den Mittelpunkt gerückt haben: Versöhnung statt Herrschaft, Geschwisterlichkeit und Brüderlichkeit statt väterlicher Allmacht, statt strengem Auserwähltsein mit Schuldgefühlen der Unwürdigkeit die freiwillig Verbundenheit in Würde. Statt Hass und Rache wird Versöhnung gepredigt, ein umfassendes Gefühl von Zuwendung und Liebe breitet sich unter den Anhängern des Menschensohns aus und verbindet sie in ihrer gemeinsamen „frohen Botschaft":

– Mit dem Menschensohn wird die Einheit von Gott und Mensch wieder hergestellt.
Auf daß sie alle eins seien, gleich wie du, Vater, in mir und ich in dir, daß auch sie in uns eins seien. (Joh. 17,21)
– Mit dem Menschensohn wird die patriarchale Herrschaft ersetzt durch Brüderlichkeit.
Mein Vater wirket bisher, und ich wirke auch. (Joh. 5,17)
So euch nun der Sohn frei macht, so seid ihr recht frei. (Joh. 8,36)
– Mit dem Menschensohn wird der Gehorsam gegen den Vater ersetzt durch die freiwillige Gefolgschaft von Jüngern.
Wer mir folgen will, der verleugne sich selbst und nehme sein Kreuz auf sich täglich und folge mir nach. (Luk. 9,23)
– Mit dem Menschensohn wird die Vorstellung eines von Gott auserwählten speziellen Volkes sinnlos, weil durch Jesus alle Menschen gleichen Zugang zu Gott haben.
Wer dies Kind aufnimmt in meinem Namen, der nimmt mich auf, und wer mich aufnimmt, der nimmt den auf, der mich gesandt hat. (Luk. 9,48)
– Mit dem Menschensohn werden die Schuldgefühle gegenüber Gott abgelöst durch eine freiwillige Bereitschaft zum Glauben für jedermann und jede Frau.
Wisset ihr nicht, welch Geistes Kinder ihr seid? Der Menschensohn ist nicht gekommen der Menschen Seelen zu verderben, sondern zu erhalten. (Luk. 9,56)
– Mit dem Menschensohn wird das genealogische Prinzip der Zwänge durch Verwandtschaft, Geburt, Gesetz und Rasse gelöst durch den freiwilligen Zusammenschluss in der Gemeinde.
Wer ist meine Mutter und wer sind meine Brüder? Und reckte die Hand aus über seine Jünger und sprach: Siehe da, das ist meine Mutter und meine Brüder. (Matth. 12,48,49)
Denn ich bin gekommen den Menschen zu erregen wider seinen Vater und die Tochter wider ihre Mutter und die Schwiegertochter wider ihre Schwie-

germutter. (Matth. 10,35)
Wer Vater und Mutter mehr liebt denn mich, der ist mein nicht wert. (Matth.
10,37)

– Mit dem Sohn wird die Möglichkeit einer Liebe verkündet, die sich ohne Zwang, auch ohne Zwang zur Sorge, also auch ohne Schuld, den Menschen zuwenden kann und die nichts mit Gesetz oder Geburt zu tun hat.
Ein neu Gebot gebe ich euch, daß ihr euch untereinander liebet, wie ich euch geliebt habe, auf daß auch ihr einander liebhabet. (Joh. 13,34)

WOHIN MIT DEM MENSCHENSOHN?

Was aber wurde aus dem Menschensohn und seiner frohen Botschaft? Wenn man die Kirchengeschichte verfolgt, drängt sich der Verdacht auf, dass zuerst der Sohn verdrängt wurde und dann auch viele seiner Botschaften, so dass sich mit den Kirchen die alte Väterherrschaft – in neuem Dekor und mit strenger Disziplin – noch effektiver als in der jüdischen Religion etablieren konnte. Man kann es getrost als den größten religionsgeschichtlichen Skandal bezeichnen, dass die durch Jesus und die frühen Christen unternommene Überwindung patriarchaler Strukturen wieder rückgängig gemacht wurde von den Kirchenvätern, Patriarchen, Metropoliten und Erzmetropoliten, Bischöfen und Priestern, die Jesus für ihre eigenen Interessen instrumentalisiert haben. Sie haben sich zu neuen Vätern und Verwaltern des Menschensohns in oft grotesker Verkehrung und Verzerrung des noch in den Evangelien ab und zu durchscheinenden ursprünglichen Anliegens erhoben. Auch wenn man den Verfechtern der Kirche zugesteht, dass eine dogmatisch und ethisch ausdifferenzierte Institution mit ausgefeilten Riten und Exerzitien der Ausbreitung einer Religion dient und ein Abgleiten ins Schwärmerisch-Ekstatische verhindern kann, sollte doch die Eigenständigkeit der Menschen dabei gewahrt werden. Aber in der durchmilitarisierten Organisation der Kirche werden die Gläubigen in infantiler Abhängigkeit mit Drohungen und Versprechungen bei der Stange bzw. beim Kreuz gehalten. Dabei hat Jesus nie von so etwas wie einer Kirche gesprochen. Die Vorstellung von einer Kirche widerspricht auch seinen Ankündigungen des Gottesreiches, das jeder Art von Organisation entgegensteht. Nun erklärt sich die Kirche sogar zum „mystischen Leib Christi", so dass sie nicht nur allein seligmachend, sondern auch noch unfehlbar wird und zur „irrtumsfreien Trägerin" der Wahrheit, wobei Papst Benedikt XVI. in einer Verlautbarung des Vatikans vom 17. Juli 2007 den Status einer Kirche nur sich und seinen Katholiken zuerkennt – was natürlich die Evangelischen ordentlich verärgert. „Der Kirche kommt es zu, immer und überall die sittlichen Grundsätze auch über die sozialen Ordnungen zu verkünden wie auch über menschliche Dinge jedweder Art zu urteilen", stellt nicht etwa ein mittelalterlicher Kirchenvater fest, sondern Johannes Paul II. in dem schon zitierten „Weltkatechismus" von 1993 (S. 524), während zugleich in Lagos, an der „Autobahn Gottes", viele Tausend Anhänger der Pfingstkirche, von Abgasen benebelt, in christlichem Missionierungswahn auf ein Wunder warten, das sie von Armut, Krankheit und der in Nigeria herrschenden Gewalt befreit. Aber das ist das derzeitige Ende einer langen Geschichte, von der ich einige Stationen in Erinnerung rufen möchte, und die natürlich schon mit dem Kreuztod Jesu anfängt:

– Mit dem Kreuzestod wird die Geschichte des Christentums eröffnet und unlösbar verbunden mit einer Opferung des Sohnes durch die Väter. Den Opfertod des Sohnes können die Väter für ihre Machtstabilisierung auf zwei Arten nützen. Erstens: Der Sohn muss sich für ein höheres Ideal im Auftrag Gottes und seiner patriarchalen Verwalter gehorsam opfern lassen, wie es schon bei Isaak eingeübt wird. Zweitens: Wenn der Sohn jedoch an eigenen Idealen festhält, die den patriarchalen Vorstellungen widersprechen, muss der Sohn im Konfliktfall zu Gunsten der herrschenden Verhältnisse geopfert werden oder sich selbst opfern. In beiden Fällen – Opferung für die alten Ideale der Väter oder Opferung für die neuen Ideale des Sohnes – können die Väter die Macht behalten. Und nur durch die Entdeckung der Auferstehung können die Jünger des Gekreuzigten ihren neuen Ideen zur Verbreitung helfen. Die Machtergreifung der Väter findet auch ihren sprachlichen Ausdruck, indem Sohn, Sohnschaft und Jünger nun ersetzt werden durch diverse Pater-Formen, Papa und Presbyter, was im Griechischen „die Älteren" heißt und die Wurzel des Wortes „Priester" darstellt. Die von Jesus verachteten Pharisäer haben sich so als Priester seiner bemächtigt.
– Das brüderliche und freie Zusammenleben der Menschen wird wieder ersetzt durch die Zwänge der Genealogie und der Abstammung. Das fängt schon bei den Evangelisten an, die den „Nobody" Jesus, der vielleicht Zimmermann oder Zimmermannssohn war, mit einem prunkvollen Stammbaum ausstatten: bei Matthäus von Jacob über David bis zu Abraham, bei Lukas über 79 (!) namentlich aufgezählte Vorväter, bis sogar zurück zu Adam, um so Jesu patriarchale Würde per Abstammung wieder herauszustellen und zu legitimieren. Der Neue, der Nicht-Festgelegte muss wieder eingeordnet werden in die alte Genealogie und in das alte System, damit die Bewahrer dieses Systems sich den Sohn umso leichter nutzbar machen können.[5]
– Einen anderen Trick praktiziert die institutionalisierte Kirche, indem sie Christus zum Muttersohn macht, der als Baby irgendwo in jeder katholischen Kirche und Kapelle auf dem Mutterschoß präsentiert wird. Dieses Muttersöhnchen erfüllt wunderbarer Weise gleich mehrere Funktionen:

Einmal wird das freie brüderliche Zusammenleben und das gleichrangige Miteinander von Jüngern ersetzt durch heilig betuliches Familienleben. Zum anderen lassen sich mit dem Marienkult die exklusiven patriarchalen Strukturen verschleiern und viele weiterhin existierende Bedürfnisse nach weiblichen Gottheiten befriedigen. So erhalten unzählige Marienheiligtümer einen autonomen Rang und viele Kathedralen scheinen mehr für Maria als für Gott oder Christus erbaut. Einige Kirchenhistoriker sehen in der Marienverehrung den wichtigsten Faktor für die Kontinuität der Kirche. Für Elizabeth Gould Davis steht die Ausstrahlung Marias im Gegensatz zu der „Künstlichkeit und Wurzellosigkeit der olympischen Götter und auch des jüdischen und christlichen Gottes", die von den Patriarchen erfunden wurden, um die alte Große Göttin zu verdrängen, während die einzige Wirklichkeit im Christentum Maria ist, „das weibliche Prinzip, die wiedergeborene uralte Göttin" (E. Gould Davis: Am Anfang war die Frau. München 1977, 250). Auch der bayerische Papst ruft nicht ohne Absicht zur Marienfrömmigkeit auf, weil er sich vielleicht selbst in seiner bayerischen Heimat bei der Schwarzen Madonna über die strengen patriarchalen Exerzitien seiner Ausbildung hinweggetröstet hat. Die Mutmaßungen über Maria Magdalena als mögliche Geliebte Jesu halten die weiblichen Fantasien am Köcheln. Denn nach den Evangelisten wird sie noch vor den Jüngern zur ersten Verkünderin der Botschaft Christi: „Gewiss hat sie Jesus geliebt, aber als ihren Herrn und Meister", beteuern die Pfarrer eilfertig, als wären sie mit dem Heiligen Geist dabei gewesen, damit auch die Rolle des Herrn Pfarrer als dem Herrn und Meister in der Gemeinde und in seiner Familie klar bleibt. Und damit sind wir auch schon bei einer weiteren Station.

– Der Heilige Geist wird 381 im Konzil von Konstantinopel als „heilig, ungeschaffen, anbetungswürdig" kanonisiert und in die Vater-Sohn-Beziehung als Dritter eingeführt, obwohl er in den Evangelien keine eigenständige Rolle spielt und im Johannes-Evangelium einfach als ein Wesensmerkmal Jesu genannt wird: Johannes sah, „daß der Geist herabfuhr wie eine Taube vom Himmel und blieb auf ihm" (Joh. 1,33). Für diesen Heiligen Geist wurden Tausende, die nicht recht an ihn glaubten, gefoltert, verbrannt, zerstückelt, so dass er sich als der mörderischste Geist der Geschichte erwiesen hat und sich die Frage aufdrängt, warum den Kirchenvätern diese abstruse Triade von Vater, Sohn und Heiligem Geist so wichtig war? Vordergründig ist da ein Zugeständnis an andere Religionen mit Götter-Triaden und eine Abwehr der im hellenistischen Kulturkreis angesehenen Sophia zu erkennen. Tatsächlich ist durch die Triade eine weitere Entmachtung des Sohnes, der – als einzig sinnlich Erfahrbarer –nun dominiert wird von zwei abstrakten patriarchalen Prinzipien: dem schwer vorstellbaren Vatergott und dem überhaupt nicht vorstellbaren Heiligen Geist, der von nun an Theologen endlosen Stoff für spitzfindige intellektuelle Dispute bietet – und die Laien noch mehr zu unwissenden Kindern macht. Womit wir bei der pompösesten Station angelangt sind: der Kirche.

– Es gibt keine einzige Überlieferung, nach der Jesus beabsichtigt hätte, so etwas wie eine Kirche zu gründen. Diese aber schwingt sich bald auf zur Alleinerbin seines Vermächtnisses. Während im ersten nachchristlichen Jahrhundert die neue Religion entweder gar nicht beachtet oder – wie unter Nero – verfolgt und noch 303 von Kaiser Diokletian verboten wird, ist sie nach dem Toleranzedikt des oströmischen Kaisers Elerius 311 zugelassen. Als kurz darauf Konstantin (306-337) mit seinem Heer gegen seine Feinde auf Rom marschiert, träumt er, dass er im Zeichen Christi siegen werde. Ermutigt greift er mit Christus-Symbolen auf Schildern und Standarten die Stadt an, siegt und wird schließlich unangefochtener Kaiser, nun überzeugter Christ, der das Christentum zur Staatsreligion und Byzanz zur Hauptstadt des Römischen Reiches macht, mit dem neuen Namen Konstantinopel. Über dem kaiserlichen Palast prangt nun ein weit hin sichtbares juwelengeschmücktes Kreuz.

Zwar gibt es im antiken Christentum des Imperium Romanum im zweiten und dritten Jahrhundert noch keinen einheitlichen Kanon biblischer Texte, sondern je nach Region und sozialer Zugehörigkeit verschiedene „Christentümer" mit unterschiedlichen Gottesdiensten, denen nur der Glaube an die Person und das Wirken eines jüdischen Wanderpredigers namens Jesus gemeinsam ist, in dem der gekreuzigte und auferstandene Christus erkannt wird. Aber schon bald wird persönlicher Offenbarungsglaube verdrängt durch zunehmende Institutionalisierung charismatischer Herrschaft, die in der Spätantike und in der mittelalterlichen Theologie zur Verfestigung orthodoxer Strukturen und Inhalte mit strikt patriarchaler Ausrichtung führen.[6]

Das Edikt von Mailand (313 n. Chr.) garantiert den Christen im ganzen Römischen Reich uneingeschränkte Religionsfreiheit, aber schon 12 Jahre später werden im Konzil von Nicäa die Anhänger des Arius als Häretiker verurteilt. Im Jahre 380 macht Kaiser Theodosius das Christentum zur alleinberechtigten Staatskirche. Später kommt es zu Rivalitäten und Lehrstreitigkeiten zwischen Rom und Konstantinopel, wobei die Nestorianer zwischen der göttlichen und menschlichen Natur unterscheiden und später als orthodox bezeichnet werden. Das Schisma von 1054 trennt dann endgültig die lateinische Kirche des Westens von der griechischen des Ostens. Der Papst und der Patriarch von Konstantinopel exkommunizieren sich gegenseitig. Die Religion des Einen Gottes wird zerrissen durch den Streit um den angeblich „richtigen Glauben", bei dem es um Macht und Einfluss geht. Diesem Schisma folgen viele andere, die mit blutigen Auseinandersetzungen im Namen Christi verbunden sein werden.

Der unaufhaltsame Aufstieg der katholischen und der orthodoxen Kirche nimmt seinen Lauf – und damit die geistliche und weltliche Herrschaft des Christentums über die jungen Staaten des lateinischen Westens, über das byzantinische Reich der Griechen und das östliche Mittelmeer. Später kommen noch slawische Völker, Armenien, Äthiopien und andere dazu. Eine beeindruckende und vielfältige christliche Kultur entsteht, die mit ihren Bauwerken, der Musik und der Bildenden Kunst, aber auch durch Gelehrsamkeit und Bildung die Welt vielfältig bereichert und verändert. Zugleich wächst der Anspruch der Kirche, ihre Macht und ihre Einflussbereiche auszuweiten. Heute gibt es nach der World Christian Database weltweit etwa eine Milliarde Katholiken, über 200 Millionen Orthodoxe, 350 Millionen Protestanten und 380 Millionen anderer Christen, deren Siegeszug über die Welt mit einem militärischen Sieg angefangen hat, nämlich dem Sieg von Kaiser Konstantin über seine Feinde.

WOHIN MIT DER VERSÖHNUNG?

Wir können und wollen hier nicht die vielfältigen Verschlingungen der Kirche mit weltlicher Macht, mit Kriegen, Kreuzzügen, Inquisition, Zwangsbekehrung, Ausrottung von „Heiden" nachzeichnen. Sie sind schon angelegt bei Paulus: „Jedermann sei untertan der Obrigkeit, die Gewalt über ihn hat. Denn es ist keine Obrigkeit, ohne von Gott; wo aber Obrigkeit ist, die ist von Gott verordnet" (Röm. 13,1). In unserem Zusammenhang können wir nur wieder erinnern an die Entmachtung des Sohnes durch die Kirche:

- Statt im Geiste des Sohnes zu handeln, wird sein „mystischer Leib" in die Kirche gesperrt und von den Padres verwaltet.
- Statt sich in der Gemeinschaft miteinander des Glaubens zu versichern, wird die Unfehlbarkeit des Papstes verordnet und Hierarchien des Glaubens errichtet (1870 Erstes Vatikanisches Konzil: Doktrin von der päpstlichen Unfehlbarkeit).
- Statt der Gemeinschaft der Gläubigen bestimmt eines straffe militärische Organisation mit Prüfungen, Uniformen und Rangzeichen das Leben der Gläubigen; Frauen sind von der Organisation strikt ausgeschlossen.
- Statt des Menschensohns schwingt sich der Papst als „Supervater", Stellvertreter Gottes und „Heiliger Papa" zum Mentor der Seligkeit und des Ewigen Lebens auf, indem er richtet, heilig- und seligspricht und durch das Exorzismus-Ritual Teufelsaustreibungen billigt (in Deutschland das letzte Mal 1976 im fränkischen Klingenberg, mit Todesfolge)[7];
- Statt Überwindung weltlicher Bindungen geht es in der Kirche um Macht, Einfluss, Geld und Besitz; schon im Mittelalter hatte die Kirche ein Drittel des Grundbesitzes in Westeuropa an sich gebracht.[8]

– Statt der Befreiung vom „Fluch des Gesetzes" werden Leibfeindlichkeit und Sündenbewusstsein institutionalisiert und wird das „Sakrament der Ehe" erfunden, das Jesus gar nicht wollte: Außerhalb der Ehe gehört das Sexuelle nun wieder zur Obszönität der Hölle, wo es schon im Alten Testament verankert war. Nach Augustinus (345-430), dem Erfinder der Erbsünde, wird diese durch den mit Lust verbundenen Zeugungsakt übertragen wie eine Art Geschlechtskrankheit, wodurch wir alle zu Schuldigen und verdammungswürdigen Sündern werden. Folter ist für diesen Heiligen „ein Akt der Liebe, damit der Abtrünnige auf den Weg der Wahrheit zurückfindet".[9]
– Statt der „Reinheit um des Wortes willen" (Joh. 15,3) zu vertrauen, werden die „Sünder" und „Ketzer" verfolgt, gefoltert und verbrannt. Denn man darf sich – wieder nach Augustinus – im Gottesstaat keine Freidenker leisten, weil der Teufel „die Häretiker auf den Plan brachte". So werden die ersten Ketzer schon im 5. Jh. umgebracht; die Christen werden von Verfolgten zu Verfolgern. „Rekordverdächtig" ist Isabella Catholica, die von 1480-1488 allein in Sevilla 700 Menschen verbrennen lässt.[10]
– Statt des Bemühens um Frieden und Überwindung der Rache (Röm. 12,19-21) werden die Krieger gesegnet und Kreuzzüge geführt. (Schon 314 wird durch das Konzil von Arles jeder Deserteur aus der kaiserlichen Armee mit Kirchenbann belegt und verfolgt).
– Statt der liebevollen Gemeinschaft (Thess. 4,9-12) werden die Frauen unterdrückt[11], die Rivalitäten untereinander gepflegt und Glaubenskriege ohne Ende geführt.
– Statt der Bemühungen um Demut und Lob der Armut (Tim. 6,17) geht es um religiöse Überheblichkeit und die Kirche unterstützt vor allem die Reichen, Mächtigen, Herrschenden – und auch sie selbst wird immer reicher. Ab dem 11. Jahrhundert mussten alle Bewohner das Kanonikon, eine festgesetzte Kirchensteuer, zahlen[12] und schon kurz nach Konstantins Tod war die Kirche der größte Grundbesitzer im oströmischen Reich. Die Armen und Entrechteten werden zu Demut und Gehorsam erzogen.

Natürlich ist es den Mächtigen und Vordenkern der Kirche immer klar gewesen, dass der weltumspannende Erfolg des Christentums eng mit der Vorstellung der Sohnschaft Jesu verbunden ist, weil mit dieser Sohnschaft die Hoffnung auf Überwindung des Leidens und Elends der damaligen (und heutigen) patriarchalen Herrschaftssysteme verbunden ist. Und so haben die Kirchen die Energie dieser Hoffnungen aufgefangen, missbraucht und umgewandelt zur Errichtung und Stabilisierung ihrer eigenen patriarchalen Machtstrukturen. Ob diese Umkehrung aus Sorge um eine Menschheit betrieben wurde, die mit den Idealen der Nächstenliebe und der Brüderlichkeit überfordert war – wie es Dostojewski in seiner Erzählung vom Großinquisitor andeutet – oder aus purem Macht- und Besitzstreben, kann jeder selbst vom eigenen Standpunkt aus beurteilen. Aber in beiden Fällen geht es um eine Entmündigung der Gläubigen, während die Kirche virtuos mit dem Vater-Sohn-Duett aufspielt, das von Zeit zu Zeit mit Marienliedern und dem Gesäusel des Heiligen Geistes aufgeführt wird. Wer nicht an den Sohn glaubt, ist kein Christ – und wer nicht an den Vater im Himmel glaubt, auch nicht. So können sich alle den Schutz suchen, den sie brauchen und sich dem anvertrauen, der ihnen gerade am nächsten ist: Von Maria über das Kindlein in Bethlehems Stall bis zu allen Heiligen und dem leibhaftigen Priester.

Der katholische Priester kann besonders als sexuell nicht identifizierbares Wesen allen geheimen Wünschen als Projektionsfläche dienen: der Frömmlerin als geschlechtsloser „Geistliche", der jungen Frau als unerreichbarer Geliebter, den Männern als ungefährlicher, asexueller Konfliktlotse und den Kindern als Mittelding zwischen Opa, Weihnachtsmann und Liebem Gott. So hatten die Priester günstige Voraussetzungen, um auch ihre zunehmend wichtigen Funktionen in der Gesellschaft zu erfüllen: Als Seelsorger bringen sie dem einzelnen Trost und Rat, als Funktionäre der Kirche können sie mit Existenzkrisen, Tod und Krankheit umgehen und gesellschaftliche Konflikte entschärfen. Ihre gesellschaftliche Rolle stärkt zugleich den politischen Einfluss der Kirche und all ihrer Angehörigen. Auch heute erhält man in vielen Städten und ländlichen Gemeinden die beste kostenlose Beratung und Hilfe durch kirchliche Organisationen (Caritas, Diakonie, telefonische Seelsorge), und ohne das Engagement von ehrenamtlichen und angestellten kirchlichen HelferInnen wäre es mit unserem Sozialstaat noch schlechter bestellt.

Die sexuelle Zwitterstellung der Priester, die verkleidet mit allerlei Frauenröcken und Umhängen, Mützchen, Hüten und Käppis Weihrauchkessel schwenken und Kreuze küssen, hat immer wieder Anlass zu Spekulationen über eine homosexuelle Prägung des Christenrums gegeben, die nicht nur durch Kolportagen über allerlei Umtriebe in Priesterseminaren und der Sakristei, sondern auch durch die Gefolgschaft der Jünger und durch Jesu sonderbares Verhalten den Frauen gegenüber am Kochen gehalten werden. Jesus und die Apostel werden vielfach mit männlich-phallischer Tiersymbolik verbunden (Einhorn, Adler, Löwe, Schlange). Männerbündische Parallelen gibt es auch zwischen Kirche und Militär, die bis zur Vorliebe für Uniformen und absonderliche Kopfbedeckungen reichen, wohl als Symbol dafür, dass es in dieser Hierarchie nicht wichtig ist, was man im Kopf, sondern was man auf dem Kopf hat.
In Griechenland hingegen kann man den orthodoxen „Papa" noch heute im

Kreis seiner Enkel mit der Hacke auf dem Feld arbeiten sehen, ohne Kopfbedeckung.

Der Sohn wird gesucht

Der Kern der Sohnesbotschaft, auf den die nach göttlichem und irdischem Sinn Suchenden hoffen, ist viel zu anziehend, als dass er nicht gegen alle patriarchalen Vereinnahmungen und Verfälschungen immer wieder durchgedrungen wäre und neue Anhänger magisch angezogen hätte. Aber die Kirchen haben von Anfang an mit Exkommunikation, Bann, Feuer und Schwert auf alle Arten der Abkehr von den patriarchalen Strukturen der Kirche und der stärkeren Anbindung des Christentums an die Botschaft Jesu geantwortet. Hier wieder zum Erinnern:

– Im 10. Jahrhundert schon breiten sich von Bulgarien her die Bogumilen aus, die sich auf Jesus, den Menschensohn, berufen und sich für soziale, ökonomische und politische Besserstellung der Armen einsetzen und gegen den Reichtum der weltlichen und geistlichen Grundbesitzer kämpfen.[13]
– Johannes Italos wird im 11. Jahrhundert wegen seiner Propagierung von Aristoteles und Platon als Professor der Philosophie wegen Häresie verurteilt und muss öffentlich von der Kanzel der Hagia Sophia widerrufen.[14]
– Von den Bogumilen beeinflusst breiten sich im westlichen Europa die Katharer aus, die sich als die „Reinen" und als veri christiani bezeichnen, weil sie weltliche Bindungen verachten und gut und gerecht sein wollen in der Nachfolge Christi. Einer der ersten Katharer wird am 11.8.1163 im Dom zu Köln verhört und anschließend vor dem Judenfriedhof verbrannt. Limoux Noir ist einer der letzten Katharer, der 1330 in Carcasonne verbrannt wird. Die ebenfalls den katholischen Dogmen widersprechenden Albigenser werden 1209-1229 in einem blutigen Kreuzzug vernichtet – von Papst Innocent (der Unschuldige!) III.[15]

Von da an gibt es eine endlose Liste von „Häretikern" und „Ketzern" aller Arten: Die Hussiten, die gegen die Verweltlichung der katholischen Kirche kämpfen, gnostische Sekten, die eine Wiederauferstehungslehre und die Erlösungsmacht der Kirche ablehnen und in egalitär organisierten Gemeinden ohne Hierarchie gleichberechtigt zusammenleben. Ihr Gott der Liebe soll allen, Männern und Frauen, Alten und Kindern, erreichbar sein – ohne Priester und selbsternannte Apostel und Nachfolger Jesu. Ähnliche Ideen verfolgen die joachimitischen Spiritualen, die Manichäer, denen es seit Manis Wirken im 3. Jahrhundert um eine Vereinigung von Christentum, Parsismus und Buddhismus geht, die Paulizianer, die Wiedertäufer und viele andere, die meist auf den Scheiterhaufen der alleinseligmachenden Kirche enden.

Wir denken natürlich bei Widerstand gegen das katholische Dogma zuerst an die Reformation mit Luther in Deutschland, Calvin und Zwingli in der Schweiz und vielen anderen, die das Christentum vom römisch-katholischen Schmarotzertum mit Ablasshandel befreien wollten und sich, wie auch die Mennoniten, Hutterer und Amischen, in der Nachfolge Christi verstanden. Sie haben dann gründlich aufgeräumt mit Klostern, Zölibat, dem Papst, dem Marienkult und der Sündenvergebung und verbünden sich mit dem emporsteigenden Bürgertum. Indem die Sünde nun nach innen als Frage des Glaubens in das eigene Gewissen verlagert und die Erlösung eng mit der Gnadenwahl verbunden wird, kann eine neue protestantische Ethik entstehen, in der weltliche Askese sich mit Sparen und damit, „mit den Pfunden zu wuchern", als gottgewollte Kapitalakkumulation verträgt. Geldverdienen wird zur religiösen Pflicht. Der Erfolg und das Werk werden nun zur konkreten Sache des Glaubens, während die Nächstenliebe abstrakt bleibt. „Denn wo die Werke und die Liebe nicht herausbricht, da ist der Glaube nicht recht, da haftet das Evangelium noch nicht und ist Christus nicht recht erkannt", sagt Luther in seiner „Vorrede auf das Neue Testament".[16] Max Weber hat in seinem berühmten Werk „Die protestantische Ethik und der Geist des Kapitalismus" analysiert, wie Rationalismus und Anti-Traditionalismus den Gelderwerb mit der Reformation heiligten.[17] Nach Weber ist der „Geist des Kapitalismus" nicht nur aus den ökonomischen Verhältnissen ableitbar, sondern ebenso aus religiösen Motiven. Wenn Erlösung mit Gewinnstreben und innerweltlicher Askese zusammengebracht werden, wird die Anhäufung von Kapital als Voraussetzung kapitalistischer Wirtschaft zum gottgefälligen Werk. Auch der Gott der Presbyterianer gießt seine Gnade weniger ins puritanische reine Gewissen, sondern viel lieber in gewinnträchtige accounts.

Bei diesen Werken geht den Männern der Reformation allerdings auch der Sohn mehr und mehr verloren. Denn die Reformatoren des 16. und 17. Jahrhunderts berufen sich immer mehr auf das Alte Testament als den Ursprung der Christenheit. In Luthers „Vorrede auf das Alte Testament" wird der Leser aufgefordert, „die Schrift des Alten Testaments nicht zu verachten, sondern mit allem Fleiß zu lesen", um „Christum und das Evangelium zu suchen im Alten Testament". Der Leser „zweifle nicht daran / wie schlecht es immer sich aussehen läßt / es seyen eitel Wort / Werk / Gericht und Geschicht der hohen Göttlichen Majestät / Macht und Weisheit". „Hier wirst du die Windeln und die Krippen finden, da CHRISTUS innen ligt".[18]
Und mit dem Vater und dem Erfolg kommen auch wieder die patriarchalen

Strukturen zum Vorschein: Die Abwertung der Frauen, Sklavenhandel und Indianerausrottung waren kein Privileg der römisch-katholischen Kirche. Die Puritaner des 16./17. Jahrhunderts hatten als bestialische Sklavenhändler, Sklavenhalter und Indianervernichter das Christentum zur zynischen Rechtfertigungslehre ihrer Geldgier degradiert. Und obwohl Luther anders als Moses, der „treibet, dringet, droht, schlägt und straft gräulich", seinen Christus empfiehlt, der „freundlich locket", und obwohl das Priestertum aller Gläubigen in der Gemeinde als Gemeinschaft der Glaubenden angestrebt wird, entwickelt sich auch schon Luther zum Inquisitor, der zwar Zölibat, Klöster und Beichte abschafft und die Heiligenlegenden als Märchen entlarvt, aber an den Bibellegenden festhält, auch am Teufelsglauben, am Hexenwahn und der Ketzervertilgung und am Antisemitismus, ebenso wie am Kriegsdienst und der Leibeigenschaft und dem Dienst an den Fürsten. So ruft er auch auf zum Kampf „Wider die himmlischen Propheten" und gegen die Wiedertäufer. Am schärfsten aber ist sein Aufruf „Wider die räuberischen und mörderischen Bauern", mit dem Luther seinen ehemaligen Kampfgefährten Thomas Müntzer verrät. Bei dem Bauernaufstand von Frankenhausen 1525 werden über 5000 flüchtende Bauern niedergemetzelt, während diesen „mörderischen" Bauern nur etwa ein Dutzend Ritter der angreifenden Fürstenheere zum Opfer fallen. Müntzer wollte die Botschaft des Sohnes erneuern, indem er den klerikalen Glauben der Pfaffen verwirft, denn „der Mensch muß seinen gestohlenen, gedichteten Christenglauben zu Trümmern verstoßen durch mächtig hoch Herzeleid und schmerzliche Betrüben und durch unaussprechliches Verwundern".[19] Er praktizierte eine unmittelbare Laienfrömmigkeit, die nicht an Dogmen, Priester und Schriften gebunden war und die die Gleichheit aller Menschen schon auf Erden anstrebte. Er wurde nach dem blutigen Gemetzel bei Frankenhausen grausam gefoltert und mit 35 Jahren hingerichtet.

Statt Müntzers großer Abrechnung mit den Herrschenden, den „großen Hansen, die Gott also lästerlich zum gemalt Männlein gemacht haben" und „alle Kreaturen zum Eigentum nehmen", kann nun das Bündnis der Reformation mit dem Feudalismus besiegelt werden und seine neue klerikale Herrschaft unter dem Vorwand der Berufung auf die nun allen zugänglichen und allein verbindliche Bibel (sola scriptura) installiert werden. Das Buch wird nach der Gutenberg'schen Erfindung nun zum Medium der Reformation (so wie heute das Satelliten-Fernsehen und das Internet zum Medium einer herbeigesehnten „Islamischen Revolution" werden). Die evangelische Gleichheit aller wird auf das Mitsingen im Gottesdienst beschränkt. Die Armen werden auf das Evangelium verwiesen, gemäß dem sie nach dem Tod im Jenseits den Lohn ihrer Plackerei und Leiden erhalten sollen – und im Übrigen gilt: „ein jeglicher, liebe Brüder, wohin er berufen ist, darin bleibe er bei Gott" (1. Kor. 7,24), oder auch „Ihr Knechte, seid untertan den Herren, nicht allein den gütigen und gelinden, sondern auch den wunderlichen" (1. Petr. 2,18), womit das Christentum schon zu Petrus Zeiten sich vom möglichen sozialen Aufbegehren des Sohns und der Urchristen entfernt hatte und sich allen Herrschenden als besänftigende und angenehme Religion empfiehlt.

Mit Thomas Müntzer aber sind wir längst in andere Strömungen geraten, in denen die unmittelbare Verbundenheit der Menschen zu Gott und dem Sohn ohne Mittler und Dogmen erlebt wird und in denen die mystischen Anteile des Glaubens mit dem eigenen Leben verbunden sind. Denn es liegt in der Natur des Glaubens, dass sich einerseits durch Propheten und Priester, durch Überlieferungen und die Gemeinschaft eine Institutionalisierung und Organisation der Religionen herausbildet, dass aber andererseits die Sehnsucht nach der unmittelbaren Verbindung mit der Gottheit weiter lebendig bleibt.

DER SOHN ALS BRÄUTIGAM

So finden wir in fast allen Religionen esoterische Strömungen, die mehr oder weniger von den offiziellen Repräsentanten integriert, anerkannt oder auch bekämpft werden. Weil im Christentum mit jungfräulicher Geburt, Gottessohnschaft, Auferstehung und Heiligem Geist von Anfang an viele Elemente enthalten sind, die sich dem rationalen Verständnis entziehen, ist es nicht verwunderlich, dass auch schon früh mystische Strömungen eine Rolle gespielt haben. Vielleicht ist es sogar richtiger zu sagen, dass das Christentum sich überhaupt aus mystischen Anfängen heraus – über Qumran, Nazareth und Golgatha – erst durch die Schreibarbeit der Evangelisten und Apostel zu einer institutionellen Religion entwickelt hat,[20] deren mystische Herkunft wir bis heute intensiv spüren können, wenn wir z.B. in Notre Dame eine Messe verfolgen. Da wir im letzten Kapitel auf mystische Elemente der spirituellen Bewegung stoßen werden, sollen hier nur ein paar Aspekte erwähnt sein, die im Zusammenhang mit der Sohnschaft Jesu stehen. Während es den Männern vorwiegend um das mystische Einssein mit Gott geht, sind es häufig die Frauen, die sich in ihrem spirituellen Leben auf Jesus beziehen. Bei Meister Eckhart, der seit seinem Kontakt zur Beginenmystik um 1313 zum Inbegriff der deutschen christlichen Mystik geworden ist, geht es um Gott und darum, auf welche Weise der Mensch sich mit Gott vereinigen kann, um hinaus zu schreiten über die Dinglichkeit und Geformtheit der Welt. Der Mensch soll seine Werke „sunder warumbe", ohne „warum", vollbringen, damit er zu seinem eigenen Wesen und zu seinem eigenen Leben gelangen kann.[21]

Die Beginenmystik, die über mehrere Jahrhunderte in Europa verbreitet war, knüpft an ältere Mystikerinnen an, insbesondere an die Heilige Begga im 7. Jahrhundert, bei denen es um die Vereinigung mit Jesus Christus als Gemahl und Bräutigam geht. Durch äußerste Askese geraten sie zuweilen in schwärmerische Verzückungen, die psychologisch auch als Gegenreaktion auf die liebe- und sexualfeindliche Einstellung des Christentums verstanden werden können. Dabei erleben die Frauen die Vereinigung mit dem „süßesten Liebhaber" ganz sinnlich – und Jesus als der „liebeglühende Eiferer der Seelen" drückt seiner Braut einen „Kuss süßer denn Honigbecher" auf[22], wie es Ende des 13. Jahrhundert die Heilige Gertrud beschreibt. Unseren heutigen Vorstellungen ist dieses Schwärmen fremd. Doch schon damals wurden viele Kleriker misstrauisch und sie sorgten für Kontrolle, Verbote und auch dafür, dass die Mystikerin Marguerite Porète 1310 als Ketzerin verbrannt wurde. Zugleich hatten die Beginen eine wichtige Rolle im damaligen gesellschaftlichen Leben, indem sie dem menschlichen Leiden, der Krankheit und dem Tod spirituelle Heilungsmöglichkeiten gegenüberstellten. Die Tröstung der Leidenden beschränkten die Beginen aber nicht auf die spirituelle Ebene, sondern sie kümmerten sich in der Nachfolge Christi auch mit Hilfe und Zuwendung um Arme, Kranke und Verfolgte. Die Beginen gründeten Hospize, ihre Häuser wurden zu Sozialstationen. Um 1300 gab es allein in Straßburg 85 Gemeinschaften von Beginen, in Köln lebten zu dieser Zeit etwa 2000, fast 20 Prozent der erwachsenen Frauen.[23]

Der Sohn bei Freunden

So ist die Verbindung von Mystik und Engagement für die Leidenden nichts Zufälliges, sondern verweist auf ursprüngliche christliche Prinzipien. Die unvergessene Dorothee Sölle hat uns in ihrem bewegenden Buch „Mystik und Widerstand" gezeigt, wie in der christlichen Urgemeinde der gemeinsame Weg zur Verweigerung der staatlich verordneten Kultur und zum Widerstand gegen die Herrschaftsformen des römischen Imperiums geführt hat. Die Gemeinschaftlichkeit der Gottesliebe wird erst wirklich, wenn sie von der erlebten Spiritualität ausgehend auch die anderen Menschen in ihrer Möglichkeit zur eigenen Freiheit und zu einer menschenwürdigen Existenz erfasst. So muss mystisches Denken notwendig in Konflikt mit allen Unterdrückungs- und Ausbeutungssystemen geraten, wie wir es heute am deutlichsten bei der *teología liberación* (Befreiungstheologie) erkennen, die als *mystica revolucionaria* nicht auf Lateinamerika beschränkt ist, sondern in vielen Ländern bei unterdrückten Völkern aufgegriffen wird.[24]

Weniger kämpferisch, aber nicht weniger konsequent verbinden die Quäker mystisches Erleben mit tätiger Hilfsbereitschaft, Gleichbehandlung und radikaler Absage an jeglicher Form von Gewalt. Viele Deutsche verdanken den Quäkern ihr Leben, weil sie nach der Niederlage des Faschismus die ersten waren, die mit Care-Paketen der hungernden deutschen Bevölkerung geholfen haben, jenseits von allzu verständlichen Rache- und Vergeltungswünschen. Auch ich erinnere mich heute noch dankbar und gerührt dieser im Paket dichtgepackten Wunder aus Blockschokolade, Büchsenmilch, Haferflocken oder Zucker, die uns Kindern wie Geschenke aus dem Paradies vorkamen. Die Quäker bezeichnen sich auch als „society of friends", die in der christlichen Religion das „Innere Licht" durch Rituale des Schweigens gemeinsam erleben wollen, ohne Dogmen, Priester und Kirchengebäude. Das gemeinsame Schweigen bereitet sie auf das Erleben der Anwesenheit Gottes, auf den „christ within" vor, der dann auch im normalen Alltag bei ihnen ist und der so jedem Menschen zugänglich werden kann. Für die Quäker ist die Gleichstellung der Frau auch in der Religion eine Selbstverständlichkeit – und so hat Margaret Fell schon 1667 das Buch „Women's Speaking Justified" veröffentlicht, in dem die Mitbegründerin der society of friends das Predigen der Frauen auch biblisch begründet.[25] Da kann selbst die evangelische Kirche mit immerhin zwei hervorragenden Bischöfinnen noch lernen! Denn selbst in neuester Zeit können wir bei Karl Barth, einem protestantischen Theologen und engagiertem Gegner der Nazis, lesen, dass der Mann der Frau „anregend, führend, erweckend vorangehen" muss[26]. Und selbst Dietrich Bonhoeffer schreibt aus dem Gefängnis der Nazis an seine Frau: "In allem seid ihr frei bei der Gestaltung unseres Hauses, nur in einem seid ihr gebunden: Die Frau sei dem Manne untertan."[27] Hier ist aber ganz zu schweigen von der katholischen Kirche, der wir wohl in dieser Hinsicht erst trauen können, wenn die erste Päpstin zu Rom residiert.[28]

Der Sohn ohne Werte

Jesus predigt keine Werte, sondern er spricht in Gleichnissen und Seligpreisungen, und er setzt sich tätig ein für die Leidenden und Unterdrückten. So erleben wir auch heute vielfältig, wie ein christlich geprägtes Leben zu einem tätigen Einsatz für mehr Gerechtigkeit, weniger Armut, Unterdrückung und zu einer auch religiösen Gleichstellung der Frauen führen kann. Aber die vielbeschworenen christlichen Werte sind in ihrer Allgemeinheit und in ihrer Totalität zu pauschal und zu abstrakt, um eine konkrete Grundlage für tätige Hilfe werden zu können. Insbesondere dient die Forderung der allgemeinen Nächstenliebe meist nur als Alibi oder moralisches Postulat, dessen Unerfüllbarkeit augenzwinkernd in Kauf genommen wird. Oder wie Freud dazu bemerkte: „Das Gebot ist undurchführbar; eine so großartige Inflation der Liebe kann deren Wert herabsetzen, nicht die Not beseitigen".[29] Aber hinterrücks kann das Gebot sich dann leicht als Schuldgefühl einschleichen, das wegen der eigenen Unzulänglichkeit dann auf andere projiziert wird, die zu Sündenböcken gemacht werden. Das allgemeine Gebot der Nächstenliebe bringt uns so alle in die Gefahr, dass wir persönliche Auseinandersetzungen mit dem eigenen Aggressionspotential, das durch die strukturelle Gewalt und Disziplin in unserer arbeitsteiligen Berufswelt noch verstärkt wird, verhindern und führt so zu einer Verstärkung des Harmoniezwangs. Heute wird deshalb auch in vielen christlichen Gemeinschaften der Umgang mit den unvermeidlichen Aggressionen thematisiert und geübt, so dass die christlichen Botschaften sich auch im Widerstand und in der leistbaren tätigen Hilfe bewähren können. So können wir hoffen, dass sich nicht nur bei den Quäkern, sondern auch in anderen christlichen Gemeinschaften die abgehobene Jenseitsvorstellung und Vertröstungen auf ein undefinierbares Später umwandeln in eine konkrete Spiritualität, die den Kosmos, die Umwelt und die Menschen gleichermaßen einbezieht. Die unsinnliche Gnadenwahl könnte sich so zu einer lebendigen und aktivierenden Dankbarkeit und umsetzbaren Hoffnung entwickeln.

Im Gegensatz dazu wird die vom Papst, den Klerikern und PolitikerInnen gebetsmühlenartig wiederholte Forderung nach einer „Rückbesinnung auf christliche Werte" zu einer inhaltsleeren Worthülse mit einem vagen Appell an scheinbar bessere Zeiten. Denn diese Rückkehr führt heute entweder ins Leere oder dient als Wunderwaffe in der Auseinandersetzung mit nichtchristlichen Gruppen. Und der Papst – noch als Kardinal Ratzinger – drohte sogar, dass ohne den christlichen Glauben „der Mensch ins moralische Trudeln kommt, und dass Weltzerstörung, Apokalypse, Untergang vor uns steht".[30] Es ist aber sicher mehr im Sinne der vermuteten christlichen Botschaft, sich in verschiedenen Gemeinschaften, wie Familie, Schulklassen, Gemeinden, die eigenen Werte bewusst zu machen und sich mit anderen darüber auszutauschen und auseinanderzusetzen, um mit dem Prozess der ständigen Neubildung und Veränderung von gemeinsamen Werten umgehen können.

Heute ist es unter den Bedingungen der Globalisierung – sowohl für den Fortbestand der Gesellschaft wie auch für die persönliche Entwicklung der Einzelnen entscheidend –, nicht Werte oder Normen einfach zu akzeptieren, sondern darauf zu achten, welche Werte und Normen für mich und für andere in bestimmten Situationen wichtig sind. Es geht also nicht so sehr um Gut und Böse, um Vollkommenheit in der Nachfolge Christi und Ausschluss des Unvollkommenen, sondern um Achtsamkeit auf meine eigenen Werte und Normen sowie auch die der anderen.[31] So können am besten die

Konflikte mit anderen Werten ausgehalten und sinnvoll gestaltet werden, wobei jegliche Sündenmoral das Ergreifen der eigenen Verantwortlichkeit blockiert und alles Scheitern auf Sündenböcke projiziert.

In den jüdisch-christlichen Traditionen ist dagegen die Entstehung und Durchsetzung der Werte nicht in die Achtsamkeit der einzelnen Menschen gestellt, sondern als Gesetz, Gebot, Offenbarung von außen gesetzt und kontrolliert worden. Diese von außen bestimmten (und dann auch oft durch Zwang und Anpassung verinnerlichten) Werte sollten allgemein gültig die Verhaltensweisen möglichst vieler Menschen bestimmen und all die Menschen ausschließen, die sich nicht daran halten. Das war zu den Entstehungszeiten der Religionen sicher eine wichtige Voraussetzung, um sich als Gemeinschaft zu finden und zu formieren. Viele dieser Werte wurden mit Bann und Strafe oder mit innerlicher Anpassung durchgesetzt. Alle Bedürfnisse und Wünsche, die diesen Werten nicht entsprachen, wurden als unmoralisch, böse und als Verderben bringend verfolgt. Der Einzelne musste solche nicht-konformen Bedürfnisse unterdrücken, verdrängen oder ihnen heimlich mit schlechtem Gewissen und Angst nachgehen.

So wird nicht nur die Gesellschaft gespalten in Gut und Böse, Heilige und Sünder, Moral und Unmoral, sondern auch jeder Mensch wird innerlich gespalten in das nach außen präsentierte Gute und das vor sich selbst und vor anderen verheimlichte Schlechte. Je weniger wir uns dieser verheimlichten Anteile bewusst sind und je weniger wir auf unsere „dunklen" Seiten achten und je lauter wir die offiziellen Werte verkünden, umso leichter können Heuchelei, Fanatismus, scheinheilige Verurteilungen und Lügen unser Leben bestimmen.

WANDLUNGEN HEUTE

Ich erwähne diese Spaltung deshalb so ausführlich, weil sie auch heute noch fortwirkt und in der modernen globalisierten Gesellschaft gefährliche Folgen hat:

- Die Ausgrenzung derjenigen, die nicht die offiziellen Werte befolgen, kann zu Kriminalisierung, Fundamentalismus, Ausrottung und Krieg führen.
- Die Schwierigkeit der Anpassung an die vorgegebenen Werte kann bei Einzelnen dazu führen, alle Werte pauschal über Bord zu werfen und sich bewusstlos einer Zerstörungs- und Vernichtungswut hinzugeben oder aber „wertfrei" zu konsumieren.
- Die totale Unterdrückung des „Bösen" kann bei Einzelnen zu illusionistischen Zuständen einer Vollkommenheit oder Gottgleichheit führten, wie sie in vielen Sekten propagiert und ausgenützt werden.[32]

Im Anhang finden Sie eine kleine Übung, die Sie anregen kann, sich der eigenen Werte und des Umgangs mit ihnen noch bewusster zu werden. Bei der Reflexion der eigenen Werte werden Sie bemerken, dass eine so mit der Achtsamkeit auf die eigene Persönlichkeit zusammenhängende ethische Haltung keineswegs einfacher zu leben ist, als die alte Sündenmoral mit ihrer Gut-Böse-Spaltung. Aber vielleicht spüren Sie auch, dass es den einzelnen Menschen und der Gesellschaft insgesamt damit besser gehen kann. Denn Achtsamkeit auf den persönlichen Bezug zu den Werten bedeutet nicht, dass die Ideale und die großen Utopien der Menschheit unwichtig geworden sind, oder dass uns die Ungerechtigkeit und die Probleme unserer Gesellschaft nichts mehr angehen, sondern im Gegenteil: Indem wir im Sinne des Urchristentums den persönlichen Bezug ernst nehmen, sind wir besser vorbereitet, für unsere Werte einzustehen und um unsere Verantwortung zu realisieren für eine menschliche Gesellschaft – jenseits von unheilvollem Dogmatismus und Fanatismus

Zum Glück gibt es bis heute viele christliche Gemeinschaften, die versuchen, in der Nachfolge des Sohnes zu leben, darunter so auffallende wie die Mormonen, die alttestamentliche Regeln mit gnostischen Elementen verbinden, oder die Altkatholiken, bei denen Priester und Priesterinnen durch die Gemeindemitglieder gewählt werden und die die Unfehlbarkeit und absolute Rechtshoheit des Papstes ablehnen.[33]

Und ebenfalls zum Glück gibt es bis heute viele christliche Bewegungen, die sich nicht nur sozial, sondern auch politisch für Menschenrechte engagieren und die aktiven Widerstand leisten gegen Unrecht und Diktaturen. Die Theologie der Befreiung ist in Lateinamerika ein zentrales Element im Leben vieler Menschen geworden (auch wenn Benedikt XVI noch als Kardinal Ratzinger Leonardo Boff mit Srechverbot belegte), und in Deutschland erinnern wir uns an christlichen Widerstand gegen den Faschismus sowie in der DDR an christliches Engagement in der Friedensbewegung. Die unversöhnliche Radikalität eines Thomas Müntzer ist in vielen von diesen Bewegungen ein belebender, aber ferner Widerschein gewesen.

Wichtiger als eine vage Rückbesinnung auf christliche Werte ist für mich heute, dass unser Andenken an Holocaust, Völkermord und an die Opfer von Ausbeutung, Unterdrückung, Krieg und Terrorismus zum persönlichen und gesellschaftlichen Maß aller Wertorientierungen wird. Wir können von den Quäkern und anderen christlichen Gemeinschaften lernen, wie wir im Sinne ursprünglicher christlicher Botschaften des Menschensohnes die Hoffnungen auf ein sinnvolles Leben täglich neu begründen und in der Gemeinschaft mit anderen verantwortlich verwirklichen können.

Einspruch!

(Mit dem Gemurmel von Schwester Theresa auf dem Kreuzweg von Santa Madonna della Rocca)

...nun mal los, geht ja ziemlich steil hoch hier, da hatte es der römische Konsul besser auf der Straße nach Catania, na ja, aber ein Kreuzweg soll ja auch nicht bequem sein. Und hier diese ollen kaputten Treppen, aber hier ist schon die erste Station, mach' ich mal meine drei kleinen Kreuzchen, Vater, Sohn, Heiliger Geist, na hier mal eher für den Sohn, den habe ich sowieso am liebsten. Wie viele Millionen Kreuzchen ich schon gemacht habe, oh je, und alles lateinisch hier auf der Tafel, na ja, die Italiener, die verstehen das ja, mal sehen, wie weit ich mit meinem Latein komme...

I. CHRISTUS CORAM PILATO AD CRUCEM DAMNATUR
...Christus wird also verurteilt, so ganz ohne Kommentar, wie immer, die sauberen Herren, wenn es ums Verdammen der Gerechten geht, und wie gelangweilt der olle Pilatus da auf der Tafel aussieht, als ob's ihn nichts angeht, nur nicht einmischen, die Schreibtischtäter, also mal lieber weiter...

II. MORTI ADDICTUS DEI FILIUS CRUCEM TOLLIT
...muss wohl heißen: zum Tode verurteilt, vielleicht auch todgeweiht, trägt er das Kreuz ganz ohne Jammern, da sollen wir uns ein Vorbild nehmen und auch nicht jammern über Unrecht und Schikanen und uns immerzu opfern, mach' ich ja schon. Und hier sind drum herum immerzu die Schergen mit ihren grässlichen Spießen und Speeren, die haben es dem Künstler wohl angetan, und wie Jesus schleppen muss, ganz stumm und ohne Jammern, das muss doch schwer sein so ein Holzkreuz, jetzt bin ich auch noch gestolpert...

III. IESUS PRIMUM PROCUMBIT HUMI
...und nun stürzt Jesus auch noch, mit diesem grässlich schweren Kreuz, oh je, schnell weg...

IV. FILIUS OBVIAM MATRI SUAE FIT
...sieht er also seine Mutter, was die da wohl durchmacht, wie immer die Mütter nur am Wegrand, wenn die Söhne geopfert werden, gar keine Gefühle bei Mutter und Sohn, soll wohl ein Vorbild sein, wenn die Söhne verschwinden, Heldentod oder Gefängnis, sollen die Mütter doch stillhalten, damit der nächste Sohn auch los geht, aber traurig sehen sie beide doch aus, ich gehe lieber weiter ...

V. SIMONI CYPRENENSI CRUCEM PORTARE IMPONITUR

…dem Simon wird also das Kreuz aufgebuckelt, aber von wem wohl, soll vielleicht heißen, dass jeder das Leid des anderen mittragen soll, na ja, mach' ich ja, aber wird ja auch Zeit, dass einer dem Jesus mal hilft, obwohl ich den Simon gar nicht kenne, muss wohl aus Zypern sein, mal sehen, wer noch kommt …

VI. VERONICA IESU FRONTEM SUDORIO TERGIT

…die berühmte Veronika, mit ihrem Schweißtuch, die macht es von selbst, so ist es immer, die Männer pflegen und verwöhnen wir, wenn sie sich opfern, muss ich ja auch immer machen, wenn ich auf der Männerstation Dienst habe, immer die Frauen für die tätige Nächstenliebe, muss doch auch mal gesagt werden, wenn ich schon zur Madonna hochklettere, habe noch keinen Mönch gesehen, der auf der Station die Kranken pflegt, die predigen nur immerzu, und wenn unsereins nicht schweigen und hören könnte, was sollten die Priester denn dann noch predigen, aber immerzu von der Nächstenliebe. Und Pater Benedikt meint dabei vor allem seinen Messjungen, wenn er ihm mit Fischaugen zulächelt, der ist aber auch wirklich hübsch...
Aber da fällt er schon wieder....

VII. IESUS ITEM PROCUMBIT HUMI

…so viel wir auch mit dem Schweißtuch wischen, sie stürzen immer wieder, die menschliche Qual hat kein Ende – und hier werden die Treppen auch noch steiler…

VIII. NAZARENUS PIAS HIEROSOLYMITANAS CONSOLATUR

…jetzt tröstet er wohl die frommen Jungfrauen aus Jerusalem, da habe ich bei der Unterweisung wohl nicht aufgepasst, aber jedenfalls sind es immer Frauen, die traurig sind und Mitleid haben mit unserem Herren, und immer Männer, die ihn verurteilen, quälen und ans Kreuz nageln, aber dann spielen sie sich auf als Priester und Bischof und tun so, als ob sie den lieben Gott persönlich gepachtet hätten. Muss ich wohl mal beichten, solche Ketzereien, aber Jesus hat ja auch nicht immer freundlich über die Frauen gesprochen, wer weiß, ob es stimmt, die Evangelisten waren ja schließlich Männer und haben auch nur aufgeschrieben, was ihnen in den Kram passte, noch schlimmer, was der Paulus immer in seinen Briefen über die Frauen geschrieben hat.

IX. IESUS TERTIUM PROCUMBIT HUMI

…jetzt zum dritten Mal, ist wohl eine heilige Zahl, Vater, Sohn, Heiliger Geist, zur dritten Stunde wird Jesus gekreuzigt, am dritten Tag ist er auferstanden, daher kommt vielleicht auch der Spruch, aller guten Dinge sind drei, aber hier ist gar nichts Gutes mehr, nur noch die Qual, er sieht schon miserabel aus. – Und unsereins jammert schon bei den paar Stufen hier, den Kreuzweg haben sich die Franziskaner im 15. Jahrhundert ausgedacht, hat uns die Mutter Oberin gelehrt, und da hatte er nur sieben Stationen, erst im 17. Jahrhundert kriegte er 14 Stationen, möchte wissen, welche sieben sie da noch dazu getan haben, vielleicht doch die mit Veronika, der Mutter und den Jungfrauen, damit die Frauen zufrieden sind. Im 7. Jahrhundert wäre ich jetzt schon oben, na, ich habe ja Zeit...

X. NUDATUR IESUS ET POTUS EIUS FEL

...potus eius fel, weiß ich nicht mehr, habe ich bei den Ursulinen nicht aufgepasst, dabei hatte ich bei Schwester Angelika extra Nachhilfe, aber die hat mich lieber gestreichelt als Vokabeln gepaukt, aber jedenfalls heißt es, dass sie ihn ausgezogen haben, eine Gemeinheit, nur um ihn noch extra zu erniedrigen. Im Lateinischen klingt das alles so kurz und bündig, und trotzdem geht es mir unter die Haut, ist auch nicht umsonst, die Kirchensprache...

XI. HORA TERTIA IN CRUCE FIGITUR

...wie nüchtern sie die Kreuzigung ausdrücken, auch noch mit Uhrzeit, wieder die Drei, als ob gar nichts dabei wäre, eine so grässliche Marter mit Nägeln durch die Hände und Füße, ich darf gar nicht daran denken, muss mich erst einmal setzen hier auf die Mauer. Überall blüht der Ginster, das duftet, und so schöne Blumen hier, da sind winzige Alpenveilchen, die Blumen hier kenne ich nicht, vielleicht Orchideen…

XII. ET INCLINATO CAPITE IN CRUCE MORITUR

...auch wieder so nüchtern, dabei ist es doch Christus, der da stirbt und alles soll sich doch bei seinem Tod verfinstert haben, jedenfalls hat sich doch die Welt verändert, und nur den geneigten Kopf inclinato capite haben sie erwähnt, könnte man gleich losheulen...

XIII. IESUS CRUCE DEPONITUR ET MATRI COMMITTITUR

...ein bisschen tröstlich, dass er vom Kreuz genommen wird und seine Mutter ihn nehmen kann, nein, er wird ihr ja übergeben, committitur, dazu sind die Mütter gut, dass ihnen die toten Söhne übergeben werden, nachdem die Männer sie umgebracht haben…

XIV. IESUS IN SEPULCRO CONDITUR

...na ja, klingt wie ein normales Ende, aber auch tröstlich wie Friede nach all der Plackerei, gut, dass sie die Auferstehung weggelassen haben, die ist doch von den Priestern erfunden, ein billiger Männertrost gegen ihre Angst vor Sterben und Abschiednehmen, die wollen unbedingt unsterblich sein, weil sie nie lebendig waren. Na, die Kapelle von der Santa Madonna ist zuge-schlos-sen, da setze ich mich auf das Bänkchen und gucke runter über das Meer, dort ist auch das antike Theater, da war ich gestern Abend, und früher haben da die Gladiatoren gekämpft und Christen wurden umgebracht, na, ein Glück, dass die Christen gesiegt haben, obwohl, die haben auch viel auf dem Gewissen, mit Scheiterhaufen und Kreuzzügen und so, aber nun ist es bei den Christen besser geworden, wenn nur die anderen nicht wieder anfangen, na, ihm kann's egal sein, auferstanden oder nicht, vielleicht ist er froh, dass er gekreuzigt wurde, denn sonst hätten ihn alle schnell vergessen, na ja, ich denke jedenfalls an dich und vielleicht segnet mich ja auch die Madonna.

seit dem 5. vorchristlichen Jahrhundert	Prophezeiungen der nahen Ankunft eines Messias; seine Erwartung bei den Juden wird nach den Zerstörungen der Tempel jeweils intensiviert. Die Essener (eine jüdische Gemeinschaft neben den Sadduzäern und Pharisäern) ersehnen den Messias der Gerechtigkeit als Spross Davids.	„Aber er ist um unserer Missetat willen verwundet und um unserer Sünde willen zerschlagen. Die Strafe liegt auf ihm, auf daß wir Frieden hätten; und durch seine Wunden sind wir geheilt." (Jesaja 53,5)
	Der „Lehrer der Gerechtigkeit" aus den Qumran-„Schriftrollen vom Toten Meer". Einige hundert Essener ziehen nach Qumran; in ihren Schriften werden heute Quellen für das Neue Testament erkannt.	„Selig sind, die wahr sprechen mit reinem Herzen und nicht üble Nachrede tun." (aus den Qumran-Fragmenten)
Um 0	vermutlich die Geburt Jesu	„Und das habt zum Zeichen: Ihr werdet finden das Kind in Windeln gewickelt und in einer Krippe liegen." (Lukas 2,12)
um 25	Auftreten von Johannes dem Täufer, der Jesus getauft haben soll (vermutlich im Jordan nahe bei Qumran).	„...daß er offenbar wurde in Israel, darum bin ich gekommen zu tufen mit Wasser. Und Johannes zeugte und sprach: Ich sah, daß der Geist herabfuhr wie eine Taube vom Himmel und blieb auf ihm." (Joh. 1.31,32)
um 30	Tod Jesu.	„Und da sie ihn gekreuzigt hatten, teilten sie seine Kleider und warfen das Los darum, wer etwas bekäme." (Mark. 15,24)
um 50	Paulus-Briefe.	„Denn Christus hat mich nicht gesandt zu taufen, sondern das Evangelium zu predigen; nicht mit klugen Worten, auf daß nicht das Kreuz Christi zunichte werde." (1. Korinther 1,17)

ab 60	Erste Christenverfolgung unter Nero.	
zwischen 70 und 110	Entstehung des Markus-, Matthäus- und Lukas-Evangeliums, zuletzt die Offenbarung des Johannes und das Johannes-Evangelium.	
250	Kaiser Decius befielt allgemeine Christenverfolgung, ebenso 303 Diokletian.	
312	Schlacht an der Milvischen Brücke. Nach dem Sieg Konstantins wird er der erste christliche Kaiser und macht Byzanz zu seiner Hauptstadt Konstantinopel mit einem riesigen juwelengeschmückten Kreuz über dem kaiserlichen Palast. Er verbindet sein Kaiserreich mit der christlichen Religion.	„In hoc signo vinces": Nach der Überlieferung wurde Konstantin vor der Schlacht im Traum offenbart, daß er im Zeichen des Kreuzes siegen werde, so daß er zum Christentum übertrat.
313	Edikt von Mailand gibt den Christen im gesamten Römischen Reich Religionsfreiheit.	
325	Erstes Ökumenisches Konzil in Nicäa.	Glaubensbekenntnis, Christus als wahrer Gott.
380	Kaiser Theodosius macht das Christentum zur Staatsreligion.	
354-430	Augustinus; nach ihm wird die Erbsünde durch den lustvollen Zeugungsakt übertragen, wodurch alle Menschen zu schuldigen Sündern werden.	
	Konzil von Konstantinopel. Die Vorstellung einer Vater-, Mutter-, Sohn-Dreieinigkeit wird endgültig verboten. Die Vorrangstellung des „Stuhles von St. Peter" in Rom (Papst) wird behauptet.	

ab dem 4. Jhdt.	Abweichler werden als „Ketzer" verurteilt und hingerichtet.	„Der Teufel brachte „die Häretiker auf den Plan, die unter dem Deckmantel des christlichen Namens der christlichen Lehre widersprachen; als ob man solche Leute unterschiedslos und ohne – im Gottesstaate dulden könnte, wie der Staat der babylonischen Verwirrung sich unterschiedslos Philosophen verschiedener und entgegengesetzter Richtungen gefallen ließ." (Aug.: De civitate Dei).
ab 480	Benedikt begründet das Mönchtum.	529 schreibt er in Montecassino die Regeln für den Dienst mit „den starken und glänzenden Waffen des Gehorsams."
496	Chlodwig, König der Franken, tritt zum Christentum über, um sich die Hilfe der gallischen Bischöfe und Äbte bei der Verwaltung seines Riesen-Reichs zu sichern. Er und seine Nachfolger fördern die Ausbreitung des Christentums, auch bei den germanischen Stämmen.	
754	Bonifatius wird achtzigjährig bei einer Mission im Friesland erschlagen.	
800	Mit der Kaiserkrönung Karls des Großen fängt das Heilige Römische Reich an.	Nach den Gesetzen zur Unterdrückung der Sachsen muss jeder Sachse den zehnten Teil seines Besitzes den Kirchen abgeben. Und wer es unterlässt, zur Taufe zu kommen, wird mit dem Tode bestraft.

1054	Schisma: Spaltung in Ost- und West-Kirche.	
1095	Aufruf zum ersten Kreuzzug durch Papst Urban II.	„Ihr Volk der Franken (...) unerschrockene Ritter, (...) das Land, in dem ihr wohnt, ist von euch viel zu dicht besiedelt. (...) Es hat keinen Überfluss an Reichtum (...) Tretet den Weg zum Heiligen Grab an, nehmt das Land dort dem gottlosen Volk, macht es euch untertan. (...) das fruchtbarste aller Länder." (Urban II).
1115	Anfang der Inquisition.	
Anfang des 14. Jhdt.	Wiederbelebung der christlichen Mystik (Meister Eckhart, die Beginen). Die Mystikerin Marguerite Porete wird 1310 als Ketzerin verbrannt.	„Das hoehste und daz naehste, daz der mensche gelazen mac, daz ist, daz er Got durch Got lâze." Meister Eckhart
1492	Nach dem Sieg der christlichen Reconquista erfolgt die Vertreibung der Mauren aus Spanien. Eine erbarmungslose und grausame Ketzerjagd unter Ferdinand II. und Isabella I. setzt ein.	
ab 1470	Die Päpste (Sixtus IV. und Alexander VI.) regieren als Alleinherrscher in Italien mit einem Familienclan (Alexander VI. hatte trotz Zölibat vier Kinder, Julius II. drei).	
1487	„Der Hexenhammer" wird zur Grundlage von Hexenverfolgungen und Hexenverbrennungen.	

31.10.1517	Luther schlägt seine 95 Thesen an die Tür der Kirche zu Wittenberg. „Wider den Ablasshandel". Papsttum als „menschliche Institution".	27. These: „Eine falsche Lehre predigt, wer da sagt: So bald das Geld im Kasten klingt, die Seele aus dem Fegefeuer springt." 32. These: „Wer glaubt, durch Ablassbriefe das ewige Heil erlangen zu können, wird auf ewig verdammt werden, samt seinem Lehrmeister."
1555	Augsburger Religionsfrieden (juristische Teilung der christlichen Kirche in katholischen und protestantischen Zweig)	KONFESSION oder Bekänntnis des Glaubens etlicher Fürsten und Stände überantwortet Kaiserlicher Majestät zu Augspurg. Anno MDXXX „Diß sind die fürnehmsten Artickel, die für streitig geachtet werden. (...) Denn man in Vor-Zeiten sehr geklagt über den Ablass, über Wallfahrt, über Mißbräuch des Bannes. (...) Dann es ist je am Tage und öffentlich, daß wir mit allem Fleiß und Gottes Hülf (ohne Ruhm zu reden) verhütet haben, damit je keine neue und gottlose Lehre sich in unsern Kirchen einflecht, einreisse und überhand nehme".
17.2.1600	Giordano Bruno wird im „Jubeljahr" nackt in Rom verbrannt.	„Und sie bewegt sich doch."

1618-1648	Trotz der Regelungen in Augsburg geht der Streit zwischen Katholiken und Protestanten weiter im dreißigjährigen Krieg. Im Namen des „rechten Glaubens" bekämpfen sich Fürsten und Kleriker und versuchen sich auf Kosten der Bevölkerung zu bereichern. Deutsche, französische und schwedische Söldner plündern, foltern, morden und rauben. In manchen deutschen Dörfern und Städten werden 80 Prozent der Bevölkerung ausgerottet.	Maikäfer flieg / dein Vater ist im Krieg / die Mutter ist im Pommerland / Pommerland ist abgebrannt / Maikäfer flieg. (Norddeutsch im dreißigjährigen Krieg), Der Schwed is komme / hat alles genomme / hat Kugle gosse / und d`Baur tot geschosse. / Bet, Kindlein bet. / Jetzund kummt der Schwed. (Badisch)
1521	Cortèz erobert in Mexiko das Reich der Azteken.	Der Papst erlaubt, „Sarazenen und Heiden sowie alle anderen Ungläubigen zu versklaven".
1620	Landung der Pilgerväter in Massachusetts.	Sklaverei als Institution.
1869	Erstes Vatikanisches Konzil.	Dogma von der Unfehlbarkeit des Papstes.
1875	Gründung des Reformierten Weltbundes	
1948	Erste Vollversammlung des Ökumenischen Rates in Amsterdam.	

1968	„Theologie der Befreiung" in Lateinamerika.	„Wenn ich sehe, die Kinder meines Volkes, die Welt ohne Stimme: abgezehrt, den Bauch aufgebläht, den Kopf übergroß und, sehr oft, leer, zurückgeblieben, als ob er fehlen würde – es ist Christus, dem ich begegne!" (Dom Helder Camara)
1968	Martin Luther King wird ermordet.	„Es schien in diesem Augenblick, daß ich eine innere Stimme hören konnte, die sagte: Martin, steh auf für Recht! Steh auf für Gerechtigkeit! Steh auf für Wahrheit! Und siehe, ich will bei Dir sein, bis zum Ende der Welt. Ich hörte die Stimme Jesu, die mir auftrug weiter zu kämpfen." (Martin Luther King über sein berühmtes „Erlebnis am Küchentisch")

Viertes Kapitel
Die Muslime: Der Verhüllte hört den Erhabenen

Du Eingehüllter.
Steh auf zur Nacht, bis auf eine kleine Weil'
Die Hälfte von ihr, oder nimm von ihr einen Teil.
Oder füg ihr etwas hinzu; trag vor die Lesung, deutlich,
Siehe, wir werden dir auferlegen ein schweres Wort.
Sure 73, Der Eingehüllte, Vers 1-5

Während die Juden von der Christenheit in den letzten Jahrhunderten nur als Enklaven innerhalb ihrer Nationen wahrgenommen wurden, ist die christliche Vorstellung vom Islam seit Mohammeds Zeiten durch ein bedrohliches Gegenüber geprägt. Die Juden haben seit Jahrtausenden nie ein anderes Volk bedroht. Der immer wieder aufflammende Hass gegen Juden hat seine Wurzeln vor allem in der fatalen menschlichen Unart, das Andere zum Sündenbock zu machen, besonders dann, wenn diese Anderen konsequent und unbeirrbar anders bleiben wollen und dazu noch friedlich, tüchtig und hochbegabt sind.

Alte Ängste, aufgewärmt

Davon grundverschieden sind die geschichtlichen Erfahrungen der Europäer mit dem Islam. Der Ruf „Die Türken stehen vor Wien" hallt unbewusst noch immer im europäischen Bewusstsein wider als das Echo einer unglaublichen islamischen Erfolgsgeschichte, die sich auch damals nicht nur in Feldschlachten, sondern auch in kleinen Guerilla-Attacken und friedlicher Migration verwirklicht hat. Die Eroberung von Konstantinopel am 29. Mai 1453 durch die Osmanen unter Mohammed II. (bzw. Mehmet Fatih, der Eroberer) ist eine nie verheilende Narbe im christlichen Bewusstsein, an der dieser oder jener Papst ab und zu ein bisschen kratzt. (Ohne dabei die Uneinigkeit der damaligen Christen zu erwähnen – und dass die christlichen Würdenträger in der Hagia Sophia erbittert um das Geschlecht der Engel stritten, während die ersten Janitscharen siegreich die Mauern der Stadt erklommen.) Umgekehrt lebt im Islam das Trauma der Kreuzzüge fort. Als die Ritter der europäischen Christenheit 1191 Jerusalem erreicht und die zahlenmäßig überlegenen muslimischen Heere geschlagen hatten, wurden nach dem Sieg auf Befehl des edlen und vielbesungenen Kreuzritters Richard Löwenherz 3000 muslimische Gefangene abgeschlachtet. Davon kündet allerdings keine christliche Ballade und keine päpstliche Vorlesung.

Jahrhunderte später ging es in der Kolonialzeit weiter mit Zwangs-Christianisierungen, Ausrottung und Vertreibung islamischer Minderheiten, wobei muslimische Eroberer mit ihren Gegnern nicht weniger grausam und brutal umgingen. Als besonders mörderisch galten zu Unrecht die Assasinen, die vor über 1000 Jahren unter ihrem Anführer, dem „Alten vom Berge", in Syrien und Persien nicht nur bei den Kreuzrittern, sondern auch bei den sunnitischen Herrschern gefürchtet waren – und von denen sich in romanischen Sprachen das Wort „assasin" (Mörder) herleitet. Heute fordert Farfur, die Comic-Heldin der weltweit ausgestrahlten islamistischen Kindersendung „Pioniere von morgen", ihre kindlichen Zuschauer auf, für die islamische Weltherrschaft und die Auslöschung Israels zu Märtyrern zu werden. Farfur tanzt dann vor Raketenbildern zu dem Lied aus Kindermund „Jerusalem wir kommen", womit sich der Kreis zu den christlichen Kinderkreuzzügen des Mittelalters auf gottesfürchtige Weise schließt. Aber in der Gegenwart entspricht der westlichen Angst vor Islamisierung mehr die Angst der Muslime vor westlicher „Dekadenz" und wirtschaftlicher Vormacht; auch wenn heute millionenschwere islamische Wüstensöhne mit christlichen Wallstreet-Bossen im islamischen Königreich Dubai bei 4o C Hitze im 6 Mrd. $ teuren Kunstschnee Ski fahren und trotz Scharia guten Whisky trinken. So machen sie den Allerchristlichsten Königen des Absolutismus schlechte Konkurrenz, die mit dem hoch besteuerten Salz Sommerschlittenbahnen bauen ließen, während die Armen sich kein Salz für ihre Suppe leisten konnten.

Anders als in der Wirtschaft sieht es bei den Religionen aus. Denn während die christliche Religion sich gegenüber der jüdischen Religion überlegen fühlte, weil die Christen glaubten, den sonderbar altmodischen Gott des Alten Testaments durch Christus humanisiert zu haben, hat umgekehrt Mohammed immer wieder betont, dass die christlichen Religionen Jesus falsch interpretiert haben und dass dies vom Islam im Sinne des theologischen Fortschritts korrigiert werde und dass so die Botschaft Jesu von den christlichen Verfälschungen gereinigt sei. So beansprucht der Islam, dass er durch seinen Bezug sowohl auf jüdische Lehren wie auch auf christlichen Prinzipien beide Religionen umfasst und ihre wichtigsten Grundlagen nicht nur aufgenommen hat, sondern noch vervollkommnet, insbesondere Gottesgerechtigkeit (aus dem jüdischen Glauben) und Gottesliebe (aus dem Christentum).[1] Allerdings ist Muslimen die Vorstellung eines auserwählten Volkes ebenso fremd wie der Gedanke an eine Erbsünde und der Erlösung davon, weil solche Vorstellungen nicht mit Gottes gerechter Zuwendung zur gesamten Menschheit vereinbar sind. Dennoch betont Mohammed seine Sympathie für Christen und Juden, die als „Leute des Buches" (Al al-kitab) durch Abraham und den Glauben an einen Gott mit dem Islam verbunden sind. So dürfen Christen und Juden unter islamischer Herrschaft oft ihre Religionen beibehalten und ausüben (mit bestimmten Auflagen), was besonders im Osmanischen Reich bekannt war. Dagegen haben „Götzenanbeter" und „Gottlose" meist nur die Wahl zwischen dem Übertritt zum Islam und dem Tod.

Während das Judentum sich vorwiegend durch die Geburtenrate der Juden ausbreitete und somit keine Bedrohung für das Christentum darstellte, war der Islam von Anfang an auf Eroberung aus. Und schon 100 Jahre nach Mohammeds Tod war sein Reich um mehr als das Tausendfache vergrößert: Es reichte bis nach Palästina, Ägypten, Tunesien, Nordindien und Spanien. Eroberung durch Muslime war aber zuerst und zugleich auch Missionierung, bei der die Muslime in den meisten Erdteilen bald erfolgreicher waren als christliche Missionare. Als der Erzbischof von Byzanz, Gregorius Palamas, Mitte des 14. Jahrhunderts von Osmanen gefangen wurde, war er sehr überrascht, als er in Gesprächen mit Muslimen erfuhr, dass man besonders stolz auf die große Zahl der zum Islam übergetretenen kleinasiatischen Christen sei.[2] Heute ist der Islam mit über 1,2 Mrd. Anhängern die mit Abstand am schnellsten expandierende Religion der Welt. Auch in Deutschland gab es 2005 mehr als 8000 Übertritte zum Islam – mit jährlichen Zuwachsraten von über 100 Prozent.

Vor diesem historischen Hintergrund und im Zusammenhang mit dem islamistischen Terror der letzten Jahre wird so der Islam in den westlichen Industrienationen häufig als fanatische Krieger- und Welteroberungsreligion verteufelt. Vergessen wird dabei, dass Christen und Muslime, aber auch Juden und Muslime, viele Jahre hindurch friedlich zusammengelebt haben, wie wir heute in Granada und Córdoba immer noch nachempfinden können. Diesem Zusammenleben und die damit einhergehende einmaligen Kulturblüte, die als ein goldenes Zeitalter auch in der muslimischen Erinnerung fortlebt, verdanken wir das Wunder der Alhambra und entscheidende Einflüsse auf die abendländische Kultur: Ibn Ruschd, später als Averroës bekannt, schaffte mit seiner Wiederbelebung der im Westen verloren gegangenen aristotelischen Philosophie die Voraussetzungen für die Scholastik, Ibn ´Arabi eröffnete mit seiner Vorstellung von der Einheit allen Seins die esoterische und spirituelle Dimension des Monotheismus, während Ibn Hazms Lyrik zum Vorbild für die provençalischen Troubadoure wurde und so auch indirekt für den Minnegesang. Arabische Zahlen, Kirschen, Tulpen, medizinisches Wissen und höfische Sitten verdanken wir der islamischen Kultur, deren kulturelle Kreativität weder mit dem Fall des Kalifats 1258 noch mit der Eroberung Konstantinopels endete. Diese friedliche und freundliche Koexistenz bewirkte auch eine Verschmelzung christlicher und islamischer

Elemente in der Architektur und Bildenden Kunst durch den Mudejar-Stil, der seine Blüte im 14. und 15. Jahrhundert entfaltete. Als Folge der siegreichen christlichen Rückeroberung, der Reconquista, die durch die Uneinigkeit der Muslime insbesondere zwischen Berbern und Arabern begünstigt wurde, ging dieses fast paradiesische Zeitalter nach 800 Jahre mit der Rückeroberung von Granada 1492 zuende und machte Platz für die Schrecken der christlichen Inquisition.

Reste dieser Koexistenz konnte ich noch spüren, als ich Ende der 60er Jahre als junger Physik-Dozent an der gerade gegründeten Ägäischen Universität lehrte und mehrere Jahre in einer kleinen Stadt in der Nähe von Izmir lebte. Damals lernte ich den Islam als eine tolerante, weltoffene und friedliche Religion kennen. Ich fühlte mich freundlich aufgehoben und als Nicht-Muslim überall willkommen. Der klangvolle Gebets-Ruf des Muezzin, der noch ohne blecherne Lautsprecher vom benachbarten Minarett ertönte, begleitete mich jeden Tag. Ansonsten war der Islam dank den hier noch ernstgenommenen Vorschriften Atatürks nur im Ramadan öffentlich präsent. Meine Kolleginnen und Kollegen sowie die Studenten, ebenso wie die noch zahlreicheren Studentinnen, waren meist westlich orientiert. Feze waren verboten und Kopftücher waren in den Städten kaum zu sehen. Islamistische Gruppierungen traten nicht in Erscheinung. Auch die Rolle der Frau entsprach durchaus unseren Vorstellungen: Mädchen besuchten die höheren Schulen und Universitäten, die Leitung des Physikalischen Instituts hatte eine Frau, eine muslimische Türkin, die nicht nur Physikerin war, sondern fünf Sprachen mit poetischer Eleganz beherrschte und sich besonders um die Förderung von Akademikerinnen bemühte. An diese kurzen Perioden besonderer politischer und religiöser Toleranz knüpfen heute noch viele Türken an und sehen darin den Beweis für die Möglichkeit eines anderen Islams.

In vielen Einwanderungsländern dagegen wird der Islam zunächst in Verbindung gebracht mit Kopftuch, „Ehrenmorden", Zwangsverheiratung und dem Schreckgespenst von Scharia und Dschihad als Heiligem Krieg, weswegen wir uns diesen Aspekten hier besonders zuwenden wollen. Denn wir müssen zur Kenntnis nehmen, dass uns heute der Islam in dieser Spannweite zwischen Weltoffenheit, friedlicher Gesinnung und Toleranz einerseits und Blutrache, „Ehrenmord" und eroberungswütigem Terrorismus andererseits begegnet. So werden wir verführt zu der Frage, wie denn nun der „eigentliche" Islam sei: tolerant oder die Abtrünnigen mit Mord bedrohend, weltoffen oder eroberungswütig, frauenverachtend oder –beschützen. Außerdem stellt sich die Frage, welche Muslime dem Geist des Koran am nächsten sind: Schiiten, Sunniten, Aleviten, Drusen, Bahá'is oder die Ahmadiyya-Sekten.

Da verbirgt sich wie immer die berühmte Frage nach dem „wahren" Islam, die natürlich ebenso sinnlos ist wie die Frage nach dem „wahren" Christentum, weil die „Wahrheit" einer Religion sich nur im Kontext ihrer Geschichte und aus der Situation der jeweils Fragenden und Gefragten ergeben kann. Nur der Papst und fundamentalistische Amateurtheologen prunken mit der von ihnen verkündeten wahren Religion, während wir uns an die Geschichte und ans Fragen halten wollen.

Zuvor bleibt aber für heute ganz ohne Frage wahr, dass je näher uns der Islam durch Einwanderungswellen auf den Leib rückt, umso größer die Konkurrenz zum Christentum wird, was sich beispielsweise auch in Streitigkeiten um den Bau von Moscheen und Religionsunterricht in der Schule zeigt. Mehr als 45 Prozent der deutschen Bevölkerung erleben nach neuesten Umfragen den Islam als Bedrohung. Während jetzt in Deutschland etwa 3 Millionen Muslime (davon 80.000 deutscher Herkunft) und in Frankreich 6 Millionen leben, gehen die Hochrechnungen von 40 Millionen Muslimen in Westeuropa für das Jahr 2020 aus, womit sie die größte religiöse Minderheit, die je in Europa gelebt hat, bilden würden. Wer in Sizilien in seinem Hotelzimmer Satelliten-TV anstellt, wird überrascht sein, wenn er nach den üblichen sechs italienischen Programmen 34 Programme mit fast ausschließlich islamischen Predigern vorfindet. In den USA leben mit 8 Millionen mehr Muslime als Juden, wobei sich ihre Zahl in 20 Jahren verdoppelt hat.[3] Bei solchen Zahlen ist es besonders wichtig, das irrationale Gefühl der Bedrohung auf seinen rationalen Kern zu bringen, um so emotional aufgeladene Vorurteile abzubauen, die ein Zusammenleben gefährden oder gar unmöglich machen. Denn das Gefühl, vom Islam bedroht zu werden, hat jenseits der irrationalen Ängste auch ganz aktuelle ökonomische und politische Wurzeln. Nach dem Zusammenbruch des Ostblocks fühlten sich bei uns viele bemüßigt, den Sieg der westlich-liberalen Werte zu feiern und pathetisch das „Ende der Geschichte" zu verkünden[4], ohne zu bemerken, dass die Geschichte nach dem Ost-West-Konflikt längst in einen „cultural turn"[5] gemündet ist, indem die Muslime statt des Endes der Geschichte die Rückkehr ihrer eigenen Geschichte propagieren und der westlichen Werteordnung den Kampf ansagen. Nach dem Ende des Kalten Krieges und der plötzlichen unerwarteten weltweiten Atempause, finden die Muslime Zeit und Muße, sich ihrer eigenen Geschichte zu erinnern und ihrer einstmals führenden Rolle in der Welt. Da es nun keinen Ostblock mehr gibt, wird ganz schnell die westliche Welt zum Sündenbock, die eine führende Rolle des Islams verhindert haben soll. Es wird aus historischen Erinnerungen und absichtlichen Verdrehungen eine Dolchstoßlegende gezimmert, nach der „Kreuzzügler und Juden" sich damals wie heute gegen den Islam in einem Geheimbund verschworen haben sollen, gegen den man wiederum zum Dschihad und zur islamischen Weltrevolution aufrufen muss, um die Welt vor dem verderblichen westlichen Einfluss zu retten und das islamische Reich wieder herzustellen, wie es Sayyid Qutb, einer der wichtigsten Vertreter dieser Richtung, fordert.

Solche Entwicklungen sind seit 1967, nach dem 6-Tage-Krieg, noch beschleunigt worden, da die Vernichtung der ägyptischen Armee durch Israel (mit Unterstützung der USA) und die Besetzung der Sinai-Halbinsel die Säkularisations-Politik Nassers beendet haben und den islamistischen Traditionalisten einen ungeahnten Aufstieg bescherten, indem diese für ihre Niederlage den Abfall vom Islam verantwortlich gemacht und mit dem Schlagwort „Islam is the solution" (wieso Englisch?) die gesamte arabische Welt im Hass gegen Israel und den Westen vereint haben. Ähnlich hat der 1953 in Persien mit Hilfe des CIA durchgeführte Staatsstreich, der Mossadegh gestürzt hat, den Weg geebnet für die Installierung des fundamentalistischen Mullah-Regimes. So haben Israel und die USA, ohne es zu wollen, genau dem Feind zur Macht verholfen, den sie eigentlich bekämpfen wollten. Heute ist es für muslimische Extremisten ein Leichtes, die durch die Globalisierung entstandene Armut und Unzufriedenheit größerer Bevölkerungsschichten in ihren Heimat- oder Gastländern für ihre Zwecke zu instrumentalisieren. Da in den islamischen Ländern jegliche Opposition gegen die eigene Regierung brutal unterdrückt wird, kann die aufgestaute Unzufriedenheit und Wut sich nun ungehindert und mit staatlicher und religiöser Billigung als fanatischer Hass gegen Nichtgläubige und gegen die westliche Kultur richten. Der „Heilige Krieg", als fanatischer Dschihad mit Terror und Menschenverachtung, ist nur eine „logische" Konsequenz. Zugleich wird bereitwillig eine kollektive Erinnerung an ein von der westlichen Welt gereinigtes, wunderbares Islamisches Reich belebt und als nahe Zukunftsvision vorgestellt. Die Bereitschaft zum Dschihad kann leicht durch einige Fernsehprediger und Mullahs ohne finanziellen oder organisatorischen Aufwand immer weiter geschürt und von transnationalen islamischen Netzwerken gelenkt und ausgenützt werden. Verschärft werden diese Spannungen noch dadurch, dass die in der Einleitung zu diesem Buch erwähnten anstehenden Verteilungskonflikte um die immer knapper werdenden Ressourcen zunehmend zu religiösen Konflikten aufgeheizt werden.

Faszination durch den Islam

In dieser schwierigen historischen Situation, die durch viele Gefährdungen bestimmt ist, wird die Frage immer wichtiger: Welche Möglichkeiten gibt es dennoch, dass Muslime, Christen und westlich orientierte Menschen in

Koexistenz zusammenleben können? Was müssen wir tun, damit Muslime und Nicht-Muslime kooperieren, sich gegenseitig achten und voneinander lernen können? Um diesen Fragen nachzugehen, ist es für Nicht-Muslime wichtig, vor jeder Analyse zunächst einmal darüber nachzudenken, was den Islam früher und heute so attraktiv für Muslime und Nicht-Muslime gemacht hat und macht, so dass der Islam heute zu den sich am stärksten ausbreitenden Religionen der Welt gehört. Der Verdacht liegt nahe, dass der Islam in den westlichen Industrienationen nicht so sehr wegen seiner Unterschiede zum Christentum so bedrohlich erscheint, sondern wegen seiner besonderen Faszination für Gläubige und Ungläubige. Damit Sie selbst entscheiden können, inwieweit eine solche Vermutung berechtigt ist, folgt jetzt eine Vorstellung der „Attraktionen" des Islams, die mir hoffentlich keine Verfluchung von der einen oder anderen Seite eintragen wird.

1. Der Schein des Einfachen

Einer der wichtigsten Gründe für die Attraktivität des Islams ist sowohl für Außenstehende als auch für die meisten Muslime seine scheinbare Einfachheit und seine ganzheitliche Weltsicht. Die Einfachheit verbindet sich mit den „Fünf Säulen des Islam" (arabisch: *arkān al-Islām*). Dazu gehört auch das kurze Glaubensbekenntnis: „Ich bezeuge, dass es keinen Gott gibt außer Allah und dass Mohammed sein Prophet ist". Indem man dieses Glaubensbekenntnis vor zwei muslimischen Männern ausspricht, ist man Muslim geworden. Es gibt keine andere Religion, die so einfach einen neuen Gläubigen aufnimmt. Dafür lässt sie ihn aber auch nie wieder lebend austreten. Denn wer seinen Glauben aufgibt, der begeht „*riddāh*" – und darauf steht (nicht nach dem Koran, wohl aber nach der Scharia) die Todesstrafe. Die in den fünf Säulen des Islams enthaltenen Gebote sind leicht einzuhalten: Die fünf täglichen Gebete (*salāh*), Almosen geben (*zakāh*), Einhalten des Fastenmonats Ramadan und die Pilgerfahrt nach Mekka (*haǧǧ*), die nur nach Möglichkeit einzuhalten ist. [6]

Die übersichtliche Ganzheitlichkeit des Islams zeigt sich darin, dass anders als bei Christen und Juden alle Bereiche der Religion, der Politik, des Rechts und des alltäglichen Lebens untrennbar in der Religion enthalten sind. Die Allmacht Allahs umfasst alle Bereiche des Diesseits und des Jenseits. Dieses Prinzip der totalen Einheit *(tauhīd)* bestimmt das Lebensgefühls eines Muslims, das immer und überall durch die überwältigende Autorität Gottes gelenkt und bestimmt wird. Wer sich in der Gemeinschaft der Gläubigen diesem Lebensgefühl überlässt, kann sich in der Allmacht Allahs aufgehoben fühlen, ohne von Zweifeln oder Sinnfragen belastet zu werden.

Einfach macht es der Islam seinen Anhängern auch, indem er den Anspruch erhebt, die jüdischen und christlichen Werte zu umfassen. Da Moses und Christus als Propheten anerkennt werden und der Koran sich auf Abraham als Urvater bezieht, der sogar als erster Muslim bezeichnet wird, beansprucht der Islam, jüdische und christliche Traditionen weiterentwickelt zu haben.

Die Einfachheit und Eindeutigkeit schwinden allerdings dahin, wenn sich die islamischen Gelehrten seit Jahrhunderten über die Auslegung des Korans und die Authentizität der vielen Tausend Mohammed zugeschriebenen Aussprüche (*hadith*) streiten und wenn die Gläubigen verschiedener Richtungen, wie Sunniten und Schiiten, sich für die einzig wahren Muslime halten. Aber davon unberührt bleibt die alle Zwistigkeiten und Interpretationen überstrahlende Einzigartigkeit Allahs, die den eigentlichen Kern des Islams bildet und die diese Religion so überzeugend werden lässt. Denn auch wenn die meisten Muslime den Koran und die Hadithen nicht gelesen haben und nur einige Verse auswendig können, finden sie in den einfachen Grundprinzipien doch leicht einen moralischen und existentiellen Halt für alle Schwierigkeiten ihres Lebens innerhalb der islamischen Gemeinschaft.

2. ER ist der Eine Gott

Die Einheit und Allmacht Allahs sind überwältigend, und so ist die religiöse Urgeste des Islams die Ergebung in Allahs Willen. Diese Urgeste wird im Gebet körperlich vollzogen in der rituellen Hinwendung des Gesichts zu Gott. Dies geschieht nach dem Berühren der Erde mit der Stirn und soll das tägliche Leben durchdringen. Diese Geste ist einfach und ergreifend. Wer sie je achtsam vollzogen hat, kann sich ihrer Wirkung nicht entziehen, denn der Betende sitzt nicht still auf seinem Stuhl oder kniet auf einem Bänkchen, sondern er bewegt sich stehend, verbeugend, den Boden berührend, allein oder im Körperkontakt zu Mitbetern. Geist und Körper sind so mit der Gemeinschaft einbezogen in den Anfang eines jeden Gebets „Allahu akbar". Diese Unmittelbarkeit der Gotteserfahrung ohne Mittler und Priester ist verbunden mit der radikalen Absolutheit und Transzendenz des unerreichbar erhabenen Gottes: „Allahu akbar", was auch heißt: „Gott ist größer, größer als alles, was existiert und überhaupt vorstellbar ist."

Der Islam ist kein mit der Vernunft einsehbarer Glaube „an" irgendetwas, sondern er umfasst die dankbare Ergebung in Gott. Aber diese Ergebung in Gott schließt zugleich seine Unerreichbarkeit und Transzendenz ein, so dass die Gläubigen die Hoheit Gottes weder begreifen noch in Bildern, Worten und Symbolen fassen können. Das Wesen Gottes ist nicht mit der Vernunft zu ergründen, der Einzelne kann sich nur um die rechte Gottesfurcht im

Rahmen der Weltgemeinschaft der Muslime bemühen. Dieser einzige und einzigartige Gott ist kein liebender Vater und er schließt keine Verträge mit einem auserwählten Volk ab. Er ist weder rachsüchtig, noch gütig und er schickt auch keinen Sohn auf die Erde. Denn Allah ist ewig, unveränderlich, unvorstellbar, allmächtig, unendlich fern und unzugänglich und doch auf unbegreifliche Weise für jeden Einzelnen da. Die einzige Todsünde im Islam ist deshalb die Vorstellung eines anderen göttlichen Wesens außer Allah: Es gibt keinen Gott außer Allah.[7] So ist auch die Vorstellung eines Heiligen Geistes oder eines Gottessohnes für Mohammed völlig abwegig, so dass er die Bibel von diesen „Fehldeutungen" reinigt und ein in seinem Sinne geläutertes Christusbild entwirft. Die schon erwähnte Offenbarung von drei Töchtern Gottes, al-Lát, al´Uzza und Manáh als Zugeständnis an die Göttinnen der Mekkaner, hat Mohammed später sehr entschieden und mit Abscheu als „satanische Verse" völlig eliminiert (s. Anm. 18 im 1. Kap.).

3. Der Verhüllte hört und spricht

Einer der wichtigsten Gründe für die Attraktivität des Islams ist die Person des Propheten selbst, der des Lesens und Schreibens unkundig war und die Offenbarung Gottes hören und weitersagen musste. Nach den biografischen Quellen hat sich Mohammed bei der Erwartung einer Offenbarung mit einem Gewand verhüllt, was auch von anderen Propheten in dieser Zeit berichtet wird.[8]

Aber Mohammed ist weder eine Heiliger noch ein Wundertäter, noch ist er Gottes Sohn. Und gerade deshalb können sich Männer und Frauen mit ihm identifizieren und ihn bewundern als einen besonderen Menschen. Dass er Fehler macht und das auch immer wieder selbst betont, bringt ihn den Menschen noch näher. Zwar ist er der Verkünder der Wahrheit, der durch die unerklärliche Gnade Gottes zu seinem Sprachrohr wird, aber er maßt sich nie an wie Christus, selbst die Wahrheit zu sein. Er zeigt sogar, dass er selbst bei Offenbarungen gelegentlich Fehler macht, die dann in einer nächsten Offenbarung korrigiert werden. Erst spätere Generationen haben dem Propheten (auch wegen der Konkurrenz zum Christentum) Sündenfreiheit und Wundertaten zugesprochen.

Identitätsstiftend ist ebenfalls, dass Mohammed im Gegensatz zu Jesus und Moses eine historisch belegte detaillierte Biografie hat, die von seiner (nicht genau zu datierenden) Geburt in der zweiten Hälfte des 6. Jahrhunderts in Mekka bis zu seinem Tod in Medina (am Montag, dem 4. Juni 632) viele Einzelheiten seines Lebens dokumentiert: Er erscheint als verlässlicher und mitfühlender Freund, als erfolgreicher Geschäftsmann, als liebender Ehemann und Vater, als Krieger, als weiser Gesetzgeber und natürlich als Gottes Prophet. Dass er als Mann immer wieder den Reizen der Frauen unterliegt, macht den Propheten für Männer und Frauen geradezu unwiderstehlich. Denn in der Tat sind seine Leistungen kaum mit menschlichen Maßstäben zu messen: Er hat nicht nur in 22 Jahren von Beginn der Offenbarung bis zu seinem Tod eine neue Weltreligion gestiftet und den Koran überliefert, sondern er hat darüber hinaus in der arabischen Welt zum ersten Mal eine politische Ordnung geschaffen, die er mit der Stadtordnung in Medina 623 begründete. Durch Mohammed wurden zum ersten Mal die blutigen Fehden der arabischen Stämme sowie die Vormacht des Weltreichs der Sassaniden und von Byzanz beendet, die arabischen Stämme wurden geeint und zu einem neuen politischen Bewusstsein in der arabischen Welt geführt.

Zu alledem kommt, dass er außerdem als genialer Heerführer mit ungeheurem Mut und Disziplin persönlich seine Muslime im Kampf mit sich befehdenden Stämmen angeführt und mit Geschick und charismatischen Einsatz immer wieder zu Siegen geführt hat. Auch nach Niederlagen hat er sich mit größter Zuversicht und Hartnäckigkeit weiter für die Verbreitung seiner Religion eingesetzt. Dass er dabei keinen Opfertod gestorben ist und sich nicht ans Kreuz nageln ließ, sondern als mutiger Kämpfer seine Männer zum Sieg geführt hat, macht ihn in der arabischen Welt der Männer zu einem einzigartigen Vorbild, das auch Moses weit hinter sich lässt.

Mohammed hatte 13 Ehefrauen, ungezählte Sklavinnen und Geliebte: Ein Satz wie „Weib, was habe ich mit Dir zu schaffen", wäre für Mohammed völlig unvorstellbar. Aber die wichtigste Frau im Leben des Propheten war ohne Zweifel Aischa, seine Lieblingsfrau, die bei ihrer Verheiratung mit dem Propheten gerade mal neun Jahre alt war. Aischa und die anderen Ehefrauen waren keineswegs willenlose Haremsfrauen, sondern sie setzten sich oft einzeln oder gemeinsam gegen Mohammed durch, so dass er sich einige Verse offenbaren lassen musste, die seine Macht-position gegenüber den Frauen wieder herstellten, z.B. Sure 66, Vers 5 und Sure 4, Vers 34.[9] Er wachte eifersüchtig über seine Frauen, so dass er sich sogar eine Sure offenbaren ließ, nach der andere Männer nur hinter einem Vorhang mit ihnen sprechen durften. Auch nach seinem Tod durfte niemand seine Frauen wieder heiraten, obwohl bis auf Aischa alle Frauen Witwen waren.[10] Dabei ging es ihm nicht nur um die Ehre, diesen grauenvollen und verdammten Dreh- und Angelpunkt der patriarchalen Herrschaft, sondern ihm ging es um viel mehr und anderes: nämlich um seine Führerrolle und damit um den Islam, der sich ohne ihn zu dieser Zeit mit einer nur kleinen Schar wenig kampferprobter Männer noch nicht durchgesetzt hätte. Und damit kommen wir zur nächsten Attraktion des Islams.

4. Sein Reich ist auch von dieser Welt

Weil der Islam wegen der Ganzheitlichkeit Allahs im *tauhīd* alle Bereiche des Lebens umfasst und so eine Einheit von Politik und Religion zur Folge hat, ist Mohammed nicht nur ein religiöser Führer, sondern auch ein politischer. Ursprünglich gibt es im Islam keine Trennung von religiöser und politischer Autorität und ein islamischer Herrscher sollte deshalb zugleich Imam und religiöser Führer sein, wie das bei den ersten Kalifen nach Mohammeds Tod auch der Fall war. Später führte dieser Anspruch allerdings in der politischen Realität zu vielen Schwierigkeiten und wenige Jahre nach Mohammeds Tod schon zu dem ersten Schisma zwischen Sunniten und Schiiten, das bis heute für blutige Konflikte sorgt. Während für die Sunniten (90 Prozent der 1,3 Mrd. Muslime) der Kalif zugleich die Rolle des Imam übernimmt (und sie keine Prophetie nach Mohammed akzeptieren), billigen die Schiiten dem Imam keine politische Führungsrolle zu und orientieren sich auch an späteren Prophetien. Diese Unterschiede versuchte Chomeini durch Gründung eines islamischen Staates zu entschärfen, indem er „Din wa Daul" als Prinzip der staatlichen Vereinigung von Politik und Religion propagierte.[11]

Die ganzheitliche Weltsicht des Islams steht im krassen Gegensatz zur christlichen Innerlichkeit und zur jüdischen Frömmigkeit. Als allumfassende Religion ist der Islam von dieser Welt – und so auch eine Religion der Öffentlichkeit. Dazu gehören Gebete in der Öffentlichkeit, die Massen der Gläubigen bei der Hadsch und das von der Gemeinde einsehbare Einhalten der göttlichen Gesetze. Diese Orientierung am Praktizieren der göttlichen Vorschriften hat dem Islam auch den Vorwurf der Orthopraxie (im Gegensatz zur Orthodoxie) eingebracht. Aber anders als bei der Orthopraxie der Juden dient sie hier nicht der Heiligung des alltäglichen Handelns, sondern dem „richtigen Handeln". Während das richtig gelebte Leben der Juden liturgisches Leben ist, garantiert das liturgische Leben der Muslime das richtig gelebte Leben. So ist die „Rechtleitung" (*hudâ*) der Kernbegriff der islamischen Lebensführung, auf den an vielen Stellen im Koran verwiesen wird (Sure 16, Vers 89). [12]

Diese Vorstellung der Rechtleitung im Rahmen einer öffentlichen Religiosität läßt sich nur schwer vereinbaren mit den uns seit der Antike vertrauten Konzepten von Individualität und Persönlichkeitsentwicklung. Orhan Pamuk hat in seinem faszinierenden Roman „Rot ist mein Name" kriminalistisch aufgedeckt, wie am Ende des 16. Jahrhunderts das Eindringen der Renaissance-Ideale aus Venedig in die islamische Gesellschaft zu dramatischen Konflikten und Verwirrungen führte. So fühlten sich die frommen Muslime bedroht von der italienischen Malerei, denn diese versuche „uns glauben zu machen, es sei ein höchst eigenes Geheimnis, auf dieser Welt zu sein. Sie wollen uns mit der Einmaligkeit ihrer Gesichter, ihrer Augen, ihrer Haltung und ihrer Kleider, deren jede einzelne Falte Schatten wirft, als Beispiel eines unverwechselbaren Wesens einschüchtern" (S. 148f.). Aber weil es ein sündiger Wunsch ist, „sich gleichsam vor Allah zu erhöhen, sich selbst eine Bedeutung zu geben, sich in den Mittelpunkt der Welt zu stellen" (S. 149), mussten diese „vom Satan eingegebenen" Ideale (bis heute) gewalttätig abgewehrt werden, was sich auch besonders in der Malerei durch die Verdammung bildlicher Darstellungen ausdrückte. Der rechtgeleitete Muslim fühlt sich vor Allah weder unverwechselbar noch unvergleichlich, sondern in seiner Gottesergebenheit eins mit allen Muslimen.

Der innere Glaube, um den Christen und Juden beständig ringen, ist für den Muslim eine unwichtige Privatangelegenheit. Ihm kommt es auf das öffentliche Zeugnis und Bekenntnis an. Das Gebet im stillen Kämmerlein ist nur ein Notbehelf, so wie eine innere Emigration für Muslime gar nicht vorstellbar ist; denn die Abkehr vom Islam ist nur durch Abkehr aus der islamischen Gemeinschaft möglich und dabei in islamischer Tradition gleichbedeutend mit dem Ende des Lebens. In diesem Lebensgefühl spiegelt der Islam beinah ein postmodernes Lebensgefühl wider, in dem das Reich des Öffentlichen sich immer weiter ausdehnt. In der von Medien durchdrungenen Welt kann nichts verborgen bleiben. So ist es auch kein Zufall, dass sich islamische Prediger mit Vorliebe und großem Erfolg des Fernsehens bedienen, während christliche Fernsehprediger eher eine lächerliche Figur abgeben. Mit diesem Herstellen von Öffentlichkeit im Islam hängt ein weiterer Grund für seine Attraktivität zusammen.

5. Gemeinsam unter dem Banner des Propheten

Die islamische Gemeinschaft, *Umma*, spielt im Leben eines Muslims eine besondere Rolle. Der Muslim braucht keinen Mittler im Angesicht seines Gottes, aber er fühlt sich immer als Mitglied der islamischen Gemeinde und der islamischen Weltgemeinschaft, die ebenfalls als *Umma* bezeichnet wird. Durch das Glaubensbekenntnis wird er Teil der *Umma*, bezeugt seine Ergebung in Gottes Willen. Durch die Zugehörigkeit zur islamischen Gemeinschaft ist er aufgehoben, gegen die schlimmsten Nöte abgesichert. Und er ist akzeptiert. Denn die *Umma* nimmt ihn an wie er ist und versucht, das Böse im Menschen zu bändigen, indem sie die Einhaltung des göttlichen Gesetzes überwacht. So steht am Ende das Paradies, auch wenn dazwischen vielleicht befristete Höllenstrafen abgebüßt werden müssen.

Mit der Gründung der *Umma* hat Mohammed ähnlich wie Jesus eine revolutionäre genealogische Wende vollzogen. Indem er sich von der Stammesgesellschaft ablöste und so das Jahrhunderte alte genealogische Prinzip der Abstammung durchbrach (s. Anm. 5 im 3. Kap.) und durch das Prinzip der Einheit im Glauben ersetzte, ermöglichte er das Ende der mörderischen Rivalitäten zwischen den arabischen Stämmen. Er konnte so ihr kämpferisches Potential zu einer gewaltigen politischen, religiösen und militärischen Macht in der *Umma* vereinen, die sehr bald die Welt in Furcht und Schrecken versetzte. Archaische Stammesrituale wie „Ehrenmord", die wir heute mit dem Islam verbinden, waren nicht im Sinne des Propheten, dem es um die stammesübergreifende Ausbreitung des Islams ging. Das Gemeinschaftsgefühl wird außerdem gestärkt durch die Pflicht zur Zahlung einer Steuer (*zakāh*), deren Höhe und deren Verteilungsmodus allerdings nicht genau festgelegt sind. Das Problem sozialer Gerechtigkeit wird somit von einer politisch-rationalen Ebene auf religiös-motivierte Goodwill-Aktionen abgeschoben. Dennoch kommt der zakāh durch die Solidarität gegenüber den anderen eine wichtige gemeinschaftsbildende Funktion zu.

Diese islamische Gemeinde ist auch deswegen so wichtig für jeden Muslim, weil der Islam als „egalitäre Laientheologie" ähnlich wie das Judentum keinen Klerus kennt, keine Weihen und kein unfehlbares Oberhaupt. Alle Muslime sollten in ihrer religiösen Kompetenz gleich wichtig sein, wobei es in der Praxis allerdings nur um die Männer geht. Lediglich bei Auslegungsfragen, Lücken in der Offenbarung und Rechtsproblemen werden Gelehrte und Juristen eingesetzt, die das offenbarte Gesetz auslegen und an die modernen Gesellschaftsstrukturen anpassen. So ist auch die Scharia entstanden, die keineswegs im Koran offenbart wurde, wie uns heute viele glauben machen wollen (s. unten). Seit Jahrhunderten soll die Al-Azhar-Universität in Kairo bei allen Streitfragen den Konsens der Gelehrten und Juristen garantieren. Sie spielt dabei oft eine verhängnisvoll konservative Rolle, so dass deren Reform schon vor über hundert Jahren von Mohammed Abduh und anderen gefordert wurde. Aber auch ohne den Segen der Gelehrten finden wir seit Mohammed unzählige Varianten von Autoritäts- und Interpretationslegitimierungen vom Gottesstaat bis zum islamischen Despoten, die sich alle auf die Sure 4, Vers 59 berufen: „Gläubige, gehorcht Gott und dem Propheten und denjenigen unter euch, die die Autorität haben."[13]

Als öffentliche und politische Gemeinschaft kümmert sich die *Umma* aber nicht nur um die Geborgenheit und Rechtleitung eines jeden Einzelnen, sondern sie ist auch Trägerin öffentlicher Verantwortung und insbesondere des Dschihad[14]. Und damit sind wir bei einem zentralen Problem der Deutung des Islams angekommen, das auch heute weltweit für Beunruhigungen sorgt: Denn während die einen den Dschihad als heilige Pflicht eines jeden Muslims propagieren, distanzieren sich viele Muslime von solchen Vorstellungen. Und so lassen sich bei uns viele „Multi-Kultis" von friedlichen islamischen Traumwelten einlullen. Da beide Positionen nur eine Seite des komplexen Problems berücksichtigen, möchte ich die Problematik des Dschihad weiter unten differenzierter darlegen, denn jetzt kommen wir erst zu einem weiteren wichtigen Grund für die Attraktivität des Islams, nämlich dem Koran:

6. Bewege deine Zunge nicht mit Ihm

Die herausragende Bedeutung des Korans für die Muslime und für die Verbreitung des Islams wird von Nichtmuslimen meist unterschätzt. Zwar ist in allen drei Abrahamsreligionen als Buchreligionen der Bezug zu den heiligen Schriften besonders stark ausgeprägt. Aber Religionen sind immer und von Anfang an auf Sprache bezogen. Indem wir Gott benennen, uns an ihn wenden in Offenbarungen, Heiligen Schriften, Predigten und Glaubensbekenntnissen vermitteln wir sprachlich die Beziehung zu Gott. Der Koran aber hat dabei eine besondere Rolle, weil er Mohammed in Arabisch offenbart wurde. Es ist also für Araber keine Übersetzung, keine Zwischenstufe nötig, um Gottes Worte zu verstehen. Gott spricht arabisch zu seinen Arabern, womit ohne die Notwendigkeit eines besonderen Bundes ein unmittelbares Gefühl der Auserwähltheit einhergeht. So bemüht sich bis heute jeder nicht-arabische Muslim arabisch zu lernen, um Gott in seiner eigenen Sprache zu verstehen, weil nur so die unübersetzbare Schönheit, Musikalität und Poesie der Sprache des Korans als eine heilige Offenbarung aufgenommen werden kann, die Nicht-Araber kaum nachzuempfinden ist (und die am ehesten noch in der Nachdichtung des Koran durch Friedrich Rückert zu erahnen ist).

Es wird immer wieder aus den Frühzeiten des Korans berichtet, dass Muslime nur durch Vortragen einer Sure christliche Herrscher und ihr Volk zu Tränen rührten und zum Islam bekehrten, weil nur Gott allein solch sprachliche Schönheit schaffen kann (während das Buch der christlichen Missionare und Priester meist in fremden Sprachen rezitiert wurde). Die einzigartige Schönheit des Korans wird als *Idschaz* (auch *mudschiza*) sogar zu einer Art von poetischem Wahrheitsbeweis des Islams, was in einer Religion mit totalem Bilderverbot eine besondere Rolle spielt: „Jede Religion bedarf sinnlicher oder ästhetischer Erfahrungen. Im Islam ist es vor allem die Koranrezitation, die diese Funktion erfüllt. Sie ist ein spiritueller Vorgang und ritueller Akt: indem der Gläubige die Rede Gottes hört, hört er den Sprecher selbst – er hört Gott".[15]

Trotz seiner sprachlichen Schönheit, die auch durch viele poetische, manchmal gereimte Verse entsteht, erschließt sich der Koran den Lesenden nicht einfach. Seine 114 Suren, die in Verse eingeteilt sind, lassen keine inhaltliche oder formale Ordnung erkennen. Sie umfassen Erzählungen, Ermahnungen, Predigten, Gleichnisse und Gebete, aber auch Gesetzestexte – und sie beschäftigen sich mit allen Bereichen des Lebens und der Religion. Nach den Überlieferungen wurden Mohammed, der sich beim Empfang der Offenbarungen verhüllte, die Suren im Verlaufe von 22 Jahren offenbart. Da Mohammed weder lesen noch schreiben konnte, hat er die Verse anderen mitgeteilt. Dabei war es wichtig, nichts sofort auszusprechen, sondern zunächst innezuhalten: „Bewege deine Zunge nicht mit Ihm", heißt Gottes Anweisung an Mohammed (in Sure 75 „Die Auferstehung", Vers 16), damit das offenbarte Gotteswort sich zuerst in Mohammed ausbreiten kann, bevor nach der Besinnung das Aussprechen erfolgt. So ist die Koranrezitation auch heute noch im Islam die unmittelbarste Begegnung des Gläubigen mit Gott. Die Begegnung mit Allah durch Lesen und Rezitieren des Korans wird zu einer ästhetisch vollkommenen Übung, wobei die vielfältigen Inhalte Gelegenheit bieten, zu den verschiedensten Anlässen im Leben einen meditativen Bezug herzustellen.

Die Wichtigkeit des Rezitierens wird auch durch das Wort „Koran" verdeutlicht. Die Herkunft des arabischen Wortes für „Koran" lässt sich von dem Verb quara'a ableiten, das „vortragen, rezitieren" bedeutet, so dass das entsprechende Substantiv *qur'ân* sowohl die Tätigkeit des Vortragens wie auch den Vortrag selbst bedeutet.[16] Ähnlich wie bei der Tora der Juden erfolgte auch die Überlieferung der Texte des Korans lange Zeit hindurch nur mündlich, was sowohl mit der gesprochenen literarischen Tradition wie auch mit dem damaligen geringen Entwicklungsstand der arabischen Schriftsprache zusammenhängt. Denn erst der Koran selbst hat die entscheidende Ausformung und Entwicklung des Arabischen bewirkt. Arabisch ist somit die einzige Sprache in der Welt, die seit 1500 Jahren als Hochsprache lebendig und wesentlich unverändert geblieben ist.

Eine gültige schriftliche Fixierung des Korans erfolgte der Überlieferung zufolge erst Jahrzehnte nach Mohammeds Tod durch den 3. Kalifen ´Utmân ibn ´Affâm. Als heute gültige Version gilt den meisten Koranphilologen der „Kairiner"-Koran (auch kufischer oder Azhar-Koran), der 1924 durch die Azhar-Universität in Kairo im Auftrag von König Fuad I. herausgegeben wurde.
Auch heute spielt die mündliche Tradition weiterhin eine besondere Rolle, allein schon deswegen, weil jeder Muslim viele Suren auf arabisch auswendig lernen muss, um sie beim rituellen Gebet (*salāh*) aufzusagen, insbesondere die 1. Sure (*al-Fâtiha*), die mit den Worten „Im Namen Gottes, des

barmherzigen Erbarmers" beginnt. Diese *Basmala* genannte Einleitungs-
formel wird auch an Briefanfängen und anderen Schriften sowie am Anfang
von Reden verwendet.[17]

Im Hören und Rezitieren des Korans kommt es also nicht so sehr auf das
Verstehen an, zumal dieses Verstehen im Koran selbst zwar gelegentlich als
wichtig bezeichnet, dann aber auch wieder relativiert wird, wie in Sure 3,
Vers 5, wo es vom Koran heißt: „...unter dessen Versen manche deutlich klar
sind, sie sind die Grundlage des Buches, andere aber unklar". –„Niemand
außer Gott kennt ihre Deutung". Leider ist aber diese Deutung zu einem
zentralen Problem des Islams geworden, zu dem auch die Frage nach der
Echtheit der Sunna, mit den Hadithen als Überlieferungen von Mohammeds Worten und Taten, hinzukommt. Schon 200 Jahre nach Mohammeds
Tod stritten sich seine Anhänger um die rechte Nachfolge und den rechten
Glauben und darum, welche der inzwischen auf 700 000 angewachsenen
Hadithe authentisch sind, um so die eigenen Interessen durch Berufung auf
den Propheten legitimieren zu können. Dabei ging es oft mehr um wirtschaftliche Vorteile und Macht, die mit Mohammeds Vorstellungen nichts
mehr zu tun hatten und die ihnen oft sogar widersprachen. Dieser Streit um
die richtige Deutung, um den richtigen Glauben und die Nachfolge des Propheten durchzieht die Geschichte des Islams wie ein roter, meist blutge-
tränkter Faden. Dieser Streit wird auch noch begünstigt durch die Unein-
deutigkeit der arabischen Sprache, so dass einem bestimmten Begriff im
Koran direkt entgegengesetzte Deutungen zugesprochen werden können.
Aber leider beharren einige einflussreiche Muslime (entgegen Mohammeds
Gebot, dass niemand außer Gott die Deutung kennt) immer wieder im Laufe der Geschichte darauf, dass sie die einzig wahre Deutung herausgefunden haben, die sie nun allen anderen aufzwingen wollen. Sie lassen sich
auch nicht abhalten durch die im Koran verkündete Verurteilung der Bes-
serwisser: sie „in deren Herzen Verderbtheit ist, folgen den unklaren Versen,
Verführung verfolgend und Deutung erstrebend" (3.5). Denn diese Besser-
wisser haben schon zu Mohammeds Zeiten für Unheil gesorgt, das bis heute fortwirkt und uns auch hier noch weiter beschäftigen wird.

Aber solche Streitigkeiten kümmern die meisten Muslime nicht. Ihnen
kommt es beim Hören und Rezitieren vielmehr auf das sinnliche Erleben
der ursprünglichen Offenbarungen als einer Begegnung zwischen Mensch
und Gott an. Weil es im Islam keinen singenden und Harfe spielenden David gegeben hat, erfüllt die Rezitation auch die Funktion der jüdischen und
christlichen Sakralmusik. In einigen mystischen Traditionen werden die Ko-
ran-Verse solange vorgetragen, bis man in einer *unio mystica* sich selbst im
Vortrag auflöst und eins wird mit der göttlichen Offenbarung.

Es wäre aber falsch, sich den Islam nur als eine vergeistigte, auf Gebete und Rezitationen zentrierte Religion vorzustellen, wie wir jetzt in einer weiteren Attraktion feststellen können.

7. Genuss und Freude

Ein Grund für die Attraktivität des Islams auch in christlich oder jüdisch geprägter Umgebung hängt mit einer gewissen optimistischen Grundeinstellung und einer Bejahung der Freuden des irdischen Lebens zusammen. Es gibt im Islam weder einen Leib-Seele-Dualismus noch eine Erbsünde oder eine Abwertung des Körperlichen und Lebendigen. Da der Mensch in Allahs Entwurf ein heiler Mensch ist, braucht er auch keinen Erlöser. Leiden und menschliche Schwäche spielen im Islam keine besonderen Rollen. Die Idee der Passion und des Kreuzestodes war Mohammed so fremd, dass ihm offenbart wurde, dass Christus bei der Kreuzigung verwechselt und ein anderer statt seiner gekreuzigt wurde.

Auch die dem Islam zugeschriebene fatalistische Schicksalsergebenheit ist eher ein Relikt aus der Nomadenzeit und wurde bei uns durch Karl May als Kismet-Klischee verbreitet. In islamischen Quellen taucht Schicksalsergebenheit nicht auf, weil Mohammed den Glauben an einen gütigen Gott nahe legt, der sich um jeden Menschen kümmert und dem man sich hingeben kann. In Zeiten des Elends schlägt dieser Optimismus allerdings schnell um in eine sehnsüchtige Erinnerung an die angeblich glücklichen Zeiten des frühen Islams, ähnlich der Verklärung eines „Urchristentums" bei den Christen.

Zur Bejahung der Freuden des irdischen Lebens gehört auch die im Koran unverblümt benannte Freude an der Sexualität: „Zum Genuss wird den Menschen die Freude gemacht an ihrem Trieb zu Frauen".[18] Diese hier benannte Freude ist allerdings eine einseitige, indem sie nur den Männern vorbehalten ist, denn die Frauen haben sich ohne eigene Beteiligung allen Wünschen der Männer als willenlose Objekte zu fügen: „Eure Weiber sind ein Saatfeld für euch: darum bestellt euer Saatfeld, wie ihr wollt".[19] Aber diese sexistische Auffassung im Koran ist natürlich ein weiterer und besonders wichtiger Grund für die Attraktivität des Islams und seine Ausbreitung in allen radikal von Männern geprägten patriarchalen Gesellschaften. Denn die göttliche Legitimierung des männlichen Sexismus ist eine wichtige Voraussetzung dafür, dass die Männer sich für diese Religion engagieren. Zu Zeiten des Propheten hätte inmitten der patriarchal geprägten kriegerischen Stammeskulturen eine an die Gleichberechtigung der Frauen appellierende Religion keine Chancen gehabt, sich durchzusetzen. Wie sieht es aber heute aus?

Wir nähern uns also unserer alten Frage, welche Wandlungen des Islams heute wichtig und möglich sind. Viele Muslime und Muslimas setzen sich heute mutig und oft unter Lebensgefahr in ihren Heimatländern oder ihren Migrationsländern für Veränderungen der patriarchalen Strukturen sowie für einen weltoffenen Islam ein, der sich an demokratischen Prinzipien und an der Gleichberechtigung von Männern und Frauen orientiert. Ich will im Folgenden aus meiner Sicht und aus eigenen Erfahrungen ein paar Aspekte anführen, warum sich solche Veränderungen so mühsam gestalten, auch wenn andere Autoren (z.B. Reza Aslan) da optimistischer sind. Aber fangen wir bei dem Offensichtlichen an.

Macht und Ohnmacht der Väter

Wir verbinden heute mit vielen islamischen Staaten oder Gemeinschaften die Vorstellung extremer patriarchaler Strukturen, in denen die sogenannte Ehre mit „Ehrenmorden" und Blutrache, mit bedingungslosem Gehorsam gegen die Väter und mit Unterdrückung der Frauen den Alltag bestimmt. Wir erleben mit Entsetzen, wie sich solche Strukturen bei Immigranten in Berlin und in anderen Städten nicht nur erhalten, sondern teilweise verstärkt und verfestigt haben, während in anderen Ländern Muslime längst ganz selbstverständlich die Lebensweise ihrer Migrantenländer integriert haben.

So stellt sich nicht nur in muslimischen Ländern, sondern auch bei uns immer dringender die Frage, inwieweit es den Muslimen und Muslimas heute gelingen kann, historisch entstandene und im Koran verankerte patriarchale Strukturen zu verändern. Von allen drei Abrahamsreligionen haben die Muslime die ungünstigsten Voraussetzungen. Denn während es im Judentum schon Rabbinerinnen gibt und eine Frau Vorsitzende des Zentralrats der Juden in Deutschland ist, bei den evangelischen Christen schon Bischöfinnen amtieren und die Katholikinnen ihr Recht auf Priesterweihen immer öffentlichkeitswirksamer einfordern, ist im Islam eine ähnliche Entwicklung noch ganz undenkbar, obwohl es ja gerade eine Laienreligion ohne Priesterämter und -würden ist. Aber das Patriarchat hat sich felsenfest im Islam verankert. Sogar ein zum Islam konvertierter deutscher Muslim, Murad Hofmann, der als ehemaliger deutscher Botschafter die Gender-Problematik kennen müsste, reduziert in seinem schon zitierten aufschlussreichen und konzentrierten Buch „Islam" die patriarchale Prägung des Islams blauäugig auf nichtssagende, apologetische Sentenzen wie „Mann und Frau haben im Islam die gleichen religiösen Rechte und Pflichten" [20], wobei er unterschlägt, dass eine Frau keine Vorbeterin sein darf, dass ihr in der Moschee nur ein streng abgetrennter Nebenraum zusteht, dass sie an der Hadsch gar nicht teilnehmen darf und einer Unzahl anderer Einschränkungen unterliegt. Solche Beispiele, bei denen die Unterdrückung der Frau im Islam nicht nur verdrängt, sondern überhaupt nicht einmal wahrgenommen wird, lassen sich bei islamischen und nicht-islamischen Autoren beliebig fortsetzen. Eine rühmliche Ausnahme macht da der bekannte amerikanische Islamwissenschaftler Reza Aslan, der in seinem engagierten und kenntnisreichen Werk „Kein Gott außer Gott" die frauenfeindlichen Tendenzen im Islam (etwas einseitig) nur den Nachfolgern des Propheten, der männlich dominierten Koran-Exegese und der patriarchalen arabischen Gesellschaftsordnung zuschreibt. Er verweist aber auch auf muslimische Frauen, die schon zu Lebzeiten der Propheten (Aischa, Umm, Waraqa, Umm Salama) und später (Karina bint Ahmad, 11. Jh. und Daqiqa bint Murschid, 14. Jh.) um die Autorität der Frauen als Bewahrerinnen der Hadithe kämpfen, sowie auf Frauen, die heute in der muslimischen Frauenbewegung eine egalitäre Religion wieder herstellen wollen.[21]

Denn aus der Sicht einer Muslima sieht das Problem der Unterdrückung von Frauen im Islam allerdings anders aus: So hat Nahed Selim in ihrem aufregenden und mutigen Buch „Nehmt den Männern den Koran – für eine weibliche Interpretation des Islam" mit großer Intensität dargestellt, wie die frauenverachtenden Verse im Koran und die frauenverachtende Haltung vieler muslimischer Männer ihr Leben in Ägypten nach dem Rücktritt Nassers belastet haben.[22] „Zum Genuss wird dem Menschen die Freude gemacht an ihrem Trieb zu Frauen und an Söhnen und Anhäufung von Gold und Silber, ausgezeichneten Pferden, Vieh und Ackerfeldern", heißt es in der Sure 3 (Die Familie – al-'Imrân), Vers 14. Wir erfahren so, dass die Frauen hier nicht zu den Menschen gezählt werden, sondern zu den Genussmitteln, dass aber andererseits der Mann sich über Töchter nicht freut, sondern nur über die Söhne, weil sie seine Macht vergrößern, er sie praktisch als sein Eigentum ansehen kann und so als Patriarch über Frauen und Söhne herrscht. Wer in islamischen Ländern gelebt und wer die erschütternden Berichte von Haluk oder Mehmet in Necla Keleks aufrüttelndem und erschütterndem Buch „Die verlorenen Söhne – Plädoyer für die Befreiung des türkisch-muslimischen Mannes"[23] liest, der weiß, dass es in vielen islamischen und auch anderen Ländern nicht nur um das Elend der Frauen und um die Notwendigkeit ihrer Befreiung geht, sondern ebenso um das Elend der Männer und deren Befreiung. Und selbst das privilegierte Oberhaupt der Familie ist ein „Herrscher, der auf seinem Thron gefangen ist"[24], der zu seiner in respektvoller Distanz verharrenden Familie, die ihm jeden Morgen die Hand küssen muss, nicht einfach sagen kann: „Macht es euch gemütlich, Kinder", weil dies im System von „Respekt", Unterordnung und Patriarchat einfach nicht vorgesehen ist. Und so bleibt den Jüngeren oft nur, abzuwarten bis sie selbst Väter oder Schwiegermütter geworden sind, um als Reaktion auf die erlittenen Demütigungen durch Gehorsam und Unterdrückung diese Qualen ihren eigenen Kindern weiterzugeben. Wie alle nicht bearbeiteten seelischen Kränkungen führt auch das Unterwerfungsgebot zu Wiederholungszwang, auf dass dieses patriarchale System von Quälen und Gequältwerden im Namen von „Respekt" und „Ehre" bis in alle Ewigkeit stabil bleibt.

Die über zig Generationen fortgesetzte Tradition der Unterwerfung unter die väterliche Autorität hat in vielen islamischen und nichtislamischen Ländern ihre Wurzel in dem harten Überlebenskampf der einzelnen Clans und Stämme, die sich bei den dauernden Auseinandersetzungen um das knappe Weide- und Ackerland und bei Streitigkeit um die herumwandernden Herdentiere nur durch ein starkes durchsetzungsfähiges Oberhaupt erhalten konnten. Heute, unter den Bedingungen der modernen Industriegesellschaft, hindert diese Unterwerfungshaltung die Ausbildung einer eigenen Individualität, die sich nur durch persönliche Verantwortungsübernahme bilden und bewähren kann. Im Islam ist die kollektive Unterwerfung unter Gottes Wort ein wichtiges Element der *Umma*, in der die Stellung eines Menschen und seine Würde durch seinen Glauben bestimmt werden. Die Gläubigen werden durch selbsternannte „Vertreter Gottes auf Erden", wie z.B. Ayatollah Chamenei im Iran und humorlose, machtversessene, hassgeifernde Mullahs, noch mehr reglementiert als die Katholiken durch den Papst und seinen Klerus. Wie schwer der Abschied von der Allmacht der Väter und deren Prägungen fällt, ist mir klar geworden, als ich in einer Gruppe kurdischer muslimischer Männer mitarbeitete und es darum ging, sich die eigenen Prägungen durch die Väter und deren Gebote und Verbote bewusst zu machen. Diese freundlichen, liebenswerten und hilfsbereiten Männer, die schon viele Jahre in Deutschland und anderen europäischen Ländern leben, künstlerisch, handwerklich und geistig tätig sind, oft mit erfolgreichen Kindern, waren über das Thema „Vater" so erschrocken, dass einige nicht wiederkamen.

Andere erzählten ihre erschütternden Biografien, die mir bis heute nachgehen. Mir wurde so schmerzhaft deutlich, dass diese Männer, die ihre eigenen Väter nicht ansehen und nur nach Aufforderung ansprechen durften, nicht einfach durch guten Willen oder Aha-Erlebnis eine Jahrtausende alte Unterdrückung von sich werfen können. Wir haben uns nach aufwühlenden Sitzungen erst einmal beim Vorlesen von Hänsel und Gretel als Prototyp einer deutschen Bearbeitung des Vaterproblems erholt – und uns dann den leichter zugänglichen, aber nicht weniger traurigen Mutter-Sohn-Problemen im Islam zugewandt. Necla Kelek zieht ein Resümee:

»*Die muslimischen Söhne können den Spagat zwischen den traditionellen Regeln des archaisch-religiösen Patriarchats, das von ihnen Unterwerfung und Gehorsam verlangt, und den Anforderungen einer modernen Gesellschaft, die von ihnen Selbständigkeit, Sozialkompetenz und Eigenverantwortlichkeit erwartet, nicht bewältigen. Alle Anstrengungen zur Integration müssen daran zwangsläufig scheitern. Es gibt eine große Zahl von Türken und Muslimen, die ihre Kinder anders erziehen, die ihren Kindern die Liebe, Fürsorge und Nähe angedeihen lassen, die den von mir beschriebenen Männern fehlten. Sie sollen aufstehen und sagen, wie sie es machen – je mehr es sind, desto besser*«.[25]

Aber dieser Weg ist auch verbunden mit dem Aufgeben vieler männlicher Privilegien, denn selbst der untergeordneteste und ärmste muslimische Mann hat immer noch jemanden, über den er sich erheben kann: Seine Frau und seine Kinder, die ihm gehorchen und zu ihm aufsehen müssen. Ihm stehen ganz selbstverständlich beim Essen, beim Wohnraum und in der Freizeit viele Privilegien zu. Aus meinen eigenen Erfahrungen in Männergruppen weiß ich, wie schwierig es ist, überhaupt die eigenen Privilegien als solche wahrzunehmen und wie angstbesetzt und schmerzhaft es ist, ein paar konkrete Schritte zum Abbau der Privilegien zu wagen. Andererseits wissen wir aus soziologischen Untersuchungen, dass je schlechter die Lebensbedingungen sind, sich die Menschen umso mehr an ihre Privilegien klammern und umso weniger fähig zur Solidarität mit denen sind, denen es noch schlechter geht. In dieser Zwangslage wird deutlich, dass gerade in ärmeren Gesellschaftsschichten die patriarchalen Strukturen eisern verteidigt und aufrechterhalten werden. Wobei die Opfer – Frauen und Kinder – in einer aus der Psychologie bekannten Identifikation dem Aggressor noch häufig bei ihrer Unterdrückung mithelfen, wie im Iran die Frauen im schwarzen Tschador, die gegen die Lockerung der strengen Kleidervorschriften demonstrieren und junge Frauen bespucken, bei denen sich eine Haarsträhne aus dem Kopftuch gelöst hat.

Die Frauen sorgen auch sonst aktiv für die Aufrechterhaltung des Unterdrückungszustands, indem sie die von ihnen abhängigen Töchter und Schwiegertöchter bewachen und dafür sorgen, dass sie in jeder Minute unter ihrer Kontrolle bleiben – und beispielsweise allen eingeladenen Tanten und Nachbarinnen fügsam und lächelnd den Tee servieren:

»Frauen sind die letzten Glieder einer langen Kette von Unterdrückten. Dabei bedient man sich oft der Religion, um sie abzuschrecken und einzuschüchtern, um zu verhindern, dass sie sich wirklich auflehnen. Und solange sich die muslimische Frau nicht gegen ihre Unterdrückung auflehnt, tut es der Mann ebenfalls nicht«.[26]

Beschneidungshochzeit

In Deutschland werden jährlich mehrere Tausend Jungen vom Babyalter bis zu elf Jahren und älter beschnitten, weltweit sind es viele Millionen. Dies ist keineswegs eine kleine harmlose Operation „aus hygienischen Gründen", sondern es ist ein äußerst angstbesetzter, schmerzhafter Eingriff, der (mehr als viele Regeln und Vorschriften) die Stabilisierung des Patriarchats garantiert. Necla Kelek hat anschaulich beschrieben, mit welchem Aufwand die sogenannte Beschneidungshochzeit (*sünnet dügünü*) in traditionellen türkischen Familien gefeiert wird, um so die Trennung des Jungen von Mutter und Schwester und seine Aufnahme in die islamische Männergesellschaft eindrucksvoll zu begehen. Diese Operation, die häufig ohne Betäubung und ohne Erklärung als rituelle Männerzeremonie unter striktem Ausschluss der Frauen durchgeführt wird, wirft den Jungen jäh aus der Geborgenheit der mütterlichen Welt in eine blutige, mit Schmerz und Opfer verbundene Männerwelt, in der er als erstes lernt, sich den Vätern frag- und klaglos auszuliefern, um nun als „echter muslimischer Mann" die „Unreinen" verachten zu können. Nun dürfen die muslimischen Jungen im Namen des Islams ihre Schwestern schikanieren und über ihre „Ehre" wachen.

Möglicherweise ist die Beschneidung als ein heimlicher Initiationsritus entstanden, in der Abwehr gegen matriarchale Herrschaft. Durch die Beschneidung trennten die Männer symbolisch ihre eigene Sexualität von der Abhängigkeit von den Frauen und schafften ein meist nur Männern sichtbares Geheimzeichen. Dass die Beschneidung auch heute noch viel tiefergehende Auswirkungen hat, die durch eine Verquickung psycho-sexueller Veränderungen mit religiösem Fanatismus gekennzeichnet sind, wird – aus einer etwas speziellen psychoanalytischen Sicht – im vorangegangenen „Einspruch" angedeutet. Dort sind auch die Konsequenzen der scheinbar harmloseren Beschneidung schon im Babyalter zur Sprache gekommen (bei rechtgläubigen Juden am 8. Tag nach der Geburt), ebenso wie mögliche Konsequenzen für die Geburtenrate.

Missbrauch des Korans

Wir haben den Koran kennengelernt als ein wunderbares, vielschichtiges Buch, voll Poesie und Weisheit. Wenn der Koran aber in den engstirnigen Köpfen vieler Imame, Hodschas, Mullahs, Muftis und Scheichs zum Unterdrückungsinstrument wird, reduzieren diese Männer „Verführung verfolgend" (3,5) den Islam auf Anpassung, Gehorsam und Zwang. Indem aus dem komplexen Geflecht von Mohammeds Offenbarungen einige herausgegriffen und im Sinne patriarchaler Machterhaltung als verbindlich erklärt werden, verfälschen sie den Koran, obwohl nur „Gott die Deutung kennt". Aber so können die Gläubigen unwissend gehalten und im Sinne der Patriarchen gelenkt werden. Das betrifft besonders Bereiche, die mit der Stellung der Frau, den Bekleidungsvorschriften, aber auch mit dem Dschihad und der Scharia zu tun haben. Weil in der Öffentlichkeit zu diesen Themen viele Diskussionen geführt werden, bei denen Kenntnisse meist durch Hitzigkeit ersetzt werden, wollen wir einige Klarstellungen versuchen: Nahed Selim hat in einer differenzierten Analyse der entsprechenden Koranverse nachgewiesen, dass es im Koran kein eindeutiges Gebot für Tschador, Niquab oder Kopftuch gibt, was auch andere Kenner des Korans bestätigen.[27] In den entsprechenden Suren heißt es lediglich, dass Frauen ihren Schmuck „nicht zeigen sollen" und „ihren Schal sich um den Ausschnitt schlagen" (24,31). Die Frauen der Gläubigen „mögen ihre Gewänder um sich schlagen, / Es ist dann leichter, daß man sie erkennt, / Und daß sie nicht belästigt werden." (33,59). Diese Empfehlung, die nicht als Vorschrift formuliert ist, soll also nur dem Schutz der Frauen in einer patriarchalen Männerwelt dienen, auch indem sie so als ehrbare Frauen „erkannt" werden – im Unterschied zu Sklavinnen und Dirnen, die der Männergesellschaft ausgeliefert waren.[28]

Obwohl im Koran die Rechte der Frauen stark eingeschränkt werden, gibt es nirgends Hinweise für Frauenverachtung, wie sie etwa in dem von Hass, Menschenverachtung und borniertem Dogmatismus strotzenden Fatwas des vergötterten Ayatollah Khomeini vorkommen, nach denen unverheiratete schwangere Frauen hingerichtet werden und zum Tod verurteilte Jungfrauen zuerst vergewaltigt werden sollen.[29] Solche Hassorgien alter frustrierter Männer haben den Islam einerseits in der Welt diskreditiert und andererseits zugleich den Boden für den menschenverachtenden fundamentalistischen Terror bereitet. Denn Frauenverachtung und Menschenverachtung sind ein und dasselbe, nämlich der Anfang vom Ende der Menschheit.

Dass im Koran Frauen schlechter gestellt sind als Männer, erklärt Nahed Selim damit, dass Mohammed, der die Frauen liebte und bei den Frauen beliebt war, Rücksicht auf die Wertvorstellungen seiner in der Wüste lebenden kriegerischen Männer und auf die mächtigen Patriarchen in Mekka nehmen musste. Umar spielt hier eine besonders unheilvolle Rolle, weil er als fanatischer Frauenhasser nach seiner späten Bekehrung Mohammeds Schwiegervater und Nachfolger als Zweiter Kalif wurde. Reza Aslan weist auch darauf hin, dass die dem Koran attestierte Frauenfeindlichkeit an vielen Stellen nur einer einseitigen Interpretation der uneindeutigen arabischen Sprache zu-zuschreiben ist. So können z.b. in dem viel zitierten und umstrittenen Koran-Vers über die Pflichten der Männer (4,34) das arabische Wort *adribu-hunna* sowohl mit „schlagt sie" wie auch mit „habt Verkehr mit ihnen im gemeinsamen Einverständnis" übersetzt werden. Nach Reza Aslan hängt so „die Deutung, der man sich anschließt, davon ab, was man aus dem Text herauslesen möchte". So kann man sich sowohl zur Rechtfertigung der Gewalt gegen Frauen wie auch zur Stärkung der Rolle der Frau auf den Koran beziehen.

Es ist also heute unter ganz anderen Lebensbedingungen nötig, den Koran in seiner Entstehung zu verstehen und viele Aussagen im historischen Kontext zu deuten. Das gilt auch besonders für die Scharia.

Die Scharia ist eine Erfindung der Beamten

Der Koran enthält nicht nur moralische und theologische Offenbarungen, sondern zudem etwa 200 Verse, die rechtliche Probleme regeln, auch verbunden mit schrecklichen Strafen, wie „hundert Streiche" (24,2), ähnlich wie bei Moses. Es gibt dabei familien-, erb- und prozessrechtliche Regeln, so dass der Koran auch als Rechtsbuch verwendet wird, weil sich darin Allahs Wille als Scharia, als islamisches Recht, ausdrückt. Dabei ist allerdings zu berücksichtigen, dass es im Koran noch gar keine Hinweise auf eine allgemeingültige Scharia gibt und dass das arabische Wort *schari´a* nur ein einziges Mal vorkommt – in der Bedeutung von Richtung, Weg (Sure 45,18). Dennoch wird von vielen Muslimen die Vorstellung verbreitet, dass im Koran ein umfassendes, für die ganze Menschheit gültiges Rechtssystem enthalten sei, angeblich zusammengefasst in der Scharia.[30] In Wirklichkeit umfasst die Scharia Regeln und Vorschriften aus der Sunna, den aus Erinnerungen überlieferten Worten und Taten des Propheten. Da diese in Abertausenden von Hadithen dokumentiert sind, gibt es natürlich Widersprüche und Interpretationsprobleme, die zu endlosen Streitigkeiten führten. So entwickelte sich eine eigene Zunft von islamischen Rechtsgelehrten, die „ulema". Schon unter dem Kalifat der Abbasiden in Bagdad – während ihrer 500 Jahre währenden Herrschaft seit 750 – legten die Rechtsgelehrten fest, welche Gesetzesvorschriften und welche religiösen und sozialen Pflichten die Scharia umfasst. Allerdings gibt es auch heute noch viele konkurrierende Institutionen, die für sich die Deutungshoheit beanspruchen. Die berühmteste ist dabei die schon erwähnte Azhar-Universität in Kairo. Aber auch andere Gremien, wie das saudische „Stammesinstitut für Wissenschaftliche Forschung und Gutachten", einzelne Muftis und Islamische Rechtsgelehrte äußern sich zu den Fragen der Gläubigen, die sie bei allgemeinerem Interesse in sogenannten Fatwas verbreiten. Da wird dann auf die Anfrage eines neunjährigen Jungen die Antwort, mit dem Hinweis auf eine angebliche

Überlieferung Mohammeds erteilt, dass er die Pflichten des Islams verrichten müsse: „Befehlt euren Kindern zu beten, wenn sie sieben Jahre alt werden. Schlagt sie, falls sie dies nicht tun, wenn sie zehn Jahre alt werden".[31] Besonders verheerende Wirkungen erzielt der uralte Scheich Jusuf al-Quaradawi, der mit seinen Büchern und seiner Sendung „Die Scharia und das Leben" über den Sender al-Dschasira Millionen aufhetzt. Sein primitives Denken teilt die Welt in Schwarz und Weiß ein, in Gut und Böse, halal und haram, Erlaubtes und Verbotenes. Danach sind Darstellungen von Menschen verboten, Backgammon, auch Perücken und Haarteile. Aber es ist erlaubt, einen Bart zu haben, zu joggen und „ungehorsame" Frauen zu schlagen. Fast nichts von alledem ist im Koran zu finden, auf den sich dieser „geistige Gefängniswärter" dennoch bezieht.

Auch hier werden einzelne Texte aus einer Unzahl anderer herausgegriffen und einseitig interpretiert, ohne die Tradition des Islams zu berücksichtigen. Denn die *Ulama*, als Gremium von Rechtsgelehrten, hat schon vor Jahrhunderten durch Auswahl und Interpretation von Koran und Hadithen die Wahrheit per Konsens (*idjma'*) zur Scharia so zusammengeschustert, dass sie die bestehenden Herrschaftsverhältnisse legitimiert, selbst wenn diese Normen dem Koran widersprechen (wie die Steinigung von Ehebrecherinnen).[32] Die Scharia wurde damit zur einzigen und verbindlichen Norm – und al-Schafi'i hat schon lange vor der katholischen Kirche die Doktrin von der Unfehlbarkeit des verfassenden Gremiums und der Scharia etabliert. Damit werden Vernunft und intellektuelle Auseinandersetzung ersetzt durch blinden Gehorsam. Der Kalif als Nachfolger der Propheten oder ein anderer Herrscher wachen nun mit Gewalt über die Einhaltung der Scharia. Ein Einspruchs- oder Widerstandsrecht existiert nicht.[33]
Leider hat sich in der Geschichte des Islams diese auf Unterwerfung und Gewalt basierende Richtung meist durchgesetzt und nicht die auf menschlicher Vernunft und Verantwortung basierenden Einsichten von al-Farabi, Ibn Sina und Ibn-Ruschd. So wird die Scharia noch heute in Saudi-Arabien und von den Taliban praktiziert.
Für moderne islamische Staaten gibt es mehrere Alternativen, die Scharia mit Menschenrechten und Demokratie zu verbinden:
– Die Scharia kann auf bestimmte Bereiche beschränkt werden, z.B. Familien-, Scheidungs-, Erb- und Steuerrecht (Ansätze in Ägypten, Pakistan).
– Die Scharia wird im Sinne heutiger Rechts- und Gesellschaftsvorstellungen modernisiert (Ansätze im Iran, evtl. Irak).
– Die Scharia besteht als Werte-System außerhalb der staatlichen Rechts- und Gesellschaftsordnung (Syrien, Türkei und Indonesien, als dem Land, in dem die weltweit meisten Muslime leben).
Diese letzte Möglichkeit wird uns später noch besonders beschäftigen.

Befürworter der Demokratie haben in islamischen Ländern eine umso größere Chance zur Realisierung politischer Ziele, je mehr es ihnen gelingt, sich zur Begründung demokratischer Werte und Institutionen auf islamische Traditionen und auf den Koran zu berufen. (Denn aus dem Koran können autoritäre Herrschaftssysteme ebenso gut hergeleitet werden wie demokratische Strukturen). Nur durch den Bezug zum Islam können demokratisch orientierte Muslime den Vorwurf entkräften, westliche Modelle importieren zu wollen. (Auch in Europa sind demokratische Ideen zunächst christlich begründet worden).

Dschihad ist nicht Heiliger Krieg

Zunächst ist es wichtig festzustellen, dass Dschihad wörtlich „Anstrengung" oder „Bemühen" in allen Bereichen bedeutet und später besonders auf das Bemühen der Ausbreitung des Islams bezogen wird, aber anfangs nie etwas mit ,Heiliger Krieg' zu tun hatte. Dieses Bemühen um die Ausbreitung des Islams kann auf vielfältige Art geschehen: Durch Überzeugungsarbeit, im Gespräch, durch Migration, aber auch durch Kampf (*al-Quital*).[34] Dabei müssen wir berücksichtigen, dass kriegerische Auseinandersetzungen in der Anfangszeit des Islams die einzigen Möglichkeiten waren, die rivalisierenden Stämme zu vereinen, sich gegen feindliche Stämme und den Widerstand des byzantinischen und Sassaniden-Reiches durchzusetzen sowie den Islam zu verbreiten, worauf sich die vielzitierte Sure 2 bezieht: „Und tötet sie, wo ihr sie auch findet, verjagt sie, von wo sie euch verjagt haben, denn Verführung ist schlimmer als Töten" (Vers 191). Weiter folgt aber auch: „Bekämpfet (*Quital*) sie an der heiligen Anbetungsstätte nicht eher, als bis sie euch da bekämpfen". Hier wird also der defensive Charakter von *Quital* betont, der nichts mit Mord oder Terror zu tun hat, ebenso wenn es im Vers 192 heißt: „Wenn sie aber aufhören – siehe, Gott ist allverzeihend und allbarmherzig". Und im Vers 193 steht: „...hören sie auf, so besteht Feindschaft nur gegen die Frevler..." Vers 216 lautet: „Euch ist der Krieg (*Quital*) vorgeschrieben, aber er ist Euch zuwider". So schließt also nach dem Koran Dschihad zwar den *Quital* gegen Ungläubige ein, aber er soll nur als ein kollektiver Kampf zur Verbreitung des Islams geführt werden. Individuelle Gewalt und Terrorismus haben nichts mit Dschihad zu tun, nicht einmal mit *Quital*. Denn: „Auch tötet keinen Menschen, was Gott verboten, es sei denn nach Recht. Dies hat er Euch geboten – ob Ihr es begreift?" (Vers 151)

Aber davon wollen die selbsternannten Gotteskrieger heute nichts wissen. Sie hören vielmehr nach dem Sieg Israels im Sechs-Tage-Krieg nur noch auf die Hass-Propheten: „Nach der Niederlage im Juni-Krieg 1967 ist deutlich geworden, dass nur die Rückkehr zum Islam das Heilmittel ist und die Lösung bietet", sagt der Fernsehprediger Yusuf al-Quaradi. Vorher hatte schon al-Banna, der Begründer der Muslimbrüderschaft, der 1949 mit Unterstützung der britischen Kolonialmacht ermordet wurde, die zündende Formel gefunden: „Islam is the solution". Schärfer hat es vorher schon Sayyid Qutb formuliert, der Vater des islamischen Fundamentalismus: „Deshalb ist der Dschihad eine Pflicht für alle Muslime, um diese Revolution zum Sieg zu führen und ihr Ziel, die Gottesherrschaft (*Hakkimiyyat Allah*) für die Rettung der Menschheit zu verwirklichen".[35]

Wer also den Begriff Dschihad verwendet, um Gewalt und Terrorismus religiös zu legitimieren, handelt nicht im Sinne des Korans: „Und greift nicht an, Allah liebt nicht die Aggressoren" (Vers 190). Der Aggressionskrieg wird im Koran mit Harb bezeichnet und wird als Kampfform den Ungläubigen zugeschrieben. Allerdings verpflichtet der universelle Anspruch des Islams (*Da'wa*) alle Muslime, den Islam in der ganzen Welt zu verbreiten und sich gegen die Ungläubigen mittels Quital zu verteidigen, falls diese gegen sie kämpfen (Harb). Denn einen Frieden zwischen der Welt des Islams (*Dar Al-Islam*) und der Welt der Ungläubigen kann es auf Dauer nicht geben, weil die Ungläubigen in der Welt der Aggression leben, im Haus des Krieges (*Dar Al-harb*). Die Ungläubigen leben deshalb im Haus des Krieges, weil sie die Ausbreitung des Islams verhindern.[36]

Es ist offensichtlich, dass sich aus einer solchen Vorstellungen genügend kämpferisches Potential herausdestillieren lässt, indem alle Gläubigen zu Verteidigern und alle Ungläubigen zu Aggressoren erklärt werden: „Am nächsten Tag erhoben wir uns, bereit für den Märtyrertod. Wir redeten von den grünen Vögeln, die uns ins Paradies tragen würden, und von den zweiundsiebzig Jungfrauen, die uns dort erwarteten, und einige konnten es kaum erwarten, bis sie dem Propheten in seinem Garten begegneten". Ergänzen wir dieses Zitat aus dem wunderbaren Roman „Traum aus Stein und Federn" von Louis de Bernières[37], indem wir den (auch nicht aus dem Koran ableitbaren) Glauben anführen, dass die islamischen Märtyrer im Paradies auch siebzig Familienangehörige für den Eintritt ins Paradies benennen dürfen, so wird deutlich, wie schwer es sein wird, junge perspektivlose Männer, deren Beruf und deren Religion der Krieg ist, von Selbstmordattentaten abzuhalten, besonders dann, wenn der Märtyrertod in Schule und Medien (entgegen dem Verbot der Selbsttötung im Koran) als hohes Ideal für den Islam propagiert wird.

Angesichts all dieser gefährlich einseitigen Deutungen des Korans, die im Wesentlichen auf eine Politisierung des Islams mit dem Ziel der Stabilisierung patriarchaler Macht und Errichtung der Weltherrschaft hinauslaufen, ist es sowohl für alle Muslime wie auch für alle anderen Menschen von größter Bedeutung, den Koran, also auch den Islam, von seinen dogmatischen Fesseln zu befreien. So muss allen Muslimen die Möglichkeit eröffnet werden, den Koran und die Sunna als eine Offenbarung zu verstehen, die zu einer bestimmten Zeit entstanden ist, die sich im Laufe der Geschichte durch andere Menschen verändert hat und die heute neue Deutungen zulassen muss, weil dies aufgrund der veränderten Bedingungen notwendig ist. Diese veränderte Einstellung zum Koran ist ein wichtiger Aspekt der umfassenden Wandlungen, die seit Mohammeds Tod stattfinden und die heute – auch im Zusammenhang mit islamischem Fundamentalismus und religiöser Legitimierung von Terrorismus – wieder von besonderer Aktualität sind.

WANDLUNGEN HEUTE

Um die gegenwärtigen Veränderungen des Islams – auch im europäischen Kontext – zu verstehen, ist es wichtig, sie im Spannungsfeld von historischem Wandel einerseits und der aktuellen Ausbreitung des Islams durch Migrationsprozesse andererseits einzuordnen. Denn auch die modernen islamischen Reformer beziehen sich, ebenso wie Fundamentalisten, auf Traditionen, die sowohl die Deutung des Korans wie auch die damit zusammenhängende politische und gesellschaftliche Rolle des Islams betreffen und die meist an dogmatische Positionen und deren Überwindung geknüpft sind.

Überwindung des Dogmatismus

Die Konflikte zwischen „Dogmatikern" und „Reformern" haben im Islam – wie auch bei Juden und Christen – eine lange leidvolle und komplizierte Geschichte, die im Islam assoziiert wird mit der „Schließung" und der „Wiedereröffnung" „der Tore des *Idjtihad*". Mit diesem Begriff wird Bezug genommen auf *Idjtihad* als „den unabhängigen Gebrauch der Vernunft bei der Textauslegung des Koran und der Sunna". Bis zum Ende des 10. Jahrhunderts war Idjtihad eine wichtige Möglichkeit der Entscheidungsfindung in den Bereichen, für die im Koran und in der Sunna keine eindeutigen Aussagen zu finden waren. Rationale, den Bedürfnissen der Umma angemessene Überlegungen konnten so die Deutung des Korans zeitgemäß ergänzen. Damit wurde an die islamische Philosophie, die Falsata, angeknüpft. Denn schon seit dem 8. Jahrhundert bemühen sich viele islamische Gelehrte, einem irreführenden Dogmatismus durch die Entwicklung einer islamischen Philosophie entgegenzuwirken, in der auch berücksichtigt wird, dass der Koran historisch entstanden ist. So hat der islamische Philosoph al-Farabi schon im 9. Jahrhundert dargelegt, dass der Mensch durch seine „Denkkraft" das Gute vom Schlechten scheiden kann.[38] Bei al-Farabi ist der Mensch für alle seine Handlungen verantwortlich, so dass auch Fragen der Politik und des Rechts durch die von Gott verliehenen intelligiblen Fähigkeiten gelöst werden können und müssen.

Einem solchen, für den Islam revolutionären Ansatz stellte sich die geballte islamische Orthodoxie entgegen, die um ihre Machtstellung fürchtete. Mittels der als „Fiqh" bezeichneten Doktrin bekämpften sie alle Formen der Aufklärung und Philosophie, auch die berühmten islamischen Gelehrten Ibn Sina (Avicenna) und Ibn-Ruschd (Averroes), deren Auseinandersetzungen mit der Antike überhaupt erst die geistige Entwicklung Europas ermöglichten. Nicht anders erging es vielen Sufi-Meistern wie al-Rumi und Ibn Arabi, die den Rigorismus der Scharia ablehnten. Unter den Fiquh-Vertretern ragt besonders unrühmlich Ibn Hanbal (780-855) heraus, der die Falsata als Häresie (*Kufr*) verurteilte und deren Bücher verbrennen ließ. Für den sich durchsetzenden Hanbalismus kommen alle Geschehnisse auf der Welt, auch die Verbrechen, von Allah. Deshalb schuldet ein Muslim selbst dem schlechten und nicht gottesfürchtigen Kalifen Gehorsam, weil er durch Allahs Wille eingesetzt ist.[39]

Den trostlosen Höhepunkt des islamisch-orthodoxen Legitimationsdenkens verkörpert der 1263 geborene Ibn Taimiyya (im Dienst des berüchtigten Mameluken-Sultans al-Malik-al-Mansur), der nur die Lehren des „salaf", des Alten, gelten ließ – und der heute zum Chefideologen vieler Fundamentalisten avanciert ist. Da zur Zeit von Ibn Taimiyya ein einheitliches Kalifat nicht mehr existierte und es damit auch keine einheitliche islamische *Umma* mehr gab, forderte er die Durchsetzung der Scharia auch ohne Kalifen und ohne einen „wahren Imam" zur Herrschaftssicherung der jeweiligen Machthaber. Wer es wagen sollte, eigene Gedanken zu entwickeln oder rational zu argumentieren, wird zum *Kafir*, zum Ungläubigen erklärt und mit dem Tod bestraft.[40]

Im 11. Jahrhundert erklärten die traditionellen Rechtsgelehrten, die in den mächtigen Verbänden der *Ulama* zusammengeschlossen waren, „die Tore des *Idjtihad* für geschlossen" und setzten sich selbst zur einzigen bindenden göttlichen Autorität ein.

Öffnung des Islams

Aber der Widerstand gegen diese Art blinder islamischer Orthodoxie durchzieht die Geschichte des Islams. So haben schon im 11. Jahrhundert nach der Schließung der Tore des Idjtihad selbst traditionsgebundene Gelehrte wie al-Ghazali der *Ulama* ihre bedingungslose Gefolgschaft verweigert.

Auch einige islamische Sekten, wie z.B. die schiitischen Ismailiden, haben ihre Traditionen bei der Deutung des Korans und der Sunna immer weiter entwickelt. Im 19. Jahrhundert war es Mohammed Abduh (1849-1905), der eine Wiederöffnung der Tore des Idjtihad zum unabhängigen Gebrauch der Vernunft bei der Textauslegung forderte, um sich im rationalen Diskurs von den Fesseln der *Ulama* und der Scharia zu befreien. Selbst der Koran müsse für rationale Interpretationen und Diskussion offen sein, so dass jeder Muslim frei ist, den Koran selbst zu entdecken. Denn wie wir gesehen haben, ist der Koran kein statisches Gebilde, und er ist Mohammed nicht – wie Dogmatiker behaupten – als fertiges Werk offenbart worden. Vielmehr waren die Offenbarungen immer Antworten auf bestimmte gesellschaftliche Veränderungen in Mohammeds *Umma*, so dass sich mit diesen Veränderungen auch die Offenbarungen verändert haben und sich daher auch oft widersprechen. Andere Offenbarungen wurden von Mohammed sogar wieder aufgehoben oder widerrufen. Die Aufhebung eines Verses durch einen anderen wird von Koran-Gelehrten als nasch bezeichnet. Die Existenz dieses Begriffes beweist, dass für Mohammed die Offenbarung zeitlebens ein Prozess gewesen ist, der mit der sich verändernden Lebenswirklichkeit der *Umma* in Einklang bleiben sollte. Deshalb ist es für Muslime und Nichtmuslime heute von großer Bedeutung, den Koran als historisch entstanden und der rationalen Deutung zugänglich zu betrachten, ohne dogmatische Festlegungen und Denkverbote.

Leider sind solche Forderungen für Muslime immer noch gefährlich. So wurde in den 90er Jahren Nasr Hamid Abu Zaid, der die historische und kulturelle Einbindung des Korans untersuchte, von der al-Azhar-Universität als Ketzer verurteilt und musste fliehen. Der sudanesische Korangelehrte Machmud Khatah wurde 1985 hingerichtet, weil er die unterschiedlichen geschichtlichen Prägungen im Koran darstellte. Dennoch fordern heute viele islamische Wissenschaftler wie Abdolkarim, Soroush, Fazlur Rahman, Ömer Özsoy und Bassam Tibi die Rückkehr zur rationalen Koranexegese; denn wie Reza Aslan feststellt, hat die Dominanz der Traditionalisten „weiterhin verheerende Folgen für Entwicklung und Fortschritt des Rechts in der Gesellschaft im heutigen Nahen Osten".

Nur durch den Bezug zur Geschichte lässt sich die universale menschliche Botschaft Mohammeds von den mittelalterlichen patriarchalen Strukturen lösen. Denn die Bedrohung der Welt geht nicht vom Islam aus, sondern von seiner Verquickung mit einem von Männern exekutierten Wertesystem kriegerischer arabischer Wüstenstämme, die schon seit vielen Jahrhunderten nicht mehr existieren.
Besonders wichtig ist in diesem Zusammenhang die Ankaraner Schule, zu

der auch Ömer Özsoy gehört, der seit 2006 als erster Muslim eine Theologie-Professur in Deutschland an der Universität Frankfurt am Main innehat, die auch von der Staatlichen Muslimischen Religionsbehörde Diyanet gefördert wird. Für ihn ist es wichtig, „den Koran als eine Rede Gottes zu einer bestimmten Zeit für eine bestimmte Gruppe von Menschen zu bestimmten Anlässen zu verstehen, so dass der Koran immer wieder neu gedeutet werden muss, heute anders als vor tausend Jahren, in Deutschland anders als in Südostasien oder der Türkei. Nur im historischen Kontext lässt sich heute der Koran angemessen interpretieren und der Islam als eine sich verändernde religiöse Bewegung menschlicher Gemeinschaften verstehen".[41]

Statt der Devise von Nahed Selim „Nehmt den Männern den Koran", schlage ich deshalb als Devise vor „Öffnet den Koran", im Sinne einer Befreiung von dogmatischen Festlegungen, aber auch im Sinne von selbständigem Lesen, Interpretieren und Diskutieren. Voraussetzung dafür ist natürlich, dass der Koran in den Koranschulen nicht nur auf arabisch auswendig gelernt wird, sondern auch in der Muttersprache gelesen und verstanden wird; denn wie schön und wirkungsvoll auch das arabische Original beim Lesen und Rezitieren ist, so gefährlich ist es für die Muslime, den Koran nicht in der eigenen Muttersprache zu kennen und so den einseitigen Zitaten und Interpretationen der Imame, Hodschas und selbsternannten Prediger ausgeliefert zu sein, die längst ein Denkverbot verinnerlicht haben. Tatsächlich aber ist das Nachdenken über den Koran da selbst verankert: „Ein Buch sandten wir Dir, ein gesegnetes, auf daß sie über seine Verse nachdenken und daß eingedenk seien die Einsichtsvollen" (38,29). Für dieses Nachdenken und für diese Einsicht sind die meisten Imame in der Regel viel zu schlecht ausgebildet. Eine Ausnahme machen in Deutschland die offiziell über die türkische Regierung entsandten Hodschas, die als Vorbeter im Koran, den Hadithen und den religiösen Riten in Religionsschulen und Hochschulen ausgebildet worden sind.

„Öffnet den Koran" heißt also auch „Öffnet den Islam", um anzuknüpfen an die großen islamischen Denker al-Farabi, Ibn Sina, Ibn-Ruschd und Ibn Khaldun, deren Traditionen noch heute fortgesetzt werden durch reformorientierte Muslime. Bassam Tibi plädiert für einen Euro-Islam, der zu einem unumkehrbaren Ende der westlichen Dominanz und „der mit dieser Hegemonie verbundenen unerträglichen, hässlichen kulturellen Arroganz des Westens gegenüber den nichtwestlichen Zivilisationen" führen könnte und zu einem Verständnis für den Islam als neue Realität in Europa – „aber keine Imame auf dem europäischen Kontinent".[42] Denn „ein liberal und reformerisch gedeuteter Islam ist mit Demokratie vereinbar, und diese ist für die Muslime keine „importierte Lösung", wie Fundamentalisten unterstellen".[43]

Für eine Öffnung des Islams auch im Hinblick auf eine Begegnung mit Christen und Juden ist es besonders aufschlussreich und wichtig, die gemeinsamen Wurzeln von Bibel und Koran näher zu verfolgen. Der Koran ist historisch betrachtet auch das Ergebnis von Interaktionen zwischen Mohammed, seiner Gemeinde und deren kulturellem Leben und Umfeld, das nicht nur durch die Traditionen arabischer Wüstenstämme, sondern auch durch spätantike Einflüsse geprägt war. Darauf hat besonders Samir Kassir hingewiesen, der 2005 in Beirut ermordet wurde, weil er bei der Entstehung des Korans nicht ein Gründungsereignis in den Mittelpunkt stellte, sondern die Auseinandersetzung mit jüdischen und biblischen Traditionen. Die Erkenntnis, dass der Islam nicht von den christlichen und jüdischen Traditionen zu trennen ist, hat große ökumenische Relevanz und wird daher von den Hardlinern aller drei monotheistischen Glaubensrichtungen verdrängt, geleugnet oder mit dem Tode bestraft.

Beim „Öffnen des Islams" können wir wieder den Mystikern begegnen, die im Islam als Sufi eine besonders leidenschaftliche Form der Vereinigung mit Gott leben. Während es für Muslime nur einen Gott gibt, gibt es für einen Sufi nur Gott. Hier ist es überraschenderweise ganz am Anfang eine Frau, Rabi'a al Adawiya, die als „Heilige von Basra" im 8. Jahrhundert lebte und von der man sagte, dass sie durch „die Glut in der Einigung mit Gott verhüllt wurde".[44] Schon 200 Jahre vor Ibn Arabi geriet Mansur al Halladj durch seine Gottesliebe in Konflikt mit den Vertretern der islamischen Orthodoxie, die ihn folterten, verstümmelten, im Jahr 922 töteten und am nächsten Tag enthaupteten und verbrannten. Statt des blinden Gehorsams und der Unterwerfung unter die Dogmen begeisterte er das Volk mit seiner Hinwendung zu einer leidenschaftlichen Liebe Gottes:

»Niemals steigt und niemals sinkt die Sonne,
Ohne daß nach Dir der Sinn mir stände,
Nie sitz mit den Leuten ich zu sprechen,
Ohne daß mein Wort Du wärst am Ende.
Keinen Becher Wasser trink ich durstend,
Ohne daß Dein Bild im Glas ich fände.
Keinen Hauch tu ich, betrübt noch fröhlich,
Dem sich Dein Gedenken nicht verbände.«[45]

Liberalisierung statt „Reinheit" der Lehre

Aber die Öffnung des Islams betrifft nicht nur den Koran, sondern ebenso die mit der Neuzeit verbundenen gesellschaftlichen Probleme. Der Islam ist entstanden als eine Religion patriarchal orientierter arabischer Wüstenstämme, die in der lebensfeindlichen Umwelt untereinander und um ihr Überleben kämpfen mussten. Mohammed gelang es nicht nur, die Stämme zu einen und gegen andere Feinde zu verteidigen, sondern er begründete auch eine neue Gesellschaftsordnung, deren Oberhaupt er war. In seiner islamischen Gemeinde, der *Umma*, versuchte er in Yathrib sozialreformerische und politische Ideen zu verankern. Das Jahr 622 nach Christus wird zum Jahr 1 nach der Hidschra (n. H.) wie die Übersiedlung Mohammeds von Mekka nach Yathrib genannt wird. Yathrib heißt ab nun Medinat-an-Nabi, Stadt des Propheten, und geht abgekürzt als Medina in die Geschichte ein. Auf Medina und Mohammeds Gemeinde berufen sich heute sowohl islamische Reformer, wie Ali Abd al-Raziq, die in Medina das Urbild einer islamischen Demokratie und einer Trennung von Religion und Staat sehen, als auch Fundamentalisten und die Taliban, die in Medina das Modell einer theokratischen, nur auf den Islam und die Scharia gestützten Diktatur der Geistlichen sehen. Und beide Positionen beziehen sich auf den Koran. Denn aus ihm ist sowohl eine partizipative wie auch eine autoritäre Staatsform ableitbar.

Heute bezeichnen sich sehr unterschiedliche Staatsformen als islamisch: Ägypten als republikanisch-islamisch verbrämte Präsidialherrschaft, Marokko und Jordanien als islamische Königreiche mit zarten Liberalisierungspflänzchen, Syrien als militärische Präsidialdiktatur mit ungewöhnlicher religiöser Toleranz, Iran als islamisch-klerikale Diktatur mit demokratischem Anstrich, Saudi-Arabien als islamisch-fundamentalistische Diktatur. In einer ähnlichen Spannweite bewegte sich schon kurz nach Mohammeds Tod die Auseinandersetzung um das „rechte" Verhältnis von religiösem Einfluss und weltlicher Macht, das bis heute andauert. Ohne auf die verschlungenen Wege im Laufe der Jahrhunderte eingehen zu können, seien hier nur einige Stationen aus der jüngsten Vergangenheit angeführt:

– 1877 gründete Sayyid Ahmad Khan in Indien die Aligarh-Universität. Nach einem blutig niedergeschlagenen Aufstand der Inder gegen die brutale Ausbeutung und Unterdrückung durch die britischen Kolonialherren wollte Sayyid islamische Größe durch Verbindung des muslimischen Glaubens mit europäischem Rationalismus – als Mittler zwischen indisch-muslimischer und westlicher Kultur – wiederherstellen. Die Scharia dürfe nicht als bürgerliches Gesetzbuch betrachtet werden, während der für Sayyid einzig verbindliche Koran weder Verhaltensregeln noch politische Grundsätze vorschreibe. Die britische Krone war von seinen wenig auf Gleichberechtigung und Umsturz bedachten Ideen so begeistert, dass sie ihn als Sir Sayyid adelte.

- Fast zur gleichen Zeit empörte sich der im Iran geborene al-Afghani so sehr über die Brutalität der britischen Kolonialherrschaft in Indien, dass er die muslimische Welt von der westlichen Unterdrückung befreien wollte. Dazu müsse der Islam auch als sozialpolitische Bewegung verstanden und gelebt werden, um die muslimische Welt gegen den westlichen Imperialismus zu einen. Wie zu Mohammeds Zeiten müsste die Gemeinschaft die politische Kontrolle ausüben und müssten Frauen und Kinder mehr Rechte haben. Später wurde er Mitglied im Erziehungsrat des Osmanischen Reiches und setzte sich zusammen mit dem türkischen Dichter Namık Kemal für eine Verbindung von demokratischen Prinzipien mit islamischen Werten ein. Diese Verbindung fand ihren Niederschlag im Panislamismus, der über alle kulturellen, religiösen und nationalen Grenzen hinweg eine Erneuerung unter einem Kalifat anstrebte. Später verbreitete der eben erwähnte Mohammed Abdu mit seiner Forderung nach rationaler Öffnung des Korans die panislamischen Ideen in Ägypten, wobei er auch gegen die weltliche Macht der islamischen Geistlichen kämpfte.

- Sati al-Husri und seine Anhänger glaubten nicht an die Macht religiöser Solidarität und ersetzten sie in ihrem „Panarabismus" durch eine politische Bewegung, die sich dennoch als islamisch verstand, und zwar in dem Streben, zu den Werten der medinischen Urgemeinde zurückzukehren.

- Nach dem Zusammenbruch des osmanischen Reiches und des Kalifats verloren der Panislamismus und der Panarabismus an Bedeutung. Der junge engagierte al-Banna entwarf die faszinierende neue Idee der „Islamisierung der Gesellschaft" mit der bekannten Parole „Islam is the Solution", die die islamische Welt elektrisierte und die eine Einbindung des modernen Lebens im Islam erreichen wollte, ohne die Prinzipien der westlichen Staaten zu übernehmen. Die von dem 22-Jährigen gegründete Muslimbrüderschaft breitete sich wie ein Feuerbrand in Syrien, Algerien, Tunesien, Sudan, Iran und Palästina aus. Der Islam wird hier als eine ganzheitliche Lebensform verstanden, die religiöse, wirtschaftliche, politische, soziale und kulturelle Bereiche integriert.

Obwohl al-Banna als Sufi-Schüler nichts von politischen Umstürzen hielt und vielmehr glaubte, dass eine Veränderung der Gesellschaft nicht durch Revolution, sondern durch die Veränderung der Einzelnen erreicht wird, wurde er auf Betreiben der britischen Kolonialmacht 1949 ermordet. Als Märtyrer sorgte er nun erst recht für die weltweite Ausbreitung der Muslimbrüderschaft, die dann anfangs auch den Umsturz in Ägypten und Nassers Regierung unterstützte. Später kam es zum Bruch, und Nasser ließ viele der Muslimbrüder hinrichten oder einsperren. Unter ihnen war auch der viel gerühmte und viel verfluchte Sayyid Qutb, der mit seinen Vorstellungen vom Gottesstaat, der alleinigen Gültigkeit der Scharia, der Ablehnung aller westlichen Werte und der Forderung, alle säkularen Regierungen mit Gewalt abzuschaffen, zum Vordenker der terroristischen Fundamentalisten wurde. Nach der Veröffentlichung seines Pamphlets „Wegmarken" wurde er unter Nassers Regierung wegen Verschwörung zum Tode verurteilt und 1965 gehängt. Nach dem Sechs-Tage-Krieg bekamen seine Anhänger Aufwind, weil sie die Schuld für die Niederlage Ägyptens allein den Säkularisierungsbestrebungen von Nasser zuschrieben. Der Modernisierungsprozess wurde abrupt beendet. Die von Nasser zurückgedrängten Islamisten verkündeten, dass die Niederlage die Strafe sei für den Abfall vom „rechten Glauben", zu dem nun alle zurückkehren müssten, um Allah zu versöhnen. Die Parole „Islam is the Solution" wurde nun zum überall verbreiteten, begeistert aufgenommenen Schlachtruf der kampfbereiten Muslime und hatte nach dem Tod Nassers und der Ermordung seines Nachfolgers eine radikale traditionalistische Re-Islamisierung der gesamten arabischen Welt zur Folge, die viele Modernisierungserfolge der letzten 100 Jahre in kurzer Zeit vernichtete. Der Sechs-Tage-Krieg hat so die eigentlichen Gegner Israels und der USA in nie vorstellbarem Maße geeint und gestärkt, auch wenn die Muslimbrüderschaft und ihre Parteien in mehreren nordafrikanischen Ländern noch verboten sind.

– Einen anderen Verlauf nahm die islamische Geschichte in Saudi-Arabien, die mit dem fanatischen Wanderprediger Abd al-Wahhab (1703-1766) zusammenhängt. Ähnlich wie bei den Christen im 15. Jahrhundert der fanatische Mönch Savonarola, wollte al-Wahhab die Reinheit der ursprünglichen Religion wiederherstellen und eröffnete auf der arabischen Halbinsel eine aggressive Kampagne zur strikten Anwendung der Scharia und der Verurteilung aller Abweichungen vom „reinen ursprünglichen" Islam. Dieser als „Wahhabismus" bekannte islamische Fundamentalismus wurde von Anfang an durch das Bündnis mit dem unbedeutenden Wüsten-Scheich Mohammed Ibn Saud zur Staatsdoktrin der Saudis, die sich dann mit dem Erdöl zur Weltmacht mauserten. Nun konnten sie mit den Petrodollars zu weltweiten Schutzherren des islamischen Fundamentalismus und des neu entstandenen Panislamismus werden; dies auch durch die Gründung der islamischen Weltliga 1962. Ferner spielt hier die CIA eine unheilvolle Rolle, indem sie anfangs den Wahhabismus als Bollwerk gegen den Kommunismus unterstützte und die Mudschahidin als Taliban-Krieger in Pakistan ausbildete, damit sie als „Freiheitskämpfer den gottlosen Kommunismus" (O-Ton Ronald Reagan) der Sowjetunion in Afghanistan bekämpften. Aber mit den Petro-Milliarden und der Unterstützung der USA wurde nun westlicher Luxus und Verschwendungssucht für die Königsfamilie der Saudis zum neuen zentralen Thema, so dass sich die puritanischen Wahhabiten von ihnen verraten fühlten und es immer wieder zu Aufständen kam. Unter ihnen war auch eine kleine Gruppe, die sich al Quaida nannte und es sich mit ihrem Anführer Osama bin Laden zur Aufgabe gemacht hat, alle Ungläubigen, zu denen sie auch die saudische Königsfamilie zählen, auszulöschen. So muss die saudische Königsfamilie eine Lektion lernen, die uns alle betrifft und die Reza Aslan so beschreibt:

»Religiöser Fundamentalismus lässt sich nicht unterdrücken. Je mehr man ihn zu unterdrücken versucht, desto stärker wird er. Geht man mit Gewalt gegen ihn vor, steigt seine Anhängerzahl und werden seine Wortführer zu Märtyrern. Im Klima der politischen Unterdrückung wird er schnell zur einzigen Stimme der Opposition. Versucht man ihn zu beherrschen, wendet er sich gegen einen. Versucht man ihn zu beschwichtigen, übernimmt er die Macht«.

Trotz dieser wenig ermutigenden Perspektiven ist der Kampf zwischen denen, die den Islam für das Leben in der Gemeinschaft öffnen und reformieren wollen einerseits und den destruktiven Dogmatikern andererseits heute in vielen Teilen der Welt voll im Gange. Viele muslimische Intellektuelle setzen sich mit der muslimischen Frauenbewegung dafür ein, dass die islamische *Umma* sich in ihren nationalen Ausprägungen an den Bedürfnissen der Bürger orientiert und den Predigern und der nationalistischen Ulama das Deutungsmonopol des Korans und der Sunna nimmt, so dass die Muslime aus ihren Traditionen heraus einen eigenen Weg finden können, wie es auch von vielen Aleviten praktiziert wird.

Die islamische Reformation hat ihren Rückhalt heute in den Metropolen: Teheran, Istanbul, Kairo, Jakarta, New York, London, Paris oder auch Berlin sind die Zentren, wo neue Wege in Anknüpfung an das Ideal von Medina versucht werden. In vielen Demonstrationen und bei anderen Aktivitäten zeigen die Muslime, dass eine große Mehrheit den Weg des Dogmatismus und des Terrors ablehnt und dass sie Mohammeds gute Visionen der Toleranz und Gemeinschaftlichkeit verwirklichen und sich von Fanatismus und Hass befreien wollen. Reza Aslan ist optimistisch, denn „diese Befreiung wird kommen, die Reform ist nicht mehr aufzuhalten. Die Zeit der islamischen Reformation hat begonnen. Wir leben mitten in ihr."[46]

Viel zu wenig beachtet wird bei uns die friedliche Ausbreitung eines toleranten Islams in Südostasien, insbesondere in Indonesien. Dort umfassen die Muslime über 80 Prozent der fast 200 Millionen Einwohner und haben in dem säkularen Staat, im Rahmen der Pancasila-Prinzipien, die Demokratie und Religionsfreiheit beinhalten, eine gute Verbindung von Islam und Nationalstaatlichkeit und so einen sinnvollen Anschluss an die Moderne erreicht, der leider in den letzten Jahren durch terroristische Islamisten und fanatische Al-Quaida-Anhänger gestört wird.

Während wir hier besorgt die Ausbreitung des Fundamentalismus beobachten, wächst zur gleichen Zeit im Iran unter der Herrschaft der Ayatollahs und der Scharia eine Jugend auf, die sich gerade von diesen Zwängen befreien möchte und immer neue fantasievolle Wege findet, um trotz brutalen Terrors der Polizei und der paramilitärischen „Wächter" ihre eigene Individualität zu finden und zu leben. Jetzt ist es die Weblog-Szene im Internet, in der sich junge Männer und Frauen austauschen und gegenseitig ermutigen: „30. Oktober 2003 – Der Islam ist mit der Demokratie vereinbar. Und unterliegt all ihren Verpflichtungen" (www.ksajadi.com/f blog/)

In Deutschland und Europa sind die meisten Muslime und viele ihrer Organisationen längst auf dem Weg, unsere auf Gleichberechtigung und gegenseitige Achtung gegründete demokratische Gesellschaftsordnung nicht nur zu respektieren, sondern aktiv mitzugestalten, wie durch das mutige Engagement vieler muslimischer Frauen und Männer gegen Terror und islamistische Willkür immer wieder deutlich wird. Diese „liberalen" Muslime sind aber in Deutschland und fast überall in Europa in einer schwierigen Situation. Da sind einmal die eigenen fundamentalistisch orientierten Landsleute, von denen sie als Verräter, Abtrünnige und Ungläubige beschimpft oder gar bedroht werden. Dann sind Da aber auch tagtäglich die vielen Verdächtigungen, Kränkungen und Missachtungen, denen sie durch einen großen Teil der Bevölkerung ihres Gastlands ausgesetzt sind. Und es gibt viel zu wenig Institutionen und Einzelne, die die liberalen Muslime von deutscher Seite unterstützen, trotz (oder wegen) vieler Integrationsbemühungen.

Aus den Sackgassen der Integration

Die liberalen Muslime bekommen besonders schmerzhaft die Folgen einer Integrationspolitik zu spüren, die auf immer neuen, eilig einberufenen „Integrationsgipfeln" hilflos zwischen den Forderungen nach Anpassungsleistungen der Migranten einerseits und der Utopie des gleichberechtigtem Zusammenlebens andererseits hin- und herpendelt. Diese Hilflosigkeit hat bei uns eine lange Tradition. Wir haben in Deutschland die erste Migrationswelle mit Italienern, Spaniern, Griechen und Jugoslawen gut verarbeitet, indem wir uns bald zur Pizza und zu Sliwowitz bekannten und unsere italienischen Ober mit Ciao begrüßten. Wir versuchten es mit der zweiten Migrationswelle auf gleiche Art, indem wir uns zu Döner und Raki bekehren und ab und zu ein fröhliches *Merhaba* hören ließen. Erst als dann das eine oder andere Lamm auf Kreuzberger Balkonen geschächtet wurde, die Jungen auch noch mit dreizehn kein Deutsch verstanden, und mehr Kopftücher als in Istanbul die Oranienburger Straße bestimmten, merkten wir, dass da doch etwas anders ist. Die Stunde der freundlich folkloristischen Multi-Kulti-Integration hatte geschlagen. Aber die Frauen zogen ihre Kopftücher nur tiefer, die Prediger wurden lauter, heftiger. Und keiner hörte auf den erschöpften Sozialarbeiter, der mit großem Eifer immer wieder beteuerte, dass wir alle so akzeptieren, wie sie sind und wir uns abmühen, sie immer besser zu verstehen und dass wir Deutschen schuld sind, wenn es mit den türkischen Jungs in der Schule nicht klappt und die kleinen Machos zu großen Tyrannen werden, die andere Jungendliche und ihre Schwester drangsalieren. Erst durch die sogenannten „Ehrenmorde" und zunehmenden Zwangsverheiratungen wurden wir aufgeschreckt. Wir wurden aufgeklärt von einigen mutigen Frauen, wie den Schriftstellerinnen Nahed Selim, Necla Kelek, Ayaan Hirsi Ali, der Rechtsanwältin Seyran Ates, die sich für bedrohte islamische Frauen einsetzen und selbst bedroht werden, oder die in der Türkei geborene Bundestagsabgeordnete Ekin Diligöz, die in türkischen Zeitungen als „Schande für die Menschheit" bezeichnet und mit Mord bedroht wird, weil sie sich für die Abschaffung des Kopftuchs eingesetzt hat. So dringt allmählich in unser Bewusstsein, dass viele islamische Familien sich nicht unserer säkularen, demokratisch bestimmten Gesellschaft öffnen wollen, sondern sich im Gegenteil mehr auf ihre religiöse Fundierung beziehen als in den Heimatländern und hier eine oft abgeschlossene Gegenkultur etablieren, die uns besonders durch das von den Männern vertretene Wertesystem von Ehre und Unterwerfung unangenehm auffällt.

Natürlich wissen wir, dass die meisten der in Deutschland lebenden 3,2 Millionen Muslime aus ländlichen Gebieten und bildungsfernen Schichten stammen, in denen archaisch-patriarchale Strukturen das familiäre und gesellschaftliche Leben bestimmen, die oft sogar die staatlichen Autoritäten überspielen. Aber durch unser bedingungsloses Verstehenwollen haben wir (ich beziehe mich da ein) dazu beigetragen, dass die Auseinandersetzung mit dem patriarchalen Wertesystem vermieden wurde und sich unter dem Deckmantel der Religionsfreiheit eine patriarchale Parallelgesellschaft entwickeln konnte. Viele Migrantenfamilien fühlen sich in der ihnen fremden, bedrohlichen Kultur verloren – und so ist die Regression in traditionelle, archaische Muster ihrer Herkunftsländer naheliegend. Der Islam wird als vertrauter Halt angeboten und deshalb oft in einer rigiden orthodoxen Auslegung praktiziert. Aber diese Regression zementiert die Ghettobildung, verbaut die individuellen Entwicklungsmöglichkeiten und lässt Immigranten und Immigrantinnen weder hier „ankommen" noch einen Rückweg in ihre Herkunftsländer finden. In Berlin hat sich in den letzten Jahren der Anteil von Haushalten, in denen nicht Deutsch gesprochen wird, fast verdoppelt. Das Erlernen der Sprache der Gastländer ist jetzt eine unabdingbare Voraussetzung, um diesen Teufelskreis zu durchbrechen.

Aber Regression und Ghettobildung lassen sich durch schlichte Integrationsrezepte kaum überwinden. Denn der heute offiziell propagierte Integrations-Diskurs betont zwar notwendige Verbesserungen in sozialen Bereichen und in der Bildung, während der dominante Einfluss des kulturellen und religiösen Hintergrunds nur unzureichend berücksichtigt wird – vielleicht auch als Reaktion auf gescheiterte Multi-Kulti-Euphorie. Doch die dramatischen Auseinandersetzungen um Kopftuch, Moscheenbau und islamischen Religionsunterricht zeigen, dass es höchste Zeit ist, sich nicht nur um soziale, politische und ökonomische Integration der Migranten zu kümmern, sondern ebenso um die Durchsetzung eines aufgeklärten kulturellen und religiösen Pluralismus jenseits von Multi-Kulti, bei dem die freie Selbstbestimmung der Menschen an erster Stelle steht.

Diese Diskussion um kulturellen und religiösen Pluralismus hat eine lange Geschichte, die in Europa mit unterschiedlichsten Konzepten der Toleranz verknüpft ist, wobei Toleranz vom aufgeklärten Fortschrittsdenken bis hin zur bloßen Legitimation von Herrschaftsverhältnissen reicht. Weil Toleranz in ihrer Ambivalenz auch eine wichtige Funktion in Integrations- und Liberalisierungsdebatten einnimmt, soll sie hier in ihrer Doppeldeutigkeit kurz eingeführt werden.

Wege aus der Toleranzfalle

Der Toleranzbegriff bezeichnete von Anfang an auf Religionen bezogene Duldsamkeit, was zugleich auf das uralte Phänomen religiöser Intoleranz hinweist. Auch wenn der Begriff erst im 18. Jahrhundert von der „Obrigkeit" zur „freien Übung des Gottesdienstes" gebraucht wird, so ist die damit verbundene Einstellung doch schon in der Bibel und im Koran thematisiert.[47]
Seit Lessings Ringparabel in „Nathan der Weise" gilt Toleranz als Königsweg beim Umgang von Juden, Christen und Muslimen miteinander. Aber was zur ihrer Zeit für Lessing und seinen Freund Moses Mendelssohn ein mutiger Vorstoß gewesen ist, birgt heute viele Probleme. Denn heute können sich hinter der Toleranz allzu Verschiedene um des Beifalls willen verstecken: Da sind die Gleichgültigen, die tolerant sind, solange es ihnen nur gut geht; die Resignierten sind tolerant, weil alles sowieso nichts nützt; da sind die Mächtigen und Arroganten, denen die Tolerierten angeblich sowieso nicht das Wasser reichen können; da sind auch Duckmäuser, die tolerant sind, um Konflikte zu vermeiden; da gibt es die Überheblichen, für die Toleranz nur Lizenz zum Tabubruch bedeutet; schließlich gibt es auch noch die Moralisten, weil Toleranz seit Lessings Ringparabel so schön menschlich klingt. Aber der Kopftuchstreit hat uns vorgeführt, dass Toleranz als Handlungs-Maxime untauglich ist und dass wir genauer hinschauen müssen, um unterscheiden und entscheiden zu können. Da merken wir dann schnell, dass es dabei um unsere Auseinandersetzung mit dem „Anderen", besonders dem „Fremden"

geht, um unsere Abgrenzung, aber auch um Vorurteile, Ängste, Abwehrmechanismen, Verdrängungen und Gefühle, wenn jemand „anders" denkt, aussieht, fühlt und glaubt. Bestimmte Toleranz-Vorstellungen verhindern gerade die Auseinandersetzung mit dem Fremden, die ja eigentlich die Voraussetzung für eine multikulturelle Gesellschaft sein sollte.

Da ist z.B. die universale Toleranz, bei der die gesamte Menschheit von einer weichen Wolke unverbindlicher Duldung eingehüllt wird, die sich niederschlägt in unverbindlichen Parolen wie „alle Religionen sind eigentlich gleich" oder „alle Menschen sind Ausländer". Die Parole „Muslime sind auch Menschen" ist so auf wunderliche Art die Kehrseite der Parole „Muslime raus", indem beide Parolen das Fremde nicht wahrnehmen wollen, sondern es vermeiden durch Verdrängung und Unterdrückung. Beide lassen sich nicht ein auf das Risiko im Umgang mit dem Fremden, auf die Chance zum Dialog und zur Veränderung im Kontakt mit dem Fremden. So können beide starr in ihren je unterschiedlichen Positionen verharren und sich ihre Parolen um die tauben Ohren schlagen. Einer Demagogie der Intoleranz wird so eine Demagogie der Toleranz entgegengesetzt. Aber einer deutschen Schülerin ist wenig geholfen, wenn ihr der Lehrer bei einer sexistischen Anmache durch einen Jungen türkischer Herkunft nahelegt, dies im Zusammenhang mit der „türkischen Mentalität" zu verstehen. Und es ist auch dem Jungen nicht geholfen, weil er als in Deutschland Lebender so eben gerade nicht ernst genommen wird. Wer das Kopftuch als bloß traditionelles Kleidungsstück verharmlost, drückt sich vor den damit verbundenen Identifikationen und vor den durch sie ausgelösten Gefühlen. Die Jugendlichen werden so allein gelassen in ihren Konflikten und Identitätsbrüchen zwischen den Welten, in denen es für sie täglich um konkrete existentielle Fragen und Entscheidungen geht, für die wir Erwachsenen keine Vorbilder liefern, meist nicht einmal Verständnis haben und nur selten Lösungen finden. Denn diese Spielarten der Toleranz begünstigen Parallelgesellschaften, in denen statt multikultureller Begegnungen die von Henryk M. Broder angeprangerte deutsche „Lust am Einknicken"[48] genau dem Auftrumpfen des „en büyük Türk" (der Türke als der Größte) entspricht.

Für eine kritische multikulturelle Gesellschaft

Toleranz kann deshalb als handlungsleitendes Prinzip nur sinnvoll sein, wenn sie zu einer kritischen und aufgeklärten multikulturellen Gesellschaft führt, wie sie vom Direktor des Deutschen Instituts für Menschenrechte Heiner Bielefeldt gefordert wird.[49] Dabei ist wichtig, „die Kultur" und „die Religion" nicht zu transzendenten Wesenheiten hochzustilisieren, sondern sich statt dessen auf kulturelle und religiöse Kontexte zu beziehen, in denen die freie Selbstbestimmung der Menschen an erster Stelle steht. Nur im Rahmen der Menschenrechte ist eine multikulturelle und multireligiöse Ge-

sellschaft überlebensfähig.
Ein solcher kritischer und engagierter Multikulturalismus schließt – anders als bei „Multi-Kulti"-Beliebigkeit – die Akzeptanz autoritärer und diskriminierender Praktiken entschieden aus, auch wenn diese im Namen der Religion und Kultur propagiert werden. Denn der universale Anspruch der Menschenrechte kann nicht an religiösen Grenzen aufhören, sondern lässt sich nur mit dem individuellen Selbstbestimmungsrecht eingrenzen (wobei es hier schwierige „Grenzprobleme" gibt, wie das Kopftuch, während Zwangsheirat kein „Grenzproblem" ist).

In der kritischen multikulturellen Gesellschaft geht es um Hören und Gehörtwerden als Grundlage einer Akzeptanz oder einer Ablehnung, von der aus Erwartungen und Normen im Dialog mit den anderen klarer und verhandelbar werden. Die Möglichkeit, dabei eigene Vorurteile und Ängste vor dem Anderen zuzulassen und ohne Sanktionen auszusprechen, ist eine grundlegende Bedingung für die Kommunikation in einer aufgeklärten multikulturellen Gesellschaft. Dafür ist die Beherrschung der deutschen Sprache eine wichtige Voraussetzung, während Orientierungskurse über unsere rechtsstaatliche und demokratische Verfasstheit hilfreich sind, damit MigrantInnen ihre Identität auch als BürgerInnen dieses Landes finden können.

Es gibt heute in Deutschland mehr als 2600 gut besuchte Moscheen, davon über 110 mit Kuppel und Minarett, die sich nicht mehr in Hinterhöfen verstecken müssen. Aber ebenso wichtig ist es, dass auch in der deutschen Öffentlichkeit eine differenzierte Auseinandersetzung mit dem Islam stattfindet, die auch Schulen, jüdische und christliche Institutionen einbezieht und die Position der liberalen Muslime festigt. Dazu ist die Kenntnis der Grundlagen und der Entwicklung des Islams wichtig, um die Bedeutung der Geschichtlichkeit und der regionalen Bezüge des Islams als ein Argument gegen universalistische und dogmatische Ansprüche zu verstehen, die nur der Aufrechterhaltung und Durchsetzung der eigenen Machtstellung mit den hohlen Parolen eines zu erstrebenden Weltkalifats dienen.

Insbesondere kann nach dem 11. September niemand mehr sagen, er habe nicht gewusst, wohin islamistischer Fundamentalismus notwendigerweise führt. Wir sind es den unzähligen Opfern überall auf der Welt (und auch den Muslimen) schuldig, dass wir in einer aufgeklärten multikulturellen Gesellschaft gegen menschenverachtende Auslegungen des Islams ebenso entschieden kämpfen wie gegen menschenverachtende Ideologien in der westlichen Welt. Jeder sogenannte Ehrenmord[50], jede Zwangsverheiratung und jede Morddrohung gegen islamkritische JournalistInnen und PolitikerInnen führt unser Zusammenleben auf einen Ground-Zero. Islamische MigrantInnen müssen sich entscheiden, ob sie den Islam als eine Religion des Friedens und der gegenseitigen Achtung ausüben wollen, oder ob sie zulassen wollen, dass ihre Kinder und Millionen Unbeteiligter im Namen eines absolut gesetzten Islam geopfert werden sollen für ein virtuelles islamistisches Welt-Kalifat. Viel Zeit bleibt uns nicht. Denn bei dem immensen Vernichtungspotential, das die westliche Welt für alle, die zahlen, bereitgestellt hat, kann jeder kleine Funke schnell zum globalen Weltbrand werden.

Für den Dialog in der multikulturellen Gesellschaft ist es aber ebenso wichtig, dass wir als Deutsche in unserer Kultur mit deren christlichen Wurzeln wahrgenommen und mit unseren Forderungen ernst genommen werden. Es ist zu wenig, wenn Muslime sich damit zufrieden geben, dass Mohammed doch Christus als Propheten anerkannt habe und dass damit alles für sie Wichtige über das Christentum gesagt sei. Auch die immer wieder von PolitikerInnen und VertreterInnen der Religionen geforderten „Begegnungen" sind wenig sinnvoll, wenn sie nur der Darstellung der eigenen Position oder als Goodwillveranstaltung mit Alibifunktion dienen. Papst Benedikt XVI hat es in Castelgandolfo vorexerziert, als er nach seiner verunglückten Regensburger Vorlesung die Botschafter und Repräsentanten der Islam-Kulturzentren aus 22 islamischen Ländern zum „Dialog" einlud und sie in seinem „Schweizer Salon" wie Sünder auf unbequemen Stühlen an den Wänden aufreihen ließ, während Seine Heiligkeit auf weißem Sessel erhaben über ihnen thronte und lächelnd in die leere Mitte monologisierte.

Ganz anders bemüht sich da der Schweizer Theologe Andreas Maurer, der sich für wirkliche „Begegnungen" unterschiedlicher Religionen einsetzt, indem er die heute weiterentwickelten Möglichkeiten von Mediation und Konfliktbewältigung kreativ anwendet. So treffen sich Muslime und Christen abwechselnd in Kirche und Moschee, wobei Themen, Ablauf und Zeiten vorher gemeinsam festgelegt werden. In der Kirche fängt dann ein Vertreter der Muslime mit dem vereinbarten Thema an, beim nächsten Mal in der Moschee ein Christ, jeweils für 30 Minuten mit einer strukturierten Diskussion und anschließendem Beisammensein. So können Begegnungen wirksam werden für ein gegenseitiges Kennenlernen und für ein sinnvolles Leben miteinander in einer multikulturellen Gesellschaft. In Deutschland ist das „Wunder von Marxloh" zu einem Zeichen der Hoffnung geworden. Dort, in der Nähe von Duisburg, wurde 2008 eine Moschee eingeweiht, die mit Unterstützung der deutschen Bevölkerung, der Lokalpolitiker und der Kirchenvertreter errichtet wurde.

Deutsche und Türken: daima beraber

„Daima beraber" habe ich immer wieder gehört, wenn ich in den 70er Jahren mit meinem klapprigen Wagen in anatolische Dörfer gefahren bin: „Türkler ve almanlar daima beraber" („Türken und Deutsche immer zusammen"), sagten die alten Männer zu mir und rieben dabei die gestreckten Zeigefinger aneinander. Und dieses „immer" hat wirklich eine lange Geschichte, die bis zu der blutleeren Tyrannenfreundschaft zwischen dem letzten osmanischen Sultan und dem letzten deutschen Kaiser zurückreicht, der sich sogar als „Beschützer aller Muselmänner" aufspielte. Wichtige Eisenbahnlinien wurden damals von deutschen Ingenieuren und Firmen gebaut, und deutsche Arbeiter suchten im 19. Jahrhundert ihr Glück in Istanbul. Deutsche Generäle und Schlachtschiffe unterstützten erfolgreich die Osmanen gegen die britischen, australischen, französischen und italienischen Invasoren. Auch Atatürk wird bei seinen todesmutigen Attacken vom deutschen General Otto Liman von Sanders unterstützt und bewundert. Später verehrt er Atatürk seine goldene Uhr mit Familienwappen. Und Atatürk begleitet den Sohn des Sultans zum offiziellen Besuch beim deutschen Kaiser.[51] Beim Aufbau und der Organisation des türkischen Militärs nach dem Zusammenbruch des Osmanischen Reichs orientierte sich Atatürk an deutschen Vorbildern, während umgekehrt viele deutsche Intellektuelle und Künstler während der Zeit der Nazidiktatur in der Türkei ein freundliches Asyl gefunden haben (z.B. Paul Hindemith).

In der Gegenwart stammt der größte islamische Bevölkerungsanteil in Berlin und in vielen anderen deutschen Städten aus der Türkei, während umgekehrt die Türkei zu den beliebtesten deutschen Ferienzielen gehört, so dass man an eine Fortsetzung der Tradition glauben könnte. Aber obwohl in vielen Schulen, Vereinen und anderen Organisationen intensive Begegnungen mit der türkischen Kultur stattfinden und der Kulturbetrieb in Berlin deutlich auch von türkischstämmigen Künstlern geprägt ist, nehmen zugleich gegenseitiges Desinteresse und Aggressivität besonders unter den männlichen Jugendlichen zu. Dies ist eine Folge der immer noch fortschreitende Etablierung einer Parallelgesellschaft, in der das „Türkentum" und der *„en büyük Türk"* kultiviert und vorgelebt sowie ein unaufgeklärter, patriarchaler Islam praktiziert werden, während liberale Muslime zunehmend zwischen die Fronten von islamistischen Fundamentalisten und deutscher Gleichgültigkeit geraten.

Gleichzeitig nehmen auch in der Türkei die Spannungen zwischen liberalen und fundamentalistischen Muslimen zu. Und jede türkische Regierung muss zwischen wachsendem Nationalismus, Fundamentalismus und einer westlichen Orientierung ihren Weg finden. Schon Atatürk balancierte zwischen Islamismus und nationaler Befreiungsbewegung. So eröffnete er noch als Mustafa Kemal Pascha das neugeschaffene Parlament seiner türkischen Befreiungsbewegung, zu deren Präsidenten er gewählt wurde, mit Rezitationen aus dem Koran und der Sunna. Außerdem ließ er in einer Parade die Fahne des Propheten und ein Haar von seinem Bart mitführen, um die Muslime und die Anhänger des Sultans auf seine Seite zu bringen. Als die griechischen Truppen angriffen, Bursa eroberten und bis Uçak vorrückten, erklärte Atatürk den Befreiungskrieg der Türken zum Dschihad, also zum heiligen Krieg. Nur ein paar Jahre später schafft er als Atatürk und Retter der Nation das Sultanat und das Kalifat ab, verbietet Schleier und Fes, um nach seinem Sieg über die Invasoren eine säkulare Verfassung in Kraft zu setzen, in der einerseits auch die Gleichberechtigung der Frauen verankert und die Voraussetzung für eine Demokratie nach westlichem Vorbild geschaffen werden, andererseits aber auch die Wurzeln eines rigorosen Nationalismus liegen.

All diese Reformen erreichen den Osten der Türkei aber nur als fernes Echo, während der Ruf des Muezzin und die islamisch geprägten patriarchalen Stammesstrukturen wie seit Jahrhunderten den Ton angeben. Heute werden diese Strukturen von islamistischen Organisationen aus östlichen Nachbarländern für die Ausbreitung ihrer fundamentalistischen Ideologie in Richtung Westen ausgenützt, so dass türkische Regierungen mehr denn je in eine Zwickmühle geraten zwischen Fundamentalisten, Nationalisten und Militärs. Aus dieser Zwickmühle soll nun die neue ökonomische Dynamik mit alter konservativer Sozialmoral herausführen. Die engagierten Demokraten haben es da schwer.

Dabei ist es von besonderer Bedeutung, dass die Türkei der einzige muslimische Staat mit einer unabhängigen staatlichen Religionsbehörde ist, die nicht von orthodoxen islamischen Gremien abhängig ist und neue Wege zwischen Politik und Islam öffnet. Der Präsident der Staatlichen Religionsbehörde, Ali Bardakoālu, sagte anlässlich des Papstbesuches im November 2006: „Wir Muslime verurteilen alle Arten von Gewalt und Terror, egal wer sie ausübt, und wir verstehen sie als Verbrechen gegen die Menschheit".[52] Mit einer so entschiedenen Haltung können wir die Hoffnung auf einen liberalen und weltoffenen Islam verbinden. Im Zusammenhang mit der durch Atatürk initiierten demokratischen Verfasstheit des Staates ist es heute von weltpolitisch entscheidender Bedeutung, dass die Türkei so eng wie möglich mit Europa verbunden ist. Statt christlich verzierte Maximalforderungen an die türkische Regierung zu stellen, ist es wichtig, die Schwierigkeiten des „türkischen Weges" zu begreifen und dabei konkrete Unterstützung zu bieten, auch um Feindbilder abzubauen und das Vordringen des islamistischen Fundamentalismus zu verhindern. Deutschland kommt dabei eine besondere Rolle zu, denn: Türkler ve almanlar daima beraber.

Aber auch jenseits der Politik können wir zu einer umfassenderen Verständigung kommen, wenn wir uns auf die Schönheit und Weisheit als wichtige Dimensionen jeder Religion einlassen. Im Islam können wir uns öffnen für die Intensität und Poesie im Koran, für die Schönheit islamischer Dichtung und Musik. Wir können uns freuen an den vollkommenen Kuppelbauten der Moscheen mit ihren Kacheln und ihrer Schriftkunst. Und wir können auf die Weisheit islamischer Mystiker hören. Der aus Indien stammende Sufi-Meister Hazrat Inayat Khan[53] sagt uns:

»*Vergebung und Nachsicht und Geduld sind es, durch die man die Freiheit und Würde des Menschenwesen anerkennt; das vernichtet alle Widerwärtigkeit und verbrennt alle Unwürdigkeit, so daß nur noch Schönheit übrigbleibt.*«

EINSPRUCH!
(MIT DEM BRIEF EINER MUSLIMA AN IHREN SOHN)

Mein Sohn Ali,
im Namen Allahs, des barmherzigen Erbarmers. Ich schreibe Dir in höchster Not. Von einem Bekannten, den ich Dir lieber nicht nenne, habe ich erfahren, was Du vorhast. Ich habe es schon lange geahnt und Du kannst Dir denken, wie verzweifelt ich bin.

Als Deine Mutter flehe ich Dich im Namen Allahs an: TU ES NICHT! Wenn Du noch einen Funken Liebe und Achtung für Deine Mutter hast, musst Du meine Bitte erhören, auch im Namen des Propheten, der nicht will, dass ein Muslim Unschuldige oder sich selbst tötet.
Ich weiß, dass Du es Dir immer wieder überlegt hast und Du nicht leichtfertig eine Tat von solch entsetzlicher Wirkung begehst. Du willst die Menschen wachrütteln und retten und kämpfst gegen die Hohlheit und Sinnlosigkeit der westlichen Zivilisation, damit deren Leere nicht die ganze Welt aufsaugt und verkommen lässt, wie sie schon viele Muslime in Palästina, im Irak und anderen Ländern in Armut und Elend gebracht hat. Du willst wie ich eine sinnerfüllte Welt, in der wir als Muslime gerecht, gütig, wahrhaftig und vertrauenswürdig leben können, eine Welt, in der die Menschen durch ihren Glauben an Gott einander helfen und beistehen. Zwar hat es in den letzten Jahrhunderten keinen islamischen Staat gegeben, der diese Ziele nur annähernd umgesetzt hätte, aber Du weißt, dass ich als gläubige Muslima diese Ziele trotzdem gut finde und mich dafür einsetze. Aber Du weißt nicht, dass ich für meinen Einsatz schon mit dem Tod bedroht wurde. Es ist jetzt an der Zeit, es Dir zu erzählen: Als Du vier Jahre alt warst und Dein Va-

ter schon über ein Jahr tot war und wir noch in Kreuzberg wohnten, habe ich einen Verein für muslimische Frauen gegründet. Schon nach einem halben Jahr kamen viele Frauen zu mir und bald merkte ich, dass zu dieser Zeit das Hauptproblem der Frauen ihre Männer waren. Das waren Männer, die, ganz anders als Dein Vater und viele unserer Freunde, ihre Frauen herumkommandierten und schikanierten, ihnen alle Möglichkeiten des Kontakts und des Lernens verboten und sogar gewalttätig wurden. Ihre Töchter hätten sie am liebsten eingesperrt und zwangsverheiratet, damit „die Ehre" ja nicht in Gefahr lief, angekratzt zu werden, während ihnen die Söhne auf der Nase herumtanzten und von einer Schule zur anderen wechseln mussten.

Heute sind solche muslimischen Familien zum Glück die Ausnahme, aber damals waren es viele und niemand kümmerte sich darum. Unser Verein wurde schnell bekannt und wir hatten viele Erfolge. In Zusammenarbeit mit Rechtsanwältinnen und Politikern haben wir vielen Frauen geholfen – und der Verein erhielt sogar finanzielle Unterstützung vom Bezirksamt. Da hat Dein Onkel Yusuf Bey sich beim Imam über mich beschwert und es fing, auch über die Moschee, eine Hetzkampagne gegen mich an. Ich wurde dann Tag und Nacht durch Telefonanrufe bedroht und als ich die Telefonnummer ändern ließ, bekam ich Briefe mit Morddrohungen. Ich bin dann vom Verein zurückgetreten, weil ich zu viel Angst hatte, auch um Dich, weil mir klar war, dass sie im Fall meines Todes Dich sofort zu sich nehmen und umerziehen würden. Es ging mir lange schlecht, nur die Unterstützung unserer Frauen und die Sorge um Dich und die Freude an Dir erhielten mich damals am Leben. Allerdings konnte ich nicht verhindern, dass einige Deiner Onkel Dich immer mehr zu sich herüberzogen und Dich mir entfremdeten. Mit ihren Bärten, Turbanen und Brillen beeindruckten sie Dich als Kind und konnten Dich mit ihrem belehrend besserwisserischen Zeigefinger beeinflussen, obwohl sie nur über ein Dutzend auswendig gelernter und oftmals verfälschter Koranzitate verfügen, mit denen sie die ganze Welt erklären und Dich hineinziehen wollen in ihren primitiven Hass auf alles was anders ist als sie.

Ich habe Dir das nie erzählt, weil ich Dich nicht in Konflikte mit Onkel Yusuf bringen wollte. Er hätte auch dafür gesorgt, dass Du es mir nicht geglaubt hättest. Doch ich schreibe Dir das jetzt, weil ich hoffe, dass die Bedrohung Deiner Mutter auch Dich wachrüttelt und dass Du siehst, dass es für uns Muslime viel wichtiger ist, erst einmal alle Muslime, also Männer und Frauen, Schiiten und Sunniten, in gleicher Weise zu achten, bevor wir einen unheilvollen Krieg für einen noch nicht einmal einheitlichen Islam und das Gehirngespinst eines Welt-Kalifats führen. Ich weiß, dass im Koran viel Schlimmes über die Frauen steht und dass die Rolle der Frau im Islam nicht gerade beneidenswert ist. Wie stolz wäre ich deshalb auf meinen Sohn,

wenn Du Dein Leben nicht einfach für irgendein allgemeines Menschheits-
wohl wegwerfen würdest, sondern wenn Du Dich gerade als Mann dafür
einsetzen könntest, dass Dein Wunsch nach sinnerfülltem Leben auch die
Frauen, Sunniten und Schiiten umfasst. Denn nur dann kann überhaupt
erst eine glückliche islamische Gemeinschaft entstehen. Und da können wir
sogar viel von den Frauen und auch einigen Männern der westlichen Zivilisation lernen.

Aber genau das wollen die Hodschas nicht. Sie locken die jungen Männer
mit ihrem gereckten Zeigefinger und dummen Versprechen von mandeläu-
gigen Huris im Paradies, die als ewig jungfräuliche Gespielinnen die Märtyrer empfangen – und wo sie Mohammed begegnen, der für Wohltaten in
den Familien der Märtyrer sorgt. Sie locken Euch mit dem Welt-Kalifat, um
Euch zu Selbstmordattentaten zu treiben. Sie selbst bleiben gemütlich im
Teehaus sitzen und spielen Tavla und hetzen, weil sie Angst haben vor allen
Veränderungen, vor dem Verlust ihrer Macht und dass ihre eigene Unwissenheit – sogar über den Koran – an den Tag kommen könnte. Und deshalb
fürchten sie sich auch vor ihren Söhnen. Und wenn sie die Aufrührerischen
erst zum Märtyrertod gebracht haben, ist ihre Rolle noch mehr gefestigt und
sie können ohne Konkurrenz noch mehr feindselige Hetze und Unsinn über
den Koran verbreiten.

Denn Du weißt, dass im Koran in der von mir und Dir geliebten Sure von der
Kuh zwar steht: „Bekämpft für den Pfad Gottes diejenigen, die euch bekämpfen", aber der Prophet fährt auch fort: „aber seid nicht ausschreitend,
denn Gott liebt nicht die Ausschreitenden", und es heißt auch: „bekämpft
sie an den heiligen Anbetungsstätten nicht eher, als bis sie euch auch bekämpfen". Da uns aber niemand an unseren heiligen Stätten bekämpft,
dürfen wir im Sinne des Korans keine Gewalt zur Verbreitung des Islams anwenden. Nur Menschen, die sich ihres Glaubens nicht sicher sind, müssen
ihn mit Mord und Totschlag verteidigen. Die Religion der Terroristen ist
nicht der Islam oder das Christentum oder irgendeine andere Religion, sondern ihre Religion ist nur der Terror. Müssen wir denn die Fehler der Christen wiederholen, die erst in den Kreuzzügen und Pogromen die Andersgläubigen abschlachteten und dann mit Inquisition und Reformation sich
gegenseitig im Namen Christi umgebracht haben? Denn inzwischen bringen Muslime schon mehr Muslime um als andere. Und dabei heißt es doch
im Koran: „Keine Nötigung in der Religion. Ist doch das Rechtgehen vom Ir-
regehen so deutlich". Das Rechtgehen sollte so für Dich deutlich sein, da
Dich keiner angegriffen hat und Du hier studieren konntest und Freunde
hast. Und wenn die fundamentalistischen Propagandisten zum Dschihad
als islamische Weltrevolution aufrufen, so weißt Du auch, dass der Dschi-

had nicht Krieg, sondern Anstrengung bedeutet und nur verblendete Narren sprengen sich und andere in die Luft.

Die Islamliga hat schon vor zehn Jahren festgelegt, wie unsere Anstrengung auszusehen hat: Die Migration ist das wirksamste Mittel zur Islamisierung. Und so können wir in diesem Sinne nicht nur ohne Blutvergießen, sondern durch Zusammenarbeit in Freundschaft mit unseren Gastländern den Willen des Propheten erfüllen. Also führe Deinen Dschihad, indem Du Dich anstrengst, z.B. indem Du Dich verheiratest, viele Kinder hast, damit die Worte des Propheten wahr werden: „Du unser Herr, verleih uns Freude an unseren Frauen und an unseren Kindern und mache uns zum Vorbild für die Gottesfürchtigen!"

Die Demografen haben ausgerechnet, dass in 50 Jahren die Mehrheit der Deutschen Muslime sein werden. In England sind wir mit Lord Muhammed Shahin of Stranton bereits im Oberhaus. Und so wünsche ich mir, dass ich Dich noch als Regierenden Bürgermeister von Berlin erlebe.
Aber nun im Ernst: Erhöre meine Bitte! Ich wünsche mir und Dir, dass Du nicht für ein paar engstirnige, fanatische Mullahs stirbst, sondern für den Islam lebst. Im Namen Allahs des barmherzigen Erbarmers.
Deine Mutter

vor dem 6. Jhdt.	In den arabischen Siedlungen wurde die oberste Schöpfergottheit al-Ilah verehrt – mit den Göttinnen al-Lát, al`Uzza, Manát. Ihnen waren in der schon seit Urzeit bestehenden Kaaba Heiligtümer gewidmet. Auch starke jüdische und christliche Einflüsse, der Zoroastrismus und der monotheistische Hanifismus bestimmen das religiöse Leben in Arabien, das in der Kaaba ein Zentrum hatte und schon damals in den „Heiligen Monaten" von den Pilgern sieben Mal umrundet wurde. Diese Zeit wird von den Muslimen als dschahiliyya bezeichnet, als „Zeit der Unwissenheit", obwohl Mohammed viele Elemente dieser Zeit übernommen hat und sich keineswegs als Schöpfer einer neuen Weltreligion verstanden hat, sondern als Bewahrer und Erneuerer alter monotheistischer Traditionen.	„Mein Lob und Dank gilt Gott. Denn es gibt keinen Gott außer Ihm" (nach der Überlieferung ein Ausspruch von Zaid, dem Begründer des Hanifismus, der angeblich dem zehnjährigen Mohammed begegnet ist.) „Dann schlossen wir ein Bündnis mit den Propheten, mit dir, mit Noah, Abraham, Moses und Jesus, dem Sohn Marias, und wir schlossen mit ihnen ein festes Bündnis." (Sure von den Verbündeten, Vers 7. Mit „dir" ist Mohammed gemeint).
um 570	Geburt von Mohammed (Muhammad ibn Abdallah) als Sohn einer angesehenen Familie. Er verwaist früh, wird erst von seinem Großvater und dann von seinem Onkel in Mekka erzogen.	Muhammad (ar.: gepriesen, gelobt) „Mohammed ist nicht der Vater eines eurer Männer; er ist vielmehr Gesandter Gottes und Siegel der Propheten." (Sure 33,40)
610	Mohammed empfängt auf dem Berg Hira seine erste Offenbarung, wird so zum nabi (Propheten) und im Verlauf seiner Offenbarungen in den folgenden 23 Jahren zum Rasul Allah (Gesandten Gottes).	„Lies, im Namen deines Herrn, der schuf. Er schuf den Menschen aus einem Blutgerinne. Lies, bei deinem Herrn, dem Hochgeehrten. Der den Griffel gelehrt. Er lehrte den Menschen, was er nicht kannte." (96, 1-5)

622	Flucht Mohammeds mit seiner Gemeinde von Mekka nach dem 400 km nördlich gelegenen Medina (damals Yathrib), die sogenannte Hidschra.	Auf einem Platz zum Trocknen der Datteln, wo Mohammeds Kamel erschöpft stehen bleibt, um den von der langen Wanderung ermüdeten Propheten absteigen zu lassen, entsteht die masdschid, die erste Moschee
Jahr 1 n. H. (nach der Hidschra) der islamischen Zeitrechnung (in Mondjahren!)	Mohammed begründet hier den Stadt-Staat Medina als islamische Gemeinschaft der *Umma*.	„Die Gläubigen, die Männer wie die Frauen, die stehen einander bei." (9,17)
630	Nach mehreren Schlachten Sieg über die Quraisch in der Schlacht von Badr; friedliche Einnahme Mekkas.	„Damals verzagten zwei Heerscharen unter euch und wurden kleinmütig, jedoch Gott war beider Beistand; und auf Gott vertrauen sollen die Gläubigen. Schon half euch Gott bei Badr, und ihr wart gering; so fürchtet Gott, – daß ihr doch dankbar seid." (3,118, 119)
632	Mohammeds Tod. Kalifat von Abu Bakr, dem ersten der vier „rechtgeleiteten" Kalifen.	
nach 634	Umar wird zweiter Kalif, Begründer der islamischen kriegerischen Eroberung Futuhat und der Pflicht zur Hidschra, der Ausbreitung des Islams durch Migration. Explosionsartige Ausbreitung des Islams in Syrien, Ägypten, Persien. Eroberung von Damaskus und Jerusalem.	„Wahrlich, erhalten hat Gott von den Gläubigen Person und Vermögen dafür, daß ihnen der Garten zuteil ist, wenn sie für den Pfad Gottes kämpfen, ob sie töten oder getötet werden." (9,112).

644	Nach der Ermordung des Kalifen Umar wird Uthman Kalif.	Erste autorisierte Abschriften des Koran.
656	Nach der Ermordung Uthmans beginnt die Große Fitna (inner-islamischer Krieg, der im Koran verboten ist) mit der „Kamel-schlacht" zwischen Mohammeds Lieblingsfrau Aysa und seinem Neffen und Schwiegersohn Ali; nach der Schlacht von Siffin wird Ali, der vierte Kalif, ermordet. Spaltung in Sunna und Schi'a.	Bei den Sunniten ist der Kalif zugleich religiöser und politi-scher Führer, die Prophetie endet mit Mohammeds Tod; bei den Schiiten ist der Imam nur religiöser Führer, dem auch göttliche Verkündigungen zuteil werden können.
ab 661	Herrschaft der Umaiyyaden.	
680-692	Zweite Fitna (noch blutigere Kämpfe zwischen Sunniten und Schiiten).	
711-714	Eroberung Spaniens und der Westküste Indiens.	
732	Schlacht von Poitiers, Vorstoß bis nach Zentralafrika.	
	Die Abbasiden metzeln 750 alle Umaiyyaden grausam nieder (un-ter Abdullah al-Saffah: „Der Blut-vergießer"). Nach diesen blutigen Anfängen, die bis heute in Spaltun-gen und Rivalitäten des Islams fort-wirken, folgt (mit Harun al-Raschid in Bagdad) das „Goldene Zeitalter" des Abbasiden-Reichs, das sich durch Handel und Migration aus-breitet und andere Kulturen (z.B. auch die griechisch-aristotelische Philosophie) integriert. Mit Ibn Sina (Avicenna), Ibn Ruschd (Avrro-ës) und al-Farabi (geb. 870) setzt eine kurze Phase der islamischen Aufklärung ein. Blüte der islami-schen Mystik und Philosophie.	„O mein Herr, was immer du auf dieser Welt für mich bestimmt hast, gib es Deinen Feinden, und welchen Anteil in der nächsten Welt du mir geben willst, gib es Deinen Freunden: Du bist genug für mich." (Rabia, die Heilige von Basra, ca. 715-800)

ab 800	Mit dem Theologen al-Schafii wird allmählich ein rigides Rechtssystem als Scharia etabliert. Parallel setzt sich mit Ibn Hanbal (780-855) eine orthodox rigide Fixierung auf bestimmte Koran-Zitate durch, die später zur „Schließung der Tore des Ijtihad" und zur „Fiqh-Doktrin" (Ibn Taimiyya) führen, wonach rationale Erwägungen im Zusammenhang mit der Scharia oder mit dem Koran als Ketzerei mit dem Tod bestraft werden; Sammlung der Hadith (Überlieferungen des Propheten).
1099	Die Kreuzfahrer erobern Jerusalem.
1187	Rückeroberung durch Saladin.
1258	Ende des abbasidischen Kalifats durch die mongolische Eroberung Bagdads. Die Mongolen (und Tataren) nehmen bald den Islam an.
1281	Osmanisches Reich (bis 1924).
1389	Die Osmanen besiegen die Serben auf dem Amselfeld.
1453	Eroberung Konstantinopels durch die Osmanen.
1493	Sieg der christlichen Reconquista in Granada. Ende der islamischen Herrschaft in Spanien, Anfänge der katholischen Inquisition.

1539	Erste osmanische Belagerung Wiens.	„Die Türken sind vor Wien", war der Ruf, der Europa jahrhundertelang in Schrecken und Furcht versetzte.
1683	Zweite und letzte Belagerung Wiens durch die Osmanen.	
ab dem 19. Jahrhundert	Europäische Kolonialisierung und Christianisierung islamischer Gebiete (Indien, Ägypten, Nord-Afrika, Türkei) mit verschiedenen islamischen Aufständen und Erneuerungsbewegungen.	
1924	Unter Mustafa Kemal (Atatürk) wird die säkulare türkische Republik gegründet und das Kalifat abgeschafft.	
1928	Hasan al-Bunna gründet die Muslimbruderschaft in Ägypten. Er wird von der britischen Kolonialmacht ermordet	„Islam is the solution": Diese Parole elektrisierte die unterdrückte islamische Welt und wurde zum Fanal der islamischen Befreiungsbewegungen.
1932	Gründung des Königreichs Saudi-Arabien auf der Grundlage des von dem fanatischen Mönch al-Wahhab propagierten „reinen, ursprüngli-chen Islam".	
1947	Gründung Pakistans als erstem islamischen Staat.	
1948	Gründung des Staates Israel.	
1978	„Islamische Revolution" im Iran.	
1990	Golfkrieg, Gründung von al-Quaida.	
2001	Terroranschlag von al-Quaida auf New York und Washington.	

FÜNFTES KAPITEL
DIE HALBGÖTTER: WIE AUS DEN SÖHNEN DER KIRCHE DIE VÄTER DES FORTSCHRITTS WERDEN

Die Wüste wächst: weh dem, der Wüsten birgt!
Stein knirscht an Stein, die Wüste schlingt und würgt.
Der ungeheure Tod blickt glühend braun
und kaut -, sein Leben ist sein Kauen.
Friedrich Nietzsche

Heute können wir nicht über Religionen reden, ohne in unsere Gedanken die Wissenschaft und insbesondere die Naturwissenschaft einzubeziehen. Denn die Naturwissenschaftler sind es gewesen, die das übersichtliche Weltbild von Gott als Schöpfer einer Welt – mit der Erde im Mittelpunkt – ins Wanken gebracht haben. Die Frage nach dem Verhältnis von Religion und Naturwissenschaft ist seitdem immer wieder neu diskutiert worden, wobei die Wissenschaft heute paradoxerweise häufig die Rolle einnimmt, die früher das kirchliche Dogma und der Glaube innehatten.

DIE VERGÖTTERTE WISSENSCHAFT

Da ich früher selbst Physiker gewesen bin und mich in meiner Dissertation mit Einsteins Allgemeiner Relativitätstheorie[1] und mit Kosmologie beschäftigt habe, kenne ich aus eigenem Erleben den Zusammenhang zwischen religiösen Gefühlen und wissenschaftlicher Erkenntnis. Bei mir fing es schon in der Schule in einer Physik-Arbeitsgemeinschaft an, in der ein etwas schrulliger pfeiferauchender Lehrer uns selbst Experimente durchführen ließ. Ich hatte als Aufgabe zu Hause Scintillationen zu zählen. Dazu gab er mir eine Nähnadel, auf der sonderbarerweise ein radioaktives Präparat sein sollte, ein Stück mit Leuchtstoff bestrichene Pappe auf dem Boden einer kleinen runden Leukoplastdose mit einer Lupe. Alles roch fremdartig verwirrend nach Pfeifenrauch und Asche. Damit es ganz dunkel war und ich mich auch lange genug an die Dunkelheit gewöhnen konnte, baute ich mir in der Sofaecke aus Decken eine Dunkelkammer und – sah nichts. Bis ich plötzlich bei richtiger Stellung der Nadel und der Lupe wunderbare winzige Sterne grünlich aufblitzen sah und ebenso erschüttert war, als hätte ich den radioaktiven Zerfall soeben höchst persönlich entdeckt. Die Anwesenheit unbegreiflicher und wunderbarer Naturkräfte hatte sich mir wie ein Wunder offenbart und ich hatte das unheimliche Gefühl, dass der Schöpfer sich von mir seine Geheimnisse entlocken ließ. Danach ging es nun an das „wissenschaftliche" Beobachten. Nach jeder Stunde zählte ich die Anzahl von Blitzen pro Minute, an deren Abnahme konnte ich die Halbwertszeit des radioaktiven Präparats ausrechnen. Mein Wert stimmte ziemlich gut mit dem überein, den mir der Lehrer dann in einem richtigen „wissenschaftlichen" Buch zeigte, das auch nach Pfeife roch. Ich fühlte mich in einer Art kosmischer Verbundenheit mit einer Elite großer Forscher und Genies, die schließlich eines Tages „alles" erklären würden und damit Gott auch auf die Schliche kämen. Also musste ich Physik studieren. Am Anfang verstand ich fast nichts und der Mathematik-Professor, der eigentlich viel lieber Cello spielte, hätte für mich ebenso gut chinesisch reden können. Nach qualvollen Monaten mit Albträumen von Versagen und Minderwertigkeit tauchte dann allmählich aus dem Nebel die Silhouette einer wunderbar klaren Konstruktion unserer Welt auf: Das Mechanische des ganzen Alls war enthalten in den Hamilton-Jacobi'schen Gleichungen, erweitert um die Einstein'sche Relativitätstheorie; die Optik und das Elektrische war in den Maxwell'schen Gleichungen erklärt, die Thermodynamik in den Hauptsätzen und das Nukleare in der Quantenphysik.[2] Ein ziemlicher Hochmut überkam uns, dass wir da so den Durchblick hatten – und die Wissenschaft schien für uns die wahre Religion, wobei Wissenschaft eigentlich nur Physik war. Der Rest war einfach lächerlich.

Mit solchen hochgestimmten Gefühlen bewegte ich mich durchaus auf traditionsreichen Bahnen. Schon für Kepler war die Klarheit der Wissenschaft „ein Widerschein aus dem Geiste Gottes" und die wissenschaftliche Fähigkeit von Menschen ein Beweis dafür, „daß der Mensch ein Ebenbild Gottes ist".[3] Bei Kopernikus heißt es noch im Vorwort zu seinem, dem kirchlichen Dogma widersprechenden Werk „De revolutionibus orbium coelestium": „Damit der Gelehrte und Ungelehrte gleicherweise sehen, daß ich durchaus niemals das Urteil scheue, so wollte ich diese meine Nachtarbeiten lieber Seiner Heiligkeit als irgendeinem anderen widmen". In dieser Widmung an den Papst und in Keplers Gottesbezug offenbart sich auf faszinierende Weise ein Dilemma, in das die Pioniere der Wissenschaft geraten waren: In dem Maße, in dem sie sich selbst zu den Entdeckern und Herren der Schöpfung machten, gerieten sie in Konflikte mit dem vertrauten Glauben, mit Gottes Allmacht und dem gemütlichen Wohlbefinden in Gottes Obhut auf einer Erde, die noch das Zentrum der Welt war. Und natürlich gerieten sie in Konflikt mit kirchlichen Dogmen und deren Vertretern. Sie wollten diesem Konflikt entrinnen, indem sie immer wieder dem lieben Gott und seinen Stellvertretern ihre Loyalität versicherten, um dann umso ungestörter an seiner Demontage weiter wirken zu können. Ob es eher Angst vor Gottes Zorn oder nur eine schlaue Vorsichtsmaßnahme gegenüber dem mächtigen

Klerus war, lässt sich oft nicht unterscheiden. In beiden Fällen ist der Effekt aber derselbe: Die Machtergreifung der neuen Beherrscher der Schöpfung schreitet voran und entmachtet die alten religiös gebundenen Institutionen. Die als Fortschritt deklarierte Entwicklung nimmt ihren Lauf. Wissenschaft und Technik bestimmen nun Leben und Sterben in unserer Welt an der Schwelle zur Neuzeit.

In diesem Zusammenhang können wir auch verstehen, warum der Satz „Und sie bewegt sich doch!" eine solche Bedeutung in der abendländischen Geistesgeschichte erlangt hat. Diesen Satz soll Giordano Bruno immer noch wiederholt haben, bis er brennend auf dem Scheiterhaufen in Rom am 17.2.1600 den Feuertod erlitt.[4] Wegen dieses Satzes wurde Galileo, dem er ebenfalls zugeschrieben wird, zum Papst zitiert und musste abschwören, um das kirchliche Dogma von der unbewegten Erde im Mittelpunkt des Alls nicht zu erschüttern. „Und sie bewegt sich doch!" ist zum Schlachtruf einer Wissenschaft geworden, die sich als Kraft der Aufklärung und des Fort-schrittes gegen kirchliche Dogmen verstanden hat.

Aber die Begründer unseres wissenschaftlichen Zeitalters mussten sich nicht nur mit den Religionen auseinandersetzen, sondern mehr noch mit ihrer Herkunft von einem magisch-okkulten Weltbild mit einer ganzheit-lichen Naturbetrachtung, bei der es noch keine Trennung zwischen erken-nendem Subjekt und zu erkennendem Objekt gibt. So drückt sich bei Kepler diese ganzheitliche Weltsicht aus, indem er eine Weltseele postuliert und diese „anima mundi" sogar durch eine „anima terrae" ergänzt. Damit be-zieht sich Kepler auf altägyptische und vorhomerische Überlieferungen, in denen der Zusammenhang von Erkenntnis, Lebenssinn und Zugehörigkeit zur Schöpfung auf verschiedene Weise durch den altägyptischen Gott Thot und durch seine griechische Entsprechung Hermes Tresmegistos symboli-siert wird. Zu Keplers Zeiten waren diese Überlieferungen besonders in her-metischen und alchemistischen Traditionen lebendig, deren prägendes Kennzeichen Morris Berman[5] in einem „partizipierenden Bewusstsein" sieht. Die Alchemisten erfahren dieses partizipierende Bewusstsein in ei-nem Wandlungsmysterium, das aus der „prima materia" durch verschiede-ne alchemistische Prozeduren die in ihr schlafende Weltseele befreit, so das Stoffliche „erlöst", zugleich den Laboranten in das Geheimnis der Schöp-fung einweiht und ihn auf diese Weise verwandelt[6] (worauf wir uns im 6. Ka-pitel beziehen).

Auch Newton, der die Kepler'schen Gesetze bewiesen und das Werk des glücklosen Galilei vollenden konnte, war keineswegs der strahlende Held der Wissenschaft, als der er schon zu Lebzeiten durch Erhebung zum Sir, durch Ernennung zum Präsidenten der Royal Society der Welt präsentiert wurde. Berman hat darauf aufmerksam gemacht, dass erst seit etwa 50 Jahren die Herkunft von Newtons Denken aus alchemistischen und hermetischen Traditionen bekannt geworden ist und dass Newton noch als junger Mann überzeugt war, auserwählt zu sein als ein Glied in der *aurea catena*, der berühmten Kette der Magier, die bestimmt ist, in jedem Zeitalter das uralte hermetische Wissen zu erhalten. Er besaß eine umfangreiche Sammlung alchemistischer Texte und Geräte und unternahm entsprechende Experimente in vielen Jahren seines Lebens. Zu diesen hermetischen Traditionen gehören auch seine Spekulationen über den Tempel des Königs Salomo und die Zahlenverhältnisse bei den Maßen der Cheops-Pyramide. Der Bezug zur Alchemie war auch in Newtons physikalischen Arbeiten anfangs ganz deutlich, wurde aber dann schon von ihm selbst ausgemerzt, noch gründlicher dann von späteren Interpreten und Biografen. Er wurde so konsequent zum gradlinigen Entdecker der Prinzipien physikalischer Forschung und der Wissenschaftlichkeit überhaupt hochstilisiert, so dass weder ich zu meiner Zeit als Physiker noch meine Kollegen etwas von seiner „dunklen" Vergangenheit wussten. Newton wurde dann als Präsident der Royal Society selbst zum Eiferer gegen magische Praktiken und spiegelt so einen Bewusstseinswandel wider, der sich im gebildeten Bürgertum des 17. Jahrhunderts vollzog. Das partizipative Bewusstsein wurde einerseits verdrängt durch das zweckrationale Denken, bei dem es um technische Anwendbarkeit und merkantile Verwertung ging[7], andererseits durch den Anspruch der Kirchen, allein für die Transzendenz zuständig zu sein.

In dem von kirchlichen Dogmen geprägten Weltverständnis wird die Einheit von Erkenntnis und Lebenssinn ins Jenseits abgeschoben und die Zugehörigkeit zur Schöpfung nur noch als lebensferne Sehnsucht nach Erlösung und Auferstehung den Priestern überantwortet, während für das partizipierende Bewusstsein die individuelle Veränderung – ohne Mittler und die Möglichkeit einer erleuchteten Erkenntnis durch eigenes Handeln – bestimmend ist.

SCIENCE IS POWER!

Schon bei Kepler wird im Rationalisierungsprozess die von ihm angestrebte „pulcherrima conspiratio" (die schönste Verschwörung) zwischen dem erkennenden Menschen und dem Gott der Schöpfung immer mehr dem kausalen und mathematisch formulierbaren Denken geopfert, das in den Kepler'schen Gesetzen seinen vollkommenen Ausdruck findet.

Mit dem neuen Schlachtruf „Science is Power!", der aus Keplers Jahrhundert stammt und die *conspiratio* von Mensch und Gott endgültig aufkündigt, wird von Francis Bacon das wissenschaftlich-technische Zeitalter eröffnet, das dann die verheißene Macht in einer alle Hoffnungen übersteigenden Fülle und Grandiosität den Beherrschern der Natur und uns als deren Nutznießern bereitgestellt und den Fortschrittsglauben als eine neue Form säkularisierter Religiosität installiert hat. Dreihundert Jahre später kann Rudolf Virchow als Ziel der Wissenschaft angeben „in die Rolle einzutreten, welche in früheren Zeiten den transzendenten Strebungen der verschiedenen Kirchen zugefallen war", weil „die Wissenschaft für uns Religion geworden ist". Die jüdisch-christlichen Vorstellungen der Heilsgeschichte, die zu einem göttlichen Ziel und der Errettung der Menschheit führen sollen, werden nun säkularisiert zum Fortschrittsglauben, der sowohl technisch-rational die Machbarkeit eines irdischen Paradieses propagiert als auch philosophisch die Geschichte als den Prozess der sich vervollkommnenden Menschwerdung begreift. Heute sind es die Neuen Atheisten, die, wie der Neurobiologe Richard Dawkins in seinem Bestseller „Der Gotteswahn", wissenschaftlich beweisen wollen, dass es Gott nicht geben kann und daher alle Religionen sinnlos sind. An die Stelle Gottes habe die Evolutionstheorie und habe die physikalisch begründete Kosmologie zu treten – und in CERN proben die Physiker den Urknall, der dann an einer defekten Lötstelle scheitert.

Entscheidend ist dabei die Vorstellung, dass der Mensch nicht mehr Teil der Natur und in die Welt eingebettet ist, sondern dass er der Natur gegenüber steht und sie sich als zu beherrschendes und auszubeutendes Objekt zunutze macht. Während sich bei Bacon diese Trennung des Menschen von der Natur im Experiment vollzieht und den Menschen zur Macht verhelfen soll, ist es bei Descartes der Geist, der im Denken die Menschen von der Welt und ihren Zufällen befreit und sie so einer von der Welt unabhängigen Existenz versichert.

Bei dem zum Heiligen erhobenen Augustinus ist da noch alles ganz anders: Der Gehorsam im Glauben hat alle Zweifel und die eigene Erkenntnis als sinnlos auszuschließen. Der Heilige verdammt nicht nur die Begierden des Fleisches, sondern auch die Erkenntnis: „Denn außer dieser bösen Lust des Fleisches, die in aller Sinnenlust und aller Gier nach Freude wohnt, und die zugrunde richtet, wer ihr fern von deinem Angesicht dient, lebt in der Seele eine andere Begierde, die (...) in eitlem Vorwitz Nichtiges erfahren will, was dann geschminkt wird mit dem Namen der Erkenntnis und der Wissenschaft".[8] Aus diesem katholischen „credo ergo sum" des Heiligen Augustinus befreit sich Descartes mit einem selbstbewussten „cogito ergo sum": Aus seiner „Vollendeten Physik" wird bei Descartes sogar die „endgültige Moral" abgeleitet, weil das erkenntnisgemäße Verhalten allein das menschliche Glück garantieren soll. Bacon geht es hingegen bescheidener um die Wiedergewinnung des Paradieses, das nichts mehr mit Gott zu tun hat und das die Menschen nicht etwa durch den Glauben gewinnen können, sondern nur durch Herrschaft und Zähmung der widerstrebenden Göttlichkeit.

In einer Synthese von Empirismus und Rationalismus ist dann Newtons Mechanik zum Inbegriff des wissenschaftlichen Denkens und einer neuen Weltsicht geworden. Indem es Newton gelungen war, durch eine systematische Verbindung der experimentellen Methode mit mathematisch fundierten Schlussweisen aus seinen drei Axiomen scheinbar das ganze Weltgeschehen zu deduzieren, legte er die Grundlage für einen erkenntnistheoretischen Optimismus, dessen Zweckrationalität und Omnipotenzanspruch unser Bewusstsein bis heute geprägt hat. Die Aufgabe des Schöpfers wird nun eingeschränkt auf das Funktionieren der irdischen und himmlischen Mechanik, die Uhr als neues Sinnbild des Universums ersetzt das Auge Gottes und wird zur Grundlage des modernen Weltverständnisses.[9]

Es ist kein Zufall, dass es eine Frau war, nämlich Carolyn Merchant, die in den 90er Jahren herausfand, wie die Begrifflichkeit und die Methodik Bacons doch den patriarchalen kirchlichen Strukturen verhaftet bleibt: Bacons Methodik ist nämlich den Hexenprozessen seiner Zeit entnommen. Bacon, der es trotz bürgerlicher Geburt zum Lord-Chancellor von James I. gebracht hatte (und wegen Bestechlichkeit wieder entlassen wurde), war notwendigerweise mit den Verschärfungen der Hexengesetze und der Einführung der Todesstrafe für Hexenbetätigung unter dem König befasst. Nun empfiehlt er, dass der Mann der Natur ihre Geheimnisse auf ähnliche Weise entreißen muss, wie man die Geständnisse der Hexen durch die Folter erzwingt: „Auch ist wahrhaftig nicht an dem Eintritt und dem Durchdringen (penetration) in diese verschlossenen Plätze (...) zu zweifeln, wenn man sich einzig die Untersuchung (inquisition) der Wahrheit vornimmt".[10] So stehen Hexenfolterung und Inquisition am Anfang der wissenschaftlichen Revolution und bürgen im Namen der Objektivität und der Aufklärung für Gewalt, Macht und Missachtung der Menschen und der Natur. Mit der Abwertung alles Lebendigen, besonders des Weiblichen, setzt die Naturwissenschaft auf einer anderen Ebene jüdisch-christliche Traditionen fort, in denen gemäß Augustinus die Folter ein Akt der Liebe ist, weil sie den Abtrünnigen zur Wahrheit und zum Heil führe und doch nur „dem sündigen Fleisch, dem Gefängnis der Seele" schade.[11]

Denn der Zusammenhang zwischen Religion und Wissenschaft ist ambivalent: Politisch sind die offiziellen Vertreter der Religion seit dem Mittelalter erbittert gegen die Wissenschaft zu Felde gezogen, wie wir auch bei Augustinus gesehen haben. Diese Kämpfe haben bis heute in den USA zu den absonderlichsten „Blüten" geführt, z.B. in der Verteufelung der von Darwin begründeten Evolutionstheorie durch christliche Fundamentalisten. Diese bigotten Hardliner wollen mit List und Gewalt die Evolutionstheorie durch die Lehre vom „Intelligent Design" (ID) ersetzen, einer pseudowissenschaftlich verbrämten biblischen Schöpfungsgeschichte. Die ID-Jünger haben ihr Zentrum im Discovery Institute in Seattle und gehören mit ihren Förderern und dem ehemaligen US-Präsidenten George W. Bush zum Umfeld christlicher Konservativer, die von einem amerikanischen Gottesstaat träumen. Die Kreationisten berechnen sogar aufs Jahr genau die sieben Schöpfungstage vom 23.10.4004 v. Chr. an. So lächerlich, absurd und hohl der pseudoreligiöse Hochmut der Wissenschaftler wie auch der Fanatismus der mit wissenschaftlichen Dekorationen versehenen religiösen Eiferer uns auch vorkommen mögen, so verweisen beide Gruppen doch paradoxerweise auf einen tieferen Zusammenhang zwischen wissenschaftlichem Denken und monotheistischen Religionen. – Auch wenn jetzt Evolutionsbiologen wie Richard Dawkins in Vorträgen und in seinem Buch „The God Delusion" den „Gotteswahn" anprangern und als „New Atheists" nicht nur gegen die Religionen als Nonsens kämpfen, sondern auch gegen den Respekt vor dem Glauben an Gott: „Imagine no Religion" lautet nun die Parole fundamentalistischer Atheisten, die alle Wurzeln zur Transzendenz und zu den Ursprüngen der Wissenschaft kappen und selbst Gott spielen wollen.

VERBO(R)GENE WURZELN

Es gibt zwar keinen eindeutigen oder beweisbaren Zusammenhang zwischen jüdisch-christlicher (und auch islamischer) Religiosität und der sich entwickelnden Vorherrschaft des wissenschaftlichen Denkens sowie seiner technischen Umsetzung. Es gibt aber viele Hinweise darauf, wie aufgrund des christlich-jüdischen Verständnisses der Welt das Feld bereitet wurde, auf dem die Saat der Wissenschaft aufgehen und zugleich das partizipative Bewusstsein zerstört werden konnte. Da steht an erster Stelle bei dieser Feldbereitung der Schöpfungsglaube. Zwar hat Gott die Welt aus dem Nichts geschaffen, aber gerade deswegen wird sie als von Gott radikal verschieden aufgefasst. Gott als dem unbedingt und unendlich Guten wird ein entgöttlichter Kosmos gegenübergestellt, in dem das Übel und das Böse wohnt. Die biblische Schöpfungsgeschichte macht Ernst mit der Entzauberung der Welt und leitet von Anfang an einen verhängnisvollen Säkularisationsprozess ein. Die Welt ist im christlichen und im jüdischen Verständnis radikal entgöttlicht. Schon im ersten Schöpfungsbericht (Genesis 1.14-16) werden die in altorientalischen Religionen heiligen Gestirne zu bloßen „Lichtern" degradiert, die nur dazu da sind, zu „scheiden Tag und Nacht und [zu] geben Zeichen, Zeiten, Tage und Jahre". Diese Entgöttlichung der Welt und Verweltlichung der Schöpfung findet ihre Entsprechung in einem „Macht-euch-die-Erde-Untertan" und fordert die Menschen geradezu auf, die Welt eigenmächtig zu untersuchen und zu gestalten, ohne auf Schäden und Konsequenzen zu achten. Die Welt wird so zum Objekt des Menschen. Statt des partizipativen Bewusstseins, statt Staunen über diese Welt und Achtsamkeit auf ihre Wunder geht es nun um die Erforschung ihrer kausalen Zusammenhänge und deren Ausbeutung zum Nutzen der Schlauen. Die muntere Treibjagd kann beginnen – mit dem lieben Gott als Schirmherren. Der hatte den Menschen einen großen Kosmos hingeworfen, den sie nun beschnuppern, beriechen, benagen können, ehe sie ihn in Stücke brechen, verschlingen und zermalmen, denn dazu hat Gott sie aufgefordert: „Lasset uns Menschen machen, ein Bild, das uns gleich sei, die da herrschen über die Fische im Meer und über die Vögel unter dem Himmel und über das Vieh und über die ganze Erde und über alles Gewürm, das auf Erden kriecht". (Genesis 1,26)

Gottes so deutlich ausgesprochene Ermächtigung haben wir in unserer Geschichte mit größter Hingabe, Begeisterung und Einsatzbereitschaft angenommen. Ob es die gewaltsame Herrschaft über andere Menschen war, das rücksichtslose grausame Ausnützen der Tiere oder die rücksichtslose Zerstörung der Erde: Immer waren und sind wir an vorderster Front dabei. Aber da geht es nur um die Oberfläche des Kosmos, um das Äußere. In einer tieferen Schicht geht es dann schnell um das „Wie": Wie sieht denn dieser Kosmos aus? Wie hat denn Gott diesen Kosmos gemacht als intelligenter Designer? Denn dass auf den Schöpfungsbericht bei dem „Wie" nicht viel Verlass ist, kann man schon beim flüchtigen Lesen sehen, wenn Gott einmal Mann und Weib gleichzeitig schafft (Genesis 1,27), er den Mann kurze Zeit darauf aus einem Erdenkloß noch einmal allein erschafft (Genesis 2,7). Also ist dieses „Wie" der Schöpfung, das intelligente Design doch eigentlich auch Sache der Männer. Also muss man beim Verschlingen des Kosmos lieber vorsichtig sein, um vorher noch genug zu erfahren, wie er denn innen aussieht, wie fest er ist, wie haltbar und wie er denn gemacht sei, damit man selbst auch einen so schönen Kosmos herstellen könne.

Und hier kommt nun eine zweite Eigenart der jüdischen und der christlichen, aber auch der islamischen Religion zum Tragen, denn alle drei Religionen sind Buch-Religionen: In den offenbarten Schriften müssen die Gläubigen durch Lesen und Interpretieren versuchen, Gottes Willen zu verstehen. So werden sie zu Schriftdeutern, und indem sie ihre Deutung anderen mitteilen und mit ihnen darüber reden, werden sie zu einer Deutungsgemeinschaft, in der die Schriftgelehrten das höchste Ansehen genießen. Die meisten, die weniger gelehrt sind und die Schriften nicht lesen können, müssen sich an die Deutungen der Gelehrten halten. Diese Tradition der

Deutungsgemeinschaft wird nun auf das neue Feld übertragen, um nämlich das „Wie" der Schöpfung zu erkunden, in dem man in der Schöpfung „liest", d.h. sie analysiert und ihre Strukturen herausfindet, um so noch besser die Welt beherrschen zu können. Wenn es anfangs noch darum geht, bei dem Erforschen der Welt in den Naturgesetzen noch den Willen Gottes zu erspüren, so wird das wissenschaftliche Denken bald zum Selbstzweck eines selbstbewussten Bürgertums. Durch die wissenschaftlichen Erkenntnisse wird man unabhängig vom Schöpfer zur eigenen geistigen und existentiellen Vollkommenheit geführt. Aus der religiösen Deutungsgemeinschaft wird nun die *scientific community*, die über Sinn und Wahrheit bestimmt – und weder etwas mit Religion noch mit partizipativem Bewusstsein und Achtsamkeit zu tun hat.

DIE ÄNGSTE DER ALLMÄCHTIGEN

Der Verlust der Geborgenheit und der religiösen Verankerung im mittelalterlichen Kosmos sowie die Abwendung vom partizipativen Bewusstsein haben andererseits Ängste erzeugt, die in den apokalyptischen Visionen der Maler und Dichter des ausgehenden Mittelalters immer wieder Ausdruck gefunden haben, wie z.B. in den Gedichten John Donnes auf den Tod der Welt, in denen er die Welt als „Krüppel" und „bleiches Gespenst" bezeichnet, um wie folgt zu schließen: „Sie, sie ist tot; sie ist tot".[12] Die anwachsende Unsicherheit und Ungeborgenheit in einem Kosmos, in dem nicht mehr die Erde und der Mensch im Mittelpunkt stehen, verlangen nach mehr egozentrischer Selbstvergewisserung, die wiederum zu noch mehr Angst vor der göttlichen Rache führt und so wiederum nach noch mehr Selbstvergewisserung verlangt: Es entsteht eine Spirale, die immer mehr in Richtung Identifizierung mit göttlicher Allwissenheit und göttlicher Allmacht führt. Horst-Eberhard Richter beschreibt in seinem „Gotteskomplex" die Dialektik zwischen narzisstischer Ohnmacht und narzisstischer Omnipotenz:

»*Der lange Zeit als großartige Selbstbefreiung gepriesene Schritt des mittelalterlichen Menschen in die Neuzeit war im Grunde eine neurotische Flucht aus narzisstischer Ohnmacht in die Illusion narzisstischer Allmacht. Der psychische Hintergrund unserer so imposant scheinenden neueren Zivilisation ist nichts anderes als ein von tiefen unbewältigten Ängsten genährter infantiler Größenwahn.*«

Unsere Zivilisation trägt dadurch zahlreiche Merkmale einer krampfhaften Selbstüberforderung, denn

»der verunsicherten Beziehung zu Gott, die einen langen Prozess schmerzhafter Auseinandersetzungen erfordert hätte, hat man sich durch Identifizierung entzogen. Aber das durch diese Gleichsetzung erzeugte großartige Selbstbewusstsein ist stets trügerisch geblieben, und das auf die technische Naturbeherrschung fundierte Machtgefühl verleugnet seit je die tatsächliche infantile Abhängigkeit von eben dieser Natur, ohne deren Ressourcen ein Überleben der Menschheit undenkbar ist«.[13]

Durch diese Selbstüberschätzung und die Begrenzung auf das Rationale mit der zwanghaften Bindung an die eigene Erkenntnis sollen die Ängste in einer sich ausdehnenden und verändernden Welt ohne irdisches Zentrum abgewehrt werden. Der Gott, der für das Menschliche nicht mehr zuständig zu sein scheint, wird ersetzt durch die Wissenschaft, um somit zugleich die eigene Ohnmacht zu besiegen und eine neue Herrschaft des Menschen zu installieren. Descartes kann jubeln: „Cogito ergo sum." („Ich denke, also bin ich"). Im Denken versichert sich der aufgeklärte Mensch seiner Existenz und seiner Allmacht. Die damit verbundene Verleumdung des Sinnlichen und der Achtsamkeit wird bei Descartes sinnigerweise mit „Meditationen" betitelt. „Cogito ergo sum." – „Ich denke, also bin ich nicht verloren." – „Ich denke, also bin ich Gott." – Ich denke, also herrsche ich." Parallelen zu den modernen Angstabwehrmechanismen bei jedem neuen, mit Orientierungslosigkeit und Verlorenheitsgefühlen verbundenem Modernisierungsschub drängen sich da auf. Sie verweisen zugleich auf die darin enthaltenen destruktiven Potentiale und die Notwendigkeit, sich anders mit unserer Welt und auch mit den Religionen zu befassen.

Heute versuchen allerdings viele Wissenschaftler, sich mit den Religionen zu versöhnen. Nicht zufällig sind es wieder besonders die Naturwissenschaftler, denen es um ihr gestörtes Verhältnis zu Gott geht. Nach dem eher privaten Engagement von Physikern wie Planck, Einstein, Heisenberg und C.F. v. Weizsäcker in Sachen Religion, wollen sich heute die Wissenschaftler nicht mehr mit halbherzigen religiösen Geständnissen zufrieden geben.[14] Vielmehr geben sie nun vor, dass die Wissenschaft selbst zu einem transzendenten Unternehmen geworden ist. Sie sprechen dezent von einem Paradigmenwechsel, der in der Wissenschaft stattgefunden habe, so dass der wissenschaftlich-technische Betrieb seine menschen- und umweltfeindlichen Aspekte verloren habe und nun sanft, ökologisch und in Einklang mit den Mystikern aller Zeiten funktioniere. Der Paradigmenwechsel mache es möglich, dass nun Ost und West, Wissenschaft und Glaube, Rationalität und Mythos endlich versöhnt seien. Dieser wundertätige Paradigmenwechsel wurde in den 60er Jahren viel harmloser von Thomas S. Kuhn eingeführt, der sich als Wissenssoziologe dafür interessierte, wie bestimmte Erklärungsmodelle in der Wissenschaft zusammenhängen mit den Menschen, die sie erfinden und benützen: „Menschen, deren Forschung auf gemeinsamen Paradigmata beruht, sind denselben Regeln und Normen für die wissenschaftliche Praxis verbunden".[15] Fritjof Capra, austro-kalifornischer Physiker mit Esalen-Erfahrung, beschreibt den von ihm erfundenen und programmierten Paradigmenwechsel in der modernen Physik so:

»Die materielle Welt, gemäß der modernen Physik, ist kein mechanisches System, das aus getrennten Objekten besteht, sondern erscheint als ein komplexes Gewebe von Beziehungen. Subatomare Teilchen können nicht als isolierte Einheiten verstanden werden, sondern müssen als Verknüpfung, oder Korrelationen, in einem Netzwerk von Vorgängen angesehen werden«.

Er schließt programmatisch: „Das Weltbild der modernen Physik ist ganzheitlich und ökologisch." Und dieses Weltbild wird überdies „tiefgreifende Veränderungen unserer gesellschaftlichen und politischen Strukturen hervorrufen".[16] Wird schon bei Kuhn der Einfluss gesellschaftlicher und ökonomischer Bedingungen auf Entstehung und Wandel von Paradigmen weitgehend ausgeblendet, so verkehrt sich dieser Einfluss bei Capra in ein sonderbares Gegenteil: die quantentheoretische Interpretation der Materie muss dazu herhalten, nicht nur die gesamte Physik in eine ganzheitliche und ökologische Wissenschaft umzumodeln, sondern unsere Gesellschaft gleich mit dazu.

In der Wirklichkeit eines Physikers (oder aber auch einer Putzfrau) im Atomforschungszentrum sieht diese Wandlung allerdings ganz anders aus: die schönen ökologischen Interpretationen der subatomaren Teilchen (als Aktivitätsmuster eines stochastischen Mediums) werden durch immer umweltfeindlichere Methoden erzielt: Die schwer zugänglichen Wechselwirkungen im subatomaren Bereich müssen durch immer spezialisiertere Versuche mit immer höherem Energieaufwand „herausgekitzelt" werden. Der neuste Röntgen-Laser XFEL in Hamburg wird über 3 km lang sein und mehrere Milliarden Euro verschlingen. Der Large Hadron Collider (LHC) in Genf hat über Tausend auf Minus 271 °C supergekühlte Magneten in einem 27 Kilometer langen Ring. Bei der Suche nach Higgs-Bosonen und der missglückten Simulation eines Schwarzen Löchleins sowie eines Ur-Knällchens hat er den Stromverbrauch einer Kleinstadt. Die Pläne für den nächsten Teilchenbeschleuniger bewegen sich inzwischen bei mehreren 100 Milliarden Dollar und werden auch von militärischen Instanzen beeinflusst, wie früher schon Robert Jungk und die Schweizer Wissenschaftler J. Grinevald und A. Gsponer für CERN herausgefunden haben. Die Physik wird sich also wegen ein paar schöner Weltbilder nicht selbst aufheben, sondern sich weiterentwickeln in der bekannten Richtung: Partikularisierung, Gigantomanie und Lebensfeindlichkeit. Aus dieser Misere führen keine noch so ganzheitlichen Paradigmenwechsel heraus, weil diese Misere mit den Forschungsprinzipien sowie den Regeln und Normen des Wissenschaftsbetriebes zusammenhängt.

Zu fragen ist natürlich auch, ob sich hinter der Rede vom Paradigmenwechsel nicht etwas ganz anderes verbirgt: nämlich die neuerlich gewendete Usurpation der menschlichen Denk- und Vorstellungswelt durch die moderne Physik. So wie einst das mechanistische Weltbild der Physik über den Umweg einer missglückten Aufklärung zum Trivialmythos unseres Kulturkreises verkam, so könnte sich nun das Denkmodell der Quantentheorie als neues Vor- und Leitbild unseres Denkens und Handelns empfehlen. Wenn sich in der Quantentheorie die Gesetzmäßigkeiten nicht mehr auf lokalisierbare, sich bewegende Objekte beziehen lassen, sondern sich auf die Beschreibung von Strukturgittern und Ordnungskategorien bestimmter Verknüpfungswahrscheinlichkeiten beschränken, so wird diese Beschränkung von Capra auf die Welt unseres individuellen und gesellschaftlichen Handelns als Struktur- und Ordnungsschema ohne handelnde und behandelnde Personen ausgedehnt: „Es herrscht Bewegung, doch gibt es letzten Endes keine sich bewegende Objekte; es gibt Aktivität, jedoch keine Handelnden; es gibt keine Tänzer, sondern nur den Tanz." Das bei Physikern (und auch bei Capra) nun so beliebte Zitat von James Jeans – „Das Universum beginnt mehr wie ein großer Gedanke denn wie eine große Maschine auszusehen" – zeigt auch schon, wodurch das kartesianische Weltbild nun abgelöst werden soll: Während in der klassischen Physik der handelnde Mensch durch die Erkennbarkeit des Ursache-Wirkung-Gefüges immerhin in der Maschinerie verortet war, soll er sich jetzt im allgemeinen Strukturgitter eines großen getanzten Gedankens ohne Subjekte und Objekte wie Gott in der Schöpfung gänzlich auflösen. Das Erkenntnis-Paradigma der Wissenschaft, wonach das erkennende und handelnde Subjekt vom Erkenntnisprozess abgespalten bleibt, hat sich durch diese Wendung keineswegs verändert, sondern nur zu seiner letzten absurden Konsequenz gemausert: Das denkende und handelnde Subjekt hat sich nun gottgleich in den Erkenntnisprozess hinein verflüchtigt und ward als historisches und gesellschaftliches Wesen fortan nicht mehr gesehen.

Das Unbehagen, das die Paradigmenwechsler am kartesianischen Weltbild der klassischen Physik verspüren, ist sicher berechtigt. Es durch den Jubel über ein angeblich per Paradigmenwechsel erreichtes ökologisch-spirituelles Weltbild der modernen Physik zu ersetzen, verrät zunächst einmal den verständlichen Wunsch eines netten und gebildeten Physikers, dass seine lebenslängliche Profession auch eine anständige sei. Die Berufung auf einen Paradigmenwechsel der Wissenschaft, auf ein „anthropisches Prinzip" oder auf Sheldrake's „morphogenetische Felder" entspringt einem Wunschdenken, das die Welt als Objekt patriarchalischer Wissenschaft wieder in den Zustand einer unschuldigen Schöpfung zurückversetzen will, aus der aber dann die Existenz des Menschen als eines notwendigen Beobachters von selbst folgen soll. Da sich aber leider die Forschungsmethoden und die Strukturen des Wissenschaftsbetriebs immer weiter in Richtung Spezialisierung, Hierarchisierung und Big Science entwickelt haben, kann die Anständigkeit und Unschuld dieser milliardenfressenden Denkfabriken mit vorwiegend militärischer Anwendung offenbar nur noch durch freundliche Weltbilder demonstriert werden. Ein Paradigmenwechsel soll der erleichtert aufatmenden Öffentlichkeit bescheinigen, dass es sich bei der Physik – und der Wissenschaft überhaupt – nicht mehr um die spezifische Denkform einer auf Ausbeutung und Unterdrückung beruhenden patriarchalischen Gesellschaftsstruktur handelt, sondern um eine ganzheitlich-ökologische Systemschau, in der der menschliche Geist sich endlich mit Gott und der Materie versöhnt.

Gleichzeitig wird die Versöhnung des rationalen Denkens mit der Transzendenz auch wieder auf höchster Ebene betrieben: der verlorene Gott wird mittels des ganzheitlichen Weltbildes der Physik gleich umfassend und spirituell in das Wissenschaftsgetriebe einverleibt, wo ER sich nicht einmal mehr mit den Differenzen zwischen den einzelnen Religionen herumzuschlagen braucht. Denn die „neuen Begriffe der Physik führten zu einem radikalen Umsturz unseres Weltbildes; von der mechanistischen Weltanschauung eines Descartes und Newton zu einer ganzheitlichen und ökologischen Sicht, die der der Mystiker aller Zeiten und Traditionen sehr nahe kommt" (Capra). So bleibt also die Beschäftigung mit der Physik nach wie vor eine recht heilige Handlung, auch wenn Gott sich längst in den Atombomben versteckt haben sollte.

Heute gehen allerdings die Wissenschaftler noch einen Schritt weiter, indem sie sich nicht mehr begnügen, die Wissenschaft als religiöses Unternehmen zu deklarieren, sondern indem sie nun beanspruchen, die Notwendigkeit der Religionen wissenschaftlich herzuleiten. Es sind besonders die in Mode gekommenen Neuro-Wissenschaftler, die auf der Basis elektronischer Messungen im Gehirn mittels faszinierender Bilder in den einschlägigen Magazinen nicht nur die menschliche Disposition zur Willensfreiheit und zur Verantwortung hirnorganisch begründen, sondern auch herausgefunden haben wollen, wo sich das „Bedürfnis nach Religiosität" in der inneren Organisation unseres Gehirns ansiedeln lässt. Wobei die entsprechenden Strukturierungen komplexer neuronaler Verschaltungsmuster für die mit Kohärenz, Sinn und Religiosität befassten Ebenen synaptischer Netzwerke in der präfrontalen Cortex lokalisiert werden.[17]

So wird nun die Existenz Gottes als hirnorganisches Phänomen endlich wissenschaftlich bewiesen – und Gott kann so zur neuesten Entdeckung der Wissenschaft avancieren, auch wenn ER dann vielleicht im wahrsten Sinne nur ein buntes Hirn-Gespinst bleibt und der Rest der Wissenschaftler alle Religionen in Bausch und Bogen als Gotteswahn verteufelt.

MIT DER WISSENSCHAFT IN DIE KATASTROPHE

Die Reduzierung unseres Weltverständnisses auf rationale Erkenntnis hat aber schließlich –jenseits hübscher Weltbilder und noch hübscherer Hirngespinste – auch dazu geführt, dass die existentiellen Dimensionen des Menschseins auf die Sicherung des Wohlstands hier und das ewige Heil dort geschrumpft sind. Zwar hat sich die Aufklärung erfolgreich gegen mittelalterliche Denkverbote und Vorurteile durchgesetzt, indem ein neuer Zusammenhang zwischen dem Selbstverständnis des Menschen und der wissenschaftlichen Erkenntnis entstanden ist. Aber indem dieser Zusammenhang als einseitige reaktive Selbstbehauptung ohne ein umfassendes Bewusstsein für den Zusammenhang von Mensch und Kosmos gestaltet wurde, konnte die von Descartes versprochene moralische Glücksfindung als Ergebnis der Naturwissenschaften ebenso wenig realisiert werden wie das von Bacon versprochene Paradies als notwendige Konsequenz des wissenschaftlichen Denkens. Nietzsche zieht den Schluss, dass solche „Weltverbesserung nicht in den Himmel, sondern in die Hölle" führt.

Hinter diesem Scheitern verbirgt sich aber nicht eine zufällige Panne der Wissenschaften oder ein noch nicht weit genug entwickelter Fortschritt des wissenschaftlich-technischen Denkens, sondern ein in den Strukturen der Wissenschaft verankertes Defizit: Dadurch dass Wissenschaft und Technik sich im Zusammenhang mit der kapitalistisch organisierten Warenproduktion entwickelt haben, die den Produktionsprozess immer mehr vom Arbeitenden und vom Warengebrauch abgekoppelt hat, entsteht auch in den Wissenschaften eine zunehmende Kluft zwischen gewonnenen Erkenntnissen, den am Erkenntnisprozess beteiligten Menschen und denen, die von den Erkenntnissen betroffen sind (z.B. als geheilte Patienten oder als radioaktiv Geschädigte). Durch zunehmende Professionalisierung, Institutionalisierung und Spezialisierung wird diese Kluft immer größer, so dass der Zusammenhang zwischen den subjektiven Erfahrungen der Menschen und dem in den Wissenschaften organisierten Erkenntnissen immer weniger tragfähig wird, so dass sich die Wissenschaften immer mehr verselbständigen und immer weniger der gesellschaftlichen Kontrolle unterliegen. Das in der wissenschaftlichen Methode (durch die Prinzipien der Objektivierung und der subjektunabhängigen Analyse) enthaltene destruktive Potential kann sich so mehr und mehr verselbständigen und durchsetzen, so dass die wissenschaftlich-technische Rationalität weit mehr Potential zur Vernichtung des Lebens und der Erde bereitgestellt hat als zu deren Erhaltung.[18]

Dennoch sind wir an diese Wissenschaft heute als unsere selbst erzeugte Überlebensnotwendigkeit zur Entwicklung von Wohlstand und Lebensqualität gebunden, auch wenn sie in diesem verengten Rahmen notwendigerweise gekoppelt ist an Ausbeutung, Herrschaft, Vernichtung – bis hin zur Bedrohung des Überlebens der Gattung und der Erde.

Wenn heute die existentielle Fülle des menschlichen Daseins immer mehr eingedampft wird auf sozio- und biotechnisch manipulierbare Restbestände, kann das so entstehende Vakuum umso gründlicher von religiösen Eiferern aller Art zugestopft werden. In der explosiven Spannung zwischen der Euphorie des informations- und biotechnischen Futurismus und dem Sendungsfanatismus der Fundamentalisten werden wir so zwischen Gewaltbereitschaft, Terror und wissenschaftlich-technisch organisierter Rache immer wieder in die selbst erzeugten Abgründe stolpern. Jede Hoffnung, diese „Nebenwirkungen" der Wissenschaft durch wissenschaftliche Methoden zu vermeiden, führt zu neuen Nebenwirkungen. Auch eine als Rettung vorgeschlagene „Science of Science" bleibt dem Dilemma der Wissenschaften verhaftet: „Warum eigentlich sollte eine Science of Science, die sich zur emphatisch sogenannten „Kritik" jeder anderen Art von Wissenschaftlichkeit aufschwingt, frei sein von der Problematik, die ihr Thema zu sein hätte?"[19]

DIE ENTDECKUNG DER ACHTSAMKEIT

Die Notwendigkeit wissenschaftlich-technischer Rationalität für unser Überleben kann nur dann sinnvoll gewendet werden, wenn diese Rationalität in den Zusammenhang mit einem umfassenden reflexiven Bewusstsein gebracht wird, zu dem dann auch die Frage nach den Möglichkeiten der Religion gehört. Der Spielraum zwischen den Gefahren beim Selbstbetrieb der Wissenschaften und ihrer Unentbehrlichkeit kann nur als Bestandteil eines umfassenden Achtsamseins sinnvoll genutzt werden. Achtsamkeit verstehe ich dabei als eine umfassende Aktivität unserer Wahrnehmens und Denkens, in der die Potentiale der Wissenschaft und der Religion aufgehoben sind.

Achtsamsein scheint mir als zentraler Begriff im Zusammenhang mit Lebenssinn und persönlicher Entwicklung besonders geeignet, um die Qualität einer Grundhaltung zu beschreiben, in der Menschen das Besondere ihrer Zugehörigkeit zur Welt erfahren. Achtsamsein kann als eine grundlegende Weise des In-der-Welt-Seins verstanden werden, in der Menschen ihre Wirklichkeit umfassend erfahren und die Fülle ihrer existentiellen Möglichkeiten entfalten können, indem sie mit ihrer Körperlichkeit, ihren Wahrnehmungen, Gefühlen und Gedanken bewusst im gegenwärtigen Augenblick da sind.[20] Achtsamsein umfasst nicht nur Achtsamkeit und Aufmerksamkeit, sondern auch Beachtung, Fürsorge und Rücksicht und ist in unserer Vorstellung verbunden mit Begriffen wie: vorsichtig, rücksichtsvoll, liebevoll, sich Zeit nehmen, zuhören, erinnern, auffassen, behutsam, sanft, aufeinander achten. Im Achtsamsein ergeben sich viele Bezüge zu anderen Bereichen und Traditionen, wic z.B. therapeutischen, indianischen und buddhistischen. So lehrt Buddha in der berühmten Anapanasati-Sutra wie wir unseren Atem zur Aufrechterhaltung von Achtsamkeit nutzen können: „Wenn er geht, muß der Übende sich bewußt sein, daß er geht, wenn er sitzt, muß der Übende sich bewußt sein, daß er sitzt… Wenn er so übt, lebt der Übende in der unmittelbaren und fortwährend auf den Körper gerichteten Achtsamkeit".[21] In dieser Bedeutung ist Achtsamsein als eine Grundhaltung des in der Weltseins nicht nur innehaltend und kontemplativ zu verstehen, sondern zugleich bezogen auf unser alltägliches Handeln, auf alles was wir wahrnehmen, fühlen und denken, aber auch auf unsere Bedürfnisse und Handlungen.

Zwar können wir aus unserer wissenschaftlich-technisch organisierten Zivilisation nicht einfach aussteigen – und es gibt auch kein „Zurück-zur-Natur" oder zu einer (nie da gewesenen) Harmonie zwischen Mensch und Natur. Aber im achtsamen Umgang mit unserer Erde und den Menschen einerseits und mit ihrer achtsamen und lebensnotwendigen Umgestaltung als *cultura* andererseits kann das Überleben der Gattung und der Erde möglich werden. Und vielleicht kann es sogar gelingen, einen sehr viel bescheidenen Wohlstand für sehr viel mehr Menschen zu verbinden mit achtsamen Beziehungen zwischen den Menschen sowie zwischen Mensch und Kosmos, in dem die Fülle und Schönheit des Daseins als unsere Kultur und unsere Religiosität erfahrbar wird.

EINSPRUCH!
(MIT THEOLOGELEIEN)

Im Dialog

1

A: Kannst Du Dir vorstellen, dass Gott das alles hier erschaffen hat: jedes Sandkorn, alle unendlich weit entfernten Sterne, die Zwergmäuse und Elefanten, Deine Haare und Deine Leber...

B: Nein, kann ich nicht. Aber noch weniger kann ich mir vorstellen, dass Gott es nicht erschaffen hat.

A: Na, Gott sei Dank!

2

A: Gott ist gütig und allmächtig!

B: Das geht nicht. Entweder gütig – oder allmächtig. Du musst Dich entscheiden.

A: Wieso?

B: Wenn Gott gütig ist und die Menschheit dennoch im Leid versinkt, dann kann er nicht allmächtig sein. Wenn er aber allmächtig ist und die Menschheit im Leid versinkt, dann kann er eben nicht gütig sein. Also entscheide Dich!

A: Ich trete am Sonntag aus der Kirche aus.

3

A: Gott existiert.

B: Das ist eine Hypothese. Die musst Du beweisen!

A: Aber wie?

B: Indem Du mir Gott zeigst.

A: Das kann ich leider Gottes nicht. Aber Du kannst meine Hypothese auch nicht widerlegen!

B: Deine Hypothese ist widerlegt, solange Du mir keinen Gott zeigen kannst.

A: Ach so. Wie ist denn Deine Hypothese?

B: Gott existiert nicht!

A: Musst Du auch beweisen!

B: Sie ist bewiesen, weil Du sie nicht widerlegen kannst!

A: Wieso denn?

B: Um sie zu widerlegen, müsstest Du mir Gott zeigen und das kannst Du ja nicht!

A: Ach Du lieber Gott.

4

A: Nach meiner Religion A bist Du ein Ungläubiger.

B: Nach meiner Religion B bist auch Du ein Ungläubiger.

A+B: Also sind wir nach unserer Religion beide Ungläubige.

A: Aber ich bin doch ein Gläubiger.

B: Und ich bin doch auch ein Gläubiger.

A+B: Also haben unsere Religionen unrecht.

A: Dann trete ich aus meiner Religion aus.

B: Dann trete ich ebenfalls aus.

A+B: Aber dann sind wir ja Ungläubige.

A: Und dann haben unsere Religionen doch recht.

B: Dann trete ich eben wieder ein.

A: Und ich ebenfalls.

So geht es noch viele Stunden, Tage und Jahre weiter, bis die Inquisition der Religion A und die Inquisition der Religion B sich ihrer erbarmt und beide als Ketzer am gleichen Tag verbrennt.

5

A: Gott existiert.

B: Wenn es Gott nun aber doch nicht geben sollte?

A: Dann müssen wir ihn eben erfinden.

B: Erfinden, warum?

A: Damit wir den Terror der Schöpfung zwischen unendlichem Weltraum und Gänseblümchen aushalten können.

B: Um dann in Frömmigkeit abzustumpfen?

A: Besser als wahnsinnig werden.

B: Na gut, erfinden wir Gott! Aber wie?

A: Das ist gar nicht so schwer. Gott sei Dank!

6

A: Die Katastrophen nehmen zu. Und Gott rettet uns nicht!

B: Die Katastrophen nehmen zu. Und Gott kann uns nicht retten.

A: Warum kann er uns nicht retten?

B: Weil wir uns selbst retten müssen.

A: Aber wenn wir es nicht schaffen...

B: ...kann es Gott auch nicht schaffen.

A: Aber warum nicht?

B: Weil wir dann als die von Gott Geretteten keine Menschen mehr wären, sondern unfreie Gottesteilchen, die auch nicht mehr an Gott glauben könnten. Also, wenn er uns retten würde, dann gäbe es keine Menschen mehr und keinen Gott.

A: Na Gott sei Dank rettet er uns nicht.

7

A: Gott existiert und ist vollkommen.

B: Wir existieren und sind unvollkommen, warum sollte also ein vollkommener Gott existieren?

A: Weil dem unvollkommenen Menschen die Idee des vollkommenen Gottes nur von einem vollkommenen Gott selbst gegeben sein kann, folglich existiert der vollkommene Gott.

B: Mir wäre der unvollkommene Gott lieber, aber der lässt sich so leider Gottes nicht beweisen.

8

A: Es ist doch lächerlich zu glauben, all die Wunder und Schönheiten der Welt seien aus einer Chaos-Evolution nach dem Urknall entstanden. Und WER knallt denn da? WOMIT? WOZU?

B: Es ist doch ebenso lächerlich zu glauben, ein göttliches Wesen habe diese Welt mit all ihren Schrecken und Wundern geschaffen.

A: Also glaubst Du, dass es egal ist, ob wir an Gott glauben oder nicht?

B: Nein, gerade weil beide Vorstellungen so lächerlich sind, müssen wir uns entscheiden!

A: Um Gottes willen!

9

A: Ich glaube an Gottes Allmacht und Güte und dass dieser Glaube unsere eigene Rettung und unserer einziges Heil ist.

B: Worauf wartest Du dann?

A: Was meinst Du?

B: Wenn Dein Glaube die einzige Rettung und das einzige Heil ist, musst Du alle Ungläubigen bekehren.

A: Wieso gerade ich?

B: Weil Du sie sonst von Rettung und Heil ausschließt und dann also ein Unmensch bist.

A: Aber alle Menschen können doch unseren Glauben lesen oder hören.

B: Aber offensichtlich hat das noch nicht gewirkt. Wenn Du Deinen Glauben ernst nimmst und die Menschen nicht ihrem Unglück überlassen willst, musst Du sie bekehren. Also packe Dein Bündel und wetze Dein Messerchen.

A: Um Gottes willen!

10

A: Gott erschuf den Menschen

B: Nein, umgekehrt! Es war doch der Mensch, der Gott erschaffen hat nach seinen Vorstellungen.

A: Na und? Jetzt ist er jedenfalls da und wir brauchen ihn.

B: Oder er braucht uns.

Im Monolog

Das göttliche Prinzip erfüllt die Welt! – Spricht Herr K. und zählt sein Geld.

Gott ist die Liebe und der Tod! – Schwärmt Frau S. und tritt in Kot.

Der Herr ist meine Zuversicht – Ruft sie, bevor sie ihren Freund ersticht.

In jeder Landschaft spüre ich das göttliche Profil! – Sprach er, als er in den Abgrund fiel.

Gott ist auch in dieser Mücke. – Die ich dennoch jetzt zerdrücke.

Gott ist die Keuschheit und die Güte. – Lispelt die verliebte Nonne müde.

Jesus meine Zuversicht! – Schreit er, wenn der Dax einbricht.

Gott ist auch in dieser Suppe
und in einer Barbie-Puppe,
doch am schwersten zu verstehen
zwischen deinen kleinen Zehen,
und fast gar nicht zu kapieren
auch in allen PC-Viren.

Im Nihilog

GOTTOGOTT
OTTOGOT
TTOGO
TOG
O

ab 700 v. Chr.	Ionische Naturphilosophie: Aus Begriffen der alltäglichen Beobachtungen wird eine Theorie der Welt entwickelt: Anaximander (611-547) schätzt die Entfernung von Sonne, Mond und Sternen mit dem 27-, 18- und 9fachen Durchmesser der Erdscheibe; Empedokles (geb. 482?) zeigt durch Versuche, dass die unsichtbare Luft eine materielle Substanz ist; Theorie von den vier Elementen; Demokrit (ca. 420): Vorstellung der Welt aus Atomen und dem leeren Raum; Hippokrates (460? bis 377) stellt das ärztliche Handeln auf eine theoretische Grundlage mit ethischen Verpflichtungen.	Auch die „heilige Krankheit des Altertums, die Epilepsie, hat eine natürliche Ursache wie jede andere Krankheit auch. Man hält sie für göttlich, weil man sie nicht versteht. (...) In der Natur gleichen sich alle Dinge darin, daß sie sich auf vorangegangene Ursachen zurückführen lassen." (Hippokrates)
384-322	Aristoteles: Begründer der Logik und einer Metaphysik, bei der die Vollendung der Erkenntnis zu größter Vollkommenheit bei Gott liegt, dem unbewegten Beweger des Universums (Primum mobile). (Diese Vorstellungen ließen sich dann im Mittelalter leicht für die katholische Theologie instrumentalisieren.)	„Wir müssen das Höchste lieben, wenn wir es erkennen." (Aristoteles)
um 300	Euklid entwickelt ein mathematisches System, das auf der Deduktion aus Axiomen beruht und bis heute die Grundlage der Geometrie ist (Parallelelen-Axiom gilt für die Euklidische Geometrie).	

287-212	Archimedes: In seinem Werk „Elemente der Mechanik" legt er die Grundlagen für Statik und Hydrostatik.	
90-168	Ptolemäus entwirft eine Weltkarte und ein Modell des Planetensystems, dem über viele Jahrhunderte Gültigkeit zuerkannt wird.	
ab dem 5. Jhdt. n. Chr.	Im Römischen Reich Niedergang der Wissenschaften. Die Zentren der Wissenschaft verlagern sich jetzt nach Syrien, Persien und Indien (Aryabhatta im 5. Jhdt., Brahmagupta im 7. Jhdt. vervollkommnen das Zahlensystem durch die Positionsschreibweise und die Einführung der Null).	„Wenn die Zahlen, die wir zur Verfügung haben einen Zehner erreichen, dann bleiben sie stehen, dann kehren sie wieder und steigen auf die Art bis ins Unendliche." (Job von Edessa, um 800)
ab dem 8. Jhdt.	Islamische Wissenschaft: Übersetzung der griechischen Hauptwerke ins Arabische, arabische Zahlen, Arithmetik. Al-Chwarismi entwickelt die Algebra und die Trigonometrie; Ibn al Haitan (1038) entwickelt die Optik, in seinem Thesaurus opticus, und erfindet einen Vorläufer der Brille.	
Mittelalter	Wissenschaft wird fast ausschließlich zu religiösen Zwecken vom Klerus betrieben, parallel dazu gibt es viele technische Entdeckungen (z.T. aus China und den islamischen Ländern, wie z.B. das Schießpulver, Buchdruck, Kompass, Uhr).	Die Kirche sieht in dem Streben nach Erkenntnis nur die Begierde, die in „eitlem Vorwitz Nichtiges erfahren will." (Augustinus)

1473-1543	Nikolaus Kopernikus, Domherr in Frauenburg, entwirft das heliozentrische System in seinem Werk „De Revolutionibus Orbium Coelestium", Nürnberg 1543.	„In der Mitte aber von allem steht die Sonne." Damit das Ketzerische dieser neuen Lehre den kirchlichen Autoritäten nicht zu sehr aufstößt, fügt Kopernikus hinzu: „damit der Gelehrte und Ungelehrte gleicherweise sehen, daß ich durchaus niemandes Urteil scheue, so wollte ich diese meine Nachtarbeit lieber Seiner Heiligkeit als irgend einem anderen widmen."
1571-1630	Johannes Kepler (auf der Grundlage der Messungen von Tycho de Brabe) entdeckt die berühmten Kepler`schen Gesetze für die elliptischen Umlaufbahnen der Planeten. Schon im Titel seiner Werke „Mysterium Cosmographicum" und „De Harmonices Mundi" versucht er durch Mystifizierung und durch Einführung einer Weltseele (anima mundi) im Rahmen der christlichen Lehre zu bleiben. Er spricht von der „pulcherrima conspiratio" als der Verschwörung zwischen den erkennenden Menschen und dem Schöpfergott.	Kepler sieht die wissenschaftliche Fähigkeit des Menschen als Beweis dafür, „daß der Mensch ein Ebenbild Gottes ist."
17.2.1600	Giordano Bruno wird verbrannt, nachdem er sieben Jahre durch den Klerus gefoltert und in Haft gehalten wurde, damit er widerruft. Als Clemens VIII. das Jubeljahr eröffnet und Tausende nach Rom kommen, wird Bruno nackt an einen Pfahl gebunden und auf dem Campo de Fiori (Platz der Blumen) verbrannt – ohne zu widerrufen.	

1564-1642	Galileo Galilei stellt in Padua ein Teleskop her und kann so die Lehren von Kopernikus und Kepler instrumentell bestätigen. Er führt das Experiment als fundamentale Methode der Wissenschaft ein.	
1615/16	Der erste Inquisitions-Prozess, der Galileo zum Widerruf seiner Lehre zwingt; nach einer weiteren Veröffentlichung über das Kopernikanische System wird er unter Androhung der Folter 1633 das zweite Mal zum Widerruf gezwungen und erblindet in kirchlicher Haft.	
1561-1626	Francis Bacon begründete im „Novum Organum" die experimentelle Methode als Grundlage der induktiven Wissenschaft, wobei er fordert, dass der Natur ihre Geheimnisse – ähnlich wie den Menschen durch die Folter – entrissen werden müssen. Der Wissenschaftler ist für ihn „der Verkünder der Herrschaft des Menschen über das Universum".	Science is Power!
1596-1650	René Descartes: Das denkende Ich setzt sich nun an die Stelle Gottes, der nur noch gebraucht wird, um das Universum als eine riesige Maschine in Gang zu setzen.	Cogito ergo sum.

1642-1727	Isaak Newton: Vollendung der Mechanik als Wissenschaft auf der Grundlage der drei Newton'schen Axiome, die auch die Gesetze der Planetenbewegung erklären. Er beharrt auf einem zugrundeliegenden göttlichen Plan, der die Stabilität des Systems sichern muss, obwohl er in seinen Axiomen herausgefunden hat, wie die Gravitation die Welt in Gang hält.	
Ende des 17. Jhdt.	Wissenschaftliche Gesellschaften werden gegründet (1663 die Royal Society), Wissenschaft wird nun als Institution und als einheitliches System zur Welterklärung betrachtet und wegen ihrer nützlichen Anwendungen immer mehr gefördert.	
1765	Erste leistungsfähige Dampfmaschine.	
1809-1882	Charles Darwin („Die Entstehung der Arten", 1859) muss sich gegen klerikalen und feudalen Widerstand durchsetzen, weil seine Lehre das Ende bedeutet für alle Rechtfertigungen einer göttlichen Schöpfung des Menschen. Dafür wird sie bald als Rechtfertigung für frühkapitalistische Ausbeutung benützt: *Survival of the Fittest*. Erst 1948 erlaubt Pius der XII. ex cathedra die Genesis als allegorisch zu betrachten.	
1814-1878	Robert Mayer findet die Energie-Erhaltungs-Sätze (mit Joule; Helmholtz).	

19. Jhdt.	Elektromagnetismus und elektromagnetische Wellen (Faraday, Maxwell, Siemens); anorganische und organische Chemie (Liebig, Kekulé), Biologie (Schwann, v. Baer).	
	Entwicklung der wissenschaftlichen Medizin (Pasteur, Koch, Lister, Virchow).	Ziel der Wissenschaft ist es „in die Rolle einzutreten, welche in früheren Zeiten den transzendenten Bestrebungen der verschiedenen Kirchen zugefallen war", weil „die Wissenschaft für uns Religion geworden ist." (Rudolf Virchow)
Ende des 19. Jhdts.	Die Vorstellung breitet sich aus, dass die Wissenschaft prinzipiell an ihr Ende gekommen ist und nur noch in Details vervollkommnet werden kann.	
20. Jhdt.	Explosionsartige Fortschritte in allen Bereichen der Wissenschaft und ihrer technischen Umsetzung. Während Ende des 19. Jhdts. weltweit etwa 50.000 Wissenschaftler tätig waren, sind es Ende des 20. Jhdts. über 15 Millionen, wobei immer noch über 50 Prozent der Ausgaben für die Wissenschaft für militärischen Aufgaben verwendet werden.	
6.8.1945	Abwurf der Atombombe in Hiroschima mit über 260 000 Toten und einem Vielfachen an Betroffenen von Spätfolgen.	Als Einstein in Amerika davon berichtet wurde, soll er gesagt haben: „Oh Gott!" (auf Deutsch)
1997	Dolly, das erste geklonte Säugetier der Welt, wird geboren.	Aus dem Forscherteam soll einer gesagt haben: „Nun brauchen wir den lieben Gott überhaupt nicht mehr."(auf Englisch)

Sechstes Kapitel
Die noch nicht Erleuchteten:
Brüder und Schwestern auf dem Weg

> *Der Mensch, der losgelösten Sinns*
> *im Drang nach sel'ger Sicherheit*
> *mit losgelöstem Herzen sich*
> *der Förderung rechten Wissens weiht,*
> *Der wird im Lauf der Zeit gewiß*
> *von aller Fesseln Last befreit.*
> *Buddhistisches Märchen*

Bis hierhin haben wir auf die Rufe des Einen Gottes gehört, die mal zart, beschwörend und verlockend, manchmal schrill und heftig, auch donnernd und drohend zu vernehmen sind.

Und wir sind vielen Spuren von Gläubigen gefolgt, reinen, vorsichtigen, empfindsam tastenden Spuren, aber auch blutigen, trotzig festgestampften. Die Spuren haben uns weder in den Himmel noch in die Hölle geführt, weil wir auf unserer Erde geblieben sind – mit dem Blick auf eine umfassende Achtsamkeit für unsere heutige Welt und die Zukunft der Menschen.

Diese umfassende Achtsamkeit soll weiterhin unsere Mitte bleiben, wenn wir jetzt die Spuren des Einen Gottes sich als Trittsiegel absetzen lassen und uns zugleich hinwenden zu neuen religiösen und transzendentalen Möglichkeiten, die sich mit Begriffen eines Zukünftigen Gottes oder einer Neuen Spiritualität nur andeuten lassen. Eine solche Hinwendung geschieht weiterhin unter der Voraussetzung, dass der „spirituelle Hunger" moderner Menschen nicht einfach nur aus einem Leiden an den Defiziten des heutigen Lebens und der monotheistischen Religionen entsteht, sondern dass er existentiell begründet ist in unserem Menschsein, und zwar als ein Staunen über die Welt und darüber, dass „überhaupt etwas ist" sowie als Bedürfnis nach kosmischer Teilhabe. Dazu gehört auch die Einsicht, dass Religiosität nicht als ein dem Alltag aufgesetztes gelegentliches Highlight oder als Luxus wirken kann, sondern dass Spiritualität eine Haltung bedeutet, in der wir durch umfassende Achtsamkeit Möglichkeiten der Heilung für die Verletzungen der Menschen und der Erde erkennen und im Sinne einer *religio perennis* umsetzen, als der Urform der alle Zeiten überdauernden menschlichen Religiosität.

Wir haben bei den drei Abrahamsreligionen erfahren, dass die Gegenüberstellung von Gott und Schöpfung, aber auch die göttliche Ermächtigung der Menschen zur Herrschaft über die Erde und ihrer Geschöpfe nicht sonderlich geeignet sind, die durch solche Vorstellungen entstandenen Schäden in der Welt und in der menschlichen Gesellschaft auch wieder zu heilen. Und wir sind weiter der Frage nachgegangen, inwieweit die patriarchale Struktur der drei Abrahamsreligionen und die fanatische Konzentration der Männer auf den Einen Gott die Konflikte und die Konkurrenz innerhalb und zwischen den Religionen begünstigt und die Bereitschaft der Menschen verringert haben, sich für die praktisch-politischen Aspekte zur Rettung der gefährdeten Welt und für die Verbesserung der materiell-ökonomischen Voraussetzungen eines guten Lebens einzusetzen. Wir werden also bei dem hier folgenden Blick auf die neue Spiritualität auch fragen, inwieweit die gegenwärtige Gefährdung unserer Umwelt und der Menschheit zum Thema eines neuen religiösen Denkens und Handelns wird und welche praktischen Konsequenzen für unser Überleben zu erkennen sind.

Grundsätzlich können wir bei der neuen religiösen Bewegtheit zwischen zwei Richtungen unterscheiden: Da gibt es zum einen Bewegungen, deren Religiosität zwar beim Glauben an einen Gott ansetzt, die aber den traditionellen exoterischen Rahmen (ob kirchlich oder in anderen Organisationsformen fixiert) verändern, aufgeben oder übersteigen wollen. Zum anderen sind da Bewegungen, denen es jenseits einer Bindung an einen geglaubten Gott um Erleuchtung oder um eine „transpersonale" Bewusstseinserweiterung geht, die meist an alte Traditionen, vor allem mystische und buddhistische, anknüpft. Dabei sind die Organisationsformen vielfältig, und wir finden vom einsam Meditierenden bis hin zu weltweiten Transzendentalnetzen alle möglichen Gruppierungen. Ebenso vielfältig sind die bewussten oder unbewussten Ziele dieser Bewegungen, die von simpler Wellness oder Effizienz in Sport und Management über das Eintauchen in frühere Existenzen bis hin zur Erlösung der Menschheit reichen.

Ein wichtiges Kennzeichen der neuen spirituellen Bewegungen scheint mir das Bemühen um die Bewusstwerdung der göttlichen Natur des Menschen zu sein. Dabei geht es immer um eine eigene Erfahrung des Göttlichen – im Unterschied zur Kenntnis Gottes nur durch Lehren, Bücher oder Institutionen. Dieses Bemühen um die eigene Erfahrung des Göttlichen kann auf unterschiedlichen Wegen erfolgen, und zwar unter so verschiedenen Ausprägungen wie Mystik, Spiritualität, Okkultismus, Schamanismus, Esoterik, Gnosis oder Transzendenz und wurde schon im Mittelalter als *cognitio dei experimentalis* bezeichnet, als Bewusstwerdung Gottes durch Erfahrung. Außerdem ist diesen spirituellen Bewegungen gemeinsam, dass es weder eine transzendente Vaterfigur noch irdische Repräsentanzen einer irgendwie gearteten Transzendenz gibt. Hierarchien sind weitgehend aufgelöst, indem sich die Menschen als Schwestern und Brüder zusammenfinden, um einzeln oder gemeinsam Zugang zu einem spirituellen Bewusstsein zu erlangen. Hierarchien entstehen höchstens durch die unterschiedlichen Grade der erreichten Bewusstheit, die nicht vom Geschlecht abhängen (auch wenn heute allerdings Männer noch überwiegen) und nicht immer vom Bemühen und nicht einmal vom Alter (es soll auch „erleuchtete" Kinder geben). Menschen mit höheren Bewusstseinszuständen sollen dann als Meister oder Lehrer anderen Menschen auf ihrem Weg zu einem spirituellen Bewusstsein helfen.

Georg Pernter benennt in seinem vielschichtigen und erhellenden Buch „Spiritualität als Lebenskunst" als Kennzeichen der Spiritualität die intensiv erlebte Verbundenheit mit einer höheren Macht. Er sieht Spiritualität als eine wichtige Eigenschaft des menschlichen Bewusstseins, die eine transzendente Dimension innerhalb unserer Erfahrungen mit der Achtsamkeit für den Sinn und die heiligende Bedeutung von allem, was existiert, verbindet (vgl. S. 47). Pernter weist darauf hin, dass der Begriff Spiritualität (von Frankreich ausgehend) erst ab Mitte des 20. Jahrhunderts eine weitere Verbreitung findet.

Viel älter ist der Begriff Esoterik, die viel mit Spiritualität zu tun hat, aber sich mehr mit den Methoden auf dem Weg zur Spiritualität befasst. So benennt Antoine Faivre, Professor für Esoterik an der Sorbonne, vier methodische Merkmale des esoterischen Denkens, die er als Denkformen in den meisten spirituellen und esoterischen Richtungen aufspürt:

– Prinzip der Entsprechung (z.B. in Polaritäten denken, unten wie oben, oben wie unten, bei den Rosenkreuzern).
– Prinzip der lebenden Natur (z.B. alles Natürliche als Lebewesen zu betrachten, Gaia-Hypothese).
– Prinzip der Imagination (z.B. durch Imagination Erkenntnisse jenseits des Beweisbaren zu erlangen).
– Prinzip der Transmutation (z.B. indem der Erkennende sich selbst wandelt durch Initiation, Erleuchtung, Imagination).
– Prinzip der Transmission (z.B. durch Weitergabe esoterischen Wissens vom Meister zum Schüler).
– Prinzip der Konkordanz (z.B. durch die Suche nach Zusammenhängen und Übereinstimmungen verschiedener esoterischer Systeme).

Ohne uns näher auf Klassifizierungen und Definitionen einzulassen, wollen wir im Folgenden einen Blick auf die Entwicklung dieser neuen spirituellen

Bewegungen wagen, um unseren heutigen Standort besser bestimmen zu können, um dann im dritten Abschnitt die Zusammenhänge zu uralten spirituellen Traditionen herzustellen, bevor im vierten Abschnitt noch einmal der Eine Gott zu Wort kommen soll.

WER HAT ANGST VORM WASSERMANN?

Seit der medienwirksamen Verkündung des Wassermann-Zeitalters in den 70er Jahren sind neue und weniger neue spirituelle Bewegungen mehr ins Bewusstsein der Öffentlichkeit gerückt. Damals sollte die Wendezeit, ein *New Age*, angebrochen sein, das im Musical „Hair" ekstatisch gefeiert wurde: „Mystik wird uns Einsicht schenken / Und der Mensch lernt wieder denken / Dank dem Wassermann, dem Wassermann!" – Die Mystik soll nun mit Denken, Transzendenz und Rationalität versöhnt werden. In einer durchrationalisierten Welt feindlichen Konkurrierens und zwanghaften Konsumierens versucht eine Generation den euphorischen Aufbruch zum jenseitigen Ufer, ohne das Diesseitige aufgeben zu müssen.

Viele der weit über zehntausend New-Age-Organisationen aus den 70er Jahren existieren auch heute noch, weniger spektakulär und weniger in der Öffentlichkeit beachtet, weil sie sich zwischen den Religionen und den auf Therapie und Wellness ausgerichteten Angeboten wie selbstverständlich integriert haben. Die eigenartigen Sumpfblüten des New Age sind allerdings meist vergessen, wie Leobrand und sein Meister Morya, die vorgeblich in vergangenen Planetenrunden den Grad eines Gottessohnes erreicht haben sollen und in der heiligen Stadt Schamballa im Transhimalaya als *Helle Hierarchie* residieren. Den ernstzunehmenden Bewegungen ist die Vorstellung einer göttlichen Natur des Menschen gemeinsam, die durch Meditation und Bemühung um Erleuchtung auch ohne Kirche und Glauben an einen Gott jedem bewusst werden kann, wobei sowohl eine Selbst-Erlösung wie auch die Rettung der Welt angestrebt werden können. Die Wege zu dieser Selbst-Erlösung der Menschheit sind so vielfältig wie die geistigen Ahnen dieser Bewegung, die von altägyptischen Mysterien, hermetischen Traditionen, über die Alchemie und die „Chymische Hochzeit" und die anderen frühen Rosenkreuzer Schriften des 17. Jahrhunderts, über alle okkulten Strömungen des Abendlandes bis hin zu den unterschiedlichsten esoterischen Lehren zwischen Nil und Himalaya reichen. Die Gurus wählen 'verzückend' aus – und offenbaren den Jüngeren eine geschmackvolle neue Synthese des Göttlichen. Einzeln oder in *planetarischen Initiativen* zusammengeschlossen lassen sie Willen zusammenfließen „zum globalen Hirn, Nervensystem, [zu] Herz und Seele einer menschlichen Spezies, die sich zu einer völlig neuen globalen Zivilisationsperiode hochentwickeln wird". So schwärmt Robert Muller, ehemals stellvertretender Generalsekretär der Vereinten Nationen, von denen er hofft, dass sie bald „ihr leuchtendes Ziel erreicht haben, den Gipfel der Erleuchtung der ganzen Menschheit".

Überhaupt lässt sich Spiritualität als die neue Religiosität des gehobenen Managements ausmachen. So wie die Feudalherren ihren katholischen Glauben, die Kaufleute ihren Protestantismus und die Ölscheichs ihren Islam haben, so ist der Manager nun auf die Neue Spiritualität gekommen. Nachdem die meisten Herren aus den Vorstandsetagen schon lange unauffällig aus der Kirche ausgetreten sind (oder höchstens wegen der C-Parteien noch als Kirchensteuerleichen fungieren), besuchen sie nun verschämt die wie Pilze aus dem Boden schießenden exklusiven spirituellen Seminare, deren gemeinsamer Nenner sich im Konzept des „spiritual leadership" finden lässt.[2] Da wird ihnen versprochen, dass sie durch Kontakt mit ihrem „inneren König" und ihrem „inneren Krieger und Magier" zu globaler Führerschaft gelangen können, um mit den erreichten spirituellen Kräften die globalen Probleme wie Gewalt, Umweltzerstörung und Unterdrückung effektiv zu lösen.

Ob es gelingt, mit solchen spirituellen Management-Trainings mehr Achtsamkeit für Menschen und Umwelt sowie mehr globale Verantwortungsübernahme im wirtschaftlichen Denken und Handeln zu verankern, oder ob *global leadership* nur das ultimative Instrument der nun auch mental verankerten Herrschaftssicherung bietet, wird für unsere Zukunft eine wichtige Frage bleiben, die auch in der Vergangenheit die Mächtigen schon umgetrieben hat. So ist die politisch-praktische Bedeutsamkeit der spirituellen Bewegungen etwa im Deutschland des 18. Jahrhunderts auch verbunden mit den Hoffnungen und Aktionen des aufstrebenden Bürgertums, das in den Geheimbünden der Rosenkreuzer, Freimaurer, Illuminaten, Oddfellows, Druiden- und Templerorden eine Beseitigung der staatlichen und kirchlichen Unterdrückung zu organisieren versucht. Nicht nur das schreibende und komponierende Establishment findet sich in den geheimen Mitgliederlisten (Goethe, Herder, Wieland, Fichte, Lessing, Mozart, Haydn, Nicolai), sondern auch Kampferprobte wie Garibaldi, Bolivár und Washington. In Bayern wurden 1785 alle diese Geheimbünde verboten, die Ordensmitglieder ihrer Ämter enthoben und gegen 135 Personen wurde Anklage erhoben; die Exkommunizierung aller Freimaurer wurde erst 1972 aufgehoben. Aber auch 'UNO-mäßige' Symbiosen hat es gegeben, so beim Orden der Gold- und Rosenkreuzer, der nach dem Tod Friedrichs II. für lange Zeit zum wichtigsten Machtinstrument am preußischen Hof wurde.

Die seltsame deutsche Vermählung von Umstürzler- und Verschwörerpolitik mit einem der Spiritualität entglittenen Okkultismus lässt sich bis zum grauenvollen Endziel im Faschismus verfolgen.

»Mürbe geworden durch die zunehmende, ihrer Berechnung und ihrem Willen sich entwindende Zweideutigkeit der Welt, greifen die Bürger mittels Analyse, Buddhismus, Christian Science, Theosophie und Psychologie zu einem Passepartout, zu einem im Innern, wenn auch noch so schwankenden, so doch jederzeit durch Sinnieren fassbaren Generalnenner, wie nach einem Rettungsanker«.

Diese Einschätzung stammt aus der Mitte der 30er Jahre vom Psychoanalytiker John Rittmeister, der 1943 in Plötzensee von den Nazis ermordet wurde. Die vorschnelle Flucht aus der Rationalität in einen dumpfen Okkultismus, wie ihn dann die Nazis mit Runenkult und angeblich germanischen Ritualen feierten, kann also schnell zu Abgrenzungswahn und Barbarei führen.[3] Im Gegensatz dazu ist eine „Mystik der offenen Augen" immer auch an den Widerstand gegen die Welt der Unterdrückung und Gewalt gebunden, wie Dorothee Sölle in ihrem Buch „Mystik und Widerstand" beeindruckend aufzeigt.[4]

SCHLAUMEIER, SCHWARZFAHRER UND SCHAMANEN

Auch ich hätte eigentlich ganz anders leben müssen, denn ich habe an mir das erfahren, was man gemeinhin ein Wunder nennt: Als 18-jähriger Student in Jena, zwischen Schwärmen und Zweifeln, rannte ich nachts hinaus auf die Kernberge und flehte, zwischen Verzweiflung und Ekstase, um ein Zeichen. Als ich gerade in höchster Verzückung auf einem weißen Kalkfelsen niederkniete, erschien wie ein riesiger Finger am Himmel ein grünlicher Strahl, der blitzschnell von Norden her dreimal über den ganzen Himmel wischte. Es war wie ein kosmischer Scheinwerfer, wie ein unendlicher Blick aus dem Kosmos, der mich lautlos traf und in mich einbrach. Und trotzdem wurde ich irgendwann müde und ging zurück in meine Studentenbude und las am nächsten Morgen in der Zeitung: Nordlicht, in dieser Intensität in unseren Breiten nur alle zig Jahre usw. Also ein natürlicher Vorgang, und als unverzagter Physikstudent konnte ich alles erklären: also keine weiteren Verpflichtungen für mich. Ich durfte weitermachen wie bisher und an den Differentialgleichungen herumtüfteln, nach denen sich Ionisierungsvorgänge im Magnetfeld der Erde zu richten haben.

Mein Fall scheint mir typisch dafür, wie wir abendländisch-westlich mit den Kräften der Welt umgehen: Einerseits erleben wir die Welt als platte, erklärbare Mechanik, als triviales Ursache-Wirkungs-Karussell; andererseits erwarten wir insgeheim die aberwitzigsten Wunder, die uns aus dieser irdischen Mühle und unserer Verantwortung herausführen, möglichst an Gottes Hand persönlich. Unsere Welt ist gespalten in ein billiges Unten und ein unerreichbar wunderbares Oben. Unsere Begrifflichkeiten strotzen von dieser Spaltung, die sich in den Wörterbüchern der Transzendenz und des Überirdischen ebenso wiederholen wie in unseren Religionen. Denn die Religionen haben mit uns mehr angestellt, als wir glauben.

Die Kirche erweist sich als „Opium für's Volk" nicht wegen Weihrauch oder Riten, sondern wegen der von ihr erzeugten Spaltung in Oben vs. Unten, Diesseits vs. Jenseits, Irdisch vs. Überirdisch, Heilige vs. Ketzer. Denn diese Spaltungen spiegeln die Religiosität von Herrschern, Beamten und Priesterkasten wider, die für die Ausübung der Herrschaft ihre Knechte heranziehen müssen. Mit Wundern und Teufeln lässt sich billiger regieren als mit dem Militär, wobei im Übrigen fast alle exoterischen Religionen (und auch die Schulen) nach dem Muster des jeweiligen Militärs aufgebaut sind. So erweisen sich als die eigentlichen Feinde der Kirche nicht so sehr andere hierarchisch gegliederte Glaubens- und Staatsformen, sondern Menschen, die sich frei im Bewusstsein irdischer und geistiger Kräfte organisieren. Die Kirche hat die Hexen verfolgt, nicht weil ein paar Frauen der kirchlichen Lehre widersprochen hätten, sondern weil schon die Möglichkeit ihrer Existenz den patriarchalischen Kult der Wunder von oben hätte verdrängen können durch einen sozusagen demokratischen Ritus der matriarchalischen Magie von unten, zu der das „Oben" ohne Abspaltung dazugehört.

Aber auch in vielen anderen spirituellen Traditionen geht es um die Aufhebung unserer abendländischen Dualität von Oben und Unten, von Selbst und Umwelt. In einer Trainingswoche mit einem Schamanen ist mir das durch eigene Erfahrungen deutlich geworden. Natürlich erwartete ich viel, vielleicht ein Wunder, oder dass etwas in mir wie ein Gestirn oder ein Granatapfel aufgehen würde. Und dann war alles ungeheuer NORMAL, mit Ausnahme von Don Eduardos eindrucksvoller indianischer Erscheinung mit seinem prächtigen Kugelbauch und langen, zusammengebundenen schwarzen Haaren. Ansonsten trug er Jeans und Militärstiefel. Erst ganz allmählich ging mir auf, dass es für Don Eduardo eben wirklich etwas NORMALES ist, mit irdischen und geistigen Kräften umzugehen, die wir nicht „wahr-nehmen". Für ihn ist die Beschwörung der vier Winde ebenso normal wie für uns die Multiplikation zweier Zahlen. Die heilende Spirale baut er aus Steinen so selbstverständlich auf der Wiese auf, wie der Platzwart auf dem Spielfeld seinen Strich zieht. Beim nächtlichen Ritual rülpst und prustet er, pfeift kleine Liedchen und scherzt mit den Leuten. Alle Erwartungen auf Über-Irdisches und Un-Geheures zerstört er immer wieder lächelnd: Wenn jemand in der nächtlichen Stille die reglosen Bäume krachen hört und stolz auf Zustimmung über „so viel Vision" rechnet, sagt Don Eduardo nur, dass das Krachen eine Warnung sein könne, sich nicht von Visionen beherrschen zu lassen. Deutungen gibt Don Eduardo nie. Jeder muss mit den Erfahrungen selbst zurechtkommen und lernen, für sich Sinnvolles daraus zu machen. Je mehr es mir dabei gelungen ist, mich von meinen Erwartungen zu lösen und mich auf das Normale einer Übung oder eines Ritus einzulassen, um so mehr fing ich an, neue Erfahrungen zu machen. Es sind bei mir keine wilden Visionen oder Castañeda-Szenen aufgekommen, sondern kleine zögernde Veränderungen im Sehen, Hören und Sich-Bewegen in meinem Bezug zur Erde, zum Himmel, zu den Bäumen und Tieren und zu den Menschen um mich herum. Ich spürte – immer noch zwischen Misstrauen und Vorsicht – ganz schwach, wie einen erinnerten Duft, Kräfte oder Energie aus der Umgebung, die etwas mit mir zu tun haben und mit denen ich etwas zu tun habe.

Aber das sind Erlebnisse, die jeder nur für sich erfahren kann. Der Atlas ersetzt hier noch weniger als sonst die Reise. Die Riesenauflagen von Castañeda zeigen auch, wie groß die Angst vor den darin angesprochenen Erfahrungsmöglichkeiten ist. Ich denke mir, dass es niemanden weiterbringt, wenn ich beschreibe, wie ich mein „tonal" als Kröte erlebt habe. Wichtig und mitteilbar erscheint mir aber die Richtung meiner Erfahrungen: dass die Kräfte der Erde und des Himmels spürbar sind und dass wir merken können, wie wir als Menschen „in der Mitte sind" zwischen diesen Kräften, und zwar nicht als irgendwelche abstrakten Wesenheiten, sondern als körperliche Wesen mit Sinnen, Organen, Drüsen, Zentren der Vitalität, als Wesen, die sich ernähren, die arbeiten, spielen, lieben und zusammenleben. Ich habe auch gelernt, diese Mitte als unseren normalen Zustand zu erleben, weder als angestrengte himmlische Verzückung, aus der wir dann als irdische Tröpfe immer wieder verwirrt herunterpurzeln, noch als wüst berauschende Magie, die uns hinterrücks beide Hirnhälften ausbrennt. Wir brauchen diese Mitte, um mit den Kräften der Erde umzugehen, ohne die Erde zu zerstören, um mit den Kräften des Himmels umzugehen, ohne zerstört zu werden, um miteinander umzugehen, ohne uns gegenseitig zu zerstören.

Inzwischen geraten solche Erfahrungen auch auf sonderbaren Wegen in den offiziellen Wissenschaftsbetrieb. Ich meine weniger die Parapsychologen, die ja als Außenseiter ihre Methodenstrenge immer wieder legitimieren müssen und deshalb die Transzendenz endlich vermessen, fotografieren und beweisen wollen; auch nicht die Religionswissenschaftler, denen Transzendenz längst zum professionellen Bestand geronnen ist. Wieder sind es – wie wir schon im 5. Kapitel gesehen haben – die Naturwissenschaftler, die sich nun der Transzendenz zuwenden. Während es aber im 5. Kapitel nur darum ging, wie die Wissenschaft selbst als transzendente Veranstaltung deklariert wird, haben die Wissenschaftler nun nicht Geringeres vor, als die Transzendenz wissenschaftlich zu beweisen.

So beschäftigen sich einige Forscher z.B. mit Äffchen der Species Macaca Fuscata. Wenn hinreichend viele von ihnen auf der einen Insel gelernt haben, ihre süßen Kartoffeln zu waschen, dann können es angeblich auf einmal auch die Äffchen auf anderen Inseln. Die kartoffelfütternden und beobachtenden Wissenschaftler schließen messerscharf: Bewusstsein pflanzt sich auf transzendentem Wege fort, die kartoffelwaschenden Äffchen haben, wenn nicht die Existenz Gottes, so doch die Existenz eines transzendenten Weltbewusstseins bewiesen. „Vielleicht ist es gerade Dein Bewusstsein, das notwendig ist, um die Welt vor einem atomaren Krieg zu bewahren", schließt Rüdiger Lutz auf der letzten Seite im ÖKO-LOG-Buch 2 aus diesem Experiment.[5] Während frühere Wissenschaftler sich durch rechnende Pferde die Vernünftigkeit der Schöpfung beweisen lassen wollten, sollen heute die Äffchen das Weltbewusstsein demonstrieren. Dass Pferde und Affen besser beobachten als ihre Wissenschaftler und sich wegen leckerer Belohnungen nach deren „wishful thinking" unauffällig richten, bemerken diese meist ein paar Jahre zu spät. Inzwischen fasst der englische Biochemiker Rupert Sheldrake seine diesbezügliche Theorie der morphogenetischen Felder in dem lapidaren Satz zusammen: „Alles, was im Universum geschieht, hat danach eine Art kosmisches Karma". Und er macht gleich die Probe aufs Exempel, indem er in Chicago durch Gruppenmeditation die Kriminalitätsrate beeinflussen will. Die 10.000-$-Prämie zur Überprüfung seiner Theorien wartet allerdings bis heute noch auf seinen Nutznießer, der nun vielleicht aus Verzweiflung mit einem Banküberfall die Kriminalitätsrate „unkarmisch" erhöht.

Der Delphinforscher John C. Lilly erforscht im Samadhi-Tank seine drei spirituellen Beschützer, und in seinem Buch „Programmierung und Metaprogrammierung des menschlichen Biocomputers" will er nicht mehr nur die objektivierte Natur, sondern gleich die ganze Schöpfung als biokybernetische Weltmaschine zum Gegenstand der eigenen Herrschaft und Manipulation machen. Der „Trendforscher" Gerd Gerken schwärmt folgerichtig: „Eine Transformation, ja, eine Synthese wird erkennbar: die Vermählung von Elektronik und Esoterik". Wer also das fatale Piepen seines Heim- und Personalcomputers immer noch nicht als die Geheimbotschaft des Weltbewusstseins decodiert hat, der sollte sich schleunigst einen esoterischen Hacker engagieren oder sich mit J.E. Behrendt trösten: NADA BRAHMA –

die Welt ist Klang, auch wenn es da gar nichts zu hören gibt und sich schließlich jede beliebige Zahlenfolge im Synthesizer zu Klangfolgen programmieren lässt. Aber es soll uns suggeriert werden, dass wir mittels der instrumentellen Vernunft risikolos und sanft in transzendente Welten hinübergleiten können.[6]

Taumeln im Okkultismus; Schwarzfahrer in rationalistischer Erschleichung der Transzendenz; mystische Verbrämung wissenschaftlicher Rationalität: Sind das die einzigen Wege, die sich der Wendezeit aus dem Scheitern der Aufklärung eröffnen? Entsteht da nicht einfach nur in der vermeintlichen Helle der Aufklärung als Nachbild das unvermeidliche Schwarze Loch, das wahllos alles schluckt, was ein bisschen nach Antirationalität und Zivilisationskritik riecht: von Schamanismus, Hexensalben, Bogenschießen, Tischrücken über Makrobiotik, Geisterheilen, Rolfing bis zur Waldorfschule und der sanften Technik? Und versteckt die Rede von der Wendezeit nicht eine bequeme Ausrede, die sich nicht mehr mit der je eigenen Geschichtlichkeit dieser vielfältigen Bewegungen und ihrer unterschiedlichen politischen Konsequenzen zu beschäftigen braucht, indem man auf einen scheinbar bequemen Zug in Richtung Transzendenz aufspringt, um sich die Anstrengungen und Risiken auf einem langen spirituellen Weg zu sparen? Denn da die Wendezeit sowieso kommt, das Neue Zeitalter bereits angebrochen ist, sind wir als glückliche Teilnehmer dieser kosmisch globalen Veranstaltung aller unnützen Grübeleien enthoben. Wer wird sich da noch beunruhigen, dass es Schamanen seit Jahrtausenden überall auf der Erde gegeben hat, dass sie nun aber mit dem Verschwinden der Stämme auch allmählich von dieser Erde verschwinden (trotz oder wegen unserer begeisterten Anteilnahme)? Wer wundert sich noch, dass noble Institute aus dem Boden schießen, die Manager und Unternehmer luxuriös ins Transpersonale hinüberleiten? Sicher ist es aufregend, sich gleichzeitig als Wissenschaftler, Astrologe, Schamane, Hexe und Mystiker zu fühlen und auf einmal teilzuhaben an allen geistigen Traditionen aller Zeitalter. Aber dieses angenehm süße Gefühl verhindert die Auseinandersetzung mit solchen geistigen Traditionen, von denen einige (östliche und westliche) genau die Denkformen von patriarchalischen Herrschaftsstrukturen widerspiegeln. Dieses süße Gefühl verhindert auch die Einsicht, dass wir Analphabeten sind im ganzheitlichen Denken, dass wir hilflos umherirren in den symbolischen und kollektiven Formen der Artikulation transzendenter Erfahrungen. Dieses süße Gefühl ist die Illusion, etwas zu sein, was wir gar nicht sind, und etwas erreicht zu haben, nur weil wir es uns wünschen. Denn bisher dümpeln wir als Strandgut in den vermeintlichen Untiefen indischer, moslemischer, christlicher, heidnischer und indianischer Mystik umher – und Scharlatane haben leichtes Spiel, wenn sie sich Schiffbrüchigen als Kapitäne unter Heil- und Billig-Flaggen offerieren.

Gangbare Wege aus dem Scheitern der Aufklärung sehe ich nur da, wo wir, vom Vertrauten herkommend, doch bereit sind, es aufzugeben und seine Grenzen zu überschreiten, um eine uns scheinbar unvertraute Realität zu erfahren. An die Grenzen einer solchen unvertrauten Wirklichkeit stellen uns ab und zu seltene Ethnologen mit Intuition. Hans Peter Duerr winkt da immer mal wieder ermunternd und überlässt es uns Lesern, wie wir mit seinen zwiespältig verlockenden Einladungen zur Grenzüberschreitung umgehen.[7] Konkretere Anleitung mit Wegweisern und grenzüberschreitende Führungen bieten ihrem fachlichen Auftrag gemäß die Psychologen an, seitdem sie das Unbewusste um das Transpersonale erweitert und sich in der Human-Potential-Bewegung wiedergefunden haben. Diese neuen Psychologien „können sich zu einer Lebensphilosophie entwickeln, zu einem Religionssurrogat, zu dem Wertesystem und Lebensprogramm, das man bisher vermisst hat. Ohne das Transzendentale und Transpersonale werden wir krank, gewalttätig, nihilistisch oder sogar hoffnungslos und apathisch".[8] Auf solche Prophezeiungen des auch als Management-Psychologen berüchtigten A. A. Maslow bauen viele Therapeuten ihre ganz diesseitige transpersonale Praxis für Besserverdienende auf. Es wird also bei den Grenzüberschreitungen nach der großen euphorischen Synthese von Ost und West, von indianischer, chinesischer und indischer Weisheit, nach den Magiern und Mystikern aller Zeitalter und Traditionen doch wieder um Differenzierungen und Ernüchterungen gehen. Wir werden begreifen müssen, dass wir durch einige Workshops und endlose Castañeda-Bände keine Schamanen werden und dass uns ein paar „Reisen in frühere Existenzen" nicht handlungsfähiger machen. Aus dem Überdruss an unserer durch- und wegrationalisierten Welt können wir offensichtlich nicht einfach per Knopfdruck in einen magischen, gefühl- und seelenvollen Kosmos des Heils gelangen. Zwar können wir unsere Leiden, Verzweiflung und Ängste mit allerlei spirituellen Nebengefühlen einlullen; aber wenn wir nicht nur uns, sondern auch unsere Gesellschaft verändern wollen, benötigen wir unsere Leiden, Schmerzen und Ängste als wirklichen Anfang des Widerstands. Wie auch immer wir dann als Grenzgänger Leid und Verzweiflung in Wachstum und Veränderung wenden, sollten wir auch das nicht leichtsinnig übertünchen, was so aufdringlich leuchtet und am einfachsten hält: unsere kritisch abwägende, unterscheidende und manchmal auch kreative Vernunft.

DIE NEUEN SIND DIE ALTEN:
ZWISCHEN SCHAMANEN, BUDDHISTEN, ALCHEMISTEN
UND TRANSPERSONALEN

Heute ist die Aufregung mit dem Reiz des Neuen beim New Age verflogen, ebenso wie die spirituelle Aufbruchstimmung und der transzendentale Pioniergeist. Kaum jemand liest noch die Wendezeit-Bücher von Castañeda, Capra und den unzähligen anderen.[10] Aber anders als damals wird in den letzten Jahren Spiritualität auch von der Forschung und der Wissenschaft ernst genommen, nachdem sie über Jahrhunderte ins Reich des Aberglaubens und der Scharlatanerie verbannt worden war: So gibt es seit 1990 in Amsterdam einen Lehrstuhl für Geschichte der hermetischen Philosophie und verwandter Strömungen. An der Pariser Sorbonne existiert ein Lehrstuhl für Geschichte der esoterischen und mystischen Strömungen im Europa der Neuzeit und Gegenwart; an der Päpstlichen Universität Angelicum in Rom besteht ein Lehrstuhl für nicht konventionelle Religionen und Spiritualitätsformen. An der Universität Exeter wird ein „Master of Arts Course in Western Esotericism" angeboten (s. Anm. 1).

2005 haben sich aus vielen Richtungen Forscher zur European Society for the Study of Western Esotericism (ESSWE) zusammengeschlossen (mit der eigenen Zeitschrift ARIES). Die Universität Freiburg beging im Sommer 2007 ihre 550-Jahr-Feier mit einem überfüllten Kongress „Wissenschaft und Spiritualität", an dem der Dalai Lama mitwirkte (ich selbst durfte einen Workshop leiten.) Auf der anderen Seite haben sich Esoterik und Spiritualität inzwischen heimlich, still und leise und ganz selbstverständlich in einem riesigen Markt etabliert, der zwischen Psychosekten, Wellness und Gesundheit bis hin zum „Kontakt mit Engeln" alles umfasst, was irgendwie mit Spiritualität zu tun haben könnte, ohne dass dabei Kirchen oder der Glaube an einen Gott bemüht würden. Die dazugehörigen Zeitschriften heißen auch nicht mehr geheimnisvoll „esotera", sondern ganz schlicht: „Lebens(t)räume, das Magazin für Gesundheit und Bewusstsein" oder „bewusster leben" und finanzieren sich weitgehend durch Werbung für Räucherstäbchen, Statuen, Meditationszubehör und Anzeigen für Therapien und Seminare.

In ihnen findet Sie dann wirklich ein großes Sammelsurium:
- Geistiges Heilen: Sie werden tief in Heilprozesse eintauchen im Kontakt mit Trance-Engel Lailah. Durch den Trance-Engel werden Sie direkt erfahren, was die geistige Welt von Ihnen möchte.
- Das Tao der Liebe – den Weg frei machen für die Liebe: Wir öffnen ein heilendes Feld und lösen Ängste auf.

- Spirituelle Partnerfindung – den Seelenpartner finden: Eine Seelenpartnerschaft ist ein Turbo für die eigene Entwicklung. Verschiedene Ängste, karmische Ursachen, systemische Verstrickungen stehen oft im Weg.
- Spirituell bewusst leben – zehn Schritte zur Erweckung deiner innersten Kraft: Sie wecken Ihre spirituellen Kräfte durch das Loslassen eingrenzender Bewusstseinsmuster
- Himmlische Stimmen – eine spirituelle Reise: Die Energiearbeit führt alle TeilnehmerInnen zu ihren spirituellen Führern.
- Geh den Weg der Mystiker: Es geht darum, die innere Stimme erfahrbar und hörbar zu machen und auf diese Intuition zu hören und auf sie zu vertrauen.
- Die universelle Maja-Kosmologie – leben im Einklang mit den Qualitäten der Zeit: Synchronizität, Magie, Fülle und bedingungslose Liebe. Um unseren strapazierten Verstand auszugleichen, werden wir in mehreren geführten Meditationen mit den verschiedenen Maja-Energien „synchron schwingen".
- Tanzen durch die neun Dimensionen: Wir sind durch neun Dimensionen zur Erde gekommen, und wir kehren durch neun Dimensionen auch wieder zurück.
- Direkter Zugang zum höheren Selbst: Lebe die Präsenz Deiner Göttlichkeit! Du erfährst eine geistige Methode: den Weiss-Transformations-Prozess.[9]

Sie können sich in diesem endlosen Markt des Spirituellen und Pseudospirituellen nun selbst entscheiden, welche Angebote Sie für seriös halten und wo sie eher Schlaumeier, Schwarzfahrer oder Scharlatane vermuten. Sie können auch nachsehen, ob Sie Workshops, Seminare oder Personen finden, die für Sie und Ihren „spirituellen Hunger" interessant sind. Im Anhang finden Sie ein Experiment, mit dem Sie ausprobieren können, wie Ihre Neigungen und Fähigkeiten zum Eintauchen in spirituelle Bewusstseinsebenen beschaffen sind oder ob der Prozess der Aufklärung alles nicht eindeutig rational Erklärbare bei Ihnen verjagt und verdrängt hat (s. den Anhang, bei den Anregungen zu Versuchen und Übungen).

In diesem spirituellen Markt gibt es einen besonderen Bereich, der von der Kirche mit dem Begriff „Jugendreligionen" oder „Jugendsekten" belegt wird, um auszudrücken, dass es sich dabei nicht um „echte Erwachsenenreligionen" handelt, sondern um Bewegungen, die etwas mit unreifen Jugendlichen und deren Verführbarkeit zu tun haben. Sie werden – vielfach zurecht – von Kirchen und Staaten misstrauisch beobachtet[11], wie z.B. die Scientology-Sekte, die mit Pseudowissenschaft und Pseudoreligion handfeste Effektivität und Geschäft verbindet. Diese „Jugendreligionen" haben eine Reihe von Gemeinsamkeiten:

- Fast immer steht in ihrem Mittelpunkt ein lebender oder ein toter Guru (Heiliger Meister, Vater, Führer) wie z.B. „Vater David" oder Maharishi Mahesh Yogi, der mit „Seine Heiligkeit" angeredet werden muss, oder der „Baba" von vielen indischen Gemeinschaften. Er wird als Retter betrachtet und ihm werden Verehrung und blinder Gehorsam entgegengebracht.
- Es gibt bei ihnen immer eine Botschaft der Rettung. Die Sehnsucht nach innerer Führung, nach Wahrheit, Liebe und Verwirklichung in einem spirituellen Bewusstsein soll durch das Wissen des Gurus erfüllt werden.
- Immer werden Wege zur „Rettung" angeboten, die meist als „der einzige Weg" erklärt werden. So ist es bei den Scientologists das sogenannte Auditing und bestimmte Arten von Training, bei der Moon-Bewegung sind es die „Göttlichen Prinzipien", bei Anada Marga ein 16-Punkte-Programm und bei Bhagwan war es eine bestimmte Lebensführung als Sannyasin.
- Wichtig ist eine Gemeinschaft, die Geborgenheit, Sicherheit und klare Ziele umfasst. Die Gemeinschaft konstituiert sich durch Rituale, einen bestimmten Lebensstil und familienähnliche Strukturen, wobei es immer auch um ein Drinnen-Draußen geht. Die Mitglieder fühlen sich oft als Brüder und Schwestern, wobei es auch Väter und Mütter gibt und häufig die Verantwortung von Autoritäten übernommen wird. Viele dieser Sekten bemühen sich auch durch ihren Einsatz für das Wohl der Menschheit.

Diese Sekten verändern sich und entstehen immer wieder neu, da sich durch Tourismus und Migration die Vielfalt der Religionen ausbreitet. Dabei sind ihre ursprünglichen Wurzeln oft gar nicht wiederzuerkennen. So wird der Hinduismus zur kommerziellen Hare Krishna-Bewegung mit ISKCON als einem großen Konzern mit Medienmarkt, Reformhäusern und Immobilien. Viele dieser Bewegungen operieren weltweit, wie auch z.B. Pak Subud, Gurubewegungen aus Indien, Voodoo-Sekten aus den mittelamerikanischen Inseln und Moons Tong il Kyo aus Korea.

Aber obwohl dieser Markt so vielfältig und neuartig erscheint, lassen sich doch die meisten Bereiche auf uralte spirituelle Traditionen zurückführen, die wir hier nur kurz erwähnen können:

- Schamanismus: Die ältesten uns überlieferten Formen von Spiritualität hängen mit den als Schamanismus bezeichneten Vorstellungen und Praktiken zusammen, die sich über zwanzigtausend Jahre bis in die Steinzeit zurückverfolgen lassen (s. Kapitel 1) und bis in unsere Zeit hineinreichen. In schamanistischen Kulturen werden die SchamanInnen von den Stammesangehörigen wegen ihres Wissens um Heilmittel, Gesundheit und um das menschliche Zusammenleben sowie wegen ihrer Kenntnisse über Jagd und Natur anerkannt und verehrt. Die EthnologInnen gehen davon aus, dass die

SchamanInnen über besondere Kräfte und über ein besonderes Bewusstsein verfügen, welches sie zu MittlerInnen zwischen den Menschen und irdischen und himmlischen spirituellen Kräften macht, und das sie auch selbst in den Höhlenbildern durch Fabelwesen und Figuren versinnbildlicht haben. Mit Tänzen, Atemregulierung und anderen Praktiken können sie sich in Trance versetzen, die sie zu veränderten Bewusstseinszuständen führt und ihnen spirituelle Kräfte eröffnet, mit deren Hilfe sie heilen und helfen, aber auch andere Menschen in einen höheren Bewusstseinszustand führen können. Durch eine Vielzahl von Riten, die sie in der Gemeinschaft anleiten, werden die schwierigen Übergangsphasen von Geburt, Pubertät und Tod in das Leben des Stammes integriert und die Gemeinschaft stabilisiert.[12] So haben sie von der Steinzeit bis heute in vielen Kulturen eine hervorragende Rolle gespielt, die sie zu Vermittlern einer ursprünglichen Religiosität – als umfassender Achtsamkeit – werden lässt. Nach ethnologischen Forschungen lassen sich schamanische Kulturen in Asien, Afrika, Australien und Amerika nachweisen, die untereinander große Ähnlichkeiten aufweisen und in vielen Teilen der Welt auch heute noch lebendig sind.

Schamanistische Praktiken finden sich heute in esoterischen Bereichen wieder, indem entweder direkt an schamanistische Praktiken, z.B. durch Schwitzhütten oder durch den Umgang mit den Kraft-Tieren angeknüpft wird oder indem sie indirekt und sogar unwissentlich z.B. in verschiedenen Atem- und Tanztechniken verwendet werden.

– Mysterienkult: Oft im Zusammenhang mit schamanischen Kulturen, oft aber auch unabhängig davon haben sich in vielen Teilen der Erde verschiedenartige Mysterienkulte entwickelt, von denen uns die altägyptischen Kulte von Isis und Osiris um Tod und Auferstehung, die Mithras-Mysterien im alten Persien mit der Opferung des Heiligen Stieres, die Eleusischen Mysterien zur Vision der ewigen Wiederkehr am bekanntesten sind. Aber auch von germanischen Stämmen, den keltischen Druiden, den Inkas und Azteken sind Mysterien überliefert. Fast immer sollen dabei durch theatralisch inszenierte Riten und Feiern ein Zugang zur Transzendenz und eine spirituelle Bewusstseinstransformation erreicht werden, um eine umfassendere Achtsamkeit für die Schöpfung und eine Verbundenheit mit dem Göttlichen zu bewirken. Ähnlich wie bei den Schamanen geht es auch in den Mysterienkulten um Initiation und Übergangsriten bei Geburt, Pubertät und Tod. Unübersehbar sind auch die mystischen Anteile im Christentum, wie Kreuzestod, Auferstehung und Abendmahl, die sich in vielfältigen differenzierten Riten ausdrücken.

Heute finden wir in vielen spirituellen Bewegungen sowohl inhaltliche wie auch strukturelle Bezüge aus Mysterienkulten wieder, so z.B. der Bezug zu heiligen Orten, zu den fünf Elementen und zu bestimmten Tonfolgen und Formen archaischer Musik.

– Hinduismus: Auch wenn der Erleuchtungs-Tourismus der 70er und 80er Jahre in Richtung Indien abgeebbt ist, hat sich der Bezug zu fernöstlichen spirituellen Traditionen doch in aller Stille zu einem festen Bestandteil unserer Kultur entwickelt. Buddhismus und Hinduismus spielen dabei eine besondere Rolle. Die Hindus bilden nach Christen und Muslimen die drittgrößte Religionsgemeinschaft auf der Welt, wobei es vielleicht irreführend sein kann, von einer Religionsgemeinschaft zu sprechen. Denn der Hinduismus ist keine einheitliche Religion, die sich als System darstellen ließe oder einer durchgängigen Tradition und einem spirituellen Konsens verpflichtet wäre. Entscheidend für das Verständnis des Hinduismus ist, dass dieser als eine geschichtlich entstandene Religion mit dem Zusammenwachsen eines Volkes auf dem indischen Subkontinent unlösbar verbunden ist. Der Hinduismus bezieht sich auf die Jahrtausende alten Veden, die als die ältesten heute noch verwendeten religiösen Texte gelten. Sie sollen in den fast tausend Jahre später entstandene Upanishaden – durch poetische Lehrgespräche mit philosophischen und mystischen Deutungen – die Menschen zu hohen moralischen und religiösen Werten leiten. Dabei hat der Hinduismus differenzierte und vielfältige Formen spiritueller Übungen mit sechs philosophischen Schulen entwickelt, die miteinander unvereinbar sind, wie überhaupt Differenzen und leidenschaftlich verfochtene Partikularismen mit unterschiedlichen Bezügen zu göttlichen und weltlichen Ordnungen den Hinduismus kennzeichnen.[13]

Ohne hier auf dieses komplexe und komplizierte hinduistische System einzugehen, ist es für uns wichtig festzuhalten, wie insbesondere die spirituellen Praktiken des Hinduismus sich in der westlichen Kultur etabliert haben. Dabei handelt es sich besonders um Yoga und Meditation, die inzwischen bei uns vom Fußball-Profi bis zum Manager von immer mehr Menschen ganz selbstverständlich als nützliche mentale Techniken oder Wellness-Trainings ohne jeden spirituellen Hintergrund angewendet werden. Im Hinduismus hingegen gehören Yoga und Meditation zum Wesen der spirituellen Unterweisung, die eine unmittelbare Erfahrung der Vereinigung des Atmans als des wahren Selbst mit dem Brahman als dem Göttlichen und Höchsten ermöglicht. Diese spirituelle Funktion von Yoga und Meditation hat auch in vielen westlichen religiösen Gemeinschaften ihren Platz gefunden, wobei inzwischen vielfältige Formen von Entspannungs-Yoga bis zur Transzendentalen Meditation praktiziert werden, von denen sich einige, wie die Hare-Krishna-Bewegung, enger an hinduistische Traditionen anlehnen, andere hingegen diesen Bezug kaum noch realisieren.

– Buddhismus: Meditation und Yoga sind auch im Buddhismus wichtig, der im Zusammenhang mit einer Weiterentwicklung des Hinduismus im 5. vorchristlichen Jahrhundert entstanden ist und auf Gautama Buddha, „den Erwachten", zurückgeht. Der Buddhismus ist als viertgrößte Weltreligion in vielen Formen über die ganze Welt verbreitet. Seine wachsende Popularität auch gerade in den westlichen Industrienationen hat damit zu tun, dass es im Buddhismus um die Aufhebung des menschlichen Leidens geht und um die für alle Menschen begehbaren Wege zu einer Erlösung von diesen Leiden. Auf diesem Weg sollen Begierde und die Unwissenheit beseitigt werden. Und es soll ein Zustand angestrebt werden ohne Wiedergeburt, ohne Vergänglichkeit und Leiden, in ewiger Reinheit, Ruhe und Glückseligkeit. Dieser Zustand überweltlicher Abgeschiedenheit wird auch als Nirvana bezeichnet, das sich als das Absolute und von der Welt Losgelöste nicht mit den Begriffen der empirischen Welt und der ich-bezogenen Personen fassen lässt. Der Weg zu dieser Erlösung wird als „der edle achtfache Pfad" bezeichnet, bei dem es um „rechte Ansicht, rechtes Reden und Handeln, um rechte Lebensweise", aber auch um das „rechte Gedenken und rechte Achtsamkeit" geht. Auf einer ersten Etappe des Weges sollen durch Überwindung von Unwissenheit, Begierde und Hass als Quellen aller menschlichen Leiden und durch tätiges Mitleid mit allen Lebewesen die ethischen Voraussetzungen für die Befreiung geschaffen werden, zu der auch eine Lebensweise gehört, die anderen kein Leid zufügt und sich zugleich um das „Heilsame" und um die Abwehr des „Unheilsamen" bemüht. Nur mit diesen Voraussetzungen ist es möglich, durch Meditation und Versenkung auf dem achtfachen Pfad zur Erleuchtung weiterzukommen. Für den „erwachten Geist" geht es dann um eine umfassende Achtsamkeit und liebende Zuwendung zu allen Dingen und Lebewesen des Universums, aber auch um die Klarheit und volle Präsenz im Augenblick, wodurch die uns gewohnte Dualität von Ich und Welt, von Subjekt und Objekt, von Gut und Böse aufgehoben wird.[14]

Die Verbindung einer so radikal menschlichen Ethik mit unzähligen detaillierten, ausgearbeiteten Anleitungen zu ihrer konkreten Umsetzung sowie viele besondere Praktiken der Meditation und Versenkung machen den Buddhismus heute zu einer für das Überleben der Menschheit besonders wichtigen Bewegung. Weniger verbreitet sind die vielen philosophischen Systeme im Buddhismus, die mit ausgeklügelten Spitzfindigkeiten in sich widersprüchlich und uneins sind, wobei überhaupt eine gewisse Abwehr des Lebendigen und eine Zentrierung auf männlich geprägte geistige Vorstellungen nicht zu übersehen sind. Auch sind diese Vorstellungen nicht mit der Idee verbunden, dass politische Veränderungen zur Minderung menschlichen Leidens wichtig sein könnten. Dennoch ist die buddhistische Ethik nicht individualistisch auf die eigene Erlösung beschränkt, sondern sie versteht sich als menschheitsbezogen, weil sie auf die Erleuchtung aller Menschen ausgerichtet ist und somit auf die Beendigung des menschlichen Leidens. So verzichtet der Bodhisattva trotz seiner Erleuchtung auf den Eingang ins Nirvana, solange noch nicht alle Lebewesen vom Leiden befreit sind. Dies entspricht den Vorstellungen vieler Meditationsmeister, nach denen „die Welt erlöst" werden kann, wenn nur 1 Prozent der Menschheit sich durch Meditation auf den Weg der Erleuchtung begeben wird. Maharishi Yogi, der Verbreiter der transzendentalen Meditation, kam so zu seinem Spitznamen Mister One Percent. Aber der Glaube „dass es zu einem weiteren großen Schritt der Evolution kommen wird, wenn viele Menschen dieses Vermögen in sich entwickeln", ist in den neuen spirituellen Bewegungen weit verbreitet.[16]

Der Buddhismus hat sich nie in Auseinandersetzungen mit anderen Religionen zu profilieren versucht oder gar Kriege um die wahre Lehre geführt. Im Gegenteil haben Buddhisten es vermocht, eine Vielzahl verschiedener Formen des Buddhismus zu entwickeln, die nicht miteinander konkurrieren, sondern sich ergänzen und andere religiöse Traditionen bereichern, so dass neue Synergien entstanden sind, wie z.B. in Tibet durch Verbindungen zum Schamanismus und dem Bön-Kult oder in China durch Verschmelzung mit dem Taoismus, in Japan durch Berücksichtigung der Samurai-Tradition und des Zen. Buddhistische Inhalte und Praktiken bestimmen heute besonders intensiv viele spirituelle Bewegungen, wobei das Wirken des Dalai Lama und seine Beliebtheit entscheidend dazu beigetragen haben. F. Capra stellt sogar die oben erwähnten Zusammenhänge zwischen buddhistischem Denken und den Vorstellungen der modernen Physik her, die mir allerdings nur an der Oberfläche interessant erscheinen.

Einen ganz anderen und konkreten Zusammenhang gibt es zwischen Buddhismus und dem jüngsten Zweig der Psychologie, nämlich der Humanistischen Psychologie, in der nicht mehr, wie in der „klassischen Psychologie", die Entwicklung eines stabilen Ich und seiner aktiven Auseinandersetzung mit einer ihm entgegengesetzten Umwelt im Mittelpunkt steht. Vielmehr geht es in der Humanistischen Psychologie, zu der auch die Gestalttherapie zählt, um einen Selbst-Begriff, der nicht durch eine feste Struktur, sondern durch Prozesse von wechselweisen Kontakten innerhalb der Umwelt bestimmt wird und sich so buddhistischen Vorstellungen von der Überwindung eines starren Ich annähert.[15]

Aber während in der Humanistischen Psychologie und der Gestalttherapie noch westliche Prägung durch mentale Zentrierung auf die Befriedigung der Bedürfnisse des Individuums bestimmend ist, löst sich die Transpersonale Psychologie weitgehend von der Suche nach Bedürfnisbefriedigung und konzentriert sich auf das Erreichen höherer Bewusstseinsebenen im Zusammenhang mit der Persönlichkeitsentwicklung, wie es am deutlichsten in den Konzepten von Ken Wilber dargestellt ist.[17] Dabei geht es, wie im Buddhismus, um die Wahrheit und Offenheit für die gegenwärtigen Lebensprozesse und um die Aufhebung der Dualität von Ich und Umwelt als Voraussetzungen für eine Weiterentwicklung des menschlichen Bewusstseins über die bisher erreichte mentale Phase hinaus.

– Alchemie und Hermetisches Wissen: Alchemie wird häufig nur in Verbindung gebracht mit dem Stein der Weisen (*lapis*), dem Lebenselexier (*elixir vitae*) und den misslungenen Versuchen zur Herstellung von Gold. Dem entspricht die Vorstellung, dass in der Alchemie die Natur durch Magie beherrscht werden soll. So wird Alchemie dann sogar häufig als eine Vorläuferin der Chemie und der Wissenschaft deklariert. Selbst so differenzierte Analytiker wie Horst-Eberhard Richter verbreiten solche verkürzten Einschätzungen, die seit der Aufklärung die Auseinandersetzung mit Alchemie bestimmen.[18] In Verbindung mit der Kirche kam es dann zeitweise immer wieder zum Verbot der Alchemie und der Verfolgung ihrer Anhänger. So wurde Estienne de Clave 1624 gefangen genommen und der Franziskanermönch Marin Mersenne eröffnete einen erfolgreichen Kampf gegen Fludd und alle Alchemisten, die er als „üble Magier" ohne christlichen Glauben denunzierte.[19]

In der historischen Entwicklung steht jedoch die Alchemie im Zusammenhang mit Jahrtausende alten hermetischen Traditionen, bei denen es nicht in erster Linie um magische Naturbeherrschung geht, sondern um ein verändertes Bewusstsein, in dem sich das erkennende Subjekt und das erkannte Objekt vereinigen. Dabei soll aus dem Körperlichen das Geistige werden und aus dem Geistigen das Körperliche, so dass auch Erkenntnisvermögen und Körperlichkeit sich verbinden. Gold ist dabei nur der Ausdruck des im Körper materialisierten Geistes, der als verfestigtes, göttliches Licht nun im undurchsichtigen Körper unwandelbar aufscheint. Dabei wird Merkur, der frühere Hermes, in der Alchemie durch Quecksilber dargestellt – und er erfüllt die Funktion seelischer Kräfte und die der Lebensgeister. Bei der Suche nach dem Stein der Weisen geht es bei den alchemistischen Umwandlungen vor allem um das Bestreben einer Bewusstseinsveränderung, bei der der Adept das Göttliche in allen Dingen und sich selbst als Teil des Göttlichen erlebt. Dieser von Morris Berman als „partizipierendes Bewusstsein" benannte Zustand ermöglicht es so dem Sich-im-Labor-Bemühenden durch innere seelische Erneuerung den Weg zur Erlösung zu finden, unabhängig von kirchlichen Institutionen und Traditionen. Das „Labor" steht sowohl für das materielle Wirken und Werken (*laborare*) wie auch für das spirituelle und geistige Bemühen (*orare*), das jedem ermöglicht, die Gottheit auf direktem und unmittelbarem Weg zu erfahren und so zur Erleuchtung zu gelangen (Soteriologische Alchemie).[20]

Auf diesem spirituellen Weg gerieten die Alchemisten natürlicherweise in Konflikt mit den Vertretern der Kirche, die die Alchemisten als Herätiker und üble Magier denunziert und bekämpft haben, wovon auch Päpstliche Bullen und die Scheiterhaufen der Inquisition zeugen. Andererseits entwickelten einige Alchemisten aber auch einen Bezug zum christlichen Glauben, der besonders bei den heute noch existierenden Rosenkreuzern eine sonderbare Verbindung mit der Alchemie eingegangen ist.

Die Vorstellung eines für jeden gangbaren Weges zur Erleuchtung ohne Kirchen und Hierarchien hängt eng mit der Ablehnung von Privilegien und Besitz zusammen. So verbindet sich die alchemistische Weltsicht im 17. Jahrhundert auch mit sozialen Idealen und mit Forderungen nach religiöser Toleranz, Abschaffung von Kirchenabgaben und mit der Ablehnung des Dogmas der Erbsünde. Heute finden wir Konzepte der hermetischen Weisheit und der Alchemie wieder, indem bei vielen spirituellen Bewegungen die Möglichkeit, einen eigenen spirituellen Weg zu finden, im Mittelpunkt steht. Dabei ist immer auch die Vorstellung eines partizipativen Bewusstseins wichtig, das die durch die Aufklärung verfestigten Trennungen zwischen Göttlichem und Menschlichem, zwischen erkennendem Subjekt und zu erkennendem Objekt, zwischen Geist und Materie aufhebt. – Ohne deshalb in einen naiven Animismus zurückzufallen und ohne die Rationalität und die wissenschaftlichen Methoden aufzugeben. Morris Berman behauptet sogar, dass, falls das partizipative Bewusstsein nicht wieder hergestellt werden kann, „uns die Bedeutung dessen verloren gehen [wird], was es heißt, ein menschliches Wesen zu sein".[21]

Wem das zu weit geht, der kann aber vielleicht einer Grundhaltung vieler spiritueller Bewegungen zustimmen, die durch ein Zitat des berühmten Kognition-Forschers Gregory Bateson ausgedrückt wird:

»*Der individuelle Geist ist allgegenwärtig, aber nicht nur im Körper. Er wohnt auch den Kommunikationswegen und Botschaften außerhalb des Körpers inne; und es gibt einen umfassenden GEIST, von dem der individuelle Geist nur ein Teilsystem ist. Dieser umfassendere GEIST ist vergleichbar mit Gott und ist vielleicht das, das manche Menschen mit „Gott" meinen, aber er ist dennoch dem umfassend verwobenen sozialen System und der planetaren Ökologie immanent«.[22]*

Auch bei der Alchemie gibt es viele interessante Verbindungen zur Wissenschaft, bei denen man wegen des Namens und des gemeinsamen Anliegens der Umwandlung von Stoffen zuerst an die Chemie denkt. Diese Zusammenhänge beschränken sich aber auf historische Wurzeln der Chemie, während der moderne Einfluss wiederum mit der Psychologie zu tun hat. C.G. Jung, ein Schüler von Sigmund Freud, hat mit Hilfe klinischer Daten und der Analyse von Träumen und durch ethnologische Studien herausgefunden, dass es in unserem Unbewussten symbolhafte Grundmuster gibt, die in allen Zeiten, allen Völkern und allen Personen wiederzufinden sind, die er als Archetypen bezeichnet. So können z.B. die Große Mutter, die Uroburos-Schlange und die Schwarze Sonne als solche Archetypen angesehen werden. Zu seiner großen Überraschung fand Jung dann heraus, dass diese Archetypen alle in der Alchemie verschlüsselt vorhanden sind und es gelang ihm, das Wissen der Alchemie als „eine Landkarte des menschlichen Unbewussten zu deuten".[23] In der von ihm entwickelten Tiefenpsychologie hat C.G. Jung dann Verfahren der Alchemie genutzt, um das Unbewusste und das Bewusste für den „Individuationsprozess" in Einklang zu bringen, worauf die von ihm entwickelten Therapieformen beruhen.[24]

Das Streben der Alchemisten nach Gold deutete Jung als das Streben nach einem veränderten, reinen und lichten Bewusstseinszustand, der nur durch die mühsamen Prozeduren der Auseinandersetzung mit dem Dunklen und Irdischen erreicht werden kann. Wie für die Alchemisten die Schwarze Sonne (sol niger) die Notwendigkeit versinnbildlicht, dass „die Sonne und der Schatten vollenden das Werk", so ist für die Jung'sche Individuation eines jeden Menschen entscheidend, dass er lernt, seinen „Schatten" zu erkennen und zu akzeptieren. Erst wenn wir lernen, das an uns zu akzeptieren, was wir an uns fürchten und hassen, all unsere dämonischen, gierigen, kleinlichen, trägen, hässlichen Anteile, die wir immer unterdrücken, verdrängen, vor uns selbst und vor allen anderen verbergen, erst dann können wir uns weiterentwickeln: „Akzeptiere Dich, wie Du bist, und Du wirst Dich verändern", heißt deshalb das Grundprinzip auch der Gestalttherapie[25], dem wir uns aber nur in einem lebenslangen, mühevollen Prozess nähern können, auf dem Alchemisten uns vorausgegangen sind und uns ihre Wegweiser hinterlassen haben.

Aber auch die konsequenten Verfechter des Glaubens an den Einen Gott lassen sich nicht lumpen, wenn es um die Zukunft ihrer Religionen geht. Da sind zuerst und schon lange diejenigen, die das Gegenübersein von einem absoluten allmächtigen Vater-Gott zu der Einheit von Gott und Mensch transzendieren. In dieser mystischen Einheit sind sowohl Gott als auch der Mensch aufgehoben in der spirituellen Erfahrung des Eins-Seins, die schließlich in dem Satz münden kann: „Ich bin Gott". Diesen Satz musste der islamische Mystiker Mansur al Halladj mit dem Leben bezahlen, weil seine in der äußerlichen Orthodoxie befangenen Peiniger in ihrem angstvollen Klammern an starren Gesetzen keinen Zugang zu dieser höheren Religiosität finden konnten.[26] Wie bei Mansur finden wir diese unio mystica, die Vereinigung mit Gott, auch in allen drei Abrahamsreligionen als mystische Traditionen wieder, die bis heute lebendig sind und die uns schon in den vorigen Kapiteln beschäftigt haben. In diesen mystischen Traditionen ist die Einheit mit Gott zwar nicht an die formale Struktur der Religionen gebunden (Exoterik), wohl aber an die in ihnen mythologisch und symbolisch ausgedrückten Wahrheiten. Darin unterscheidet sich die Mystik grundsätzlich von vielen spirituellen Bewegungen, denen es „nur" um Erlangung höherer Bewusstseinsstufen geht.

Mystischen Vorstellungen nähern sich auch solche religiösen Bewegungen, in denen es um eine nicht an die traditionellen Religionen gebundene „Erneuerung" des Glaubens an den Einen Gott geht. Als Beispiel sei hier der Amerikaner Neale Donald Walsch genannt, der nach einer Karriere als Journalist und Werbemanager in einer Lebenskrise einen spirituellen Neuanfang erlebte, dem er in seinen populären Büchern „Gespräche mit Gott" Ausdruck gegeben hat.[27]
Es geht ihm darin um eine „Umgestaltung Gottes" und eine Hinführung zu dem „Künftigen Gott", der überall gegenwärtig sein soll, der Schöpfer und Erschaffenes zugleich ist, „das Alles in Allem, Alpha und Omega, Anfang und Ende, das Gesamt von allem und jedem, das je war, jetzt ist und je sein wird".[28] An solchen Stellen lässt sich noch wenig Umgestaltung des „alten" Gottes entdecken, eher schon, wenn wir bei Walsch erfahren,
– dass der Künftige Gott nicht von uns verlangt, an ihn zu glauben,
– dass die beste Art an ihn zu denken, darin besteht, sich gut dabei zu fühlen,
– dass „er" – auch nicht als männlich vorgestellt wird und ebenso gut „Leben" genannt werden kann,
– dass der Dienst an Gott ein Dienst am Leben ist,
– dass der Künftige Gott nicht verlangt, ihm zu dienen.

Die Umgestaltung des „gestrigen" Gottes soll sich auch wie folgt zeigen: „Der Künftige Gott spricht allzeit mit jedermann".[29] Indem wir mit Gott sprechen, geht es sowohl um einen Dialog als auch um ein gemeinsames Sprechen mit Gott zusammen sowie um das Sprechen durch Gott, wie in einer Offenbarung. Die „Hinführung zu dem Künftigen Gott" wird bei Walsch mit ganz konkreten Übungen verbunden:

»*Reserviere dir dann jeden Tag etwas Zeit, um dich in deine Innenwelt zu begeben. Lass alle Gedanken an die Äußere Welt fahren, wenn du dich in dieser Inneren Welt bewegst. (...) Fokussiere nun dein Gewahrsein auf die Stelle in der Mitte der Stirn knapp über den Augen. Halte den Blick deines inneren Auges darauf gerichtet. (...) [W]arte, bis das, was schon dort ist, für dein Bewusstsein geöffnet wird. Plötzlich wird etwas für dich erscheinen. Für viele sieht es aus wie eine tanzende blaue Flamme. Du wirst diese Flamme nicht nur sehen, du wirst sie auch fühlen. Dieses Gefühl wird dich überströmen. Du wirst es Liebe nennen. Es wird vielleicht ganz leise und sanft Tränen fließen lassen. Lass es zu. Und... – ...sag hallo zu deiner Seele.*«[30]

Aber als politisch-praktisch und sozial engagierter Staatsbürger hat seine „Neue Spiritualität" auch eine gesellschaftliche Dimension. So soll es „in den Tagen der Neuen Spiritualität" keine Super-Reichen und extrem Armen mehr geben, weil jeder Mensch das gleiche Recht „auf die Grundlage des Lebens und die Möglichkeit zu überleben hat und weil alle natürlichen Ressourcen allen gehören". Und schließlich bietet Walsch auch eine Möglichkeit an, wie diese Neue Spiritualität auf der Erde entfaltet und verbreitet werden kann: Indem die Menschen Mitglieder des von ihm gegründeten „Humanity's Team" werden[31], bei dem alle die Möglichkeit haben sollen, am globalen Veränderungsprozess durch die Neue Spiritualität aktiv teilzunehmen.

Der Zukünftige Gott und die damit verbundene Neue Spiritualität haben viele Gemeinsamkeiten mit spirituellen Bewegungen des New Age, wobei auch die wenigen angegebenen Übungen sich in den entsprechenden meditativen Praktiken wiederfinden lassen. Ebenso gibt es Berührungspunkte mit Schulen, bei denen es – mit oder ohne Gott – um eine transformative Praxis für ein höheres Bewusstsein und um ein spirituelles Konzept für eine transpersonale Entwicklung geht.[32]

Andere Wege empfiehlt Don Cupitt, der als Ex-Priester der Anglikanischen Kirche von England und Professor für Theologie in Cambridge zuerst mit viel Gelehrsamkeit und Scharfsinn in seinem Buch „Nach Gott"[33] den Tod Gottes beweist, um uns dann im selben Buch, das den Untertitel „Die Zukunft der Religionen" trägt, mit poetischem Witz zu raten, einfach so zu tun, als ob es Gott doch noch gäbe: „Ich schlage in allem Ernst vor, dass man Gott selbst nach seinem Tod noch lieben kann".[35] Er gibt dabei die Vorstellung von Religion als einem System übernatürlicher Glaubensinhalte auf und tauscht sie ein „gegen die Idee von Religion als einem Werkzeugkasten", den die Menschheit bei ihrem globalen „Experiment in Individualität" braucht. In Don Cupitts Werkzeugkasten finden sich dann so nützliche Dinge wie das „Auge Gottes", das uns erlaubt, unser Leben wie in den traditionellen Religionen aus dem Blickwinkel Gottes zu betrachten: Auch wenn unser Gott tot ist, so kann das Auge Gottes vielleicht wie im Gebet am Grab eines lieben Menschen helfen, unser Bewusstsein zu heben und zu stabilisieren.

Der Nutzen solcher religiösen „Werkzeuge" hängt aber davon ab, ob wir uns frei und kompetent fühlen, aus noch lebendigen Resten des religiösen Vokabulars, der Riten und Symbole eine neue Form der Religiosität zu erschaffen, die mehr ist als ein zusammengebasteltes Tischlein-deck-Dich.

Und damit sind wir angekommen bei der Frage nach einer universalen Weltreligion, die verschiedene Optionen eröffnet. So könnte nach einigen theologischen Konzepten – auf der Grundlage der spirituellen Substanz der großen religiösen Traditionen – eine neue globale Religiosität entstehen, die das menschliche Streben nach umfassendem Achtsamsein aufnimmt und sowohl Wege zu spiritueller Bewusstseinserweiterung wie auch zu weltverändendem Handeln erschließt. Diese globale Religiosität soll so zu einer Verbindung von sozialer, psychologischer und kosmologischer Kompetenz führen. Trennungen zwischen Uns und den Anderen, zwischen Glauben und Denken, zwischen Heilig und Profan sind dann – im globalen Bewusstsein der Menschen von ihrer Einheit in einem gemeinsamen Kosmos – aufgehoben.

Aus der Überzeugung, dass der Mensch von seinem Wesen her religiös bestimmt ist, lassen sich im Sinne einer *religio perennis* die gemeinsamen Urweisheiten aller Religionen in einen meditativen Zusammenhang für eine Gemeinschaft bringen, die sich ohne Abgrenzung zu anderen als Teil der Menschheit um ein spirituelles Bewusstsein und eine umfassende Achtsamkeit bemüht, um sich in der Welt zu orientieren und um gemeinsam eigene Welten zu erschaffen. Solche Utopien sind schon im Koran angedeutet, später auch im 15. Jahrhundert bei Nikolaus Cusanus, der „durch die Übereinkunft einiger einsichtiger Leute, die mit allen Verschiedenheiten der Religionen auf der ganzen Erde vertraut werden, eine leicht zu schaffende Übereinstimmung" herstellen will.[36] Zur Zeit der Aufklärung wandeln sich diese Utopien dann im Säkularisationsprozess zum allgemeinen Toleranz-

Prinzip, das erst im 20. Jahrhundert wieder der Idee einer universalen Weltreligion näherrückt.

In diesen Zusammenhang gehört auch die Ende des 19. Jahrhunderts in Persien entstandene Bahá'i-Religion, deren Stifter Bahá´u lláh alle Religionen aus derselben göttlichen Quelle – zum Wohl des Einzelnen und der Gesellschaft – entstanden sieht. Die Unterschiede zwischen den Religionen sind nur dadurch bedingt, dass die Boten Gottes zu verschiedenen Zeiten an verschiedenen Orten entsprechend den Bedürfnissen des Menschen gewirkt haben. Die Bahá´i-Sicht umfasst alle diese Religionen und will die Entwicklung des Einzelnen und der Gesellschaft durch Gebet, Meditation und Nachsinnen über die Heiligen Schriften fördern.[35]

Aber so harmonisch und wohltönend solche Utopien auch immer klingen mögen, so laut und klar klingen auch Einwände dagegen. Da sind einmal die gestrengen spirituellen Meister und Lehrer, die jegliche Vermischung verschiedener religiöser Elemente als nivellierenden Synkretismus ablehnen, weil solche

»Irrlehren stets dazu neigen, entweder die Vorstellungen des Göttlichen oder unsere Weise ihm anzuhängen, zu verwässern; was sie uns anbieten ist entweder eine weltliche oder unheilige – sagen wir „humanistische" Entstellung der Religion oder auch eine Mystik, die das bloße Ich und seine Täuschungen zum Inhalt hat«.[37]

Neben so fundamentalen Einwänden wie dieses von dem klassischen Religionsphilosophen Frithjof Schuon, wird aber auch für den weniger strengen normalen Menschen deutlich, dass eine Universalisierung der Religionen diese ihrer eigentlichen Kräfte beraubt, indem dann weder die Macht der Tradition, noch die Wirkung der Mythen und Riten, noch die Autorität der Institution zur Geltung kommen können – und vom Göttlichen vielleicht wirklich nur noch ein blasses Abziehbild übrigbleibt.

Ähnliches gilt für viele Zusammenschlüsse, die unter dem Stichwort „ökumenisch" firmieren und sich auf einen dogmatisch-ethischen Minimalkonsens verständigen wollen. Da soll dann aus dem christlichen Weihnachten und dem jüdischen Chanukka ein „Weihnukka" werden, weil beide Feste zufällig am gleichen Tag gefeiert werden und es zu beiden Festen Geschenke gibt, obwohl mit dem Weihnachtsfest die Geburt Christi gefeiert und mit Chanukka der Wiedereinweihung des Tempels nach dem Sieg der jüdischen Makkabäer über die seleukidischen Truppen (über 160 Jahre vor der Geburt Christi!) gedacht wird.[38]

Die an englischer Pragmatik orientierte Vorstellung von Don Cupitt für eine neue globalisierte Weltreligion „aus erhaltenen Resten" kann zwar der von ihm kritisierten Lust auf spirituelle Macht der monotheistischen Religionen und ihrer „Maschinerie zur Zerstörung des menschlichen Geistes" entgegenwirken. Aber Cupitt ahnt wohl auch das Dürftige und Unrealisierbare einer solchen globalisierten Weltreligion und schlägt daher „minimalistische Versionen" der alten Religionen vor (wie im „Sea of Faith"[39]), um dann „unverzüglich mit der Entwicklung eines neuen Weltglaubens zu beginnen".

Aus solchen Vorschlägen wird mir vor allem deutlich, dass wir nicht einfach aussteigen können aus unserer Herkunft und unserer Geschichte, die uns geprägt hat. Weder können wir uns Privatreligionen zusammenbasteln um die schönsten religiösen Zeremonien alle auf einmal zu zelebrieren, noch können wir uns einfach Wakan Tanka oder Shiva anvertrauen, die sich bei uns möglicherweise für nicht zuständig erklären. So müssen sich die meisten hier wohl noch ein Weilchen mit ihrem lieben Alten Gott arrangieren: ob sie ihn nun anbeten, verehren, ihm zürnen, sich mit ihm versöhnen, ihn für tot erklären und aufgeben – und dann doch wieder auferstehen lassen.

Wir hören hier nun einfach ohne tröstliches Schlusswort auf – und so ist es nun an Ihnen, herauszufinden, ob Sie an unserem Tatort Gott den ewigen und den vergänglichen Vätern nachspüren wollen oder ob Sie die uralten und für alle Menschen immer wieder neuen Wege der Versöhnung, der Geschwisterlichkeit und des Achtsamseins gehen wollen. Wir hören auf, ohne an ein Ende zu kommen. Denn unser Vertrauen und unsere Zuwendung zu den Dingen und den Geschöpfen des Universums bleiben nur dann lebendig, wenn wir in Verbindung mit dem Anfang bleiben.

In der Zwischenzeit können wir uns immer mal in eine Legende verlieren, auch wenn wir niemandem verraten, ob sie von Rabi'a, Baal Schem Tow, von Franz von Assisi oder von Don Eduardo stammt: Einst fragte ein Meister seinen Schüler, wie man die Stunde bestimmt, in der die Nacht endet und der Tag anfängt. „Ist es, wenn man von weitem einen Hund von einem Schaf unterscheiden kann?", fragt einer der Schüler. „Nein", sagt der Meister. „Ist es, wenn man von weitem einen Dattel- von einem Feigenbaum unterscheiden kann?", fragt ein anderer. „Nein", sagt der Meister. „Aber wann ist es dann?", fragen die Schüler. „Es ist dann, wenn Du in das Gesicht irgendeines Menschen blicken kannst und Deine Schwester oder Deinen Bruder siehst. Bis dahin ist die Nacht noch bei uns."

Zeitmarken des Einen Gottes – 6

ab dem 3. vorchristlichen Jahrtausend	Vorwiegend weibliche Gottheiten, wie bei den Sumerern die „Mutter der Götter" und die „weisen Frauen", werden allmählich von androgynen und männlichen Gottheiten abgelöst. Thot ist in Ägypten der Begleiter des Sonnengottes Rê (Hauptsitz: die Stadt Schmun, sein heiliges Tier ist der Ibis); er verkörpert alles Wissen und die Weisheit.	
	Hermes Tresmegistos ist die griechische Bezeichnung für Thot, auf ihn geht die hermetische Tradition zurück, wonach wahre Erkenntnis nur in der Vereinigung von Subjekt und Objekt zu erlangen ist, die später in den hermetischen Schriften (ca. 40 griechische, lateinische und arabische Schriften) auftauchen und eine gnostische Erlösungslehre enthalten, die auch in der Alchemie eine Rolle spielt. Hermes ist zugleich ein griechischer Naturgott, der später als Sohn des Zeus und der Maia zum Götterboten (römisch Merkur) wird. Induskultur; Echnaton.	
ab dem 15. Jhdt. v. Chr.	Gilgamesch-Epos, arische Einwanderung nach Indien, Rigveda, vedische Literatur; Brahmanismus.	„tat tram asi": Das bist Du, das Göttliche ist in Dir: Vereinigung des Göttlichen mit der Seele.
ab dem 7. Jhdt.	Upanishaden .	

560-480	Buddha (klassische Datierung).	„Jegliche Gestalt (...) welche sich auch immer findet, sei sie vergangen, künftig oder gegenwärtig, befinde sie sich im eigenen Inneren oder draußen, sei sie groß oder klein (...), sie ist nicht mein, ich bin nicht diese, sie ist auch nicht mein Selbst. Wer die Gestalt der Wahrheit entsprechend recht erkannt hat, von dem die Gestalt gesehen wurde und wer nicht mehr an ihr festhält, ist ein Erlöster." (Reden des Buddha: Samyutta-nikaya).
ca. 5. Jhdt.	Mahabharata.	
ab dem 2. Jhdt.	Bhagavadgita.	„Das Nichtseinde kann nicht sein, das Seiende kann nicht aufhören zu sein. Die Grenze aber zwischen diesen beiden wurde von den Wahrheitssuchern gesehen." (Bhagavadgita)
ab dem 1. Jhdt. n. Chr.	Mahayana-Buddhismus, der neue Möglichkeiten der Erlösung anbietet, die den Lebensumständen verschiedener Bevölkerungsgruppen entsprechen. Dieser Buddhismus gelangt nach China, Kambodscha und Indonesien (wo auch der Hinduismus gleichzeitig Fuß fasst).	

ab dem 5. Jhdt.	Tantrismus, Puranas, Vedanta.	
7. Jhdt.	Der Buddhismus verlagert sich nach Tibet.	
ab dem 8. Jhdt.	Erste Blüte der Sufimystik.	„Du erkennst auf eine bestimmte Art und Weise, ich aber ohne Weise. (...) Dadurch, daß ich alles, was ich gefunden hatte, in Ihm verlor." (Rabi'a, ca. 713-801).
ab dem 11. Jhdt.	Bhakti-Bewegung (ausschließ-lich auf Gott gerichteter Hinduis-mus). Blütezeit jüdischer Mystik.	„Gott ist allzumal Erkenntnis, das Erkennende und das Erkannte!" (Der Kabbalist Meister Rabbi Mosche Cordovero, 1522-1570).
	Der Buddhismus gelangt in die Mongolei. Blütezeit der christ-lichen Mystik (Meister Eckhart 1260-1328, Beginen, Schwester Kathrei, Mechthild von Magdeburg).	„Darum bitte ich Gott, dasz er mich Gottes quitt mache." (Meister Eckhart)
	Alchemistische Labore und Tra-ditionen entstehen überall in Europa.	
Renaissance	Wiederbelebung esoterischer und hermetischer Traditionen (Pico della Mirandola, Agrippa von Nettesheim).	
ab dem 15. Jhdt.	Blütezeit der Alchemie, wobei Selbsterkenntnis und Erlösung durch technische und magische Praktiken betrieben werden; auch Newton gehört im Anfang seiner Laufbahn zu den Alche-misten. Rosenkreuzer (Michael Maier, Robert Fludd).	„Solve et coagula" (Das Erstarrte soll aufgelöst werden und zum wirklichen Selbst kommen, weil Gott in allen Dingen gegenwärtig ist und jeder unmittelbar zur Erleuchtung kommen kann.)

18. Jhdt.	Chassidismus als Weg, Gott im Alltäglichen zu leben.	Die Chassidim machen „Gott, wenn man so sagen dürfte – zu ihrem Unbewußten" (Rabbi Dow Bär, 1770).
19. Jhdt.	Wiederbelebung esoterischer und spiritueller Traditionen: Theosophen, Rosenkreuzer, Okkultismus. Theosophische und anthroposophische Bewegungen (Rudolf Steiner).	„...daß alle Erscheinungen in der Welt eine Ganzheit bilden und in notwendigen, zielgerichteten Beziehungen zueinander stehen, die weder zeitlich noch räumlich sind." (Eliphas Lévi, 1810-1875)
	Der Zen-Buddhismus breitet sich in Europa aus (Graf Dürckheim).	
1968	Das Musical „Hair" verkündet den Anfang des Wassermann-Zeitalters, des New Age, den Anfang der „sanften Verschwörung", die das Zeitalter der Fische (rationales Denken, organisierte Religion, Wissenschaft, Krieg) ablöst, in der „Wendezeit" (Capra, Ferguson, Ken Wilber).	Dies ist ein Projekt, das größer ist „als (...) es die Politik der zivilisierten Gesellschaft bisher angepackt hat: Den Gott zu erwecken, der an der Wurzel unseres Seins schläft." (Theodore Roszak, 1970). „eine seltsame Mischung einer Handvoll transpersonaler Seelen mit Massen von präpersonalen Süchtigen." (Ken Wilber, 1976)
	Gurus aus verschiedenen esoterischen Traditionen etablieren sich in Europa und in USA (Swami Yogananda, Aurobindo: schon in den 20er Jahren; Baba Ram Dass, Bhagwan, Maharischi Yogi...). Yoga, Meditation und Schamanismus gehören nun zum Alltag; Schamanen, Lamas und Erleuchtete sind auf allen esoterischen Tagungen anzutreffen. Esoterische Zentren entstehen (Findhorn, Poona, Auroville schon seit den 20er Jahren, das Esalen-Institut in Californien.	Ein Prozent Meditierende der Weltbevölkerung kann „in Übereinstimmung mit der Evolution das Paradies herbeiführen." (Maharischi-Yogi).

1986	Gründung der Deutschen Transpersonalen Gesellschaft. Ziel ist die Transformation des Ich im Sinne eines kosmischen Seins, das Erleuchtung durch die eigene Bewusstseinserweiterung ermöglicht.	
	Die New-Age-Euphorie klingt langsam ab und wird subkutan im Alltag integriert.	
2000	„Mystik des Widerstands" (Dorothee Sölle).	„Ein mystisch-ökologisches Bewusstsein versteht sich eingebunden in alles, was existiert. Alles, was ist, kann nur in der Koexistenz der Beziehung leben und überleben. Diese Koexistenz verbindet uns mit den Jahrmillionen der Evolution und zugleich mit dem Wasser unserer Enkelkinder. Sie ist nicht ignorierbar, niemand hat das Recht, sie zu kündigen. Sie braucht eine andere Weltfrömmigkeit." (Dorothee Sölle, 1999)

Anregungen, Versuche und praktische Übungen zur Achtsamkeit am Tatort Gott

Für Gläubige und Atheisten, Nonnen und Ketzer, Fundamentalisten, Päpste und solche, die es werden wollen

Ich möchte Sie hier einladen, sich mit Ihren eigenen Einstellungen, Erwartungen und Erinnerungen bezüglich der drei monotheistischen Religionen noch intensiver auseinanderzusetzen. Dazu habe ich die folgenden kleinen „Übungen" entwickelt, bei denen Sie sich vielleicht bewusster werden können, wie die Religionen Sie geprägt haben, welche Rolle sie in Ihrem Leben spielen, inwieweit Sie von Vorurteilen anderer Menschen (Pfarrern, Eltern, Freunden etc.) oder den Medien beeinflusst sind. Außerdem stellt sich die Frage, ob Sie andere Möglichkeiten herausfinden wollen, um neue, Ihren Einsichten entsprechende Verhaltens- und Handlungsweisen, zu entwickeln. Es geht hier nur um kleine Anregungen, die Sie aber bei Interesse leicht in Eigeninitiative weiterentwickeln können.

Die Übungen beziehen sich jeweils auf die einzelnen Kapitel und können auch unabhängig voneinander ausprobiert werden. Vielleicht könnte es für Sie noch interessanter werden, wenn Sie einige der Übungen schon vor dem Lesen der entsprechenden Kapitel probieren und dann nach dem Lesen noch einmal, so dass Sie auch etwas über die Wirkungen Ihrer Auseinandersetzung mit diesem Buch erfahren können. Über alle Rückmeldungen und Anregungen freue ich mich. Weitere Anregungen zu Übungen finden Sie bei:
- Heinrich Dauber: Lernfelder der Zukunft. Bad Heilbrunn, 1997.
- Bernd Feininger u. R. Wunderlich: Übergänge in das Studium der Theologie/ Religionspädagogik. Frankfurt/Main u.a. 2008.
- Albert Höfer u.a.: Gestalt des Glaubens, München 1982.
- Claudio Hofmann: Achtsamkeit. Stuttgart 2002; Taschenbuchausgabe: München 2004.
- Saakur: Dance of Universal Peace. C.D. o. J. Freiburg.
- s. a. die Anmerkung 39 im 6. Kapitel

Zu Lokaltermin: Ein Gott wird besichtigt

Religiöse Kompetenz

In dem Abschnitt „Erste Ansicht" dieses Kapitels wird dargestellt, welche spirituellen, sozialen, therapeutischen und kulturellen Bedürfnisse die Religionen entsprechend ihren Kompetenzen erfüllen können. Die Möglichkeiten der Religionen, auf die Bedürfnisse ihrer Gläubigen einzugehen, hängen zwar ab von vielen äußeren Faktoren (historisch, regional, sozial, personal etc.), sind aber auch entscheidend durch die jeweiligen Religionen selbst geprägt. Im Folgenden können Sie sich klarer werden, welche Fähigkeiten Sie den verschiedenen Religionen zutrauen, indem Sie deren jeweilige Kompetenzen einschätzen. Als Maß Ihrer Einschätzung empfiehlt sich hier und in den folgenden Übungen eine Skala von 0 bis 3 in folgender Bedeutung:

0 = gar nicht vorhanden
1 = kaum vorhanden / ausgeprägt
2 = häufig vorhanden / ausgeprägt
3 =ist stark vorhanden / ausgeprägt

Solche Einschätzungen bleiben allerdings zunächst an einer quantitativen Oberfläche, die gar nicht die unterschiedlichen Qualitäten der jeweiligen Kompetenzen berührt. Die Qualität einer Kompetenz können Sie dann in Ihrer Einschätzung durch Zusatzzeichen berücksichtigen (z.B. „+ + +" für „mir sehr entsprechend", oder „- - -" für „mir sehr unsympathisch").

Vielleicht können Sie so auch besser verstehen, warum Sie einer bestimmten Religion (nicht) angehören oder warum Sie mit einer Religion (nicht) sympathisieren. Die Spalten für jede Religion sind so breit, dass Sie sie nach eigenem Bedarf unterteilen können, z.B. für verschiedene religiöse Richtungen (katholisch – evangelisch, sunnitisch – schiitisch etc.) oder verschiedene „Termine" Ihrer Einschätzung (vor und nach dem Lesen des Kapitels etc.).

Zur Einschätzung der Kompetenzen verschiedener Religionen

Kompetenzbereiche	Judentum	Christentum	Islam	andere Religionen
Sinnstiftung				
Bewältigung von Lebenskrisen				
Wertevermittlung				
Gemeinschaftsbildung				
Geschichtsbewusstsein				
Bewusstseinserweiterung/ Spiritualität				
Kulturelle Kreativität				
Achtsamkeit für andere Menschen				
Achtsamkeit für die Mitwelt				
Andere Bereiche, die Ihnen wichtig sind				
Zusammenfassung				

Als Zusammenfassung können Sie z.B. die Wertungen in den einzelnen Spalten zusammenzählen und so feststellen, ob die Ihnen am nächsten stehende Religion Ihre höchste Wertung erhalten hat. – Oder Sie können sich wundern, dass Sie eine Ihnen fremde Religion erstaunlich hoch bewertet haben ...

Im Anschluss an Ihre Auswertung können Sie „eine kleine Reise durch Ihr Leben unternehmen", um Ihren eigenen biografischen Prägungen bezüglich der Religionen näher zu kommen. Dazu ist es günstig, wenn Sie sich nach dem Lesen der folgenden Vorschläge ruhig und entspannt hinsetzen können, drei Mal tief ein- und wieder ausatmen und alle vorherigen Gedanken, Wünsche und Sorgen beim Ausatmen entlassen. Nun gehen Sie in Ihrem Leben bis in die Kindheit zurück und lassen Sie folgende Vorstellungen in sich lebendig werden:

– Personen, die Ihr Verhältnis zur Religion beeinflusst haben
– Lebensphasen, die mit religiösen Prägungen zu tun haben
– Erlebnisse, die für Sie in Bezug auf Religionen wichtig sind

Verabschieden Sie sich dann aus Ihrer „kleinen Reise durch Ihr Leben" und kommen Sie wieder auf Ihren Stuhl zurück: Vielleicht erkennen Sie jetzt deutlicher Zusammenhänge mit Ihren heutigen Wertungen, Einstellungen und vielleicht merken Sie, dass Sie nun auch etwas verändern wollen.

Religionen in der Gesellschaft

Die Religionen haben die gesellschaftliche Entwicklung der Menschheit und ihre Geschichte entscheidend geprägt, wie auch in dem Abschnitt über Gott als „Global Player" und in allen weiteren Kapiteln dargestellt wurde. In dieser Übung können Sie Ihre eigenen Vorstellungen über die gesellschaftliche Rolle der drei monotheistischen Religionen reflektieren und festhalten, indem Sie Ihre Einschätzung in die jeweilige Spalte eintragen, wobei jede Spalte wie in der vorigen Übung mehrfach unterteilt ist. Als Skala Ihrer Einschätzung empfiehlt sich wieder die oben angeführte von 0 bis 3:

0 = trifft überhaupt nicht zu
1 = trifft selten zu
2 = trifft häufig zu
3 = trifft im hohen Maße zu

Zur Einschätzung der Chancen einer „Überwindung" patriarchaler Strukturen in verschiedenen Religionen

Bereiche patriarchaler Strukturen	Judentum	Christen-tum	Islam	andere Religionen
Fixierung auf patriarchale Text-stellen der Heiligen Schriften				
Klammern an religiöse Vorschriften mit patriarchalen Inhalten				
Festhalten an patriarchalen Insti-tutionen (männlicher Klerus etc.)				
Fixierung auf patriarchale Inhalte (Mythen, Riten, etc.)				
Strukturelle Gewalt (Drohungen, Ausschluss, Unterstützung von Gewalt etc.)				
Intoleranz gegenüber „Ungläubi-gen" und anderen Religionen				
Andere Bereiche, die Ihnen wichtig sind				
Zusammenfassung				

Sie können am Ende wieder die Wertungen zusammenzählen und diese in Beziehung setzen zu Ihrem Verhältnis zu den Religionen.

Patriarchale Religionen

In dem Abschnitt „Gott in unserer Verantwortung" haben wir gesehen, dass die drei monotheistischen Religionen inhaltlich und strukturell wesentlich durch ihre stammesgeschichtlichen Entstehungsgeschichten geprägt sind. – Und wir haben auch gesehen, dass heute noch viele Relikte aus dieser Zeit die Möglichkeiten der Religionen zur Lösung der anstehenden Probleme einschränken.

Hier können Sie nun festhalten, wie Sie die Chancen für die Überwindung dieser Relikte als Voraussetzung für eine zeitgemäße Entwicklung der Religionen einschätzen. Vielleicht werden Sie so auch zum eigenen Engagement für entsprechende Veränderungen angeregt. Als Skala Ihrer Einschätzungen können Sie wieder die bewährte Skala von 0 bis 3 verwenden oder auch Ihren eigenen Kommentar verwenden.

Zur Einschätzung der gesellschaftlichen Rolle verschiedener Religionen

gesellschaftliche Bereiche	Judentum	Christen-tum	Islam	andere Religionen
Diese Religion				
– hat das friedliche Zusammen-leben innerhalb ihrer Gemein-schaft ermöglicht.				
– hat das friedliche Zusammen-leben mit Anders- und Ungläu-bigen ermöglicht.				
– hat für mehr Wohlstand gesorgt.				
– hat für mehr Gerechtig-keit gesorgt.				
– hat die kulturelle Entwicklung gefördert.				
– hat die wissenschaftlich-technische Entwicklung gefördert.				
– hat die individuelle Persönlich-keitsentwicklung gefördert.				
– hat eine kindgemäße Erziehung gefördert.				
– hat einen achtsamen Umgang mit der Mitwelt gefördert.				
– hat das spirituelle Bewusst-sein erweitert.				
– hat ... (Ihre eigenen Bereiche)				
Zusammenfassung				

Entspannen

Wenn Sie sich auf diese Anregung (und die folgenden Übungen und Versuche) intensiver einlassen wollen, ist es hilfreich, sich vorher zu entspannen. Dazu eignet sich die hier folgende Entspannungsmethode, die sich in dieser oder ähnlicher Form bewährt hat und vielfältig angewendet wird. Diese Entspannungsübung kann Ihnen auch sonst bei Stress und Unruhe und als Einstieg in Meditationen helfen: Setzen Sie sich bequem auf einen Stuhl und schließen Sie die Augen. Achten Sie darauf, wie der Stuhl Sie trägt und darauf, dass Sie entspannt sitzen. Setzen Sie sich solange zurecht, bis jede Verspannung gelöst ist und Sie sich auf Ihrem Stuhl wohlfühlen. Atmen Sie nun dreimal tief ein und aus und entlassen Sie beim Ausatmen mit einem Seufzer alle Sorgen und Geschäftigkeit des Alltags ... Folgen Sie nun Ihrem Atem, der ruhig aus- und eingeht. Wenn irgendwelche Gedanken kommen, begrüßen Sie sie wie freundliche Gäste und lassen sie dann weiterziehen ... Es gibt jetzt für Sie keine Probleme, keine Sorgen, keine Anforderungen – und niemand kann jetzt von Ihnen irgendetwas wollen ... Sie folgen nur Ihrem Atem, der ruhig aus- und eingeht ... Wenn Sie aus Ihrer Entspannung wieder zurückkommen wollen, atmen Sie dreimal tief ein und aus, „kommen wieder auf Ihren Stuhl in Ihr Zimmer zurück" und öffnen die Augen.

Es ist wichtig, dass Sie bei allen folgenden Übungen immer darauf achten, dass Sie sich wohlfühlen. Sollten Sie – was in sehr selten Fällen geschehen kann – Angst oder Unbehagen spüren, brechen Sie die Übung einfach ab, kehren Sie von Ihrer Fantasiereise in Ihr Zimmer zurück und atmen Sie wieder dreimal tief ein und aus, öffnen Sie die Augen.

Leben ohne Monotheismus

Unser Leben in Europa ist noch heute durch christliche Traditionen geprägt. In anderen Ländern sind es jüdische, islamische, buddhistische oder andere religiöse Prägungen. Meistens sind wir uns unserer Prägungen wenig bewusst. In diesem kleinen Experiment können Sie versuchen, Ihr Bewusstsein für die Eigenart der monotheistischen Einflüsse auf Ihr Leben zu schärfen. Wir beschränken uns hier auf christliche Traditionen, aber wenn Sie einen anderen religiösen Hintergrund haben, können Sie diese Übungen leicht entsprechend abwandeln.
Lesen Sie bitte zuerst in Ruhe die folgende Anregung durch. Wenn Sie Lust haben, sich darauf einzulassen, dann
– fangen Sie mit der Entspannungsübung an (s. o.) und
– fangen Sie nun an mit Ihrem Leben ohne Monotheismus:

Stellen Sie sich nach der Entspannungsübung vor, die Weltgeschichte wäre anders verlaufen: Jesus (Moses, Mohammed etc.) wäre nicht in Erscheinung getreten, die christliche Religion wäre nicht um die Zeitenwende herum entstanden, es hätte keine byzantinische, keine katholische und keine protestantische Kirche gegeben, keine Päpste, Priester, Kathedralen, kein Weihnachten, keine Bibel ... Versuchen Sie sich vorzustellen, wie Ihr Leben nun verlaufen würde ... Nehmen Sie in Ihrer Fantasie Anleihen bei Griechen, Römern, Kelten, Germanen und plündern Sie skrupellos Ihre Geschichtskenntnisse – vom Lateinunterricht bis zu Asterix und Historienfilmen – und basteln Sie sich von dort aus Zeitreisen bis ins Heute ... Welche Veränderungen können Sie sich vorstellen?

Kommen Sie nun von dieser fantastischen Reise wieder zurück in Ihr Zimmer und öffnen Sie, wenn Sie dazu bereit sind, die Augen. Sie können sich nun vorstellen, welche Veränderungen Ihnen wichtig gewesen sind:
– in Ihrem Alltag (Kalender, Feiertage, Arbeit etc.)
– im sozialen Bereich (Rolle von Mann und Frau, Arm und Reich, Familie, Gemeinschaftsstrukturen, Führungsrollen, Recht etc.)
– in Ihren Beziehungen (Ehe, Kinder etc.)
– im politischen Bereich (Konfliktregelung etc.)
– im kulturellen Bereich (Riten, Feste, Musik, Malerei, Baukunst etc.)
– im ethischen Bereich (Bedeutung von Liebe, Glück, Leiden etc.)
– im spirituellen Bereich (Vorstellungen des Göttlichen, Einstellung zur Mitwelt etc.)
– ...

Sie können sich dann auch fragen, welche Bereiche in Ihrer nichtchristlichen Fantasiewelt Ihnen besser gefallen haben als heute und welche nicht. Sie könne aus dieser Vermischung von Ablehnung und Anerkennung vielleicht eine neue Einstellung gegenüber unserer heutigen Kultur oder anderen Kulturen und Religionen gewinnen, die sich vielleicht auch in Ihrem alltäglichen Handeln ausdrücken könnte.

ZUM 1. KAPITEL IN ABRAHAMS SCHOSS: DAS VERSCHWINDEN DER MÜTTER IM ANGESICHT GOTTES

Schöpfungs-Planung
Versetzen Sie sich doch einmal in die Rolle eines überzeugten Kreationisten. Diese geben ja ein genaues Datum für den ersten Schöpfungstag an. Nun sollen Sie es aber etwas besser machen und Ihre Schöpfungsdaten in Einklang mit den neuesten wissenschaftlichen Erkenntnissen bringen:

1. Teil

Sie sollen/wollen also nun sieben Schöpfungstage mit dem Alter der Erde von 4,7 Milliarden Jahren in Einklang bringen. Wenn Sie nun die 4,7 Milliarden Jahre auf Ihre sieben Schöpfungstage (bei uns gibt es keinen Ruhetag!) gemäß den neuesten Erkenntnissen verteilen, entstehen folgende Zeit-Fragen:
– An welchem Tag erscheinen die ersten Lebensformen?
– Wann erscheinen die Dinosaurier?
– Wann fängt die Entwicklung des Menschen an?
– Wann entsteht der Monotheismus?
– Wann wurde die Dampfmaschine erfunden?

Sie können als Hilfe die „Zeitmarken des Einen Gottes" heranziehen. Wenn Sie Ihre Schätzung oder Berechnung aufgeschrieben haben, können Sie Ihre Ergebnisse mit meinen vergleichen (s. u.).

2. Teil

Sie sind ein Neo-Kreationist und interessieren sich nur für die Erschaffung des Menschen, die Sie auch wieder auf sieben Tage verteilen wollen. Lassen wir die Menschheit der Einfachheit wegen vor sieben Millionen Jahren mit den Australopithecinen beginnen, so können wir uns folgende Zeitfragen stellen:
– An welchem Tag betritt der Neandertaler die Bühne?
– Wie lange waren wir Jäger und Sammlerinnen?
– Wie lange existiert der Monotheismus (das Christentum, der Islam)?
– Wie alt ist die industrielle Revolution?

Wenn Sie wieder Ihre Schätzungen bzw. Berechnungen mit meinen (s. u.) verglichen haben, können Sie Folgendes bedenken:
– In welchen Bereichen habe Sie gut/schlecht geschätzt?
– Was könnte das mit Ihren Vorstellungen über Gott und die Welt zu tun haben
– Wie geht es Ihnen mit den Ergebnissen (enttäuscht, überrascht, desillusioniert, zuversichtlich, staunend...)
– Wie können Sie Ihre Einsichten aus diesen Ergebnissen in Ihr Leben und das Ihrer Mitwelt einbringen?

Ergebnisse zur Schöpfungsplanung

1. Teil:
– Erst am Anfang des sechsten Tages erscheinen primitive Lebensformen.
– Am Ende des sechsten Tages erscheinen die Dinosaurier (als Ärgernis für Kreationisten und Evolutionisten).

- Die Entwicklung der Menschen aus Primatenformen fängt vor sechs Minuten an (also am siebten Tag, weshalb wir alle Sonntagskinder sein müssen).
- Der Monotheismus ist weniger als eine Zehntelsekunde alt.
- Die Dampfmaschine wird vor weniger als einer Hundertstelsekunde erfunden.

2. Teil:
- Der Neandertaler taucht erst am siebten Tag, vor etwa zweieinhalb Stunden, auf.
- Bis vor 15 Minuten waren wir noch Jäger und Sammlerinnen – mit vermutlich matristisch strukturierten Lebensformen.
- Der Monotheismus ist erst sieben Minuten alt, Christentum und Islam sind weniger als drei Minuten alt.
- Die Industrielle Revolution mit wissenschaftlich-technischer Prägung fing vor 20 Sekunden an. In den letzten Sekunden manövrieren wir die Schöpfung aller sieben Tage oder Jahrmillionen an den Abgrund – und es bleiben uns vielleicht noch einige Sekunden Hundertstelsekunden (bzw. Jahrzehnte) zu ihrer Rettung, bei der wir uns „als Lidschlag Gottes" bewähren können.

Der Gang zu den Müttern

Lesen Sie bitte zuerst in Ruhe die folgende Anregung. Wenn Sie Lust haben, sich darauf einzulassen, dann
- fangen Sie mit der Entspannungsübung an, wie sie oben beschrieben ist;
- beginnen Sie nun mit dem Gang zu den Müttern: Stellen Sie sich vor, dass Sie in einer schönen Frühlingslandschaft sind: Sie sehen Wiesen mit Blumen, einen kleinen Bach, Berge mit Wäldern und Felsen in Ihrer Nähe ... Sie gehen durch die Wiese, einen schmalen Weg entlang, der allmählich ansteigt und Sie an den Rand eines Waldes führt ... Da sehen Sie zwischen den Bäumen mehrere Felsen – und zwischen den Felsen entdecken Sie einen Eingang ... Sie wissen, es ist der Eingang zur Höhle der Großen Mutter ... Sie gehen hinein ... Nachdem Sie sich an das Dunkel gewöhnt haben, bemerken Sie einen Lichtschein ... Sie gehen durch einen Gang in diese Richtung und gelangen in einen größeren, warmen und sanft erleuchteten Höhlenraum ... Sie sehen sich um ... Achten Sie nun darauf, wen Sie in diesem Raum erblicken und ob Sie die Große Mutter sehen können ... Wenn Sie sie erkannt haben, können Sie sich ihr nähern, so wie es für Sie gut ist ... Vielleicht sagt Ihnen jetzt die Große Mutter etwas ... Hören Sie gut zu, denn es kann eine wichtige Botschaft für Sie sein ... Verabschieden Sie sich nun und ziehen Sie sich aus dem Raum der Großen Mutter zurück, bis Sie sich wie-

der am Höhleneingang befinden ... Nun gehen Sie den Weg zurück durch die Wiesen, bis Sie wieder in ihrem Zimmer angekommen sind...
– Öffnen Sie dann die Augen und atmen Sie drei Mal tief ein und aus.

Am besten machen Sie sich ein paar Notizen darüber, wie es Ihnen in der Höhle ergangen ist:
– Wie fühlte ich mich beim Anblick der Großen Mutter?
– Wie lautete ihre Botschaft, was bedeutet die Botschaft für mich?
– Welche Zusammenhänge gibt es zu meiner Mutter und zu anderen Frauen in meinem Leben?
– Wie war es für mich, wieder draußen zu sein?
– Wie könnte ich mich in einer matristischen Gesellschaft fühlen?
– Würde ich lieber in einer matristischen Gesellschaftsform leben?
– Was wünsche ich mir anders als heute?

Wenn diese Fantasiereise gut für Sie war, können Sie sie immer wiederholen und sich vielleicht von der Großen Mutter Rat und Hilfe holen. Sie können auch mehr über sich und das Matriarchat herausfinden, wenn Sie vor Beginn der Reise einmal in der Fantasie Ihr Geschlecht umwandeln, um zu merken, wie Ihre weiblichen und männlichen Anteile bei der Großen Mutter „ankommen" und sich entfalten können. Sie können auch Ihr Alter verwandeln, um mehr über Ihre Vater-, Mutter-, Partner oder Kinderrollen zu erfahren.

<h2 style="text-align:center">ZUM 2. KAPITEL DIE JUDEN:
DER HERR BELOHNT UND STRAFT DIE SEINEN</h2>

Eine göttliche Regel

Nach der Zerstörung des Zweiten Tempels und den Wirren des zweiten nachchristlichen Jahrhunderts war die Einhaltung der im Pentateuch durch Gott vorgeschriebenen Ge- und Verbote das wichtigste Band für die Juden, um sich untereinander zu verständigen und sich des Beistands Gottes zu versichern. So konnte durch Lesen und Ausdeuten von Mischna und Talmud sowie durch Befolgen der göttlichen Ge- und Verbote – inmitten der chaotischen Zustände – eine Welt der Ordnung, Zuverlässigkeit und Genauigkeit aufrechterhalten werden.

In dieser Übung können Sie erproben, welche Wirkung die Einhaltung einer Jahrtausende alten Regel für Sie hat, die hier in Anlehnung an die Mischna vorgeschlagen wird, aber in ähnlicher Form auch in anderen Traditionen vorkommt und als Rituelles Händewaschen bezeichnet wird:

Vor der Abendmahlzeit werden die Hände durch eine Wasserbegießung rituell gereinigt. Es kommt dabei nicht auf Hygiene, Sauberkeit oder Keimfreiheit an, sondern es geht dabei um rituelle Reinheit. Dazu benötigen Sie einen Glaskrug (ca. ein Liter), eine Schale (ca. zwei Liter) und ein weißes Handtuch. Füllen Sie den Krug mit Leitungswasser und stellen ihn in die Schale auf Ihren Essplatz. Fünf Minuten vor dem Anfang des Abendessens legen Sie stehend beide Hände auf den mit Wasser gefüllten Krug und atmen fünfmal ein und aus, wobei Sie sich vorstellen, dass Sie mit Ihrem Atem das Wasser im Krug „energetisch aufladen". Nun ergreifen Sie mit der linken Hand den Krug und gießen etwas Wasser über Ihre Hand, die Sie über die Schale halten. Lassen Sie das Wasser von Ihrer Hand abtropfen und wiederholen Sie diese Reinigung noch zweimal. Danach trocknen Sie Ihre Hand ab und nehmen in der selben Weise die Reinigung der linken Hand vor. Danach nehmen Sie Krug und Schale und gießen das „verbrauchte" Wasser weg, kehren zu Ihrem Platz zurück und beginnen mit dem Abendessen, wobei Sie (nach alter orientalischer Tradition) möglichst mit den rituell gereinigten Händen Ihre Speisen zu sich nehmen.

Anregungen zur Auswertung
Sie können hier wieder mit der bewährten Skalierung angeben, welche der Aspekte Ihnen besonders wichtig oder aber auch ärgerlich und unwichtig sind:
– Teilhabe an uralten Traditionen
– Freude, etwas „richtig" zu machen
– Wiederholung wird zum Heilenden (Heiligenden)
– der Ritus
– Ärger über Sinnlosigkeit
– Trotz gegen willkürliche Gesetze
– sich durch Gehorsam mit Gott zu versöhnen
– Schuldgefühle wegen des Nichtbefolgens von Gesetzen
– Ärger über vermutete Herrschaftsausübung

Sie sind auserwählt

In der jüdischen Religion spielen Dogmen, Mythen oder Glaubensbekenntnisse keine Rolle. Vielmehr geht es im Judentum um geglaubte Geschichte. Entscheidend für diese Geschichte ist der Bund mit Gott, der sein Volk auserwählt und Israel Erlösung verheißen hat. Heute gibt es im Judentum universalistische Tendenzen, in denen dieser Bund mit Gott auf die ganze Menschheit ausgedehnt werden soll, so dass nun alle Menschen – und auch Sie – von Gott erwählt sein könnten. In der folgenden Übung können Sie sich mit diesem Auserwähltsein beschäftigen (falls Sie sich nicht als Jude oder Jüdin sowieso zum auserwählten Volk zugehörig fühlen):

Entspannen Sie sich wieder (s. o.). Stellen Sie sich nun vor, dass Sie zu einem auserwählten Volk gehören ... Wie geht es Ihnen dabei? Achten Sie auf die Gefühle, die Sie mit dem Auserwähltsein verbinden ... Stellen Sie sich nun andere vor, die mit Ihnen auserwählt sind... Achten Sie auf Ihre Gefühle diesen Mitauserwählten gegenüber ... Und nun stellen Sie sich andere vor, die nicht mit Ihnen auserwählt sind... Achten Sie wieder auf Ihre Gefühle diesen gegenüber ... Verabschieden Sie sich dann von den anderen Auserwählten und Nichtauserwählten und kommen Sie wieder zurück in Ihren Alltag.

Anregungen zur Auswertung
Sie können sich mit folgenden Fragen beschäftigen:
– Wie finden Sie es, auserwählt zu sein?
– Und welche Gefühle sind dabei wichtig (Stolz, Verpflichtung, Schuld, Dankbarkeit, Widerstand, Verantwortung, Hoffnung)?
– Wie sind Ihre Gefühle gegenüber den Mitauserwählten (Vertrauen, Zugehörigkeit, Solidarität, Einssein oder Konkurrenz etc.) und wie sind die Gefühle denen gegenüber, die nicht mit Ihnen auserwählt sind (Abgrenzung, Mitleid, Überlegenheit, Konkurrenz, Verpflichtung, Schuld etc.)?

Sie können sich auch fragen, wie ein solches Auserwähltsein Ihren Alltag verändern würde und wie Sie helfen könnten, ein solches Auserwähltsein als Vorstellung eines Grundrechts für alle Menschen zu fordern.
Schließlich können Sie herausfinden, ob diese Übung Ihre Vorstellungen vom Judentum verändert hat.

Imitatio dei

Die vielfältigen Vorstellungen von dem Einen Gott des Alten Testaments haben die Geschichte und die Kultur nicht nur der Juden, sondern, über das Christentum, auch die Menschen der Alten und der Neuen Welt entscheidend geprägt. So enthält unsere geistige und seelische Disposition immer Elemente dieses vielfältigen Gottes, selbst wenn wir einer anderen oder gar keiner Religion angehören. Allerdings sind wir uns dieser Elemente nur selten bewusst. Diese Übung kann Ihnen vielleicht helfen, mehr über Ihre Prägungen durch den Gott des Alten Testaments zu erfahren: Dazu erinnern wir uns zunächst, dass der Gott des Alten Testaments viele Aspekte hat und seinen Charakter im Verlauf der biblischen Texte ändert. Hier sind nun anhand einiger Stellen aus dem Alten Testament verschiedene Aspekte Gottes charakterisiert, von denen sie wieder mit I zwei oder drei Aspekte markieren, die Ihnen besonders bedeutsam erscheinen und mit O diejenigen, die Sie für unwichtig halten oder Ihnen unsympathisch sind:

- Elohim (Pluralform ohne Geschlecht, etwa: Die Gottheiten)
- Adonei (weil SEIN Name zeitweise bei Strafe des Todes nicht genannt werden durfte, wurde dieser auf den jugendlichen griechischen Gott Adonis zurückgehende Name als Ersatz verordnet)
- Der Vater (2. Sam. 7,14)
- Quell des lebendigen Wassers (Jerem. 2,13)
- Herr der Heerscharen, der in seiner Stadt glänzt gegen seine Feinde (Psalm 48,2-9)
- Rachsüchtig bis ins vierte Glied (1. Mos. 20,5)
- Barmherzig bis ins tausendste Glied (5. Mos. 7,9)
- Arglistig, launisch (2. Mos. 4,24-26)
- Jahwe, der Schöpfer-Gott (1. Mos.)
- Der Grausame (2. Mos.)
- Der Heilige (3. Mos.)
- Der Richter (Jes. 1,16)
- Fürst des Friedens (Jes. 9,2)
- Der Verborgene (Jes. 45,5)
- Der Unergründliche (Jes. 40,28)
- Der Erbarmende (Psalm 130)
- Der Unfassliche (Psalm 139)
- Der Tröster (Psalm 23)
- Der Vergebende (Jes. 54,6-8)
- Der Erbarmungslose (Klagelieder 3,1-9)
- Der Zuverlässige (Klagelieder 2,17)
- Der Gleichgültige (Pred. 3, 17)
- Der Abwesende (Pred. 3,18)
- Der Weise (Dan. 2,20)
- Der Ewige (Dan. 7 27)
- Der nie Verzeihende (3. Mos. 24,16)
- Der Tugendwächter (5. Mos. 22,21)
- Der Einzige (2. Mos.)
- Der Unberechenbare (2. Mos. 4,24-26)
- Der Freund der Menschen (1. Mos. 12,1-31)
- Der Zerstörer (1. Mos. 19,25)
- Der Geheimnisvolle (2. Mos. 3,7-15)
- Der Gesetzgeber (2. Mos. 20)
- Der Blutrünstige (2. Mos. 24,29)
- Der Rassist (2. Mos. 17,14-16)

1. Imitatio dei

Eine zentrale Triebkraft jüdischer und christlicher Frömmigkeit ist das Bemühen um eine imitatio dei, also die Anstrengung, als Gottes Ebenbild und
nach seinem Vorbild zu leben. Diese Anstrengung prägt vielfältig das Cha-
rakterideal nicht nur der Juden, sondern auch der Christen (in Europa und
später auch in Amerika). Da dieser Gott sehr verschiedene und z.t. gegen-
sätzliche Aspekte umfasst, gehört zu dieser Prägung auch die Entstehung
von widersprüchlichen und scheinbar unvereinbaren „Subidentitäten"
(Jack Miles), mit denen wir in der eigenen Persönlichkeit umgehen müssen
(ganz im Gegensatz z.B. zu einem Buddhisten). Sie können nun Ihre I-Mar-
kierungen daraufhin untersuchen, welche Identifikationen als mögliche
Folgen einer imitatio dei Sie bei sich erkennen und welche inneren Widersprüche damit bei Ihnen zusammenhängen.

2. Patriarchale Prägung

Spätestens seit Freud ist immer wieder untersucht worden, wie vielfältig der
Gott des Alten Testaments auch mit unseren eigenen Vorstellungen von
männlich/weiblich, von Väterlichkeit und von Ödipus- bzw. Elektra-Bezie-
hungen zu tun hat. Sie können sich Ihren eigenen diesbezüglichen Vorstellungen nun auch nähern, indem Sie sich (nach einer kleinen Besinnungspause) fragen, was haben meine I- und O-Markierungen zu tun mit:
– meinem Verhältnis zum eigenen Vater?
– meinem Wunsch nach einem Vater/väterlichen Freund?
– meinen eigenen väterlichen Anteilen?
– meinen eigenen männlichen/weiblichen Anteilen?
– Sehnsucht nach Männlichkeit?
– Ablehnung von Männlichkeit?

Zum 3. Kapitel Die Christen: Der Sohn erscheint und verschwindet für immer

Persönliche Christologie

Keine Religion ist so intensiv und an eine einzelne Person gebunden wie das
Christentum an Jesus. Dennoch sind sich die meisten Religionswissenschaftler weder über das Leben und Sterben Jesu einig noch über die Authentizität irgendwelcher Aussagen Jesu. Unbestreitbar aber bleibt die ungeheure geschichtliche Wirkung einer rätselhaften menschlichen Figur, die
bis heute viele unserer ethischen, gesellschaftlichen und kulturellen Vorstellungen prägt und uns täglich beeinflusst, obwohl uns das meist nicht be-

wusst wird. Im Folgenden können Sie sich vielleicht Ihrer eigenen (verborgenen) „Christologie" annähern, indem Sie religionspsychologische und religionssoziologische Aspekte wieder nach dem bewährten Schema bewerten.

Religionssoziologische Aspekte:
- Der gelebte Jesus
- Der offenbarte Jesus
- Der in der Geschichte wirkende Jesus
- Der zelebrierte Jesus
- Der gepredigte Jesus

Religionspsychologische Aspekte; Jesus als:
- Rebell
- Sohn
- Heiliger
- sich Opfernder
- Überwinder der Familie
- Liebender
- Mittler zu Gott
- Dulder
- Verzeihender
- Menschlicher
- Brüderlicher
- Gekreuzigter
- Auferstandener
- Dem Vater Gehorsamer
- Erlöser
- Retter
- Wundertäter
- Tröster
- Barmherziger
- Friedlicher
- Jesuskind
- Seelenbräutigam
- Befreier

Anregungen zur Auswertung
In der Psychologie wird heute viel über Persönlichkeitskonstrukte, Selbstbilder und die Wirkung von Leitbildern auf die menschliche Persönlichkeitsentwicklung geforscht. Religiöse Einflüsse spielen dabei oft eine große Rolle, weil wir bestimmte Traditionen oder Einstellungen von Eltern und Vor-

bildern in der Kindheit übernehmen oder aber im Erwachsenenalter dagegen rebellieren. Mit diesem Test können Sie vielleicht mehr darüber herausfinden, wie bestimmte Aspekte des Christentums Sie geprägt haben oder was diese Aspekte mit Ihnen zu tun haben könnten. Wenn Sie z.B. einen der religionspsychologischen Aspekte mit einem I versehen haben, könnten Sie nach dem jetzt hier vorgeschlagenen Muster weiter gehen (weniger im Sinne von Fragen, sondern als Besinnungsanstöße) und nach einer kurzen Besinnungspause sich diesen Fragen zuwenden (wenn Sie beispielsweise „Erlöser" angekreuzt haben):

– Wie ist Erlösung in Ihrem Leben wichtig geworden?
– Welche Personen fallen Ihnen dabei ein?
– Ist Erlösung für Sie eher eine ferne Sehnsucht und macht Sie deren Unerfüllbarkeit leiden oder ist Erlösung eher eine realisierbare Möglichkeit Ihres Lebens?
– Sind Sie mit Ihrem heutigen Lebensbezug zur Erlösung einverstanden oder möchten Sie etwas verändern?
– Wie könnten Ihnen Religion, andere Theorien und Menschen dabei helfen?
– Was könnten Sie dazu als nächstes unternehmen?

Ähnlich können Sie sich bei O-markierten Aspekten auf Ihren Widerstand in dieser Hinsicht besinnen. Bei den religionssoziologischen Aspekten geht es dann eher um Ihre Einstellung zu Institution, Organisation und Gemeinschaft im Allgemeinen und zu christlich geprägten im Besonderen. Es geht auch darum, ob Ihnen Religion eher auf das Individuum oder auf Gemeinschaft bezogen erscheint.

Das neue Vaterunser

Auch im Christentum hat sich schließlich die übermächtige Vaterfigur gegen den Sohn durchgesetzt, wie es sich am deutlichsten im Vaterunser ausdrückt, das erst lange nach Jesu Tod aufgeschrieben wurde und bei Markus und Paulus noch gar nicht vorkommt. Sie können einmal ausprobieren, wie sich die himmlischen Horizonte verändern, wenn Sie es einmal so versuchen (bitte laut):

Mutterunser, die Du bist im Himmel,
Geheiligt werde Dein Name
Dein Reich komme
im Himmel also auch auf Erden.

(Dies kann vielleicht auch als eine Art späte ideelle Wiedergutmachung für Millionen Mütter, die als „Kriegerwitwen", Alleinerziehende, Verlassene oder grüne Witwen gelten, sich ihr Leben lang mit dem ach so schönen Heiligenschein des toten oder abwesenden Vaters abfinden mussten. (Auch für Muslime, Juden und Patriarchen aller Art ist diese Übung sehr zu empfehlen).

Die im Morgengebet eines orthodoxen Juden (männlich) enthaltene Lobpreisung
Gelobt seist du
Ewiger unser Gott,
König der Welt,
der mich nicht
als Frau erschaffen hat

können Sie ebenso auf verschiedene Arten „entpatriarchalisieren".

Hier finden Sie ein paar Gefühle, die vielleicht auch bei Ihnen vorgekommen sind, und die Sie sich nun bewusst machen können: Blasphemie, Schadenfreude, Empörung, Zustimmung, „Jetzt wird's aber höchste Zeit!" ...

Christliche und unchristliche Werte
In dieser kleinen Übung können Sie sich Ihrer eigenen Wertevorstellungen bewusster werden. Schreiben Sie dazu assoziativ möglichst viele Werte (mindestens 20) untereinander auf. Alles, was Ihnen an Werten einfällt (von Achtsamkeit, Bescheidenheit bis hin zu Zielstrebigkeit etc.), schreiben Sie ohne innere Zensur untereinander. Markieren Sie nun mit einem roten Punkt drei bis fünf Werte aus Ihrer Tabelle, die für Sie von besonderer Bedeutung sind. Markieren Sie mit einem schwarzen Punkt ebenso viele, die für Sie bedeutungslos sind. Suchen Sie sich nun einen der rotmarkierten Werte heraus und denken Sie über folgende Fragen nach:
– Wann ist dieser Wert für mich wichtig geworden?
– Von wem könnte ich diesen Wert übernommen haben (Eltern, LehrerInnen, FreundInnen, Bücher, andere Medien, Religionen etc.)?
– In welchen Situationen halte ich mich spontan an diesen Wert, wann gern und wann ungern?
– Wie wichtig ist es mir, das andere Menschen diesen Wert auch akzeptieren?
– Für wie christlich halte ich diesen Wert?

Solche Reflexionen können Sie auch für Ihre anderen „Punkt-Werte" vornehmen und so Ihren „Werteraum" näher kennenlernen, auch um in der Kommunikation bewusster mit den eigenen Werten und denen der anderen umzugehen. Sie können auch Ihren Umgang mit Ihren Werten reflektieren, indem Sie Ihren Wert zur Norm umschreiben: Ich muss immer ... (z.B.

freundlich sein.) So können Sie vielleicht erfahren, durch welche Werte Sie sich unter Druck setzen lassen und Sie können auch überlegen, wie sie den Druck für sich verringern können (z.B. durch Relativierung: Ich will freundlich sein zu … Ich will freundlich sein, wenn…).

ZUM 4. KAPITEL DIE MUSLIME:
DER VERHÜLLTE HÖRT DEN ERHABENEN

Paradies

»In der besonders poetischen Sure 56 (Die Hereinbrechende) wird in den Versen 12 bis 37 das Paradies geschildert:
längeres Zitat
In den Gärten der Wonne.
Eine Schar von den Früheren
Und wenige der Späteren.
Auf Gold gewirkten Polstern
Gelehnt, einander gegenüber.
Um sie herum gehen Knaben, ewig jung.
Mit Pokalen und Krügen und Bechern von Nektar,
Davon sie nicht Kopfschmerz haben, noch trunken sind.
Und Früchten, von denen sie wählen.
Mädchen mit schwarzen großen Augen, die noch verborgen sind,
Ein Lohn für das, was sie getan.
Sie hören da kein Geschwätz und nichts Frevelhaftes.
Nur das Wort: Friede, Friede…«

Lesen Sie diese Verse in einer entspannten Situation, möglichst laut, wie es im Koran empfohlen wird. Gehen Sie dann wieder mit der bekannten Übung in eine tiefere Entspannung und begeben sich mit den Versen des Korans in diesen Garten der Wonne … Sie sehen … Sie riechen … Sie schmecken … Und Sie hören … Vielleicht kommt jemand aus der Schar der Früheren oder aus der Schar der Späteren … Hören Sie, was sie Ihnen sagen … Verabschieden Sie sich … Kommen Sie wieder zurück in Ihr Zimmer, öffnen Sie allmählich die Augen.

Anregungen zur Auswertung
Vielleicht können Sie in der Erinnerung das Erlebte vertiefen: Die Eindrücke, die Gefühle, die Personen und Worte. Stellen Sie sich vor, wie ein Mensch lebt und was er zu tun bereit ist, der daran glaubt, nach dem Tod in dieses Paradies gelangen zu können, wenn er sich an bestimmte Prinzipien hält (z.B. an den Märtyrer-Tod).

Verhüllung

Im Koran spielt die Verhüllung eine wichtige Rolle. Mohamed soll sich – wie auch andere Propheten – bei der Erwartung einer Offenbarung verhüllt haben (weshalb die an Mohamed gerichtete Sure 73 „Der Eingehüllte" heißt), und auch Frauen können sich als Zeichen ihres Glaubens verhüllen (Suren 33 und 59), was allerdings nichts mit einer angeblich im Koran vorhandenen Vorschrift für eine Kopfbedeckung oder einen Schleier zu tun hat. Die Wirkung einer Verhüllung können Sie an sich selbst erfahren:
Nehmen Sie sich ein großes undurchsichtiges Tuch oder eine Decke. Suchen Sie sich im Freien oder in Ihrer Wohnung am Abend oder in der Nacht einen Platz, der still, dunkel und vertraut ist. Stellen Sie sich aufrecht hin, so dass die Füße etwa hüftweit auseinander sind und die Knie nicht durchgedrückt. Hüllen Sie sich in Ihr Tuch so ein, dass Sie gut atmen können. Bleiben Sie so verhüllt stehen und stellen Sie sich vor, dass von oben Energie in Sie eindringt, die Sie durch Ihren Körper in die Erde weiterleiten. Atmen Sie dabei tief ein und aus. Bleiben Sie solange in Ihrer Verhüllung, wie es für Sie gut ist. Dann schälen Sie sich langsam von oben nach unten aus Ihrem Tuch heraus.

Anregungen zur Auswertung
Die Verhüllung kann Sie in einen anderen Zustand Ihres körperlichen und seelischen Befindens führen, was auch Kinder oft in ihren Spielen ausprobieren. Sie können für sich darauf achten:
– Wie ändert sich Ihr Körperempfinden?
– Wie ändert sich die Wahrnehmung der Umwelt (besonders das Hören)?
– Wofür werden Sie empfindlicher und empfänglicher?
– Fühlen Sie sich geboren oder ausgeliefert?
– Können Sie sich vorstellen, dass Sie so für Offenbarungen empfänglich werden?

ZUM 5. KAPITEL DIE HALBGÖTTER: WIE AUS DEN SÖHNEN DER KIRCHE DIE VÄTER DES FORTSCHRITTS WERDEN

Cogito ergo sum

Viele Wissenschaftler – vom Mittelalter an bis heute – sehen in der Fähigkeit des Menschen, die Natur durch mathematische Gesetze zu erfassen, einen Beweis dafür, dass Gott den Menschen zur Entzifferung seiner Schöpfung geschaffen hat. Viele sehen darin auch den Hinweis auf ihre eigene Gottähnlichkeit. In den folgenden beiden Übungen können Sie ausprobieren, wie es bei Ihnen damit steht:

1. Mathematisch denken:
Die Formulierung der Naturgesetze setzt mathematisches Denken voraus, so dass der Stolz über die menschliche Erkenntnisfähigkeit oft mit der Fähigkeit zu mathematischem Denken in Verbindung gebracht wird. Hier können Sie auf einfachem Niveau einsteigen, um zu sehen, wie es mit Ihrer eigenen Erkenntnisfähigkeit geht; die Aufgabe: Die Summe zweier Zahlen beträgt 13, ihre Differenz 1. Welches sind die beiden Zahlen? – Wenn Sie das Ergebnis durch Raten/Probieren herausbekommen haben, versuchen Sie auch, die Aufgabe mit Hilfe von zwei Gleichungen mit zwei Unbekannten zu lösen. Wenn Ihnen auch das gelungen ist, können Sie einen Schritt weitergehen und überlegen, ob zwei Gleichungen mit zwei Unbekannten immer eine Lösung für die beiden Unbekannten haben und welches die Bedingungen für die Lösbarkeit sind.

2. Physikalisches Gesetz:
Sie können mit der Untersuchung Ihrer Erkenntnisfähigkeit noch einen Schritt weitergehen, indem Sie den Gesetzen der Natur mit einem klassischen Experiment auf die Spur kommen, das schon in der Entwicklung der Naturwissenschaften eine große Rolle gespielt hat; für dieses Experiment benötigen Sie:
– einen dünnen Faden (Nylon o.Ä.), ca. 50 cm lang
– einen Ring (Fingerring o.Ä.)
– eine Uhr mit Sekundenzeiger
– ein Zentimetermaßstab
– etwas zum Befestigen des Pendels (so dass es frei schwingen kann, z.B. einen Lampenarm, eine Türklinke o.Ä.).

Die Aufgabe für Ihre Erkenntnisfähigkeit lautet: Wie verändert sich die Schwingungsdauer eines Pendels, wenn sich die Länge des Pendels vervierfacht?
Um das herauszubringen, befestigen Sie nun den Ring an Ihrem Faden und messen 10 cm von Ihrem Faden ab. Befestigen Sie dann an dieser Stelle Ihren Faden an der Lampe o.Ä., so dass Ihr Pendel von 10 cm frei schwingen kann. Es kommt nun darauf an, die Schwingungsdauer dieses Pendels zu messen, wobei die Schwingungsdauer die Zeit misst, die das Pendel für einmal hin und her bis zum Ausgangspunkt benötigt. Halten Sie dann den Ring so fest, dass er etwa 2 cm aus seiner Ursprungslage entfernt ist und der Faden immer noch gespannt bleibt. Achten Sie nun auf den Sekundenzeiger Ihrer Uhr. Wenn der Sekundenzeiger genau bei 12 ist, lassen Sie Ihr Pendel los und zählen 10 Schwingungen ab, so dass der Ring nach 10 Schwingungen wieder in der Ausgangslage bei Ihrer Hand ist und lesen sogleich ab, wie viele Sekunden seitdem vergangen sind. Wenn Sie diese Zeit durch 10, näm-

lich die Anzahl der Ausschläge, verteilen, erhalten Sie die Schwingungsdauer T_1 Ihres 10 cm langen Pendels. Tragen Sie diese Zahl in die folgende Tabelle ein. Nun lösen Sie die Befestigung Ihres Pendels, messen an Ihrem Faden 40 cm ab und befestigen das Pendel wiederum so, dass es nun 40 cm lang schwingen kann. Messen Sie wieder nach dem oben angegebenem Vorgehen die Schwingungsdauer T_2 Ihres Pendels von der Länge L2 = 40 cm und tragen Sie diesen Wert in Ihre Tabelle ein. Nun können Sie herausfinden, wie sich die Schwingungsdauer des Pendels bei einer Vervierfachung der Pendellänge verändert hat.

Pendellänge	Schwingungsdauer
L1 = 10 cm	T_1 = ... Sek.
L2 = 40 cm	T_2 = ... Sek.

In Ihrem Experiment ist $L_2 = 4 L_1$ – und wenn Sie richtig gemessen haben, haben Sie damit die Newton'schen Axiome für einen besonderen Fall experimentell bestätigt.

Anregungen zur Auswertung
1. Die Gleichungen lauten
a + b = 13
a – b = 1
also a = 7, b = 6
Sie können sich der Einstellung zu Ihrer Erkenntnisfähigkeit durch folgende Fragen nähern:
– Wie ging es mir beim Nachdenken?
– Freude an der eigenen Fähigkeit – das berühmte Glücksgefühl der Mathematiker?
– Erinnerungen an (schulisches) Versagen?
– Abwehr gegen „Formelkram"?
– Verweigerung?

2. Aus den Axiomen der Newton'schen Mechanik folgt, dass die Schwingungsdauer eines Pendels proportional ist zu der Wurzel aus der Länge des Pendels ($T = C \times \sqrt{L}$; dabei ist C eine hier nicht wichtige Konstante. Die Formel gilt zwar nur als Annäherung für ein sogenanntes „Mathematisches Pendel", was aber für unsere Zwecke völlig ausreicht). Für Ihren Versuch bedeutet das:
$T_1 = C \sqrt{L_1} = C \sqrt{10}$ cm
$T_2 = C \sqrt{L_2} = C \sqrt{40}$ cm
$T_2 : T_1 = C \sqrt{40}$ cm $: C \sqrt{10}$ cm $= \sqrt{4} = 2$
also $T_2 = 2 T_1$

Die Schwingungsdauer Ihres Pendels müsste sich bei der Vervierfachung der Fadenlänge also etwa verdoppelt haben.

Wieder können Sie sich Ihrer Erkenntnisfähigkeit nähern durch folgende Fragen:

– Wie haben Sie sich während Ihres Experiments gefühlt?
– Neugier? Erinnerung an die Schulzeit?
– Gefühl den Geheimnissen der Schöpfung auf die Spur zu kommen?
– Resignation: Das ist sowieso alles längst erforscht?
– Abwehr gegen das Experimentieren?

Wie haben Sie gefühlt, wenn als Sie Übereinstimmung bzw. Unterschiede Ihrer Ergebnisse mit den hier angegebenen festgestellt haben:
• stolz, es richtig gemacht zu habcn (bzw. Ärger über Nichtübereinstimmung)?
• dazugehören bzw. ausgeschlossen zu sein?
• es noch einmal ausprobieren zu wollen und genauer zu messen?

Sie können sich nun vielleicht vorstellen, wie sich die ersten Entdecker dieser Gesetze gefühlt haben, nachdem Sie ebenfalls in einem Experiment das zweite Axiom der Newton`schen Mechanik bestätigt haben, wonach die Beschleunigung eines Körpers (hier Ihres Ringes) proportional zu der auf ihn einwirkenden Kraft (hier der Schwerkraft) ist. Daraus ergibt sich für ein (idealisiertes) Pendel, dass die Schwingungsdauer dieses Pendels proportional zur Quadratwurzel der Pendellänge ist – was Sie hoffentlich auch gemessen haben.

ZUM 6. KAPITEL DIE NOCH NICHT ERLEUCHTETEN: BRÜDER UND SCHWESTERN AUF DEM WEG

Wie eine Erleuchtung

Erleuchtung – dieses große Wort! – ist wohl nur selten ein Dauerzustand und eher ein Geschenk des Augenblicks, das uns nicht nur nach Darben und Fasten, sondern auch ganz unverdient zuteil werden kann. Vielleicht ist es auch ein Geschenk, das für uns von der Geburt bis zum Tod bereitgestellt ist. Und vielleicht ist sogar die Kindheit ein wunderbarer Reigen von Erleuchtungen, die wir nur deshalb vergessen, weil wir „so groß" werden wollen.

In der folgenden Übung können Sie es einmal mit Erleuchtung ausprobieren, ohne gewaltigen Anspruch, also auf kleiner Flamme, die vielleicht aber trotzdem leuchten kann. Es geht hier also nicht darum, erleuchtet zu werden, sondern sich der Möglichkeit der Erleuchtung behutsam zu nähern, indem Sie versuchen, sich vorzustellen, wie es für Sie wäre, erleuchtet zu sein: Fangen Sie wieder an mit unserer Entspannungsübung; Sie sind nun völlig entspannt: Sie hören die Geräusche um sich ... Und lassen Sie wieder verebben ... Die Grenzen zu Ihnen und zu den Geräuschen lösen sich auf ... Ihre Umgebung löst sich in Ihnen auf ... Sie lösen sich in Ihrer Umgebung auf ... Die Auflösung erfüllt Sie ganz ... Sie stellen sich vor, dass dies der Moment der Erleuchtung ist ... Tauchen Sie ein in diese Vorstellung von Erleuchtung ... Fühlen Sie sich erleuchtet ... Bleiben Sie bei dieser Vorstellung, solange sie intensiv ist ... Dann verlassen Sie Ihre Vorstellung ... Und kommen wieder in Ihr Zimmer zurück.

Anregungen zur Auswertung
Vielleicht haben Sie gemerkt, dass Sie Erleuchtung nicht erfahren, indem Sie sich darum bemühen, sondern indem Sie die Mühe aufgeben und sich der Erleuchtung bewusst werden. Sie können sich folgenden Fragen zuwenden:
Wie habe ich mich daran gehindert, der Vorstellung von Erleuchtung näher zu kommen? (Schaffe ich sowieso nicht ... Erlösung gibt es gar nicht ... So einfach geht das doch nicht...)
– Wie hat mich die Vorstellung von Erleuchtung bewegt? (Vereinigung mit meiner Umwelt, mit dem Göttlichen, mit meinen Mitmenschen, Freude, Dankbarkeit, Liebe...)
– Wie würde ich mein Leben ändern, wenn ich erleuchtet wäre? (mehr Einsamkeit, Askese, Engagement für meine Mitmenschen und meine Mitwelt, Meditation...)
– Welche kleinen Schritte könnte ich auch als nichterleuchteter Mensch in den nächsten zehn Tagen unternehmen, um diesen Wünschen näher zu kommen?

Der kleine Alchemist

Wir verbinden mit Alchemie meist das von der Kirche und den etablierten Wissenschaften propagierte Vorurteil, dass es in der Alchemie um Goldmachen, Lebenselixiere oder andere obskure magische Praktiken ginge. Die ernstzunehmenden Alchemisten hatten allerdings ein ganz anderes Anliegen: Sie wollten anhand stofflicher Umwandlungen eigene psychische Wandlungen in Gang setzen, um so in einem Prozess, der Geist und Materie vereint, der Erleuchtung näher zu kommen.
Ein wichtiges Prinzip dabei war das „solve et coagula", wobei unverbundene, sinnlos durch den Zufall entstandene Brocken aufgelöst werden sollen, um sie durch alchemistische Prozesse in der für den Adepten gemäßen

Form neu zu verbinden. Die materiellen Prozeduren entsprechen dabei den Wandlungen des alchemistischen Handelns.

Sie können das auf kleiner Flamme (in Anlehnung an das Bleigießen zu Sylvester) für sich ausprobieren:
Für Ihr alchemistisches Labor (in dem Wort ist „Arbeit" und „Gebet" enthalten) brauchen Sie ein paar Bröckchen Wachs (z.B. von einer alten Kerze), einen alten Metalllöffel (nicht zu klein), ein Teelicht und eine Schüssel (ca. zwei Liter) mit kaltem Wasser (das geht auch mit der Ausrüstung für das Sylvester-Bleigießen). Stellen Sie das alles auf eine (nicht brennbare) Unterlage und zünden Sie das Teelicht an. Entspannen Sie sich nun, setzen Sie sich, „als alchemistischer Laborant", vor Ihre Materialien: Legen Sie die Wachsbröckchen auf den Löffel ... Versuchen Sie, diese Bröckchen als Ihre Probleme, Schwierigkeiten oder Widrigkeiten, die Sie gerade bedrücken, zu identifizieren ... Bringen Sie jetzt den Löffel über die Flamme ... Beobachten Sie das Schmelzen der Bröckchen ... Stellen Sie sich dabei vor, dass so die eben erwähnten Probleme aufgelöst und miteinander verschmolzen werden ... Bleiben Sie ein paar Atemzüge lang bei dieser Vorstellung ... Gießen Sie dann mit einem Schwung das geschmolzene Wachs in die Schüssel mit Wasser ... Beobachten Sie die entstandenen Formen ... Nehmen Sie sie heraus ... Versuchen Sie, die Formen mit den Fingern, mit den Augen, mit dem Geist zu „begreifen" ... Finden Sie eine Bezeichnung für das durch das Verschmelzen entstandene Gebilde ... Achten Sie auf eine mögliche Botschaft ... Vielleicht können Sie das durch Hitze entstandene Gebilde sogar zu Ihrem „lapis", Ihrem Stein der Weisen, werden lassen.

Anregungen zur Auswertung
Anders als beim Bleigießen, das aus trivialisierten alchemistischen Traditionen kommt, geht es hier nicht um Prophetie, sondern um eigene Verwandlungen. Sie können sich diesen Verwandlungen durch folgende Fragen nähern:
– Wie haben sich Ihre Probleme verändert?
– Welchen neuen Zugang können Sie für Ihre Probleme entdecken?
– Was hat die Deutung Ihres gegossenen Gebildes mit Ihrer jetzigen Situation zu tun?
– Wenn Sie wollen, können Sie Ihr entstandenes Gebilde auch umformen, in dem Sinne, der Ihnen jetzt wichtig ist.

„tat tvam asi"

Sie können die Macht der Jahrtausende alten tibetischen Weisheit (siehe 6. Kap.) für sich anwenden, indem Sie den Sinn des berühmten Satzes „tat tvam asi" in Ihr alltägliches Leben einbeziehen. „tat tvam asi" lässt sich übersetzen mit „Das bist Du" und bedeutet, dass der Grund allen Seins, das absolute Sein (brahman) und die einzelne, lebende Seele (atman) eins sind, dass also – westlich ausgedrückt – das Göttliche in uns ist und wir im Göttlichen sind. Auch wenn traditionell dieses Eins-Sein erst als mystische Erfahrung oder Erleuchtung in seinem Kern erfahren werden kann (s. die erste Übung), so können wir doch auch versuchen, im Alltäglichen an diesem Eins-Sein zumindest teilzuhaben, indem wir im Laufe des Tages immer wieder innehalten und uns das „tat tvam asi" bewusst machen.

Sie können schon am Morgen beim Aufstehen anfangen und, was immer Sie auch gerade bewegt, sich zuerst sagen: „tat tvam asi" oder „Das Göttliche ist in mir" oder „Ich fühle das Göttliche in mir". Probieren Sie aus, welcher Satz für Sie richtig ist. (Das Göttliche, das Kosmische etc.). Formulieren Sie Ihren Satz so, dass er Sie auch daran erinnert, dass zugleich auch Sie im Göttlichen (oder im Kosmischen etc.) sind und für alle anderen Menschen, Geschöpfe und Dinge das „tat tva asi" ebenso gültig ist, wie für Sie. Wiederholen Sie Ihren Satz im Laufe des Tages, entweder bei Bedarf oder nach einem festen Rhythmus, wobei die Zeit vor dem Einschlafen wichtig ist. Vielleicht lässt das „tat tvam asi" Sie so teilhaben an einem Gefühl der Geborgenheit, der Dankbarkeit und des Aufgehobenseins in unserer Welt.

Danken möchte ich hier einem Rabbi, einem Priester, einem Imam und einem buddhistischen Mönch, die namentlich nicht genannt sein wollen, für ihre Beratungen. Danken möchte ich auch meinen Freunden Hartmut Frech, Andy T. Hoetzel, Achim Hellmich, Thomas Leeb und Martin Rubeau für Ihr Interesse und Ihren vielfältigen Beistand. Mein großer Dank gilt Bärbel Kirschner für Anregungen und menschliche Hilfe. Besonders dankbar bin ich Andreas Kohlhage für seine ermutigende Unterstützung und kompetente Mitarbeit. Ohne ihn und seinen innovativen Verlag hätte das Buch so nicht erscheinen können.

Ich verabschiede mich von meinen LeserInnen mit einem Satz von Ludwig Wittgenstein, der auch das Motto dieses Buches sein könnte: „Ich möchte sagen, dieses Buch sei zur Ehre Gottes geschrieben. Aber das wäre heute eine Schurkerei."

ANMERKUNGEN

Es gibt (zum Glück) noch keine verbindlichen Regelungen zur Transkription von Wörtern und Begriffen aus dem Hebräischen, Arabischen und Türkischen. Sogar in der Fachliteratur werden selbst gängige Begriffe unterschiedlich geschrieben, wie z.b. Pessach – Passah – Pessah – Passach – Pascha, Tora – Thora – Torah. Selbst der uns vertraute Mohammed wird heute philologisch korrekter als Muhammad geschrieben. Ich werde mich allerdings weiter an die mir und vielen anderen vertraute Form Mohammed halten, wie ich überhaupt die typisch-deutsche Philisterei der überkorrekten Aussprache- und Transkribierung fremdsprachiger Worte nur gelegentlich befolge und hier meist die zur Zeit am häufigsten gebrauchte Form verwende. Dabei kann es kontextabhängig auch in diesem Buch hin und wieder zu verschiedenen Schreibweisen kommen

Vorwort

1. Selbst der unerbittliche und grausame Robespierre hat inmitten des Blutrausches der Französischen Revolution angeordnet, „die Existenz eines Höchsten Wesens und die Unsterblichkeit als lenkende Macht des Weltalls anzuerkennen". Er hat sonderbare Feste zu Ehren dieses Höchsten Wesens befohlen und diese Feste selbst in seinem himmelblauen Kleid zelebriert. Wem das zu viel wurde, dem drohte die Guillotine und Fouché, der Schlächter von Lyon, wurde zurückgepfiffen, nicht weil er Tausende ermorden ließ, sondern weil er nach Jakobinischer Art Kirchenschändungen und blasphemische Umzüge veranstaltete mit einem Esel, der an seinem Schwanz das Evangelium durch den Straßendreck ziehen musste.

2. Für Ludwig Feuerbach, den Begründer einer materialistischen Philosophie, leitete sich die Religion nur aus Wunschbedürfnissen der Menschen her (Das Wesen des Christentums, 1840; Das Wesen der Religion, 1845). Auch bei Friedrich Engels, dem Theoretiker einer materialistischen Geschichtsauffassung, wird der Religion nur die Funktion eines Herrschaftsinstrumentes zuerkannt (Der Ursprung der Familie, des Privateigentums und des Staats, 1848). Weniger bekannt und von Marxisten kaum zitiert ist eine Bemerkung des sonst sehr religionskritischen Karl Marx: „Das religiöse Elend ist in einem der Ausdruck des wirklichen Elends und in einem der P r o t e s t gegen das wirkliche Elend. Religion ist der Seufzer der bedrängten Kreatur, das Gemüt einer herzlosen Welt, wie sie der Geist geistloser Zustände ist" (Kritik der Hegelschen Rechtsphilosophie, MEW I, S. 378). Auch Immanuel Kant, der erklärte Philosoph der Vernunft und der Aufklärung, betont: „Religion zu haben ist Pflicht gegen sich selbst", und fährt bezeichnend fort: „- aber nicht einen Religionsglauben zu haben". (Akademieausgabe VI, S. 444). Und auch: „Das Reich Gottes auf Erden, das ist die letzte Bestimmung, des Menschen Wunsch (Dein Reich komme)", und fährt wieder fort: „Christus hat es herbeigebracht, aber man hat ihn nicht verstanden und das Reich der Priester errichtet, nicht das Gottes in uns". (Reflexionen I, S. 677).

3. Sigmund Freud: Das Unbehagen in der Kultur. Frankfurt/Main 1953, S. 102. Freud fährt fort: „Noch beschämender wirkt es, zu erfahren, ein wie großer Anteil der heute Lebenden, die es einsehen müssen, daß diese Religion nicht zu halten ist, doch Stück für Stück von ihr in kläglichen Rückzugsgefechten zu verteidigen sucht".

4. Sigmund Freud: Der Mann Moses und die monotheistische Religion. Frankfurt/Main, 13. Aufl., 2004. Dieses Buch fasst eine Reihe von Aufsätzen zusammen, die unter diesem Titel in den Gesam-

melten Werken Band XVI, S. 103-246 (London 1940-1952) zu finden sind. Den ersten Aufsatz hat Freud vor 1937 in Österreich geschrieben, den letzten schon im englischen Exil und erst ein Jahr vor seinem Tod vollendet. Die Aufsätze spiegeln auch die Krise wider, in die Freud durch die Verfolgungen und tödliche Bedrohung durch die Nazis geriet und die ihn auf erschütternde Weise wieder der aus seiner Kindheit vertrauten jüdischen Religion näher bringt.

5. Nach Hilarion G. Petzold lässt sich Sinn als das Erleben einer Stimmigkeit durch sinnerkennende, bedeutungsbewusste, interpretierende Subjekte verstehen (Gestalttherapie 1/2002, S. 65). Das Erleben einer solchen Stimmigkeit in den Dimensionen des Erkennens, Denkens und Interpretierens ist für die Gläubigen das Wesentliche an ihrer Religion als eine permanente Rückbindung an diese Stimmigkeit. Zwar wird immer wieder betont, dass die Herkunft des Wortes „Religion" bzw. des lateinischen Äquivalents „religio" nicht gesichert sei, die sowohl mit relegere (genau beobachten) wie auch religari (zurückbinden) zu tun haben kann. Einig sind sich aber die Religionswissenschaftler und Laien darin, dass es in den Religionen um die Hinwendung zu einem Urgrund der Welt hinter der Welt der realen Dinge und um den Sinn des Lebens jenseits aller Zufälligkeiten und Bedingtheiten geht. So heißt es etwas rationalistisch eingefärbt auch bei Sigmund Freud, dass es nur die Religion sei, „die die Frage nach einem Zweck des Lebens zu beantworten weiß. Man wird kaum irren, zu entscheiden, daß die Idee eines Lebenszweckes mit dem religiösen System steht und fällt" (S. Freud, 1953, a.a.O., S. 104). Diese scheinbar positive Einschätzung der Religion fegt er aber gleich wieder weg, indem er feststellt: „Um diesen Preis, durch gewaltsame Fixierung eines psychischen Infantilismus und Einbeziehung in einen Massenwahn gelingt es der Religion, vielen Menschen die individuelle Neurose zu ersparen". Aber die Religion kann „auf ihrem Weg zu Glückserwerb und Leidensschutz ihr Versprechen nicht halten. Wenn der Gläubige sich endlich genötigt findet, von Gottes „unerforschlichem Ratschluß" zu reden, so gesteht er damit ein, daß ihm als letzte Trostmöglichkeit und Lustquelle im Leiden nur die bedingungslose Unterwerfung übrig geblieben ist. Und wenn er zu dieser bereit ist, hätte er sich wahrscheinlich den Umweg ersparen können" (a.a.O., S. 117). So wird bei Freud die Sinnstiftung der Religionen durch die Nötigung zur Unterwerfung infrage gestellt.

6. Allerdings müssen wir bei den Identifikationen angesichts der patriarchalen Prägung der drei Abrahamsreligionen auch fragen: Wie wirkt sich auf Männer und Frauen, Mädchen und Jungen der ausschließliche Bezug auf einen Vater-Gott aus, auf männliche Religionsstifter, Propheten und Jünger, zelebriert von alten Männern, die sich mit Röcken, Soutanen und allerlei Hüten verkleiden? Welche Vorstellung von der Welt, von den Machtverhältnissen, von männlich und weiblich setzen sich da von früh an in den Köpfen der Kinder fest?

7. Wir alle sind gekennzeichnet durch unsere Religion und wir geben ihre öffentlichen und heimlichen Botschaften weiter, auch wenn es uns gar nicht bewusst wird oder wir gegen sie rebellieren. Allerdings wird uns durch die vielfältigen Riten innerhalb und außerhalb von Kirchen, Moscheen und Synagogen, durch die sakralen Bauten, selbst mit Glockengeläut und durch unzählige Symbolen ständig suggeriert, dass der Bezug der Menschen zu Gott schon immer so war und immer so bleiben wird – und dass jede andere Wirklichkeit und jede politische Situation vergänglich und weniger wichtig ist gegenüber der ewigen Geltung der Religionen und ihrer Vertreter, deren offen oder versteckt transportierte Inhalte unser Denken und Handeln prägen.

8. Aber wie hat z.B. uns und unsere Kinder im christlichen Abendland diese Vorstellung, gegen die jeder Sciencefiction-Film ein müder Abklatsch ist, gebeutelt, erhoben, erschreckt oder verklärt: ein Gottessohn, der weder Mensch noch Gott ist oder doch beides; der halbnackt ans Kreuz genagelt wird und die qualvollste aller möglichen Todesarten erleidet und der in Süddeutschland an jeder Wegkreuzung am Kreuz hängt, damit ihn sich alle immer wieder vorstellen können; die gebenedeite Jungfrau als Mutter und dazwischen undefinierbar und keinem erklärbar der Heilige Geist, während der Gottessohn im Abendmahl leibhaftig verspeist und sein Blut andächtig geschlürft wird; der mal zur Hölle fährt, mal in den Himmel und dann wieder herumwandelt und irgendwann richtet – oder auch nicht; und der alle auferstehen lässt oder nicht. Welche Schizophrenien, Ambivalenzen, Lust am eigenen und fremden Leiden, Doppelbödigkeiten oder Dickfelligkeit haben wir da als Individuen und als Gesellschaft aufgebürdet bekommen. Kinder werden durch die Symbolik und viele Riten oft verwirrt, wie mein Sohn Julian, der mit 4 Jahren als Berliner Kind zum ersten Mal im Schwarzwald den vielen Kruzifixen an Wegkreuzungen und in Gaststätten begegnete und sich erschreckte vor dem „Runterfaller", wie er die Christus-Figur benannte. Später entwickeln die Kinder Abwehrstrategien, wie das berühmte Fritzchen, der auf die Frage der fortschrittlichen Religionslehrerin, was das denn sei, das da von Baum zu Baum hüpfe, mit einem buschigen Schwanz, antwortete: „Ick würd ja sagen: ein Eichhörnchen. Aber wie ick den Laden hier kenne, ist es doch wieder das Herzliebe Jesulein".

Und wie sieht es bei den Juden aus mit ihrem Gott, der die Menschen erst erschafft und ihnen zuruft: „Seid fruchtbar, mehret Euch!", um sie dann mit Mann und Maus in der Sintflut zu ersäufen? Und der sein auserwähltes Volk erst ins hochgelobte Land führt und dann von einer Diaspora in die andere jagt? Und wie gehen die Muslime damit um, wenn der Prophet Gehorsam verlangt und manche seiner Offenbarungen den anderen widersprechen?

9. Auf Deutsch: Samuel Huntington: Kampf der Kulturen. Die Neugestaltung der Weltpolitik im 21. Jahrhundert. München 2002. Huntington hat seine populäre, aber wenig fundierte These vom Kampf der Kulturen schon am Ende seines Buches (selten bemerkt) selbst revidiert zugunsten einer von Garry Fuller im Auftrag der CIA herausgegebenen Studie, die das youth-bulge-Phänomen als Ursache für die gewalttätigen politischen Auseinandersetzungen bezeichnet. Diese Thesen sind dargestellt in: Gunnar Heinsohn: Söhne und Weltmacht. Zürich 2006. Die youth-bulge-These besagt, dass ein Überschuss an (meist beschäftigungslosen, aber nicht völlig ungebildeten, nicht verelendeten) jungen Männern zwischen 15 und 25 Jahren die eigentliche Triebkraft für gewalttätige politische und religiöse Veränderungen sei.

Das youth-bulge-Phänomen wird von Fuller, Heinsohn und anderen als der eigentliche Motor des Tötens und der blutigen Gewalt verantwortlich gemacht – für grausame Konflikte seit der Antike bis heute: in Afrika, Asien, Südamerika, aber auch im heutigen Europa. Nach Auffassung dieser Autoren dient Religion dabei meist nur als willkommene Rechtfertigung und als vertraute ideologische Unterstützung der Gewalt. Heute spricht man von einem youth-bulge dort, wo die 15- bis 24-Jährigen mindestens 20 Prozent (bzw. die 0- bis 15-Jährigen mindestens 30 Prozent) der Gesamtbevölkerung ausmachen. Während in Deutschland die 15- bis 24-Jährigen weniger als 10 Prozent ausmachen, wird diese Altersgruppe in 40 islamischen und schwarzafrikanischen Ländern in wenigen Jahren über 30 Prozent erreichen. Unter den Ländern mit am stärksten ausgeprägtem youth-bulge ist die Hälfte islamisch (die Türkei gehört nicht dazu!) (vgl. Heinsohn, a.a.O., Tabellen auf S. 60-70.)

10. Vgl. Bernd Feininger: „Die Religionsgeschichte ist eine Schutzleiste." In: ders. u.a. (Hg.): Übergänge in das Studium der Theologie/Religionspädagogik, Frankfurt/Main, Berlin u.a. 2008. Wichtig sind in diesem Zusammenhang auch die Ergebnisse der Bertelsmann-Studie „Geistige Orientierungen" von 2008, wonach die Toleranzbereitschaft gegenüber Andersdenkenden umso höher und die Anfälligkeit für terroristische Ideologien umso geringer ist, je intensiver sich die Beschäftigung mit eine Religion gestaltet, was insbesondere auch für den Islam untersucht wurde.

11. z.B. Sure 4,33-34: „Tötet Euch nicht selbst, denn wahrlich, Gott ist Euch barmherzig. Wer dies in Frevel und Unrecht tut, den braten wir einst im Fegefeuer. Und leicht ist dies für Gott." – Diese Zitate werden von den Hasspredigern verschwiegen und stattdessen Fantasien über Märtyrer-Paradiese erlogen, die perspektivlose junge Männer scharenweise in den Tod treiben.

Kapitel 1

1. Für solche Vorstellungen lassen sich viele Hinweise und Belege finden, z.B. bei Hans Peter Duerr: „SEDNA" oder „Die Liebe zum Leben", Frankfurt/Mainz 1984. In diesem Buch werden die Weltanschauungen der Wildbeuter und neolithischen Ackerbaukulturen in Zusammenhang gebracht mit griechischen Mysterien-Religionen. Ebenso gibt es vielfältige Anregungen zu unseren matristischen Wurzeln bei dem Klassiker Ernest Bornemann „Das Patriarchat. Ursprung und Zukunft unseres Gesellschaftssystems", Frankfurt/Main 1975, besonders S. 31ff. Dies gilt natürlich für alle Werke von Heide Göttner-Abendroth, z.B.: Heide Göttner-Abendroth/ K. Derungs (Hg.): „Matriarchate als herrschaftsfreie Gesellschaften", 1997. Nicht zu vergessen das bahnbrechende Buch von Elizabeth Gould Davis: „The first Sex", deutsch „Am Anfang war die Frau" 1977 sowie die Klassiker Bachofen (Das Mutterrecht, 1861), Louis Henry Morgan (Ancient Society, 1877), Robert Briffault (The Mothers, 1927) und James Harrison (Prolegomena to the Study of Greek Religion, 1903). Viele Hinweise auf die Verehrung von Mutter-Göttinnen ergeben sich aus unzähligen steinzeitlichen Funden, wie z.B. der berühmten „Venus von Willendorf", der „Venus von Lespugue" (30 000 bis 20 000 v. Chr.), der „Gebärenden Göttin" von çatal Hüyük (ca. 5800 v. Chr.) und vielen anderen „Venusfiguren", von der jüngeren Altsteinzeit bis zur Jungsteinzeit, in unseren Regionen und Südosteuropa, die durch breite Hüften und große Brüste gekennzeichnet sind, während männliches Figuren fast völlig fehlen und nur in Göbekli Tepe gefunden wurden. E. Gould Davis spitzt zu, dass „all diese archäologischen Funde zusammen betrachtet belegen, dass die Vorherrschaft der Frau keine örtliche, sondern eine allgemeine Erscheinung war" (a.a.O., S. 73) und kommt zu dem Schluss: „Die alte Gesellschaft war gynaikokratisch und ihre Gottheit weiblich" (a.a.O., S. 76).

2. Die Altsteinzeit ist geprägt durch Großzyklen von ca. 100 000 Jahren und Kleinzyklen von 20 000 Jahren, die durch Eis- und Warmzeiten beim Übergang vom Tertiär zum Quartär charakterisiert sind und für den Wechsel von Steppen zu Urwäldern sorgen. Steppenelefanten, Nashörner, Bären und Säbelzahntiger sind ebenso nachweisbar wie Frühformen von Pferd, Hirsch und Rind, denen der Mensch als Jäger und Fallensteller folgt. Faustkeile lassen sich aus der Zeit von vor 1,5 Millionen Jahren nördlich der Eurasischen Hochgebirge nachweisen. In der jüngeren Altsteinzeit muss es weite Steppen- und Graslandschaften gegeben haben mit riesigen Herden großer Tiere (Mammut, Wollnashorn), die langsam waren und wegen ihrer Größe kein Fluchtverhalten zeigten und daher leichter zu erlegen waren (z.B. durch Fallen).

So scheint der Mensch im frühen Paläolithikum, das etwa vor 40 000 Jahren anfing, eine Lebensweise entwickelt zu haben, die ihm in besonderer Harmonie mit seiner Umwelt die Nahrungsbeschaffung erleichterte und ihn zu künstlerischer Kreativität befähigte, wie uns die Höhlenheiligtümer des Magdaléniens (ca. 18 000-12 000 v. Chr.) in Altamira, Lascaux und Les Combarelles zeigen. Vgl.: Christian Strahm: Die Steinzeit. In: Zeitverlag (Hg.): Welt- und Kulturgeschichte 01, Hamburg 2006.

3. Vgl. z.B. H.-G. Baudi: Handbuch der Urgeschichte, Bern, München 1966, S. 344f. Wenn man bedenkt, dass die Menschen während des gesamten Paläolithikums, also von den Anfängen der Menschheit bis vor ca. 10 000 Jahren, Jäger und Sammler waren (und in einigen Gegenden der Welt noch heute sind), was einer Spanne von 99 Prozent unseres menschlichen Daseins entspricht, ist es nicht mehr verwunderlich, dass angenehmere und elende Zustände bei wechselnden Kälte- und Gletschereinbrüchen nach dem Ende der letzten großen Eiszeit einander folgten und dass die angenehmeren dann als die paradiesischen in Erinnerung geblieben sind.

4. Aufgrund des natürlichen Angebots an Nahrung und anderen Ressourcen sind viele Volksgruppen bei althergebrachten Lebensformen und im Kontakt mit ihrer natürlichen Umwelt geblieben. Einige leben noch bis heute als Sammlerinnen und Jäger, wie etwa die Mbuti-Pygmäen oder die Aborigines (s. auch Anm. 7).

5. So z.B.: H. Zinser: Der Mythos des Mutterrechts. Verhandlungen von drei aktuellen Theorien des Geschlechterkampfs. Frankfurt/Main, Berlin, Wien 1981 (s. dazu aber auch Anm. 1).

6. s. dazu die Veröffentlichungen von Klaus Schmidt und Klaus-Dieter Linsmeier, z.B.: K. Schmidt: Sie bauten die ersten Tempel. Das rätselhafte Heiligtum der Steinzeitjäger. München 2006. Weitere Veröffentlichungen der beiden Autoren sind nach der Drucklegung dieses Buches zu erwarten.

7. Der Begriff „neolithische Revolution" wurde 1936 von dem amerikanischen Altertumswissenschaftler V. Gordon Childe in seinem berühmten Buch „Man Makes Himself" geprägt. Die der neolithischen Revolution zugrunde liegenden Ursachen werden mit der plötzlichen Klimaveränderung um 12 500 v. Chr. in Zusammenhang gebracht: Es wurde in kurzer Zeit deutlich wärmer und feuchter, so dass binnen weniger Generationen die großen offenen Graslandschaften und Tundren verschwanden und dichte Wälder entstanden. In dieser „Allerödzeit" genannten Epoche der (nun hoffentlich beständigen) Nacheiszeit (Holozän) hatten das Wollnashorn und das Mammut keine Überlebensmöglichkeiten mehr und starben aus, die großen Herden von Pferden, Rentieren und Wisenten verschwanden. Nördlich der Alpen gab es kein Wildgetreide mehr, aber es blieben Elch, Hirsch und Ur, die mit Pfeil und Bogen gejagt wurden. Nahrungsbeschaffung wurde schwieriger, und die Lebensweise wurde wieder eher durch umherschweifende kleine Gruppen, weniger von Siedlungen wie im Jungpaläolithikum geprägt. Auch künstlerische Zeugnisse (Höhlenbilder) sind aus dieser Zeit nicht nachweisbar. Im westlichen Mittelmeergebiet hingegen blieb das Klima trocken und warm, so dass in einer Steppenlandschaft Gazellenarten, Damhirsche und Wildschafe leicht zu jagen waren und Wildformen von Weizen und Gerste üppig gediehen. Ebenso wurden Mandeln, Linsen und Erbsen gesammelt, so dass durch die leichtere Nahrungsbeschaffung eine sesshaftere Lebensweise mit Häusern und größeren Siedlungen (z.B. in der Natufien-Kultur bei Jerichow) und eine Bevölkerungszunahme möglich waren (s. C. H. Strahm, a.a.O., S. 115). Nach einem letzten Kälteeinbruch mit Vorrücken der Gletscher in der jüngeren Dryaszeit um 10 000 v. Chr. folgte eine schnelle Erwärmung, die einen langen stabilen Klimazustand herbeiführte, der nun nur durch unsere gegenwärtige Klimakatastrophe beendet wird. Damals ging das warme Klima in diesen Gegen-

den mit dem Anbau von Emmer und Gerste und der Domestikation von Schaf und Ziege einher, so dass mehr Menschen ernährt werden konnten und die Bevölkerung rapide zunahm (in Jerichow auf 10 ha etwa 2 000 Bewohner). (vgl. G. Bosinski: Die Altsteinzeit. In: Zeitverlag (Hg.) a.a.O., S. 73f.) In çatal Hüyük waren es über 5000 Einwohner auf einer sehr kleinen Stadtfläche. Diese auf Getreideanbau und Tierhaltung basierende Wirtschaftsweise breitete sich nun bald bis nach Mitteleuropa aus, wo ab Mitte des 6. Jahrtausends v. Chr. die Menschen anfingen, den Wald zu roden und Lössgebiete landwirtschaftlich zu nutzen (nur im Norden und Osten waren noch für eine längere Zeit Jäger und Sammlerinnen für die Ernährung zuständig. vgl. a.a.O., S. 129). Mit Ackerbau und Tierhaltung änderte sich das Leben der Menschen so grundlegend, dass der Begriff einer neolithischen Revolution durchaus sinnvoll erscheint. Die wichtigsten Veränderungen waren: - Vorratshaltung für die geernteten Produkte

– Planung von Saat und Ernte mit zyklischer Lebensplanung

– Bindung an das Land, also

   – Sesshaftigkeit

   – neue Werkzeuge und Technologien (für Ackerbau, Hausbau etc.)

   – Bevölkerungsexplosion (durch Intensivierung von Ackerbau und Viehzucht), dadurch neue soziale Organisationsformen, zunehmende Konflikte um Land und Besitz

   – Tauschhandel

Da sowohl Werkzeugbau wie auch Konfliktregelung mit zunehmend feindlichen Auseinandersetzungen zwischen großen Gruppen sowie der Tauschhandel immer mehr zur Sache der Männer wurden, erlangten diese als Dorfälteste und Clanhäuptlinge immer höhere soziale Stellungen. Da Waffen und Besitz nun an die eigenen Söhne weitergegeben wurden, entstand die männliche Erbfolge mit einer patrilinaren Gesellschaftsstruktur. Die Voraussetzungen für die Entwicklungen des Patriarchats und der sogenannten Hochkulturen waren gegeben. Durch die beginnende Metallverarbeitung in der Kupfer-, Bronze- und Eisenzeit ab dem 5. Jahrtausend v. Chr. wurden diese Tendenzen schnell intensiviert, weil die notwendige Spezialisierung für die Metallgewinnung und -verarbeitung, für Handel und Transport die dominierende Stellung der Männer immer mehr festigte, was deutlich an den Prunkgräbern zu erkennen ist, in denen politische und religiöse Führer mit Prunkwaffen und symbolischen Insignien ihrer Macht bestattet wurden (z.B. Gräberfeld der KGK-VI-Kultur bei Warna, vgl. C.H. Strahm, a.a.O., S. 164). Diese, mit dem Begriff der neolithischen Revolution zusammenhängenden Entwicklungen lassen sich in vielen Gegenden der Welt zu ähnlichen Zeiten feststellen, z.B. in China und Südostasien, während in anderen Teilen der Welt die Wirtschaftsweise noch heute auf Jagen, Fischen und Sammeln von Wildfrüchten basiert, manchmal sogar noch ohne Verwendung von Metallen.

8. Sehr pointiert und vielleicht sogar übertrieben bringt das Duerr zum Ausdruck, vgl. H.P. Duerr, a.a.O., S. 232ff.

9. Aus der Matraya Upanishad, zitiert nach H.P. Duerr, a.a.O., S. 237.

10. Viel später soll mit der Aufklärung die wissenschaftliche Rationalität eine ähnliche Funktion übernehmen, wie es sich die Philosophen des Positivismus wünschen: „Die Anpassung des Gefühlslebens an die Erkenntnis ist vollzogen. Auf diese Weise erledigen sich weltanschauliche Probleme von selbst, nicht indem sie eine Antwort finden, sondern indem sie gegenstandslos werden" (Ernst Topitsch: Vom Ursprung und Ende der Metaphysik, Wien 1958, S. 313). Die dramatischen Vorgänge

beim Übergang von Monotheismus zur Wissenschaft sind hier im 5. Kapitel thematisiert.

11. Vgl. Gisela Bleibtreu-Ehrenberg: Vaterschaft im Kulturvergleich, S. 33. In: H. Michelsen (Hg.): Überväter, Mainz 1955.

12. s. Thomas H. Macho: So viele Menschen. Jenseits des genealogischen Prinzips. In: P. Sloterdijk: Vor der Jahrtausendwende. Berichte zur Lage der Zukunft. Frankfurt 1990, S. 29ff. Macho begründet hier seine These, dass Sesshaftigkeit und Bevölkerungszunahme im Zusammenhang der neolithischen Revolution zu einer genealogischen Ordnung führen, die die Mütter entmachtet und männliche Abstammungsordnungen mit institutioneller Gewalt durchsetzt, wie in der Genesis protokolliert.

13. Da es mir hier nicht um Theologie oder Religionswissenschaft geht, sondern auch um eigene Bezüge zur Religion, beziehe ich mich nicht immer – wie es sich gehört – auf die Züricher oder Elberfelder Bibel, sondern auf meine, mich seit langem begleitenden Bibeln: Eine vom Großdeutschen Evangelischen Kirchenausschuss herausgegebene Bibel (Berlin 1931) und meine Fürstenbibel (Nürnberg MDCCLXX); so kann es kontextabhängig zu unterschiedlichen Zitierweisen kommen. Auch die ersten fünf Bücher des Alten Testaments werden sowohl als 1. bis 5. Mose zitiert, im Kontext der Tora aber auch als Genesis, Exodus, Levitikus, Numeri, Deuteronomium.

14. s. Jost Herbig: Die Götter. Die kulturelle Neuerschaffung der Welt durch den Menschen. München/Wien 1988, S. 196.

15. s. Elisa Klapheck: So bin ich Rabbinerin geworden. Jüdische Herausforderungen hier und jetzt. Freiburg, Basel, Wien 2005, S. 12f.

16. a.a.O.

17. Nach der israelitischen Landnahme war zunächst eine Koexistenz des Gottes eines Wüstenvolkes mit den Fruchtbarkeitsgöttinnen und Göttern der agrarischen Urbevölkerung wichtig. So konnten Baal und Jahwe anfangs verschiedene Aspekte einer einzigen göttlichen Macht verkörpern. Dieser Synkretismus, der noch zu Beginn der Königszeit nachweisbar ist, wurde aber dann von den Propheten, als den Hauptvertretern des mosaischen Jahwe-Glaubens, kompromisslos bekämpft. Vgl. H.W.F. Sachs: The encounter with the Divine in Mesopotamia and Israel. London 1978.

18. In der Sure 53 standen ursprünglich zwischen Vers 20 und 21 die sogenannten „Satanischen Verse" (al-ayat as-saytaniya), in denen die drei Göttinnen als Fürsprecherinnen der Menschen bei Allah benannt wurden. Diese Verse wurden später als Eingebung des Teufels aus dem Koran entfernt, so dass heute die Sure 53 (19-23) lautet: „Was haltet Ihr denn von al-Lát und von al-Uzza und von Manáh, der dritten dazu? Gebühret Euch das Männliche, das Weibliche hingegen ihm das wäre eine ungerechte Teilung." ie Göttin al-Lát ist eine Mutter- und Fruchtbarkeitsgöttin, die nahe bei Mekka schon mindestens seit dem 5. vorchristlichen Jahrhundert verehrt wurde und als weibliche Form von Allah gedeutet wird. Die Göttin al-Uzza wird oft mit Aphrodite bzw. Venus gleichgesetzt, während Manáh die Schicksals- und Todesgöttin war (vgl. Hartmut Bobzin: KoranLeseBuch. Wichtige Texte aus dem Arabischen neu übersetzt und kommentiert. Frankfurt, Basel, Wien 2005, S. 40f.).

19. Heide Göttner-Abendroth beschreibt den Prozess der Patriarchilisierung auch als Überlebenskampf der durch die Versteppung bedrohten indoeuropäischen Völker bei ihrem Vordringen in die reichen Stadtkulturen der Flussoasen Vorderasiens. Sie stellt fest, „dass die indoeuropäischen Horden, die aus Not zu Kriegern wurden, nicht schon als patriarchale Männer in diesen Kulturgebieten ankamen, aber im Lauf der Jahrhunderte des Umbruchs zu ihrer eigenen Rettung solche wurden" (Hei-

de Göttner-Abendroth in: dies./K. Derungs, a.a.O., S. 35f.). Die eigene Rettung setzt sich nun aber fort als Unterwerfung anderer, an Gleichberechtigung orientierter Völker und als immer konsequentere Unterdrückung der Frau – als der dominanten Kraft der immer noch bedrohlichen matriarchalen Kulturen. Die Herausbildung der monotheistischen Religion mit ihrem Vatergott und durchgängigen patriarchalen Strukturen unterstützte die weltliche Herrschaft der Patriarchen und stabilisierte sie, was Sigmund Freud als Patriarch im Zusammenhang mit der jüdischen Religion als historischen Fortschritt ansieht: „Die Wiedereinsetzung des Urvaters in seine historischen Rechte war ein großer Fortschritt". (vgl. Sigmund Freud: Der Mann Moses und die monotheistische Religion. Frankfurt/Main, 13. Aufl. 2004, S. 92). Ob es gelingt, den weltweiten Prozess der Bildung patriarchaler Superstrukturen angesichts der (erst von diesen ausgelösten) Klimakatastrophen und drohender Überbevölkerung mit entsprechenden neuen Völkerwanderungen aufzulösen zugunsten von eigenständigen Regionen und Kulturen, wird von uns abhängen und das Schicksal der Menschheit für die nächsten Jahrhunderte bestimmen. Die monotheistischen Religionen stehen dabei mit im Zentrum der Verantwortung.

20. s. Anhang (Anregungen und Übungen).

21. Alonso Lopez, zitiert nach K. Recheis/G. Bydlinski (Hg.): Weißt Du, daß die Bäume reden. Wien 1984, S. 21.

22. H.P. Duerr weist darauf hin, dass z.B. die Navaho ihre Rituale nicht durchführen, um etwas zu beeinflussen, sondern eher um sich in den Kreislauf des Waldes einzugliedern (a.a.O., S. 231 u. 234f.). So kann der Huichol Matsúwa den Amerikanern mit Recht sagen, dass sie deswegen so weltzerstörerisch wirken würden, weil sie keine Zeremonien abhalten, mit denen sie die Erde, den Göttern, der Sonne und dem Wasser für ihr Leben danken. Zu Recht nicht deshalb, weil sie mit magischen Ritualen Unheil verhindern könnten, sondern deshalb, weil sie ohne die Zeremonien keine umfassende Achtsamkeit gegenüber der Welt und ihren Geschöpfen entwickeln konnten.

23. Ich habe an anderer Stelle versucht, die Bedeutung der Achtsamkeit für die Entwicklung der Menschheit und für unsere gegenwärtige Situation darzustellen: Claudio Hofmann: Lob der Achtsamkeit in: Gestalttherapie 1/1002, S. 3-18. Dabei geht es um die Verdrängung eines umfassenden Achtsamseins in der abendländischen Geschichte und darum, wie diese Verdrängung mit der Bedrohung der Menschheit und der Erde zusammenhängt, um so die Bedingungen eines umfassenden Achtsamseins für unsere persönliche gesellschaftliche Entwicklung für den Fortbestand der Erde zu begründen; - ders.: Achtsamkeit. Anleitung für ein sinnvolles Leben. Stuttgart 2002, und ders.: Achtsamkeit. Anregung für ein sinnvolles Leben. München 2004. Hier geht es um die Wiederentdeckung und -belebung der Achtsamkeit, auch anhand von Experimenten und Übungen. Es wird Sie nicht überraschen, dass wir bei unseren Annäherungen an die Religion auch immer wieder mit der Achtsamkeit zu tun haben werden.

24. Lame Dear zitiert nach K. Recheis (Hg.): a.a.O., S. 24.

Die Zitate in dem Einspruch (Mit dem Gestammel des Mannes M. zwischen Himmel und Erde) stammen fast alle mehr oder weniger wörtlich aus den Büchern Mose.

Kapitel 2

1. Unter den Israeliten hat es schon vor dem 1. vorchristlichen Jahrtausend eine ausgeprägte Literatur

und Heilige Texte gegeben, die allerdings nicht vor dem 7. vorchristlichen Jahrhundert schriftlich festgehalten wurden. Einige Kriegslieder, wie das Deboralied, stammen aus noch früherer Zeit. In der Bibel werden auch noch ältere Bücher erwähnt, z.b. die Chroniken der Könige von Israel (1. Kön. 14,19). Viele Erzählungen der Bibel gehen auf noch frühere babylonische Erzählungen zurück, wie z.b. die Geschichte über die Sintflut. Die Ausgrabungen in Ebla scheinen zu bestätigen, dass die Erzählung von den „Fünf Städten im Tal", zu denen auch Sodom und Gomorrha gehören, sich auf Funde und Quellen bis 2250 v. Chr. beziehen (vgl. Hyam Maccoby: Die Bibel. In: Elie Kedourie (Hg.): Die Jüdische Welt-Offenbarung, Prophetie und Geschichte. München 2002, S. 58ff.

2. Elisa Klapheck: So bin ich Rabbinerin geworden. Jüdische Herausforderungen hier und jetzt. Freiburg, Basel, Wien 2005, S. 103.

3. Der Exodus wird datiert zwischen 1220 bis 1180. Den Anfang der Entwicklung des Pentateuch (der fünf Bücher Mose) bildet das Buch Deuteronomium (5. Buch Mose), ca. 700 bis 600 v. Chr. verfasst. Mit dem Deuteronomium wurde erstmals das vielfältige mündliche und schriftliche Material gesammelt und als „Buch der Tora" zu einen zentralen Bestandteil des Judentums erhoben. Aber erst zur Zeit des babylonischen Exils erfolgt eine Kanonisierung des Pentateuch (586 bis 536). (vgl. J. Maier: Geschichte der jüdischen Religion. Berlin und New York 1972; s. auch Anm. 15).

4. Sigmund Freud: Der Mann Moses und die monotheistische Religion. Frankfurt/Main, 13. Aufl. 2004, S. 108.

5. s. Anm. 4 vom „Lokaltermin".

6. S. Freud, a.a.O., S. 108.

7. Hyam Maccoby, a.a.O., S. 57.

8. G. Stemberger: Das klassische Judentum. München 1979.

9. Jehuda Hallewi: Al-Chazarî. Breslau 1885. Reprint Wiesbaden 2000, S. 121f.

10. Die im Dekalog enthaltenen Ge- und Verbote (Exodus 20, 2-17, wiederholt im Deuteronomium 5, 7-21) werden meist den Traditionen aus der Zeit Moses zugeordnet, während andere Gesetze des Pentateuch der Zeit nach der Landnahme entstammen.

11. „Zehn Gebote" ist die Übertragung aus dem griechischen Deka (10) und Logos (Gesetz). In der Bibel stehen allerdings nicht zehn, sondern fünfzehn Ge- und Verbote, wie man leicht nachzählen kann.

12. Nach dem Tanach (der hebräischen Bibel), die unserem Alten Testament entspricht, ist der Talmud die wichtigste Schrift im Judentum. Der Talmud besteht aus einem im 6. und 7. Jahrhundert redigierten palästinischen Gesetzes-Kodex des 2. nachchristlichen Jahrhunderts und aus der Gemara, einer Sammlung von Kommentaren zur Mischna. Diese war ursprünglich ein selbständiges Werk, zu der die beiden Gemarot und die Tosefta gehören. Die Mischna wird dem Patriarchen Juda zugeschrieben, der das Oberhaupt der jüdischen Gemeinde Palästinas Ende des 2. und 3. nachchristlichen Jahrhunderts war. Zugleich gilt sie als Teil der Moses von Gott am Sinai offenbarten Tora. Im Laufe der Jahrhunderte ist sie immer wieder von Rabbinern ergänzt und redigiert worden. Da die Tora für die Juden kein erstarrter Text ist, sondern im rabbinischen Judentum immer wieder für veränderte Situationen neu gedeutet wird, ist eine beständige Denkbewegung entstanden, die den Midrasch kennzeichnet. Eine theologische Systematik wird also im Judentum durch den Midrasch ersetzt. In ihm finden sich Erzählungen, Gleichnisse und Legenden, oft mit bizarren und phantastischen Inhalten. Sie werden im Lauf der Jahrhunderte immer wieder erzählt und verändert und be-

gleiten deutend und erklärend das gesamte Leben eines gläubigen Juden (s. K.E. Kreuzinger: Ich bin der Herr, Dein Gott. Frankfurt/Main u. Bern 1976).

13. Diese „Nachahmung Gottes" entspricht auch der Empfehlung der Talmud-Gelehrten, sich während der Betens „selbst zum Heiligtum zu machen, zum Ort aller Heiligkeit, zum Verantwortlichen für alle Heiligkeit". (Emmanuel Levinas: Anspruchsvolles Judentum. Talmudische Diskurse. Budapest 2005).

14. Die Mehrzahl von Rabbi wird meist mit „Rabbiner" wiedergegeben, oft jedoch auch mit „Rabbinen". Die (seltenen) weiblichen Rabbiner werden sowohl als Rabbinerin wie auch als Rabbinin bezeichnet. Ob der Sprachgebrauch mit bestimmten religiösen oder politischen Strömungen zusammenhängt, konnte ich nicht herausfinden.

15. Die moderne Forschung zur hebräischen Bibel geht zurück auf Julius Wellhausen (1844-1918), der als zentrales Entwicklungsmoment der Bibel die Spannung zwischen Stammesdenken und Universalismus sieht. Während nach Wellhausen die Propheten einen universalen Monotheismus verbreiten wollten, hätte sich das Volk mit einer Stammesreligion begnügt, in der nur die eigenen Götter durch Jahwe als Stammesgott des israelitischen Volkes ersetzt wurden. Aufgrund neuerer Forschungen und archäologischer Funde von Tabernakeln aus älteren semitischen Religionen wird jedoch heute angenommen, dass das (von Wellhausen später datierte) Opfersystem in der Priesterschrift des Pentateuch seine Wurzeln schon in der frühen israelitischen Religion haben musste und nicht erst nach dem Exil erfunden wurde, um die Juden zusammen zu halten und von anderen zu unterscheiden. So wird im modernen Judentum eine einheitliche Sicht des Lebens wahrgenommen, in der Partikuralismus und Universalismus sich gegenseitig bedingen. Deshalb kann E. Levinas im theologischen Sinn von einer Gleichsetzung Israels mit der „wirklichen Menschheit" sprechen: „Eine Gleichsetzung, die (...) nichts Rassistisches hat, denn der Begriff Israel hat in seiner allgemeinsten Bedeutung nichts Exklusives und ist gleichbedeutend mit einer Ordnung, die offen für den Beitritt eines jeden ist". Levinas, a.a.O., S. 110, Anm. 8).

16. Bava Metzia, zitiert nach Josef Joffe: Wie kommt ein Jude in den Himmel? In: Die Zeit, 8, 15.2.07, S. 10.

17. S. Freud, a.a.O., S. 92.

18. Schechina (auch Schekkinah) bedeutet die Gegenwart Gottes in der Gemeinschaft der Betenden. Da es aber nach der Zerstörung des Tempels kein Heiligtum, keinen sakralen Bereich innerhalb dieser Welt mehr geben kann, steht der Betende nicht vor einem in der Gemeinde gegenwärtigen Gott, sondern vor Gott im Himmel. So haben auch die Priester keine Funktion mehr und Gemeinde ist immer dort, wo sich zehn volljährige (männliche) Juden zum Gebet versammeln, die einen Vorbeter aus ihrer Mitte bestellen können (s. auch Anm. 13).

19. Jack Miles: Gott. Eine Biografie. München 1998.

20. Martin Ebbing: Die Unbelehrbaren. Berliner Zeitung 291 vom 13.12.06, S. 3.

21. S. Freud, a.a.O., S. 132. Allerdings haben schon die Philister, Rabbiner und Priester schnell begriffen, dass sie am einfachsten die Macht behalten, wenn sie ihre Schäfchen zu Sündern machen, deren Schuld nur durch die Priester selbst vergeben werden kann. Moses beherrschte diese Technik perfekt. Freuds Erklärung für das christlich-jüdische Verliebtsein in die eigene Sünde ist natürlich subtiler und reicht viel tiefer, wie sich für den Begründer der Tiefenpsychologie gehört. Wenn man aber schon in diese seelischen Tiefen hinabsteigt, dann ist es doch sinnvoll bis auf den Grund zu gehen und den Gang zu den Müttern zu wagen, den der Patriarch Freud mit allem Scharfsinn

vermeidet. Dann ist nämlich die Erbsünde nicht mehr irgendeine ungenügende Verehrung des männlichen Gottes, sondern es ist die täglich neu erlebte Entthronung der Mutter, ihre Entmachtung, die in der ständig präsenten Trennungsangst des Mannes zum gespenstischen Begleiter seiner Allmachtsphantasien wird. Dazu kommt der Zwang für den Jungen, anders werden zu müssen als die Mutter, der ebenfalls Angst- und Schuldgefühle erzeugt und so die Grundlage für ein hintergründig diffuses Schuldgefühl bildet, das als echte „Erbsünde" vom Vater auf den Sohn vererbt wird und so also für die Väter am besten durch den Opfertod des Sohnes gesühnt werden kann (s. auch den folgenden Einspruch).

22. In der Kabbala sind die Werke der jüdischen Mystik enthalten, insbesondere als Hauptwerk der aus dem 13. Jahrhundert stammende Sohar. Die rabbinische Religion, wie sie uns heute in der normativen Gestalt der talmudischen Literatur erscheint, ist frei von mystischen Anklängen und erst recht von mystischer Begeisterung. Erst um das 12. Jahrhundert gelangen magische und esoterische Texte über Buchstaben- und Zahlenmystik sowie über ekstatische Praktiken von Babylonien und Palästina zu jüdischen Gemeinden nach Europa, wo sie zur Bildung des deutschen Chassidismus (auch Chasidismus) führten, der im 18. Jahrhundert in Polen wieder erstand. Der berühmte Maimonides (1135 bis 1204) wandelte sich unter solchen Einflüssen vom radikalen Aristoteliker zum Mystiker eines Gottes ohne Attribute, während umgekehrt ein Jahrhundert zuvor Jehuda ha-Levis Mystik von persönlicher Liebe zu Gott und Sehnsucht nach Einigung entflammt ist. Diese beiden Gottesvorstellungen bestimmen immer noch das kabbalistische System und verbinden sie zur Theologie des verborgenen und nichterkennbaren deus absconditus, der in Einklang gebracht wird mit dem sich selbst enthüllenden Gott der religiösen Erfahrung. Insgesamt enthält die Kabbala äußerst komplexe und komplizierte Systeme, die dem Prozess vom göttlichen Nicht-Sein zum göttlichen Da-Sein mit zehn Potenzen „Sefirot" der Gottheit gewidmet sind. Erst durch Rabbi Baal Schem Tow hat die Mystik im Chassidismus eine volkstümliche Form gefunden, die sich gegen Unterdrückung, aber auch gegen die talmudische Scholastik der rabbinischen Elite wandte und den verarmten osteuropäischen Juden neue Hoffnung und Würde gab. (Gershom Scholem: Zur Kabbala und ihrer Symbolik, Zürich 1960.)

23. Martin Buber: Werke III, Schriften zum Chassidismus. München, Heidelberg 1963.

24. Buber, a.a.O., S. 1004.

25. Klapheck, a.a.O., S. 136ff.

26. a.a.O., S. 12ff. (vgl. Anm. 15 und 16 v. 1. Kapitel).

27. a.a.O., S. 97.

28. Mary Daly: Jenseits von Gottvater, Sohn & Co. Aufbruch zu einer Philosophie der Frauenbefreiung. München 1980, S. 32.

29. Klapheck, a.a.O., S. 121.

30. zitiert nach Dorothee Sölle: Mystik und Widerstand. „Du stilles Geschrei". München, Zürich, 7. Aufl., 2004, S. 230.

31. Thich Nhat Hanh: Das Wunder der Achtsamkeit. Zürich, München, Berlin, 7. Aufl. 1997, S. 74.

32. Klapheck, a.a.O., S. 41.

Die im Einspruch (Mit Vorhautsammlern und transzendenten Garnrollen) vertretenen Thesen zur Beschneidung haben Gespräche zur Grundlage, die ich in meiner Praxis als Gestalttherapeut mit Männern geführt habe, bei denen im Kindes- oder Erwachsenenalter die Circumcision (auch wegen medizinischen Indikationen) durchgeführt wurde. Da die psycho-somatischen Auswirkungen der Beschneidung sowohl in der privaten und öffentlichen Diskussion wie auch in der Forschung weitgehend tabuisiert oder ausgeblendet werden, wird diese „einschneidende" Maßnahme im Gegensatz zur Clitoris-Beschneidung in einer patriarchalen Gesellschaft unreflektiert fortgeführt, auch weil sie den Bestand bestimmter patriarchaler Strukturen garantiert.

Kapitel 3

1. Rudolf Augstein: Jesus Menschensohn. München 2003, 3. Aufl. Immer wieder gibt es in den Medien irgendwelche Filme, Bücher oder Sensationsmeldungen, die angeblich neue Entdeckungen über das Leben Jesu hervorbringen, so z.B. das „Jesus-Video" oder Michael Baigent: Die Gottesmacher. Die Wahrheit über Jesus von Nazareth und das geheime Erbe der Kirche (JesusPapers), Bergisch-Gladbach 2002, wo Jesus als Ehemann von Maria Magdalena fungiert und viele Kinder hat.

2. Karl Barth: Die kirchliche Dogmatik I.2, 7. Aufl., Zürich 1988, S. 198.

3. Wolfhart Pannenberg: Das Glaubensbekenntnis, ausgelegt und verantwortet vor den Fragen der Gegenwart. Hamburg 1972, S. 97, zitiert nach Augstein, a.a.O., S. 51.

4. Als Begründung wurde auch angeführt, dass es in der katholischen Kirche einen „Straftatbestand" darstellt, wenn man nicht gemäß dem Katechismus bekennt, dass Jesus „wirklich und in einzigartiger Weise" Gottes Sohn ist (Augstein, a.a.O., S. 79). Und die Kirchenoberen verfügen autoritär: „Um Christ zu sein, muss man glauben, dass Jesus Christus Sohn Gottes ist". – S heißt es im heute noch gültigen „Weltkatechismus" (s. Katechismus der Katholischen Kirche, München 1993, S. 146).

5. Die These einer antigenealogischen Revolution durch Jesus wird besonders originell von Thomas H. Macho vertreten (s. Anm. 12 im 1. Kapitel).

6. Christoph Markschies: Kaiserzeitliche christliche Theologie und ihre Institutionen. Prolegomena einer Geschichte der antiken christlichen Theologie. Tübingen 2007.

7. Regina Kerner: Requiem in Klingenberg, Berliner Zeitung Nr. 57, 8.3.2006, S. 3. Mit Erlaubnis des Würzburger Bischofs praktizierten zwei katholische Geistliche 67 mal jahrhundertealte Exorzismusrituale an einer jungen fränkischen Frau, wobei sie auch Weihwasser über sie gossen und mit Beschwörungsformeln den Teufel austreiben wollten. Bei ihrem Tod mit 23 Jahren wog sie nur noch 31 kg. Die katholische Kirche hat sich später von diesem Fall distanziert und der Vatikan setzte eine Arbeitsgruppe ein, die das seit 1614 geltende Exorzismus-Ritual überarbeiten sollte, obwohl sich die Kirche keineswegs von mittelalterlichen Prozeduren und der Existenz des leibhaftigen Teufels verabschiedet hat. Benedikt XVI. sieht im Exorzismus immer noch eine Aufgabe der Kirche.

8. Vgl. Augstein, a.a.O., S. 403f.

9. Augustinus: De civitate Dei, XVIII, 54.

10. Henry Kamen: Die spanische Inquisition. München 1969, S. 46.

11. Das fängt allerdings schon sehr schnell und deutlich bei den Aposteln an: „Desgleichen sollen die Weiber ihren Männern untertan sein, auf daß auch die, so nicht glauben an das Wort, durch der Weiberwandel ohne Wort gewonnen werden" (1 Petr. 3,1). Hier wird die Unterdrückung der Frau benützt, um in einem patriarchalen Umfeld die Religion attraktiv für Männer zu machen. Parallelen werden wir im nächsten Kapitel bei der Verbreitung des Islams finden.

12. Joan M. Hussey: Die Byzantinische Welt. Stuttgart 1958, S. 19.

13. Emmanuel Le Roy Ladurie: Montaillou. Ein Dorf vor dem Inquisitor 1294 bis 1324. Frankfurt/Main, Berlin, Wien 1980, S. 9.

14. Vgl. Hussey, a.a.O., S. 90.

15. Le Roy Ladurie, a.a.O., S. 11ff.

16. „Und ist ihm nicht mehr Noth, denn daß er solchen Glauben mit Werken beweise" (Vorrede auf das Neue Testament. In: Das Neue Testament unseres Herren und Heilandes Jesu Christi, verdeutscht durch D. Martin Luther. Mit dessen Vorrede. Nürnberg MDCCLXX, S. 916. Vgl. auch Anm. 13, 1. Kapitel).

17. Max Weber: Die protestantische Ethik und der Geist des Kapitalismus. In: ders.: Aufsätze Bd. 1, München 1924, S. 19ff. – Es wird höchste Zeit, dass die einseitige Orientierung an Leistung und Profit, die wie ein Krebsgeschwür die Menschheit und die Erde zerfrisst, auch von den monotheistischen Religionen geächtet wird. „Ohne den Kapitalismus zu kritisieren, kann man nicht Christ sein", sagt Gregor Böckelmann von den „Ordensleuten für den Frieden" (IOF), der jeden 1. Donnerstag im Monat vor der Zentrale der Deutschen Bank in Frankfurt steht (Tagesspieegel v. 13.2.2008). Seit der Finanzkrise setzen sich auch der Papst, Synoden und Bischöfe gegen die Vergötzung des Geldes ein.

18. D. Martin Luthers Vorrede auf das Alte Testament. In: BIBLIA. Das ist DIE gantze Heilige Schrift deß Alten und Neuen Testaments. Wie solche von Herren Doctor Martin Luther seel. im Christi 1522 in unsere Teutsche Mutter-Sprach zu übersetzen angefangen, Anno 1534 zu End gebracht. Nürnberg MDCCLXX, S. a4.; siehe Anm. 16

19. Thomas Müntzer: Die Fürstenpredigt. Theologisch-politische Schriften (Hg. von V.G. Franz). Stuttgart 1967, S. 100. Zit. n.: Dorothee Sölle: Mystik und Widerstand. „Du stilles Geschrei". München, Zürich 2004, 7. Aufl., S. 120.

20. Der Fund der „Schriftrollen vom Toten Meer" in den 50er Jahren des 20. Jahrhunderts bei Qumran weist auf die Tradition der Essener hin, die schon über 100 Jahre vor dem Auftreten Jesu ähnliche Botschaften verkündeten und die dann z.B. wortgleich in den Evangelien wieder auftauchen (vgl. Klaus Berger: Jesus und Qumran, 1968, 7. Aufl., Stuttgart 1998). Allerdings werden die mystischen Strömungen im Christentum schon früh begleitet von Misstrauen gegen alle gnostischen Strömungen; sie weichen bald einer reglementierten Frömmigkeit. Während bei Matthäus die Jünger noch als Eingeweihte gelten und auch Paulus noch das Vokabular der hellenistischen Esoterik verwendet, wird die christliche Religiosität fern von kirchlichen amtlichen Regeln und Rechtsfertigungstheorien eher durch Außenseiter, Rebellen und durch die Marienverehrung lebendig gehalten: „Das Christentum ist eingeschlafen und hat es versäumt, im Lauf der Jahrhunderte seinen Mythus weiterzubauen. Es hat jenen, die den dunklen Wachstumsregungen der mythischen Vorstellungen Ausdruck gaben, das Gehör versagt." (Carl Gustav Jung: Psychologie und Alchimie, Zürich 1944, S. 174).

21. „Dû solt würken allin dîne werk sunder warumbe. Ich spriche waerliche: Al die wîle dû dîne werk würkest umbe himelrîche oder umbe got oder umbe dîn ewige saelichkeit von ûzen zuo, sô ist dir waerliche unrecht". (Meister Eckhart: Die deutschen und lateinischen Werke. Hg. von Joseph Quint u.a. Stuttgart 1936. Aus der Predigt Nr. 5b, zitiert nach: Stefan Blankertz: Heilende Texte – Meister Eckhart. Wuppertal 2005, S. 28).

22. Gertrud die Große: Gesandter der göttlichen Liebe. Freiburg 2001, S. 435f.

23. Blankertz, a.a.O., S. 151. (Blankertz geht von 6 Prozent der Bevölkerung aus).

24. Sölle, a.a.O., S. 352f.

25. a.a.O., S. 217ff., s. auch Walter Nigg: Heimliche Weisheit. Mystisches Leben in der Evangelischen Christenheit. Zürich 1959.

26. Vgl. Karl Barth: Kirchliche Dogmatik. Zürich 1951, III/VI, S. 190f.

27. Dietrich Bonhoeffer: Widerstand und Ergebung. Briefe und Aufzeichnungen aus der Haft, München/Hamburg 1964, S. 34. Sie dazu auch Mary Daly (Kapitel 2, Anm. 2).

28. Die Vorstellung einer Frau auf dem Stuhl Petri ist für die meisten Katholiken so aberwitzig, dass im Märchen vom „Fischer und syner Fru" der geduldige Butt die größenwahnsinnige Frau nach König und Kaiser nur als letztes, absurdestes Zugeständnis noch „Pabst" werden lässt. Den historischen Kolportagen zufolge soll es eine heimliche Päpstin gegeben haben, nach deren Enttarnung alle Päpste sich unmittelbar nach ihrer Wahl auf einen spezifischen Stuhl zu setzen hatten, damit ein Kardinal nach einem entsprechenden Griff ein „Habet" verkünden konnte. In vielen Tarot-Sammlungen verkörpert die Karte der Päpstin ein besonders zwiespältiges, unheimliches Omen.

29. Sigmund Freud: Gesammelte Werke, Bd. XIV, S. 503.

30. Joseph Ratzinger: Salz der Erde. Christentum und katholische Kirche in der Jahrtausendwende. 10. Aufl., Stuttgart 1998, S. 236. Ähnliche Beispiele finden wir auch bei evangelischen Christen. So lässt der ZDF-Star- und Hauptstadtmoderator Peter Hahne auf Bahnhöfen und Plätzen Traktätchen verteilen, in denen er droht: Das Ende unseres Lebens „wird für viele ein böses Erwachen, wenn unsere ‚Lebenstonbänder' vor Gott abgespielt werden". Natürlich zeigt er uns auch in seinem technisch verkürzten Glauben, wie wir „den Mist" aus unseren Lebensbändern löschen können, so dass wir „ohne belastendes Material" durch Gottes Gericht kommen, nämlich durch das Blut Jesu Christi, das man sich dann wohl als so eine Art Seelen-Tipp-Ex vorstellen muss.

31. Claudio Hofmann: Achtsamkeit. Anregungen für ein sinnvolles Leben. Stuttgart 2002 und München 2004, S. 235ff.

32. a.a.O., S. 233.

33. s. freiburg@altkatholiken.de. Ein anderes Beispiel gibt die 1922 von F. Rittelmeyer gegründete Christengemeinschaft, die eine Erneuerung des religiösen Lebens durch ein kosmisch gedeutetes Christentum (mit anthroposophischen Bezügen) anstrebt.

Der Kreuzweg von Santa Madonna della Rocca (mit dem Gemurmel von Schwester Theresa) befindet sich oberhalb von Taormina. Er ist mit seinen Stufen, Kunstwerken und wundervollen Ausblicken einer der schönsten und eindruckvollsten Kreuzwege, die ich kenne.

Kapitel 4

1. Nach islamischer Auffassung wurde die Botschaft Gottes schon an Abraham, Moses, Jesus und andere Propheten übermittelt, aber durch die jüdischen und christlichen Lehren entstellt, weshalb Gott Mohammed auswählte, um sich ein letztes Mal ganz und eindeutig zu offenbaren (hierzu auch Murad Hofmann: Islam. Kreuzlingen/München, 2. Aufl., 2001, S. 15). Im Koran wird Abraham als „Muslim" (im Sinne von „Hingabe an Gott") bezeichnet, weil er als erster den Glauben an Einen Gott annahm und verbreitete.

2. Hussey, a.a.O., S. 91.

3. Murad Hofmann, a.a.O., S. 9f.

4. Francis Fukuyama. Das Ende der Geschichte? München 2002.

5. Statt Samuel Huntington`s „Clash of Civilizations" (s. Anm. 9 im „Lokaltermin") empfiehlt Bassam Tibi das Konzept des cultural turn zu verwenden (Bassam Tibi: Der Wahre Imam. Der Islam von Mohammed bis zur Gegenwart. München 1996, S. 373ff.)

6. Häufig findet sich auch die Schreibweise „salat", „zakat", „haddsch". Zu den Problemen der verschiedenen Schreibweisen siehe auch die einleitende Anmerkung. Wir werden im Folgenden meist die eingedeutschten Schreibweisen Salah, Zakah, Hadsch verwenden.

7. So lautet der berühmte erste Satz des islamischen Glaubensbekenntnisses: „Es gibt keinen Gott außer dem einen Gott" (l_` il_ha` ill_ llah), der zu vielen Gelegenheiten rezitiert wird. Das arabische Wort il_h war schon in vorislamischen Zeiten der verbreitete Ausdruck für einen einzigen Gott, der für viele arabische Stämme als Schöpfer und Erhalter galt und schon lange vor Mohammed mit monotheistischen Vorstellungen verbunden war. Zusammen mit dem bestimmten Artikel al wird aus al-il_h dann der islamische All_h, der eine und einzige Gott (vgl. Hartmut Bobzin: KoranLese-Buch. Wichtige Texte aus dem Arabischen neu übersetzt und kommentiert. Freiburg, Basel, Wien, 2004, S. 36f.)

8. Bobzin, a.a.O., S. 16, Anm. 24.

9. „Und jene, deren Widerspenstigkeit ihr fürchtet – ermahnt sie, meidet sie im Ehebett, schlagt sie!", zitiert nach Nahed Selim: Nehmt den Männern den Koran! Für eine weibliche Interpretation des Islam. München, Zürich 2003, S. 235f.

10. Aysha liebte der Prophet so sehr, dass er sich speziell für sie eine zwölf Strophen lange, besonders schöne Offenbarung schicken ließ (24, 11-21). Als sie in der berühmten Affaire, die als „Ifk" oder „die große Lüge" überliefert wird, verdächtigt wird, sich mit einem Offizier zu sehr eingelassen zu haben, werden die Verleumder in dieser Sure zurechtgewiesen. Der Hauptverleumder wird getötet, andere kommen mit 80 Peitschenhieben davon, während Ayshas Ehre wieder hergestellt ist. Natürlich ging es nicht nur um Mohammeds Liebe zu Aysha und ihre Ehre, sondern noch viel mehr um die Ehre des Propheten, denn ein Mann, dessen Frau sich mit einem anderen Mann nur im entferntesten einlässt (Blicke oder Worte genügen), ist gleichfalls in seiner Ehre verletzt. Und um wie viel mehr steht dann erst auf dem Spiel, wenn es um die Ehre des Propheten geht: Denn diese grauenvolle Ehre ist der Dreh- und Angelpunkt der Aufrechterhaltung patriarchaler Herrschaft über die Frauen sowie über niedriggestellte Männer. Aber bei Mohammed ging es bei der „großen Lüge" eigentlich um viel mehr und anderes: nämlich um seine Führerrolle und damit um den Islam, der sich ohne ihn zu dieser Zeit nicht durchgesetzt hätte.

11. Bassam Tibi, a.a.O., S. 36.

12. Dies wird auch sehr poetisch in der Sure 89 ausgedrückt: „Die Schrift, wir sandten sie auf Dich herab, / Als Klärung aller Dinge, / Als rechte Leitung, als Barmherzigkeit und frohe Botschaft / Den Gottergebenen". (Sure 16, Die Bienen – an-nahl, Vers 89 in der Übersetzung von Bobzin, a.a.O., S. 202). Die Gottergebenen sind im arabischen Text die muslim_n.

13. Das Problem des Verhältnisses von Glauben und weltlicher Herrschaft beschäftigt die islamische Welt seit dem Tod des Propheten, für den die Verbindung von politischer Macht und religiöser Führerschaft als historische Notwendigkeit selbstverständlich war. Nach seinem Tod wird dieses Verhältnis immer wieder anders gedeutet und praktiziert. Im Mittelalter ist exemplarisch einerseits die

Position von Ibn Khaldun (im 14. Jahrhundert), der sich für eine Politik auf rationaler Grundlage einsetzt und Grundregeln einführen will, „denen das Volk zustimmt und deren gesetzlichen Vorschriften es sich unterwirft" (Abdulrahman Ibn Khaldun. Al-Muquaddima, 3. Buch, Abschn. 25, zitiert nach Tibi, a.a.O., S. 125). Auf der anderen Seite steht hundert Jahre früher Ibn Taimiyya, der ganz autoritär die Politik der Religion unterordnet: „Es ist eine Pflicht, die Ausübung der Herrschaft als einen Bestandteil der Religion zu betrachten, sie ist eine Beziehung, mittels derer man Gottes Nähe suchen kann". (Ibn Taimiyya: Die an der Scharia orientierte Politik für die Leitung des Hirten und seiner Schafherde. Kairo 1971, S. 186, zitiert nach der Übersetzung von Tibi, a.a.O., S. 171). Auf Ibn Taimiyya beziehen sich bis heute alle fundamentalistisch orientierten Muslime.

14. Auch hier gibt es viele andere Schreibweisen, wie z.B. „Djihad" (s. einleitende Bemerkung).
15. Nasr Hamid Abu Zaid: Ein Leben mit dem Islam. Freiburg 1999, S. 19.
16. Bobzin, a.a.O., S. 14.
17. „bi-smi ll_hi r-rahm_n ir-rah_m".
18. Sure 3, Vers 14, in der Übersetzung von Nahed Selim, a.a.O., S. 19.
19. Sure 2, Vers 223, wieder in der Übersetzung von Nahed Selim, a.a.O., S. 55.
20. Murad Hofmann, a.a.O., S. 66. Der häufig zitierte 35. Vers der 33. Sure ändert nichts an der festgelegten und tatsächlich praktizierten Ungleichheit.
21. Vgl. Reza Aslan: Kein Gott außer Gott. Der Glaube der Muslime von Muhammad bis zur Gegenwart. München 2006. Beispiele für die Verdrängung der Rolle der Frau: In Hartmut Bobzins KoranLese-Buch kommen Frauen fast gar nicht vor, nur die eigene, namenlose („Tiefen Dank schulde ich meiner Frau", a.a.O., S. 8). Auch in Otto Kallscheuers „Wissenschaft vom Lieben Gott", konnte ich trotz der ca. 150 Abschnitte mit so spitzfindigen Überschriften wie „Warum würfelt der Liebe Gott nicht?" auf fast 500 Seiten nichts über patriarchale Prägungen finden (Otto Kallscheuer: Die Wissenschaft vom Lieben Gott. Eine Theologie für Recht- und Andersgläubige, Agnostiker und Atheisten. Frankfurt/Main, 2006. – Der Titel ist irreführend, weil es weder um Wissenschaft geht – es gibt nicht mal ein Sach- oder Personenregister – noch um „den Lieben Gott", sondern nur um Otto Kallscheuers sehr gelehrte Auseinandersetzung mit seinen eigenen Gottesvorstellungen, die allerdings durchaus faszinierend sind). Ebenso findet sich in dem Buch von Jonathan Sacks „Wie wir den Krieg der Kulturen noch vermeiden können" (Gütersloh 2007) nicht ein einziges Wort über die patriarchale Prägung der monotheistischen Religionen. Weder in den 100 Literaturangaben noch im Text kommt überhaupt eine Frau vor, was beim „Oberrabbiner des Commonwealth" doch überrascht. Die Reihe lässt sich beliebig fortsetzen.
22. Nahed Selim, a.a.O., S. 7ff. Dass es aber auch in strikt patriarchalen Gesellschaften singuläre Ausnahmen gibt, zeigen nicht nur Herrscherinnen der Vergangenheit, sondern auch heute einzelne Frauen, wie z.B. Sunna Kepoln, die im „wildesten Anatolien" als Aga die Geschicke der Männer bestimmt.
23. Necla Kelek: Die verlorenen Söhne. Plädoyer für die Befreiung des türkisch-muslimischen Mannes. Köln 2006, S. 40ff.
24. a.a.O., S. 16.
25. a.a.O., S. 156.
26. Nahed Selim, a.a.O., S. 310.
27. a.a.O., S. 33ff., vgl. auch Bobzin, a.a.O., S. 217ff.

28. Nahed Selim, a.a.O., S. 36ff.

29. a.a.O., S. 130.

30. Reza Aslan, a.a.O., S. 188ff.

31. Necla Kelek, a.a.O., S. 184.

32. Bassam Tibi, a.a.O., S. 152 und S. 175. (Im Koran 24,1 ist nur von hundert Streichen die Rede).

33. a.a.O., S. 164. Die Scharia wird so oft zu einer Art islamischer Hexenkammer, etwa dann, wenn ein 13-jähriges Mädchen gesteinigt wird, weil es vergewaltigt wurde, während die Vergewaltiger ohne Strafe blieben.

34. a.a.O., S. 84ff.

35. Sayyid Qutb: Der Weltfriede und der Islam. 10. Aufl., Kairo 1992, S. 169.

36. Bassam Tibi, a.a.O., S. 85ff. Sehr deutlich drückt sich auch Özay Mehmet aus: „Das Wiederbeleben des Islam drückt sich (...) als ein religiöser Fundamentalismus aus, (...) der universalistisch und expansiv ist" (Özay Mehmet: Fundamentalismus und Nationalstaat. Der Islam und die Moderne. Hamburg 1992, S. 26). Warum der Islam gerade jetzt so stark expandiert, wird von Wissenschaftlern unterschiedlich begründet. Während viele Historiker den Islam in einer der Missionierung verpflichteten Phase ansiedeln, die dem christlichen Mittelalter vergleichbar ist, betonen Soziologen eher den Widerstand gegen die Radikalisierung und Globalisierung des Kapitalismus und der damit einhergehenden Verelendung islamischer Territorien. Moralisten verweisen auf den angeblich geistigen und moralischen Bankrott des Westens (s. Wolfram Weimer: Credo. Warum die Rückkehr der Religionen gut ist. München 2006, S. 28ff.). Dass all diese Begründungen zu kurz greifen, ist im „Lokaltermin" angedeutet und wird in den folgenden Abschnitten deutlich. Reza Aslan zieht die entscheidende Konsequenz: „Daher muss eine demokratische Gesellschaft, ob islamisch oder nicht, die sich den Prinzipien des Dualismus der Menschenrechte verpflichtet fühlt, auch den Weg der politischen Säkularisierung gehen" (a.a.O., S. 288).

37. Louis de Bernières: Traum aus Stein und Federn. Frankfurt/Main 2006, S. 370.

38. Ian Richard Netton: Al-Farabi and His School. London 1992, S. 25. – Martina Wegener: „Licht über Licht". Die Vernunfttradition des Islam. Frankfurt/ Main u.a. 2008.

39. „Die sechzigjährige Herrschaft eines ungerechten Imam ist noch besser als eine einzige Nacht ohne Sultan". Ibn Taimiyya (1263 bis 1328), zitiert nach Bassam Tibi, a.a.O., S. 167, s. auch Anm. 13.

40. Mittels takfir wird ein Muslim zum kafir erklärt, der damit zum Tode verurteilt ist.

41. Martin Spiewak: Ömer Özsoy will den Koran mit der Moderne versöhnen. Die Zeit, 1.3.2007, S. 36. Dazu sehr aufschlussreich ist die knappe Übersicht mit dem neusten Forschungsstand: Angelika Neuwirth: Die Koranexegese zwischen Mythos und Geschichte. In: H.-J. Simm (Hg.): Die Religionen der Welt. Frankfurt/Main, Leipzig 2007, S. 323ff. Siehe auch Bernd Feininger, a.a.O., Kapitel 1, Anm. 10.

42. Bassam Tibi, a.a.O., S. 312. Viel zu wenig beachtet wird aufgrund engstirniger Rivalitäten ein Vorschlag des türkisch-zypriotischen Politikwissenschaftlers Özay Mehmet, der eine moderne Form des Kalifats vorschlägt, das die Einheit der islamischen Welt zum Ziel hat – ohne Terror oder Eroberungskämpfe. Ähnlich wie in der katholischen Kirche könnten sich alle Muslime, unabhängig von ihrer staatlichen Zugehörigkeit, in einer Glaubensorganisation vereinigen, deren Oberhaupt (ähnlich dem Papst) von einem Gremium der Ulema und der Organisation der islamischen Konferenz (OIC) gewählt würde (Özay Mehmet: a.a.O., S. 17ff.).

43. Bassam Tibi, a.a.O., S. 313. Vgl. Reza Aslan: „Einer islamischen Demokratie kann es letztlich nur darum gehen, Volkssouveränität mit göttlicher Souveränität in Einklang zu bringen (...) Und falls es zwischen beiden zum Konflikt kommt, muss die Interpretation des Islams hinter die demokratisch-politische Realität zurücktreten, nicht umgekehrt." (a.a.O., S. 289, vgl. Anm. 13).

44. Sölle, a.a.O., S. 56, s. auch 6. Kapitel.

45. Al Halladsch: Märtyrer der Gottesliebe. Leben und Legenden. Ausgewählt, übersetzt und eingeleitet von A. Schimmel. Köln, 1968, S. 37.

46. Aslan, a.a.O., S. 290. Vgl. dazu auch Nasrin Alavi: Wir sind der Iran. Aufstand gegen die Mullahs – die junge persische Webblog-Szene. Köln 2005, S. 17.

47. Am bekanntesten in der Bibel ist Matth. 5, 44: „Liebet Eure Feinde, segnet, die Euch fluchen; tut wohl denen, die Euch hassen; bittet für die, so Euch beleidigen und verfolgen." Im Koran kann hier die Sure 29, Vers 46 angeführt werden: „Und sprecht: / Wir glauben an das, was auf uns herabgesandt, / Und was auf Euch herabgesandt. / Und unser Gott und Euer Gott sind eins." (übersetzt von Bobzin, a.a.O., S. 165). Zur Geschichte des Toleranzbegriffes s. auch C. Herdtle und Th. Leeb (Hg.): Toleranz. Texte zur Theorie und politischen Praxis. Stuttgart 1987. Vgl. auch C. Hofmann: Toleranz – der grüne Punkt für das Gewissen? In: Zeitschrift für Gestalttpädagogik 1, 2004, S. 3ff.

48. Henryk M. Broder: Hurra, wir kapitulieren! Von der Lust am Einknicken. 3. Aufl., Berlin 2006. Broders geistvolle und oft zynische Analyse, die allerdings komplexe Sachverhalte wegen eines Gags vorschnell zusammenbügelt, läuft Gefahr, den fundamentalistischen Hass, den er eigentlich brandmarken will, gerade erst recht zu schüren, so dass auch er am Ende unversehens einknicken muss: vor den eigenen Falken.

49. Heiner Bielefeldt: Menschenrechte in der Einwanderungsgesellschaft. Plädoyer für einen aufgeklärten Multi-Kulturalismus. Bielefeld 2007.

50. Sogenannte Ehrenmorde und Blutrache lassen sich ebenfalls keineswegs aus dem Koran herleiten. So heißt es in der berühmten Sure von der Kuh (2,178): „O ihr, die ihr glaubt, euch ist die Vergeltung für Mord vorgeschrieben (...) Wird es aber in einem von dessen Bruder verziehen, so ist es nach Recht zu verfolgen und eine gutwillige Entrichtung werde ihm auferlegt." Hier könnte man einen Versuch sehen, die in vielen patriarchalen Stammeskulturen üblichen Blutrache-Tendenzen (wie sie auch aus nichtislamischen Ländern bekannt sind, s. z.B. Kreta) abzuschwächen. Anders allerdings in 17, 33: „Wird jemand freventlich getötet, so haben wir seinen Verwandten Gewalt gegeben. Doch darf er bei der Tötung nicht überziehen." Um „Ehrenmorde" zu verhindern, müssten sich besonders islamische Geistliche, Psychologen und Sozialarbeiter engagieren. Diese sollten sich auch Jugendlichen zuwenden, bevor deren Denken von falschen Mullahs mit Hass- und Rachegefühlen vergiftet wird. Siehe dazu auch: Schule ohne Rassismus (Hg.): Jugendkulturen zwischen Islam und Islamismus. Berlin 2008. (www.schule-ohne-rassismus.org)

51. de Bernières, a.a.O., S. 439. Der Roman enthält eine zwar nicht immer an den Fakten orientierte, aber dafür umso eindrucksvollere Biografie Atatürks. Hierzu auch Andrew Mango: Atatürk. The Biography of the Founder of Modern Turkey. John Murray Publishers 2004.

52. s. Berliner Zeitung, 29.11.06, S. 3. Vgl. auch Anm. 36.

53. Hazrat Inayat Khan: Das Lied in allen Dingen. Freiburg 1985, S. 75.

Der im Einspruch zitierte Brief einer Muslima an ihren Sohn beruht auf verschiedenen mir bekannten Berichten.

Kapitel 5

1. Veröffentlicht in der Z. f. Physik 166, 1962, S. 567-576 unter dem Titel: Über die Wechselwirkungen von Gravitation und elektromagnetischem Feld gemäß der Allgemeinen Relativitätstheorie.

2. Hier und im Folgenden beziehe ich mich auf mein Buch: Smog im Hirn. Von der notwendigen Aufhebung der herrschenden Wissenschaft. Frankfurt, 4. Aufl., 1984.

3. ohann Kepler: Opera Omnia. Zitiert nach J. D. Bernall: Wissenschaft. Reinbek 1970, S. 398. Für Newton ist der christliche Gott das Urbild des Herrschers: „Die Herrschaft eines geistigen Wesens ist es, was Gott ausmacht." So macht es sich auf, „die Gesetze aufzusuchen, nach denen der hohe Weltschöpfer die schönste Ordnung herstellen wollte." (vgl. Hofmann, 1984, a.a.O., S. 108).

4. Giordano Bruno führte ein Wanderleben durch Europa. In Venedig wurde er verraten und der Inquisition übergeben, die ihn acht Jahre später, im Jahre 1600, als Ketzer verbrennen ließ.

5. Morris Berman: Wiederverzauberung der Welt. Am Ende des Newtonschen Zeitalters. Reinbek 1985, S. 78ff.

6. C. G. Jung und Wolfgang Pauli: Naturerklärung und Psyche. Zürich 1952, S. 78.

7. Vgl. Bermann, a.a.O., S. 132f.

8. Augustinus: Bekenntnisse. Hg. von J. Bernhart. Stuttgart 1939. – Die entgegengesetzte Orientierung finden wir bei dem (meist fehlgedeuteten) Thomas von Aquin: „Seiner Vernunft nicht zu folgen ist Ungehorsam gegenüber Gott." (Fast wortgleich steht dies im Koran und bei al-Farabi.) Zu Thomas von Aquin siehe Stefan Blankertz: Vernunft ist Widerstand. Köln: EHP 1993.

9. Der Gang der Uhren und der Umlauf der Himmelskörper unterliege der gleichen Dynamik, behauptet Christiaan Huygens als Erfinder der Präzisions-Penduluhr in seinem Horologium Oscillatorium von 1673. Die erste am Körper tragbare Uhr soll Peter Henlein 1510 in Nürnberg gebaut haben.

10. Carolyn Merchant: Der Tod der Natur. Ökologie, Frauen und neuzeitliche Naturwissenschaft. München, 2. Aufl., 1994, S. 84.

11. Kaiser Konstantin lässt um der christlichen Wahrheit willen Zungen ausreißen und flüssiges Blei in den Mund der Gottesleugner gießen.

12. John Donnes Verse stammen aus dem Jahre 1611.

13. H.-E. Richter: Der Gotteskomplex. Die Geburt und die Krise des Glaubens an die Allmacht des Menschen. Reinbek 1986, S. 29.

14. Nach seinen frühen, eher religiös orientierten philosophischen Betrachtungen schreibt Einstein kurz vor seinem Tod 1952 an Erich Gutkind: „Das Wort Gott ist für mich nichts als Ausdruck und Protest menschlicher Schwächen, die Bibel eine Sammlung ehrwürdiger, aber doch reichlich primitiver Legenden."

15. Thomas S. Kuhn: Die Struktur wissenschaftlicher Revolutionen. Frankfurt 1973, S. 24.

16. Fritjof Capra: Krise und Wandel in Wissenschaft und Gesellschaft. In: ÖKO-LOG-Buch 2, (Hg. R. Lutz), Weinheim, Basel 1983, S. 31. Siehe ders.: a.a.O., S. 10. Hierzu auch ders.: Wendezeit. Wien, 4. Aufl., 1983. Ich beziehe mich hier auch auf meinen Aufsatz: New Age. Ganz Global im Dort und Dann. In: psychologie heute 4/85.

17. s. z.B. G. Hüther: Bedienungsanleitung für ein menschliches Gehirn. Göttingen 2001. Ders.: Compassionate Brain. Boston 2006. Manfred Spitzer: Nervensachen. Geschichten vom Gehirn. Frankfurt 2005.

18. Vgl. Hofmann 1984, a.a.O., S. 19ff.

19. Hans Blumenberg: Der Prozess der theoretischen Neugierde. Frankfurt/Main, S. 9.

20. Mit der einseitigen Entwicklung der wissenschaftlich-technischen Rationalität ist in den Industrienationen die Achtsamkeit als ganzheitliche Erfahrung immer mehr verdrängt worden. Wie sie durch Übungen wieder belebt und vertieft werden kann, ist wunderbar dargestellt in den Büchern von Thich Nhat Hanh, z.B.: Das Wunder der Achtsamkeit. Einführung in die Meditation. Zürich, München, Berlin, 7. Aufl. 1979. Wie man sich auch im Alltag durch Übungen auf die eigene Achtsamkeit einlassen kann, habe ich versucht darzustellen in dem schon zitierten Buch: Achtsamkeit. Anregungen für ein sinnvolles Leben.

21. 118. Sutra (Majhima Nikaya Sammlung) zitiert nach Thich Nhat Hanh, a.a.O., S. 14f.

Die im Einspruch angeführten Dialoge sind angeregt von mittelalterlichen Gottesbeweisen, der siebte z.B. von einem Gottesbeweis von Descartes. Vgl. auch www.whydoesgodhateamputees.com. Die Zeilen des Monologs sind zitiert nach: Die liederlichen Verse des C. H.: Komm lass dich doch vernaschen. Vechta 2006. Mit freundlicher Genehmigung des Geest-Verlags.

Kapitel 6

1. Zu Spiritualität und Esoterik siehe: Georg Pernter: Spiritualität als Lebenskunst. Bergisch Gladbach 2008; S. Leutwyler u.a. (Hg.): Spiritualität und Wissenschaft. Zürich 2005; Antoine Faivre: Esoterik im Überblick. Freiburg 2001. Kocku von Stuckrad: Was ist Esoterik? Kleine Geschichte des geheimen Wissens. München 2004; Karl-Martin Dietz: Esoterik verstehen. Stuttgart 2008; Anton Buchar: Psychologie der Spiritualität. Weinheim 2007. „Spiritualität". In: Zeitschrift für Gestaltpädagogik. Heft 2, 2008. Hans-Jürgen Ruppert: New Age. Endzeit oder Wendezeit? Wiesbaden 1985.

2. Spiritual Leadership umfasst neue Konzepte, durch die Führungskräfte durch bewusstseinserweiternde Techniken mehr innere Stärke, Ruhe und Klarheit erreichen können. Auf dem Markt sind umfangreiche Trainings-Seminare und Programme, z.B. von Volker Buddrus (www.prozessbegleitung.com), dem ich für viele Informationen danke.

3. Ein umfassende Studie zum Verhältnis von esoterischen Traditionen, Faschismus, New Age und dem Psychomarkt bietet Karin Daecke: Moderne Erziehung zur Hörigkeit? Die Tradierung strukturell-faschistischer Phänomene in der evolutionären Psychologieentwicklung und auf dem spirituellen Psychomarkt. Ein Beitrag zur zeitgeschichtlichen Introjektforschung. 3 Bde. Neuendettelsau 2007

4. Sölle, a.a.O. Vgl. auch Gerhard Steiner: Freimaurer und Rosenkreuzer. Berlin 1985. Im folgenden Abschnitt „Schlaumeier, Schwarzfahrer und Schamanen" beziehe ich mich auch auf meinen Text: Vom rechten Umgang der Linken mit der Transzendenz. In: Der gläserne Zaun (Hg. von R. Gehlen und B. Wolf), Frankfurt 1983.

5. Rüdiger Lutz: Bewusstseins(R)evolution. In: R. Lutz (Hg.): ÖKO-LOG-Buch 2, Weinheim, Basel 1983. Ich beziehe mich hier auch auf meinen Text: Wendezeit. Taumeln zwischen Rationalität und Transzendenz. In: Unter dem Pflaster liegt der Strand. 16/1986.

6. J.E. Behrendt: NADA BRAHMA – Die Welt ist Klang. Frankfurt/Main 2007. Hierher gehören auch die im 5. Kapitel schon erwähnten Neurobiologen, die durch die Hirnforschung beweisen wollen, dass es ein genau im Hirn lokalisierbares Zentrum für ein Bedürfnis nach Religiosität gibt. Vgl. auch im 5. Kapitel die Anm. 17.

7. Hans Peter Duerr: Traumzeit. Über die Grenze zwischen Wildnis und Zivilisation. Frankfurt/Main 1978.

8. A.A. Maslow: Psychologie des Seins. Frankfurt 1997.

9. Eine Übersicht findet sich bei Rüdiger Lutz a.a.O. Heute aktuelle Bücher findet man z.B. in der Goldmann-Arkana-Reihe und im Kösel-Verlag.

10. zitiert nach: Lebens(t)räume. Das Magazin für Gesundheit und Bewusstsein 5/06, Jg. 6, statt „eso-tera" gibt es jetzt „Welt der Esoterik. Spirituelle Zeitschrift".

11. So z.B.: Friedrich-W. Haack: Jugendreligionen. Reaktionen, Ursachen, Trends. München, 2. Aufl. 1980. Er beendet sein gut recherchiertes Buch mit dem Satz, dass „für den Christen im Vertrauen auf Gottes Gnade" die Zusage gilt: „alle Eure Sorgen werft auf ihn; denn er sorgt für Euch." Er merkt dabei nicht, wie er als Beauftragter für Sekten- und Weltanschauungsfragen der evangelisch-luthe-rischen Kirche in Bayern doch ins gleiche Horn stößt, wie die von ihm kritisierten Jugendreligionen (a.a.O., S. 383).

12. Roger N. Walsh: Der Geist des Schamanismus. Olten 1992.

13. Peter Schreiner: Im Mondschein öffnet sich der Lotus – Der Hinduismus. Düsseldorf 1996.

14. Dalai Lama: Einführung in den Buddhismus. Freiburg 1994.

15. James Redfield: Die Vision von Celestine. München 1999.

16. s. Hartmut W. Frech: „Erwachter Geist" und das Selbstkonzept in der Gestalttherapie. In: Gestalt-therapie 1/95, S. 47ff.

17. Ken Wilber: Die drei Augen der Erkenntnis. München 1988.

18. Richter, a.a.O., S. 23f.

19. Bermann, a.a.O., S. 117ff.

20. a.a.O., S. 81f.

21. a.a.O., S. 142.

22. a.a.O., S. 158.

23. a.a.O., S. 81.

24. C.G. Jung: Aufsätze über Individuation, Traumsymbolik und Alchemie. In: Gesammelte Werke, Zü-rich, Stuttgart 1966, Bd. 12.

25. C. Hofmann, 2004, a.a.O., S. 300.

26. Pal Halladj Mansur kümmerte sich nicht um starre religiöse Regeln und Vorschriften, sondern er lehrte eine leidenschaftliche Liebe als Wesen des Glaubens und des Göttlichen. Die herrschenden Vertreter der Orthodoxie und die Wesire fühlten sich durch ihn und seine wachsende und begei-sterte Anhängerschaft, besonders unter Handwerkern und einfachen Leuten, so bedroht, dass sie ihn verurteilten, folterten, verstümmelten. Im Jahr 922 töten und dann noch am folgenden Tag ent-haupteten und verbrannten. (vgl. Duerr, a.a.O., S. 62ff.). s. auch 4. Kapitel, Anm. 45.

27. Neale Donald Walsch: GOTT HEUTE. Gespräche mit Gott über die Spiritualität der Zukunft. Mün-chen 2004. Vorher sind erschienen Gespräche mit Gott, Bd. 1-3 und ähnliche Bände. Den Hinweis auf Walsch verdanke ich meinem Freund Martin Rubeau.

28. a.a.O., S. 49.

29. a.a.O., S. 43.

30. a.a. O., S. 74f.

31. a.a.O., S. 471ff. s. auch www.humanitysteam.de

32. James Redfield u.a.: Gott und die Evolution des Universums. Der nächste Entwicklungsschritt für die Menschheit. München, 2. Aufl., 2002, S. 261ff.

33. Don Cupitt: Nach Gott. Die Zukunft der Religionen. München 2004.

34. a.a.O., S. 119.

35. Nikolaus von Cues: Über den Frieden im Glauben. Aus: Schriften des Nikolaus von Cues (Hg. von E. Hoffmann), Leipzig 1943, S. 89. Nikolaus von Cues verfasste diese Schrift („De pace fidei") 1453 unter dem Schock der gerade erfolgten Eroberung Konstantinopels durch die Türken.

36. Stephan A. Towfight/Wafa Enayati: Die Bahá`i-Religion. Ein Überblick. München 2005.

37. Frithjof Schuon: Das Ewige im Vergänglichen. Von der einen Wahrheit in den großen Religionen und alten Kulturen. Bern 1984, S. 165.

38. s. Achim Hellmich: Vermischung statt Begegnung? In: Das Goetheanum 51/52, 2005, S. 2.

39. Don Cupitt, a.a.O., S. 167 und 114f. Sea of Faith ist ein offener Zusammenschluss radikaler religiöser Revisionisten in England und Neuseeland. – Dazu, wie Rituale heute gestaltet werden können, vgl.: Franz Feiner: „Spiritualität" als Weg der persönlichen Gestaltwerdung. In: Zeitschrift für Gestaltpädagogik 2, 2008; Heribert Fischedick: Die Kraft der Rituale. Stuttgart 2004; Anselm Grün: Geborgenheit finden – Rituale feiern. Stuttgart 1997; Verena Kast: Freude, Inspiration, Hoffnung. München 1997; Pierre Stutz: 50 Rituale für die Seele. Freiburg 2001.

Georg Pernter

SPIRITUALITÄT ALS LEBENSKUNST

Gestalttherapeutische Impulse

ISBN: 978-3-89797-903-1 • 236 Seiten; zahlr. Abb. und Tab.

Spiritualität als Lebenskunst? Spiritualität boomt überall. Pernter beschreibt dagegen sachlich den Begriff der Spiritualität und seine Beziehung zur Gestalttherapie. Religiöser Fundamentalismus nimmt zu, und es ist notwendiger denn je, dem gesellschaftlichen Phänomen der Spiritualität mit Vernunft zu begegnen und gleichzeitig dem Bedürfnis der Menschen nach Sinn und Geborgenheit gegenüber offen zu bleiben.

Ein Sachbuch – aber auch ein leidenschaftliches, eingängig geschriebenes Plädoyer für persönliche Lebensart, für Lebenskunst auf dem Hintergrund des Gestaltansatzes, für die Berücksichtigung von Spiritualität in der Therapie und im persönlichen Alltag. Ein Buch für Therapeuten, Studierende und interessierte Laien

»In Beratung und Therapie wie in der Spiritualität geht es um Menschen und um ein lebenswertes Leben. Mit dem Begriff ›Lebenskunst‹ ist die Verbindung geschaffen.«